Persönliche Haftung in
risikokapitalfinanzierten Gesellschaften

Europäische Hochschulschriften

Publications Universitaires Européennes

European University Studies

Reihe II

Rechtswissenschaft

Série II Series II

Droit

Law

Bd./Vol. 3670

PETER LANG

Frankfurt am Main · Berlin · Bern · Bruxelles · New York · Oxford · Wien

Kristina Leffler

Persönliche Haftung in risikokapitalfinanzierten Gesellschaften

Materiellrechtliche Besonderheiten der Haftung der Organe und Gesellschafter auf Schadensersatz

PETER LANG
Europäischer Verlag der Wissenschaften

Bibliografische Information Der Deutschen Bibliothek
Die Deutsche Bibliothek verzeichnet diese Publikation in der Deutschen Nationalbibliografie; detaillierte bibliografische Daten sind im Internet über <http://dnb.ddb.de> abrufbar.

Zugl.: Hamburg, Univ., Diss., 2003

D 18
ISSN 0531-7312
ISBN 3-631-51070-5

www.peterlang.de

Meinen Eltern und meiner Schwester

Vorwort

Die Frage der haftungsrechtlichen Veranwortlichkeit der Organe und Gesellschafter in der New Economy hat seit dem Niedergang des Neuen Marktes noch an Bedeutung gewonnen. Auch wenn die Konstanz, mit der Hiobsbotschaften aus der New Economy in den Medien stehen, den Eindruck vermittelt, dass es sich bei diesen neuen Branchen durchweg um eine Seifenblase mit unseriösem Management gehandelt hat, ist darauf hinzuweisen, dass es durchaus eine Vielzahl von Start Ups mit kompetentem Management und wirtschaftlichem Erfolg gibt.

Ziel der Arbeit ist es, die haftungsrechtlichen Risiken und Besonderheiten in diesem Umfeld zu untersuchen. Aufgrund des Umfangs des Themenbereichs und der Besonderheiten des Einzelfalls kann hier nur eine abstrakte Betrachung in Frage kommen.

Die Arbeit wurde im August 2002 abgeschlossen und im WS 2002/2003 von dem Fachbereich Rechtswissenschaft der Universität Hamburg als Dissertation angenommen. Sie befindet sich auf dem Stand von Februar 2003.

Mein Dank gilt der Münchener Rückversicherungsgesellschaft, die dieses Vorhaben großzügig gefördert hat. Die Idee zu dieser Arbeit ist während meiner Tätigkeit im Bereich D&O im Frühjahr 2000 entstanden. Die Umsetzung wurde durch zahlreiche wertvolle Hinweise der Mitarbeiter unterstützt.

Ganz besonders möchte ich Herrn Prof. Reinhard Bork für die Betreuung und Hilfe bei Erstellung dieser Arbeit danken.

Ferner danke ich all denen, die mir durch Rat und tatkräftige Hilfe zur Seite standen, hier möchte ich meine Eltern sowie Herrn Dr. Christoph Hölscher im Besonderen erwähnen. Nicht zuletzt gilt aber mein Dank all denen, die nie am Erfolg dieses Vorhabens zweifelten, insbesondere meiner Schwester Katharina.

Hamburg, Februar 2003 Kristina Leffler

Inhaltsübersicht

Inhaltsverzeichnis

Abkürzungsverzeichnis

AcP	Archiv für civilistische Praxis
AR	Aufsichtsrat
aF	alte Fassung
AG	Die Aktiengesellschaft
BB	Betriebsberater
BC	Bilanzbuchhalter und Controller - Zeitschrift für Führungskräfte im Finanz- und Rechnungswesen und Controlling
BFuP	Betriebswirtschaftliche Forschung und Praxis
BGHZ	Entscheidungen des Bundesgerichtshofes in Zivilsachen
BK	Bilanzkommentar
BT Drs.	Bundestagsdrucksache
BVerfGE	Entscheidungen des Bundesverfassungsgerichts
BVK	Bundesverband der Kapitalbeteiligungsgesellschaften
C.i.c.	culpa in contrahendo
DB	Der Betrieb
DStR	Deutsches Steuerrecht
DZWiR	Deutsche Zeitschrift für Wirtschaftsrecht
EwiR	Entscheidungen zum Wirtschaftsrecht
FS	Festschrift
GmbHR	GmbH-Rundschau
GmbH-StB	GmbH-Steuerberater
GuV	Gewinn- und Verlustrechnung
Hdb.	Handbuch
HK	Heidelberger Kommentar
h.M.	herrschende Meinung
HRR	Höchstrichterliche Rechtsprechung (Entscheidungssammlung)
Hrsg.	Herausgeber
IAS	International Accounting Standard
IdW	Insitut der Wirtschaftsprüfer
i.e.S.	im engeren Sinne
INF	Information über Steuer und Wirtschaft (Zeitschrift)
i.w.S.	im weiteren Sinne
i.V.m.	in Verbindung mit
JuS	Juristische Schulung
JW	Juristische Wochenschrift
JZ	Juristenzeitung
KG	Kommanditgesellschaft
KGaA	Kommanditgesellschaft auf Aktien
KK	Kölner Kommentar
LG	Landgericht

LMK	Kommentierte BGH-Rechtsprechung Lindenmaier-Möhring
LZ	Leipziger Zeitschrift für Handels-, Konkurs- und Versicherungsrecht
MüKo	Münchener Kommentar
m.w.N.	mit weiteren Nachweisen
nF	neue Fassung
NZG	Neue Zeitschrift für Gesellschaftsrecht
NJW	Neue juristische Wochenschrift
NJW-RR	Neue juristsche Wochenschrift - Rechtsprechungsreport
ÖStZ	Österreichische Steuerzeitung
OHG	Offene Handelsgesellschaft
OLG	Oberlandesgericht
PHi	Produkthaftpflicht international (Zeitschrift)
pVV	positive Vertragsverletzung
RefE	Referentenentwurf
RegE	Regierungsentwurf
RG	Reichsgericht
RGZ	Entscheidungen des Reichsgerichts in Zivilsachen
Rn.	Randnummer
sog.	sogenannte
StG	stille Gesellschaft
StuB	Der Steuerberater
US-GAAP	United States – Generally Accepted Accounting Principles
VersR	Versicherungsrecht
VW	Versicherungswirtschaft
WiB	Wirtschaftsrechtliche Beratung
WM	Wertpapiermitteilungen
WPg	Die Wirtschaftsprüfung
WpHG	Wertpapierhandelsgesetz
WuB	Entscheidungen zum Wirtschafts- und Bankrecht
ZGR	Zeitschrift für Unternehmens- und Gesellschaftsrecht
ZHR	Zeitschrift für das gesamte Handels- und Wirtschaftsrecht
ZInsO	Zeitschrift für das gesamte Insolvenzrecht
ZIP	Zeitschrift für Wirtschaftsrecht
zit.	zitiert
ZRP	Zeitschrift für Rechtspolitik

Einleitung

Die persönliche Haftung des Managements, des Aufsichtsrats und seiner Berater hat in den letzten Jahren in Deutschland viel an juristischer Bedeutung gewonnen und wird unter dem Stichwort Corporate Governance intensiv diskutiert[1]. Eine Reihe von spektakulären Firmenzusammenbrüchen, wie z.B. der Fall der Balsam und der Holzmann AG, welche unter anderem auf Fehler des Managements zurückzuführen sind, haben das Bedürfnis nach einer persönlichen Haftung der Verantwortlichen forciert[2]. Das angloamerikanische Recht und speziell die Rechtspraxis in den USA, wo die persönliche Haftung der Leitungsorgane und anderer Beteiligter seit langem diskutiert und praktiziert wird, haben diese Entwicklung beschleunigt[3]. Durch das KonTraG wurden die Pflichten des Managements und der Aufsichtsorgane verschärft[4], die Corporate Governance - Kommission der Regierung hat in ihrem Bericht weitere Vorschläge zur Haftungsverschärfung gemacht[5], die in unterschiedlicher Art und Weise umgesetzt werden sollen[6].

In jüngerer Zeit haben die Zusammenbrüche von Unternehmen am Neuen Markt von sich reden gemacht: Auf den Boom der „New Economy" mit Kurszuwächsen von bis zu 30.000 % (EM.TV), der seine Spitze am 12. März 2000 erreichte, folgte die Ernüchterung im Herbst 2000, als die Gigabell AG die erste Insolvenz am Neuen Markt anmeldete. Bis Ende 2001 erfolgten 32 „Delistings". Es drängt sich der Eindruck auf, dass viele Zusammenbrüche und Einbrüche zumindest hinsichtlich ihres Ausmaßes auf fehlerhaftes Management zurückzuführen sind[7]. Beispiele hierfür sind EM.TV, Infomatec und Metabox. Im September 2001 wurde einem Anleger zum ersten Mal von einem Gericht ein direkter Schadensersatzanspruch gegen das Management wegen falscher Ad-hoc-Mitteilungen gewährt[8], das Urteil ist allerdings noch nicht rechtskräftig.

Weniger öffentliche Aufmerksamkeit erregen die Liquidierungen und Insolvenzen von nicht börsennotierten Unternehmen der „New Economy", den sog. Start Ups. Sowohl die Risikokapitalgeber, aber auch beteiligte Arbeitnehmer erleiden zum Teil große finanzielle Einbußen. Der Gedanke, mögliche Besonderheiten der persönlichen Haftung in Start Ups zu untersuchen, basiert auf der These, dass

---

1 Der Begriff „Corporate Governance" wird umfassend im Sinne des gesamten Bereichs der externen und internen Kontrolle verstanden, vgl. dazu Steiger, M&A Review 3 / 2002, S. 120. Kritisch Baumbach / Hueck - Zöllner Vor § 35 Rn. 11 f.

2 Vgl. Clemm / Dürrschmidt, FS Welf Müller, 67, 75 ff. und Sieg, PHi 2001, 90, 92.

3 Werres, Thomas, „Das Ende der Schonzeit", Manager Magazin Nr. 8 vom 01.08.2000, S. 92.

4 Vgl. zu den Auswirkungen des KonTraG die Arbeit von Krawinkel, S. 1 ff.

5 Bericht Corporate Governance. Zur Problematik eines verschärfenden Kodex ohne Gesetzesqualität Wolf, ZRP 2002, 59.

6 Vgl. u.a. den Entwurf des 4. Finanzmarktförderungsgesetzes vom 14. 11. 2001.

7 Vgl. „Die Welt", 6. 03.2002: „ Neuer Markt feiert Geburtstag im kleinen Rahmen".

8 LG Augsburg, NJW - RR 2001, 1705.

diese Unternehmen Gemeinsamkeiten sowohl in ihrer Gesellschaftsstruktur als auch hinsichtlich der externen Bedingungen aufweisen, die sie von anderen „klassischen" Unternehmen unterscheiden und das Haftungsrisiko der Organe möglicherweise erhöhen[9].

In „jungen" Branchen und den entsprechend jungen Unternehmen ist das Management insbesondere in organisatorischen und betriebswirtschaftlichen Fragen in besonders hohem Maße unerfahren, häufig fehlen die notwendigen Kenntnisse. Verstöße gegen gesetzlich eindeutig formulierte Vorschriften, auch wenn sie aus der Unfähigkeit des Managements resultieren, führen ohne Zweifel zu einer entsprechenden Haftung, darüber sollte Einigkeit bestehen.

Das schnelle Wachstum und der risikoreiche Markt führen jedoch zu besonders hohen und teilweise anderen Anforderungen an das Management: Unternehmen, bei denen sich nicht nur Umsatz, sondern auch die Mitarbeiteranzahl innerhalb kurzer Zeiträume von zum Teil nur einem Jahr verdoppelt oder verdreifacht haben, müssen perfekt organisiert sein, um dieses zu verkraften. Erschwerend kommen in unbekannten Märkten die fehlenden Erfahrungen und Vorbilder, die mehr Risikobereitschaft und Flexibilität des Managements verlangen, hinzu.

Eine Anlage in Risikokapital wird immer in der Erwartung sehr hoher Gewinne getätigt. Die Kehrseite von Verzinsungsträumen in vierstelliger Höhe ist das Risiko vollständigen bzw. großen Verlusts. Das besondere Risiko könnte einerseits zu erhöhten Informationspflichten des Managements führen, andererseits könnten die Investoren aus den oben genannten Gründen verglichen mit risikoärmeren Beteiligungen vermindert schutzbedürftig bzw. -würdig sein[10].

---

9 Sieg, PHi 2001, 90, 98: „Als besonders gefährdet [i.S.d. Organhaftung - Anm. vom Autor] gelten Start-Ups der New Economy, vor allem Aktiengesellschaften, die am Neuen Markt notiert sind.".

10 So Claussen, S. 313.

Kapitel 1 Risikokapitalfinanzierte Unternehmen

Der Markt für „Venture Capital“ ist in Deutschland erst vor einigen Jahren entstanden und beständig gewachsen. 2001 besaßen in Deutschland laut Angaben des Bundesverbandes Deutscher Kapitalbeteiligungsgesellschaften 5.974 Kapitalgeber ein Portfolio von 15,8 Mrd. €. Das verfügbare Kapital stieg von 18,6 Mio. € in 2000 auf 28,5 Mrd. € in 2001, während die Bruttoinvestitionen bei 4,4 Mrd. € stagnierten[11]. Im ersten Quartal 2002 war das Investitionsvolumen erstmalig mit 482, 21 Mio. € deutlich rückläufig[12]. Risikokapitalfinanzierte Unternehmen sind jedoch, trotz gegenwärtiger massiver Einbrüche, ein wichtiger Wirtschaftsfaktor[13].

§ 1 Finanzierung durch Risikokapital

Der Begriff „Risikokapital“ ist gesetzlich nicht definiert, die Grenzen zu anderen Beteiligungsformen sind in der Praxis fließend. Im Folgenden werden ein Überblick über die Merkmale einer Risikokapitalfinanzierung und der Kapitalgeber und -empfänger gegeben und die Besonderheiten dargestellt.

I. Merkmale einer Risikokapitalfinanzierung

Beteiligungsverträge und die darin enthaltenen Bedingungen und Einzelheiten einer Risikokapitalfinanzierung sind von Fall zu Fall verschieden und werden einzeln ausgehandelt[14]. Von anderen Finanzierungs- und Beteiligungsarten unterscheidet sich Risikokapital i.e.S. durch fünf Besonderheiten, die gleichzeitig kennzeichnend sind:

1. Erhöhtes unternehmerisches Risiko

Begriffsinhärent ist jeder Risikokapitalbeteiligung ein gegenüber der klassischen Kapitalbeteiligung erhöhtes unternehmerisches Risiko[15]. Dieses führt in Verbindung mit fehlenden Sicherheiten dazu, dass der (hohe) Kapitalbedarf der Portfo-

---

[11] BVK Statistik Überblick 2001. Alle Zahlen finden bei http://www.bvk-ev.de unter Statistiken.
[12] BVK Statistik 2002.
[13] Vgl. BVK Statistiken Aussichten und Potentiale 2001 sowie die Pressemitteilung, EVCA Athen 20.06.2002: „ New studies demonstrates the importance of venture capital in developing Europe's growing businesses“.
[14] Ausführlich im deutsch-amerikanischen Rechtsvergleich Nitschke, S. 34 ff.
[15] Reigber / Thyssen, VW 2000, 1953, 1954. Wöhe, S. 708; Nitschke, S. 1f.; Geigenberger, S. 4 f. Zu den externen Bedingungen und Risikofaktoren unten Seite 37 f.

lio-Unternehmen nicht durch klassische Finanzierungsmöglichkeiten[16] gedeckt werden kann[17]. Nur 10 % bis 20 % der Engagements führen zu überdurchschnittlichen Wertsteigerungen, 20 % bis 30 % sind Totalausfälle[18].

2. „Venture Management"

Ein Merkmal der Risikokapital-Finanzierungen ist das sog. „Venture Management"[19]. Die Begrifflichkeiten sind uneinheitlich: Gemeint ist die unternehmerische Unterstützung durch die Kapitalgeber, beginnend bei der Einbringung von Wissen und Erfahrung bis hin zur gemeinschaftlichen Leitung des Kapitalempfängers[20]. Unterstützung, Überwachung und Einflussnahme durch die Kapitalgeber sollen das unternehmerische Risiko minimieren bzw. den Erfolg der Investition sichern[21].

Minimum einer unternehmerischen Beteiligung und typisch für eine Risikokapitalfinanzierung i.e.S. ist ein Sitz des Risikokapitalgebers bzw. seiner Vertreter im Aufsichtsrat oder vergleichbaren Kontrollorganen[22]. In den allermeisten Fällen werden den Kapitalgebern nicht nur Informations-, sondern auch Mitspracherechte gewährt[23]. Eine satzungsrechtliche Festlegung besonderer Überwachungs- und Mitspracherechte ist insbesondere in der GmbH wegen der Flexibilität der Rechtsform häufig[24]. Mitspracherechte, die über eine Überwachungsfunktion hinausgehen, variieren in Umfang und Intensität. Je jünger das Unternehmen und je größer

---

16 Dazu Wöhe, S. 709. Die Übergänge von Risikokapitalbeteiligung und klassischer Unternehmensbeteiligung sind inzwischen fließend.

17 Nitschke, S. 2

18 Laut BVK-Statistik betrugen die Totalausfälle 2001 sogar 36,3 %. Vgl. auch Geigenberger, S. 23 f.

19 Vgl. etwa Assmann / Schütze - Otto, § 27 Rn. 7, 27 f; Wöhe, S. 708; Geigenberger, S. 4 f; Nitschke, S. 4; Büschgen, FS Pleyer, 271, 290.

20 Reigber / Thyssen, VW 2000, 1953: „Zum anderen, und dies ist ein wesentliches Charakteristikum einer VCG, wird darüber hinaus eine große Bandbreite an weiteren Dienstleistungen angeboten: Diese reichen von der Einbringung von Management Know-how als Beirat oder Aufsichtsrat bis zur vollumfänglichen Betreuung der Unternehmen, in die investiert wird (Portfoliounternehmen), z.B. durch Beraterverträge oder zur Verfügungsstellung umfangreicher Netzwerke." Vgl. auch Geigenberger, S. 8 ff.; Schüppen, Rn. 1 und 5, sowie Groth, „Banken und Unternehmen: Vom Kreditgeber zum Coach", Bank und Markt Nr. 07 vom 01.07.2000 S. 22; Diekhoff, FTD 26.11.2001: Gründer im Glashaus; sowie Fn 18.

21 Vgl. Wächter, M&A Review 4 / 2001, S. 150 ff. und auch Nitschke, S. 4 f.

22 Vgl. Geigenberger, S. 133 und Weitnauer, Rn. C 15.

23 Vgl. Engelmann / Juncker, S. 48.

24 Zu den Einflussnahmemöglichkeiten in Aktiengesellschaften vgl. Wächter, M&A Review 4 / 2001, S. 150 ff.

die wirtschaftlichen Schwierigkeiten bzw. Risiken sind, desto intensiver werden die Überwachungs- und Mitspracherechte sein[25].

3. Gewinnerzielung durch Veräußerung

Risikokapital finanziert sich durch die Realisierung überdurchschnittlicher Gewinne im Erfolgsfall. Die Rückführung der Investition geschieht nicht aus den laufenden Erträgen, sondern durch den sog. „Exit", bei dem der Risikokapital-Geber seine Beteiligung veräußert[26]. Die Wertsteigerung der Investition infolge des Wachstums des Unternehmenswertes wird beim „Exit" realisiert. Die für eine Bereitstellung von Risikokapital erforderlichen hohen Gewinnerwartungen setzen ein sehr hohes Wachstumspotential des Portfoliounternehmens voraus[27].

Eine Risikokapital - Beteiligung ist aufgrund der Zielsetzung, der Generierung von Gewinnen, zeitlich begrenzt[28].

Die bekannteste Exit-Form ist der sog. IPO (Initial Public Offering), der erstmalige Börsengang[29]. Der Anteil in der Exit-Statistik sank aufgrund der aktuellen Krise am Neuen Markt seit den Boom-Zeiten von 12,6 % 1999 auf derzeit 0,4 %[30]. Langfristig handelt es sich bei dieser Exit-Form aufgrund der hohen Gewinnmöglichkeiten weiterhin um eine der attraktivsten Varianten. Beim „Trade Sale" werden die Anteile der Investoren oder das gesamte Unternehmen an einen strategischen Investor oder ein Unternehmen veräußert[31]. Beim „Secondary Purchase" werden die Anteile an eine andere Risikokapital- Gesellschaft veräußert[32].

4. Unternehmerische Beteiligung

Gemeinsames Merkmal aller Risikokapitalfinanzierungen ist die Beteiligung des Investors am unternehmerischen Risiko, aber auch die „uneingeschränkte Teilhabe an Firmenwert und stillen Reserven"[33]. Die rechtlich einfachste Form der Risikokapital-Finanzierung ist die direkte Beteiligung am Eigenkapital eines

---

[25] Die Einbrüche seit dem Frühjahr 2000 haben dazu geführt, dass das Venture Management auch bei Finanzinvestoren immer wichtiger wird, vgl. Zu den Unterschieden Brühl, M&A Review 7 / 2001, S. 306.Vgl. auch Nitschke, S. 4.

[26] Assmann / Schütze - Otto § 27 Rn. 38 f; Geigenberger, S. 2 f. mit der Abgrenzung zur klassischen Kapitalbeteiligung; Nitschke, S. 5; Weitnauer, Rn. F 1 ff.

[27] Vgl. Assmann / Schütze - Otto § 27 Rn. 6; Engelmann / Juncker, S. 132 f.; Nitschke, S. 5.

[28] Vgl. Nitschke, S. 6. Zur konkreten Zielsetzung vgl. unten Seite 34.

[29] Vgl. Jäger, NZG 2000, 1049, 1052 ff.

[30] Vgl. BVK - Statistik.

[31] BVK - Statistik 2001: 20,4 % gegenüber 39 % im Jahr 2000.

[32] BVK - Statistik 2001: 7,9 % gegenüber 7,4 % im Jahr 2000.

[33] Assmann / Schütze - Otto § 27 Rn. 38.

Unternehmens durch Erwerb von Unternehmensanteilen. Mangels Börsennotierung handelt es sich sowohl bei der AG als auch bei der GmbH um „Private Placements“[34]. Der Investor kauft die Anteile zum Nominalwert der Beteiligungen plus dem sog. „Aufgeld“ oder Agio[35].

a) Finanzierung über Fremdkapital

Fremdkapital ist in seinem Bestand grundsätzlich unabhängig vom wirtschaftlichen Schicksal des Unternehmens. Bei den mezzaninen Finanzierungsformen[36] erfolgt eine Verknüpfung des Fremdkapital mit dem unternehmerischen Risiko[37].

Aufgrund einer „Rangrücktrittsklausel“ erfolgt eine Rückerstattung bspw. eines Darlehens erst nach der Befriedigung aller übrigen Gläubiger, jedoch vor der Rückgewähr „echten“ Eigenkapitals und der Realisierung von Wertzuwächsen[38]. Ist der Investor bereits Gesellschafter, handelt es sich nach der herrschenden Rechtsprechung um ein vertraglich festgelegtes eigenkapitalersetzendes Darlehen[39]. Teilweise wird vereinbart, dass die gewährte Darlehenssumme nur im „Erfolgsfall“ des Unternehmens zurückgewährt werden muss.

Statt oder zusätzlich zu höheren Zinsen und / oder Risikoprämien wird der Investor an dem Wertzuwachs des Unternehmens beteiligt, zumeist durch die Gewährung von Optionsrechten[40] oder einer prozentualen Beteiligung am Wertzuwachs. Die Verknüpfung erfolgt zumeist über die Ausgestaltung des Darlehens als sog. Wandelschuldverschreibung bzw. durch die Ausgestaltung als Optionsanleihe gemäß § 221 AktG[41].

---

34 Priester, Harzburger Steuerprotokoll 2000, 125, 131.

35 Geigenberger, S. 82 f. Bei einem Grundkapital von € 50.000 und einer Beteiligung von 5 % wäre der Nominalwert € 2.500. Bei einem Unternehmenswert (inkl. dem nicht bilanzierbaren Good Will und Wert der Eigenleistungen) von € 10 Mio. würde der Kaufpreis mindestens € 252.500 betragen. In der Regel werden in Relation höhere Aufgelder gezahlt, welche das erwartete Wachstum des Unternehmenswertes beinhalten.

36 Mischformen zwischen Fremd- und Eigenkapital. Vgl. Weitnauer, Rn. B 93 ff.

37 Ein Überblick über Risikokapital in Form von Fremdkapital findet sich bei Heinrich, ÖStZ 2000, 274 ff. Siehe auch Geigenberger, S. 81 ff. Im Folgenden beschränke ich mich auf die wichtigsten Instrumente.

38 Vgl. hierzu Gerkan / Hommelhoff Rn. 1.33; K.Schmidt, § 18 Abs. 3 S. 2.

39 Zur Differenzierung zwischen eigenkapitalersetzenden Darlehen und Risikodarlehn Lutter / Hommelhoff § 32 a / b Rn. 169 ff.

40 Der Begriff „Option“ im Zusammenhang mit dem Erwerb von Unternehmensanteilen ist gesetzlich nicht geregelt. Nach der Definition des Bundesfinanzministeriums handelt es sich um eine Option, wenn der Käufer vom Verkäufer gegen Zahlung einer Optionsprämie das Recht erwirbt, eine bestimmte Anzahl zum Börsenhandel zugelassener Aktien zu einem vereinbarten Preis zu erwerben, BStBl. I 1994, 816, Tz. 1. Zu Aktienoptionen Friedrichsen, S. 7 ff.

41 Dazu Hüffer, § 221 Rn. 1 ff. und Nitschke, S. 103 ff. Für die GmbH besteht keine § 221 AktG vergleichbare Norm, eine entsprechende vertragliche Gestaltung ist aber möglich, Nitschke,

b) Stille Beteiligungen

In der typischen stillen Gesellschaft wird der stille Gesellschafter in Relation zu seiner Einlage am Gewinn bzw. Verlust beteiligt. Der stille Gesellschafter besitzt Informations- und Kontrollrechte, aber keine Mitspracherechte[42].

Eine typische stille Beteiligung ist für einen Risikokapitalgeber mangels entsprechender Gewinne des Portfoliounternehmens uninteressant, da er nicht an dem Wachstum des Unternehmenswertes partizipiert[43].

Bei der atypischen stillen Beteiligung wird der stille Gesellschafter an der Unternehmensentwicklung durch Verlustbeteiligung und Nachrangigkeitsvereinbarung beteiligt; eine Partizipation am Unternehmenswachstum erfolgt über Optionsrechte oder Ausgleichsansprüche. In der Regel werden erhöhte Kontroll- und Informationsrechte sowie Mitspracherechte unterschiedlichen Ausmaßes vereinbart[44].

5. Beteiligungsstruktur

Bei Risikokapitalfinanzierungen i.e.S. handelt es sich typischerweise um Minderheitsbeteiligungen. Die Mehrheit der Anteile wird in der Regel vom Management des Unternehmens, den sog. Gründern, gehalten[45]. Eine Mehrheitsbeteiligung geht über das gewollte finanzielle Engagement hinaus[46].

Allein- oder Erstinvestments von Risikokapitalgebern in frühen Unternehmensphasen werden, da der gesamte Finanzierungsbedarf zumeist nicht durch einen Investor gedeckt werden kann, tendenziell mit steigendem Alter und Erfolg des Unternehmens zu einem „Co-Investment“ verschiedener Investoren mit unterschiedlichsten Beteiligungsformen. Zumeist gibt es einen „Lead-Investor“, welcher verstärkten Einfluss auf das Unternehmen besitzt[47].

S. 115 ff. Zur Ausgestaltung und den betriebswirtschaftlich relevanten Gesichtspunkten vgl. Drukarczyk, S. 444 ff.; Wöhe, S. 711 ff.

42 Zur typischen stillen Gesellschaft ausführlich Blaurock, § 4 Rn. 152 ff.

43 Vgl. auch Assmann / Schütze - Otto § 27 Rn. 33 ff. A.A. wohl Heinrich, ÖStZ 2000, 274 ff. Dagegen spricht aber auch, dass typische Stille Beteiligungen steuerrechtlich nicht als Beteiligungsfinanzierung anerkannt werden, vgl. Engelmann / Juncker, S. 47, Fn 40. Zum Streit, ob es sich bei den Einlagen bilanzrechtlich um Fremd- oder wegen der eigenkapitalähnlichen Wirkung um Eigenkapital handelt, Blaurock, § 13 Rn. 777 ff.

44 Zu den Erscheinungsformen der atypischen Stillen Gesellschaft Blaurock § 4 Rn. 177 ff. Im Steuerrecht wird die atypische stille Gesellschaft bei „Mitunternehmerschaft“ gemäß §§ 20 Abs. 1 Nr.4, 15 Abs. 1 Nr. 2 EStG als Personenhandelsgesellschaft behandelt.

45 Vgl. Wächter, M&A Review 4 / 2001, S. 150; Geigenberger, S. 82; Engelmann / Juncker, S. 47 und 112; Schüppen, Rn. 2: „Nach der statistischen Erhebung aus dem Jahre 1998 entfallen mehr als 75 % der Investitionen von Beteiligungsgesellschaften auf Beteiligungen bis zu 50 %.“.

46 Anders ist dies bei strategischen Beteiligungen, vgl. unten Seite 31.

47 Geigenberger, S. 92, 137; Weitnauer, Rn. C 51 ff.

6. Zusammenfassung

Eine Risikokapitalbeteiligung ist eine Beteiligung an Unternehmen mit erhöhtem unternehmerischen Risiko, bei denen der Kapitalgeber am Unternehmenswachstum bzw. Verlust partizipiert. Kennzeichnend ist das unternehmerische Interesse. Risikokapitalbeteiligungen i.e.S. sind zeitlich begrenzt und typischerweise Minderheitsbeteiligungen.

II. Kapitalempfänger und Kapitalgeber

Bekannt geworden ist die Risikokapital-Finanzierung durch die „New Economy" und „Start-Ups". Über ¾ der Unternehmen am Neuen Markt als Börsenplatz der „New Economy" wurden oder werden maßgeblich durch Risikokapital finanziert[48].

1. Start-Ups als typische Risikokapitalempfänger

Eine Risikokapitalfinanzierung ist betriebswirtschaftlich nur sinnvoll, wenn das überdurchschnittliche Risiko durch überdurchschnittliche Gewinne im Erfolgsfall amortisiert wird. „Start-Ups"[49] sind als junge Unternehmen mit einem hohen Wachstumspotential und einem exponierten Risiko typische Risikokapitalempfänger.

a) Wachstumsunternehmen

Unternehmenswachstum ist nicht auf „Start-Ups" i.S. junger Unternehmen beschränkt. Etablierte Unternehmen in klassischen Märkten können und sollen ebenfalls wachsen. Wachstumssprünge aufgrund neuer Strategien, z.B. einer erfolgreichen Diversifizierung, sind nicht selten[50].

---

48 Jäger, NZG 2000, 1049 ff.; FTD 14.03.2001: „Krise am Neuen Markt: Steigbügelhalter der Börsianer".

49 New Economy Duden: Start-Up [zu engl. to start up = anspringen, starten] Ein neu gegründetes Unternehmen, dessen Zukunft hoffnungsvoll, aber eher ungewiss ist. Finanziert werden diese Unternehmen in der ersten Stufe mit dem Eigenkapital der Gründer, darauf folgt meist das Angel-Funding von Freunden und Verwandten, und schließlich das Venture-Capital. In der Venture-Capital-Sprache sind mit Start-Ups Unternehmen gemeint, die bereits einsatzfähige Produkte haben und mit deren Vermarktung beginnen. Typisch für Start-Ups sind exorbitant hohe Umsatz-Wachstumsraten, ein hoher Investitionsbedarf und eine hohe Burn-Rate. Als Ziel steht für die meisten Start-Ups der IPO, der Börsengang, und irgendwann später hoffentlich einmal eine positive Unternehmensbilanz

50 Vgl. auch Nitschke, S. 3. Beispiel für Wachstumssprünge etablierter Unternehmen ist die Entwicklung der Münchener Rüchversicherungsgesellschaft zwischen 1996 und 2000, welche u.a. durch die Expansion in Richtung USA durch den Aufkauf der American Re bedingt war.

Das Wachstumspotential von Start-Ups ist jedoch überdurchschnittlich hoch[51], so dass diese Unternehmen auch als Wachstumsunternehmen bezeichnet werden[52]. Vom Unternehmenswachstum ist das Gewinnwachstum zu unterscheiden. Maßstäbe für Unternehmenswachstum können Umsatz und Ertrag, Bilanzsumme, Mitarbeiter, aber auch Marktanteile sein[53].

Die Literatur unterscheidet in Anlehnung an die Praxis zwischen verschiedenen Phasen und Anlässen der Risikokapitalfinanzierung von Start Ups[54]. Häufig spezialisieren sich Risikokapitalgeber auf bestimmte Phasen bzw. schließen einzelne Phasen aus. In der Praxis sind die Übergänge der einzelnen Phasen fließend.

In der *Gründungsphase* (Seed-Phase oder Early Stage) wird in die Grundlagenentwicklung (von Marktanalysen bis hin zu Produktkonzepten) und die Gründung einer Firma investiert. In dieser Phase werden noch keine bzw. kaum Einnahmen generiert, die Finanzierung findet komplett aus Eigenmitteln der Gründer bzw. ggf. der Kapitalgeber statt.

In der eigentlichen *Start-Up - Phase*[55] wird mit der Vermarktung eines bestimmten Produktes begonnen, dessen Weiterentwicklung betrieben und spezielle Marketing-Konzepte entwickelt. Auch in dieser Zeit braucht das Unternehmen Kapitalzufluss von außen, da die Einnahmen zumeist noch nicht die operativen Kosten, insbesondere nicht die hohen Entwicklungskosten, decken.

In der *Wachstumsphase* (Expansion Stage) erfolgt die Produktions- und Absatzausweitung. Das Unternehmen erwirtschaftet durch seine operative Tätigkeit Einnahmen in größerem Umfang. Eine Kostendeckung aus dem Cash-Flow, insbesondere die Finanzierung weiteren Wachstums ist noch nicht möglich. In dieser Phase ist eine ergänzende Finanzierung durch echtes Fremdkapital denkbar. Eine Deckung des gesamten Kapitalbedarfs durch Fremdkapital ist jedoch normalerweise nicht möglich.

---

51 Heßler / Mosebach, DStR 2001, 1045, 1048: „Während Betriebe der traditionellen Wirtschaft sich glücklich schätzen, wenn es ihnen gelungen ist, über einen Zeitraum von 10 Jahren ein durchschnittliches Wachstum von jährlich 5% zu erwirtschaften, gelten Wachstumsraten in der New Economy von unter 50% schon beinahe als Missmanagement.".

52 Vgl. auch Volk, StuB 2000, 870, 871f.

53 Letzteres ist allerdings eine relative Größe, da ein Unternehmen trotz sinkender Marktanteile wachsen kann und umgekehrt. Eine Veränderung der Unternehmensgröße ist auch bei konstantem Marktanteil möglich. Zur Ausprägung von Wachstumspotential Engelmann / Juncker, S. 49 ff.

54 Engelmann / Juncker, S. 26 ff.; Rams / Remmen, M&A Review 2 / 1999, S. 74.

55 Begrifflich ist zwischen der Start-Up-Phase und den Start-Up-Unternehmen zu unterscheiden. Im allgemeinen Verständnis sind dies alle Wachstumsunternehmen zwischen Gründung und Börsengang bzw. Veräußerung an ein etabliertes Unternehmen.

Bridge-Finanzierungen dienen der Vorbereitung auf den Börsengang oder der Überbrückung von weiteren Wachstumsschwellen. Der Eigenkapitalzufluss findet in dieser Phase zumeist in Verbindung mit Kapitalerhöhungen statt[56].

b) New Economy

Start Ups i.S.v. Wachstumsunternehmen sind fast ausschließlich in den Märkten der „New Economy" tätig[57]. Eine eindeutige Definition des Begriffs „New Economy" ist schwierig, da unterschiedliche Ansatzpunkte bestehen.

Nach dem Branchenansatz handelt es sich um neue Medien und Märkte, welche ein hohes Wachstumspotential besitzen, insbesondere in den Bereichen Biotechnologie, Informatik, Telekommunikation und Medien[58]. Dieser Tätigkeitsbereich ist zwar nicht zwingend für ein Wachstumsunternehmen. Aufgrund der Neuartigkeit der Märkte sind die darin tätigen Unternehmen jedoch in der Mehrzahl Neugründungen bzw. jungen Unternehmen mit hohem Wachstumspotential[59].

Auf der anderen Seite steht die „New Economy" seit der kurzen Blütezeit in Deutschland (1998-2000) als Symbol für eine neue Wirtschaftskultur, in der die alten sozialen, aber auch ökonomischen Erkenntnisse nicht mehr gelten sollen[60].

Bei dem Phänomen „New Economy" bzw. den damit verbundenen Auswirkungen handelt es sich nicht um etwas Einmaliges. Innovationen, neue Märkte und damit einhergehende tiefgreifende Veränderungen hat es im Wirtschaftsleben häufiger gegeben, im übrigen auch eine damit einhergehende Euphorie und Ernüchterung[61]. Neu ist, dass aufgrund der Medien und des breiteren Wohlstandes bzw. auch durch die Möglichkeit der Beteiligung über den Neuen Markt ein wesentlich größerer Personenkreis durch dieses Phänomen berührt wurde.

---

56 Für einen Börsengang am Neuen Markt ist ein Eigenkapital von 1,5 Mio. € erforderlich, Regelwerk Neuer Markt 3.1 Abs. 2, weshalb eine Finanzierungsrunde vor Börsengang zur Erreichung des notwendigen Eigenkapitals sowie eine zweite zur Deckung des Emmissionsvolumens, welches laut Regularien des Neuen Marktes ebenfalls aus einer Kapitalerhöhung stammen muss, Standard ist.

57 Nitschke, S. 1; Büschgen, FS Pleyer, 271, 278. Risikokapital wird insgesamt häufig in Unternehmen der „New Economy" investiert: BVK Statistik 2001: 41,2 % aller Investitionen; 2000: 54 %.

58 Jäger, NZG 2000, 1049 ff.; Rupp, Das Parlament B 9 / 2001, 23; Benzinger / Göhner DB 2001, 2205. So auch der Ansatz des BVK, der unter „neue Technologien" die sog. Computer related, Kommunikationstechnologien, Biotechnologie und Medizintechnik fasst.

59 Geigenberger, S. 89; vgl. auch die Beispiele bei Nitschke, S. 1 f.

60 Zu den wirtschaftlichen und sozialen Auswirkungen, insbesondere Stierle, Das Parlament B 9 / 2001, 15 ff. sowie Paqué, Das Parlament B 9 / 2001, 31 ff. Siehe auch Witt, Controller Magazin 2 / 2001, 112 f.

61 Vgl. den Zyklus bei Geigenberger, S. 27, die bereits 1999 vor einer „Überhitzung" warnte; desgleichen Reigber / Thyssen, VW 1999, 1852, 1853.

Aus juristischer Sicht ist die „New Economy“ nicht durch spezifische Branchen gekennzeichnet, sondern durch die Tatsache, dass es sich um neue Brachen handelt, bei denen keine Marktkenntnisse vorhanden sind bzw. noch nicht mal ein Markt im Sinne mehrerer Marktteilnehmer auf Anbieterseite. Grundlage solcher Märkte sind - technische - Innovationen, die die Wirtschaft und damit einhergehende ökonomische und soziale Bedingungen beeinflussen.

c) Abgrenzung zu anderen Finanzierungsanlässen und Wachstumsunternehmen

Start Ups sind zwar typische Risikokapitalempfänger, dennoch wird Risikokapital nicht ausschließlich an solche Unternehmen vergeben.

(1) Sonderfälle der Risikokapitalfinanzierung

Ein Sonderfall, wenn auch in der Praxis häufig, ist die Risikokapitalfinanzierung zur Unternehmenssanierung *(Turnaround)*, gleiches gilt für den sog. *MBO*[62] und *MBI*[63].

Bei einer *strategischen Beteiligung* besitzt der Investor Interesse an dem Produkt bzw. an dem Unternehmen selbst. Häufig handelt es sich bei den Kapitalgebern um Industrieunternehmen. Die Zielsetzung ist mit der Einbindung in einen Konzern vergleichbar[64], der gewünschte Einfluss auf die Geschäftsführung ist entsprechend größer[65].

Business Angels sind Privatinvestoren oder private Berater, welche vor allem in frühen Unternehmensphasen Eigenkapital und / oder unternehmerisches Know - how und Kontakte mit in die Gesellschaft einbringen[66]. Bei finanziellen Investitionen handelt es sich um eine Sonderform der Risikokapitalfinanzierung, deren Schwerpunkt allerdings mehr auf der Förderung des Managements und des Unternehmens liegt als bei institutionellen Risikokapitalgebern. Abzugrenzen sind Beteiligungen am unternehmerischem Risiko ohne zusätzliches finanzielles Engagement, indem z.B. Beratungsleistungen durch Unternehmensanteile bzw. Optionen vergütet werden. *Inkubatoren* sind ebenfalls professionelle Risikokapi-

---

62 Management Buy Out: Das aktuelle Management übernimmt mit Hilfe von Investoren das geführte Unternehmen, vgl. zum MBO Reigber / Thyssen, VW 2000, 1953, 1956.

63 Management Buy In: Einkauf eines externen Managementteams in ein Unternehmen. Nach Auffassung der europäischen Literatur handelt es sich bei diesen Investitionen um Sonderfälle der Risikokapital - Finanzierung, die US-amerikanische Literatur grenzt diese Fälle dagegen ab, vgl. EVCA White Paper, S. 2.

64 Vgl. Weitnauer B Rn. 92.; ausführlich Schüppen, Rn. 6 ff.

65 Zu den Unterschieden Brühl, M&A Review 7 / 2001, S. 306.

66 Dazu Geigenberger, S. 29 ff. und Engelmann / Juncker - Brockhoff-Hansen, S. 231 ff.

talgeber, die Unternehmen in der Gründungsphase nicht nur verstärkt unternehmerische, sondern auch weitreichende organisatorische Unterstützung bieten[67].

(2) Besondere Wachstumsunternehmen

Bei den sog. „Spinn-Offs“ handelt es sich um Ausgliederungen von wachstumsstarken Sparten, häufig ebenfalls im Bereich der „New Economy“, aus bestehenden Unternehmen. Beispiele sind die INFINION AG und T-Online[68]. „Start-Ups“ sind dagegen konzernunabhängige Unternehmen, welche auf den Ideen ihrer „Gründer“ basieren und von diesen mit oder ohne finanzielle Mittel von außen aufgebaut werden.

Die Anforderungen an „Start-Ups“ sind im Vergleich zu Jungunternehmen, welche in etablierten Märkten aktiv werden, unterschiedlich. Im Gegensatz zu diesen muss kein bestehender Markt langsam und stetig durchdrungen werden, es gibt keine übermächtigen Konkurrenten im Sinne von echten Marktführern. „Start-Ups“ müssen neue Märkte erobern, möglicherweise im Wettbewerb mit vergleichbaren Unternehmen.

New Economy und Start Ups werden häufig mit dem Neuen Markt gleichgesetzt[69]. Börsennotierte Unternehmen sind jedoch von ihrer Gesellschafterstruktur kein Start Up mehr. Auch wenn dies in der Vergangenheit teilweise anders gehandhabt wurde, sollte der Entwicklungsstand des Unternehmens keinesfalls mehr dem eines Start Ups entsprechen.

d) Gesellschaftsformen

Das erhöhte unternehmerische Risiko bei Start Ups führt bei Kapitalempfängern und Kapitalgebern zu einem Bedürfnis nach einer Haftungsbeschränkung bei dem Portfoliounternehmen. Risikokapitalbeteiligungen an Personengesellschaften sind daher selten; in Frage kommen vor allem Kommandit-Beteiligungen[70]. Denkbar sind auch stille Beteiligungen an Personengesellschaften, bei atypischen stillen Beteiligung ist jedoch wegen der „Mitunternehmerschaft“ ein erhöhtes Haftungsrisiko gegeben[71]. In der Praxis handelt es sich bei risikokapitalfinanzierten Start

---

[67] Engelmann / Juncker - Weiss / Hardes, S. 224 ff. und Heitzer / Engelmann, M&A Review 3 / 2001 S. 96.

[68] Vgl. dazu Schüppen, Rn. 249 ff.

[69] Vgl. Fn 9 und Fn 48.

[70] Möglicherweise in Verbindung mit einer Geschäftsführungsposition bzw. der Weisungsgebundenheit der Geschäftsführung, HK / HGB - Stuhfelner E I vor § 161 Rn. 3. Die (tatsächliche) Geschäftsführung durch einen Kommanditisten führt nach Ansicht der Rechtsprechung nicht zwingend zu einer entsprechenden Haftung, vgl. BGHZ 45, 204, 206 f.

[71] Vgl. zu stillen Gesellschaft Seite 27 f.

Ups nahezu durchgängig um Kapitalgesellschaften in Form der GmbH oder der Aktiengesellschaft[72].

2. Kapitalgeber

Risikokapitalgeber in Deutschland sind Banken, Versicherungen, große Industrieunternehmen, aber auch private Investoren. Eine wichtige Rolle nehmen daneben öffentliche Investoren ein[73]. Das eigene unternehmerische Risiko der Kapitalgeber wird durch eine Streuung der Kapitalbeteiligungen gemindert[74].

Die Krise des Neuen Marktes und der „New Economy" traf auch die Risikokapitalgeber. Insbesondere junge Kapitalbeteiligungsunternehmen, die erst in der Boom-Phase gegründet wurden, haben die Konsolidierung des Neuen Marktes mangels ausreichender finanzieller Reserven und häufig auch wegen Fehlern des Managements nicht überlebt[75].

a) Struktur der Beteiligungsgesellschaften

Captive-Gesellschaften sind Beteiligungsgesellschaften von Großunternehmen, Banken oder privaten Investoren. Sie werden durch einen Gesellschafter beherrscht, der ggf. einen Großteil des Verlustes oder des Gewinnes trägt. *Semi-Captive-Gesellschaften* sind Zusammenschlüsse von mehreren Firmen, Banken oder privater Investoren und zeichnen sich durch einen kleinen, feststehenden Gesellschafterkreis mit gleichmäßiger Risikoverteilung aus. Bei *Independent-Gesellschaften,* z.B. in Form von Beteiligungsfonds, wird ein möglichst breiter Anlegerkreis angestrebt. Ein Wettbewerb um Eigenkapitalgeber findet statt[76].

b) Rechtsformen der Risikokapital-Geber

Industrieunternehmen, Banken, Versicherungen und die öffentliche Hand investieren zumeist nicht direkt in Wachstumsunternehmen, sondern über Beteiligungsgesellschaften. Häufig handelt es sich um eigene Tochtergesellschaften, deren Unternehmenszweck in der Vergabe von Risikokapital liegt. Als Rechtsform kommen vor allem die Kapitalgesellschaften, zumeist AG und GmbH, in

---

[72] Vgl. Engelmann / Juncker, S. 36. Zur GmbH&Co. KG und KGaA Weitnauer, Rn. C 17 ff.

[73] Engelmann / Juncker, S. 116 ff. Problematisch ist die EU-rechtliche Zulässigkeit öffentlicher Förderungen, vgl. Handschuch, „Risiken für Venture-Capital", Wirtschaftswoche Nr. 12 vom 15.03.2001, S. 48.

[74] Wöhe, S. 708.

[75] Bericht in der Beilage des Handelsblattes vom 26.04.2001: Mergers&Aquisitions, „Die Spreu trennt sich vom Weizen", S. B7.

[76] Allgemein anerkannte Unterteilung, vgl. nur Schüppen, Rn. 12 f.

Betracht. Möglich ist auch die Ausgestaltung als *Unternehmensbeteiligungsgesellschaft* (UBG)[77].

Beteiligungsgesellschaften in Form der „Limited Partnerships" (Ltd.) nach ausländischem Recht mit Sitz „Off-Shore" sind ebenfalls häufig. Personengesellschaften werden außer in Form GmbH & Co. KG nicht in Betracht kommen[78].

3. Ziele und Zielkonflikte

Unterschiedliche Zielsetzungen von Risikokapitalgebern und -nehmern, d.h. den Gründern der Portfoliogesellschaft, können zu Interessenkonflikten und daraus resultierenden Schädigungen der Gesellschaft führen. Gleichlaufende Zielsetzungen bergen dagegen insbesondere das Risiko einer Schädigung später hinzukommender Minderheitsgesellschafter und Dritter.

a) Vergleichbarkeit der Interessen von Anteilseignern und Optionsinhabern

Optionsinhaber sind im Unterschied zu Anteilseignern nicht unmittelbar an möglichen Verlusten oder auch Gewinnen oder Wertzuwächsen beteiligt. Der zur Wahrnehmung der Option notwendige Zielwert kann zu einer erhöhten Risikobereitschaft, möglicherweise auch zu „Kurzfristdenken", fixiert auf die Erreichung der Zielwertes, eines nur über Optionen beteiligten Managements oder Risikokapitalgebers führen[79]. Solange die Erreichung des Zielwertes aufgrund guter wirtschaftlicher Entwicklung unproblematisch ist, werden sich die Interessen von Options- und Anteilseignern nicht wesentlich unterscheiden. Interessensunterschiede werden vor allem dann auftreten, wenn die Entwicklung für die Ereichung der Zielwerte nicht ausreicht. In diesem Fall partizipieren die Optionsinhaber nicht von dem - wenn auch geringeren Unternehmenswachstum. Optionen in Start-Ups sind fast durchgängig nicht übertragbar, der normalerweise bestehende Handelswert fehlt völlig, so dass die Verfehlung des Zielwertes einen Totalverlust bedeutet[80]. Diese Auswirkung wird durch die Tatsache, dass die Erreichung eines bestimmten Unternehmenswertes und der damit verbundene Exit Ziel jeder

---

77 Die UBG wird in der Rechtsform einer AG geführt, unterliegt jedoch besonderen Vorschriften. Vgl. Assmann / Schütze (Ergänzungsband), § 27 Rn. 3 ff.

78 Die GbR dürfte aufgrund der neusten Rechtsprechung ebenfalls ausscheiden, vgl. BGH, NJW 1999, 3483 sowie Ebbing / Grüner, NZG 2000, 347 ff.

79 Baums, FS Claussen, 3, 8 ff. Baums befürwortet die erhöhte Risikobereitschaft, die positive Wirkung ist allerdings anzuzweifeln, sofern nicht eine Beschränkung über eine Verlustteilnahme gegeben ist. Vgl. dazu die folgenden Erwägungen.

80 Je nach vertraglicher Gestaltung kann dies erhebliche finanzielle Auswirkungen haben: Handelt es sich nicht um Anleihen, sondern um echtes Eigenkapital im Sinne eines Optionskaufs, verliert der Optionsinhaber zusätzlich die investierten Mittel.

Investition ist, intensiviert. Dies kann im Sinne des „Kurzfristdenkens" auch dazu führen, dass die Interessen der Optionsinhaber denen der Anteilseigner und den „Gesellschaftsinteressen" widersprechen[81].

Im Fall einer mezzaninen Finanzierung halten Risikokapitalgeber zwar häufig Optionen[82], sind jedoch am Verlust beteiligt, wodurch die Risikobereitschaft eingeschränkt wird. Optionsinhaber wie Anteilseigner verfolgen eigene, teilweise unterschiedliche Interessen. Dies kann und soll sich auf das Organhandeln auswirken.

b) Gründer und Risikokapitalgeber

Gemeinsames Ziel privater Kapitalgeber und der Unternehmer ist ein möglichst hohe Steigerung des Unternehmenswertes[83]. Bei Öffentlichen Investoren stehen die Förderung bestimmter Ideen oder Wirtschaftszweige durch die Förderung von Existenzgründern und Jungunternehmen bei der Kapitalvergabe im Vordergrund[84].

Während jedoch die Gründer typischerweise an einem möglichst langfristigen Erfolg des Unternehmens interessiert sind, streben die Kapitalgeber, insbesondere wenn sie einen hohen Optionsanteil besitzen, dagegen ein möglichst hohes Wachstums innerhalb der geplanten Beteiligungsdauer an[85]. Dieser Interessenkonflikt kann sich bei rein finanziellen Beweggründen der Gründer in einen Interessengleichlauf umkehren. Ausschließlich auf einen rentablen Exit gerichtetes Denken kann zu einer Gefahr für das langfristige Unternehmenswohl und damit Dritte bzw. der Mitanteilseigner werden.

Bei mezzaniner Finanzierung können in Krisensituationen die Interessen bezüglich der Verbleibensdauer des Kapitals gegenläufig sein: Während der Risikokapital-Empfänger einen möglichst langen Verbleib der Mittel anstreben wird, um kein neues Kapital akquirieren zu müssen, wird der Risikokapital-Geber Interesse an der „Rettung" seines Investments haben[86].

Vorrangiges Interesse der Risikokapitalempfänger ist eine Eigenkapital-Quote, welche die Gründung, die Fortführung oder die Expansion des Unternehmens

---

[81] Beispiele sind verfrühte Börsengänge, zu schnelle Expansion und Wachstum.

[82] Die Ausgabe von Aktienoptionen an leitende Mitarbeiter bzw. das Management ist inzwischen auch in klassischen Unternehmen sehr beliebt, vgl. die Nachweise bei Hüffer § 192 Vor Rn. 15. In Start-Ups werden statt direkten Beteiligungen häufig auch Aktienoptionen an Mitarbeiter vergeben.

[83] Bei einem überwiegenden Interesse an dem Produkt wird die strategische Beteiligung die bevorzugte Variante sein, vgl. Schüppen, Rn. 18 und oben Seite 31.

[84] Engelmann / Juncker, S. 129 ff.

[85] Schüppen, Rn. 20.

[86] Vgl. auch Schüppen, Rn. 20.

ermöglicht[87]. Ein weiteres Ziel seitens der Kapitalempfänger kann sowohl die Prüfung des unternehmerischen Konzeptes durch die Kapitalgeber[88] als auch Managementunterstützung durch Risikokapital-Geber sein[89]. Konfliktpotential bergen die Kontroll- und Einflussnahmemöglichkeiten der Kapitalgeber: Diese werden weitreichende Kontrollmöglichkeiten bis hin zur Möglichkeit der direkten Einflussnahme anstreben, um ihre Investition zu kontrollieren und zu schützen, während die Gründer weitgehende Kompetenzen der Kapitalgeber eher ablehnen, um ihre Selbstständigkeit zu erhalten.

Die Unternehmensbewertung birgt zum Zeitpunkt der Beteiligungsverhandlungen Konfliktpotential: Während die Gründer einen möglichst hohen Unternehmenswert anstreben werden, um die Anteile für einen höheren Preis veräußern zu können, werden die Risikokapitalgeber aus demselben Grund eine eher niedrige Bewertung des Unternehmens vornehmen[90]. Bei einem späteren Exit werden Risikokapitalgeber und Gründer dagegen gleichermaßen einen möglichst hohen Unternehmenswert anstreben, woraus die Gefahr einer Kollusion zu Lasten Dritter wächst[91].

4. Zusammenfassung

Start Ups sind junge Unternehmen, zumeist in Form einer Aktiengesellschaft oder GmbH, mit Tätigkeitsschwerpunkt in der New Economy. Die Risikokapitalgeber sind ebenfalls als Kapitalgesellschaft organisiert. Die Interessen von Start Up bzw. Gründern und Risikokapitalgeber laufen teilweise parallel, soweit sie das Wohl des Unternehmens betreffen. Insbesondere bei Anteilserwerb können jedoch gegenläufige Interessen bestehen. Gleichlaufende Interessen können die Interessen Dritter gefährden, gegenläufige Interessen gefährden dagegen vorrangig das Unternehmen.

---

87 Schüppen, Rn. 19.

88 Vgl. Geigenberger, S. 10: „Die Unterstützung durch eine Venture-Capital-Gesellschaft verleiht einem Unternehmen eine Art Gütesiegel „Geprüft durch erfahrene Investoren". So auch Schüppen, Rn. 19.

89 Vgl. dazu Seite 24 f. und Geigenberger, S. 8 ff.

90 Vgl. Schüppen, Rn. 20 und Nitschke, S. 5.

91 Die Auswirkungen können auch erst nach Börsengang eintreten. So ermittelt die Staatsanwaltschaft sowohl gegen die Gründer von IXOS als auch gegen Goldman Sachs, die auch Kapitalgeber vor Börsengang waren, wegen Insiderhandels, da sie vor einer Gewinnwarnung ihre Anteile veräußerten. Vgl. Wiesemann, FTD 19.03.2001, „Staatsanwaltschaft ermittelt bei ehemaligen Ixos-Mitarbeitern."

III. Haftungsrelevante Besonderheiten von Start-Ups

Risikokapitalfinanzierte Start Ups besitzen in ihrer typisierten Form gewisse Besonderheiten, die mit der Finanzierungsform zusammenhängen und Einfluss auf die Organ- und Gesellschafterhaftung haben können.

1. Ökonomische Bedingungen

In den neuen und unbekannten Märkten einer „New Economy" fehlen branchenspezifische Erfahrungen und Marktkenntnisse, welche dem Management normalerweise zur Verfügung stehen. Neuerungen können nicht nur zu neuen Produkten, sondern auch zu Veränderungen im ökonomischen Umfeld führen. Gerade deswegen agiert das Management in einer „New Economy" unter erheblicher Unsicherheit: Geltung, Modifikation oder das Außerkrafttreten betriebs- und volkswirtschaftlicher Gesetze und Grundsätze werden diskutiert, sichere Erkenntnisse oder Ergebnisse gibt es nicht[92]. Hinzu kommt das individuelle Risiko, dass eine (Produkt-) Innovation mit sich bringt[93]. Die Neuartigkeit der Produkte und der häufig noch nicht ausreichend erforschte wirtschaftliche Nutzen führen zu einer niedrigeren Kundenbindung. Andererseits ist sowohl die Abhängigkeit von einzelnen Kunden[94] als auch das unternehmerische Risiko zusätzlich durch das geringe Alter von Start-Ups erhöht, da diese anders als ältere Unternehmen kaum Sicherheiten, finanzielle Rücklagen und Anlagevermögen besitzen[95].

Die Neugründung von Unternehmen i.V.m. neuen Märkten birgt ein erhöhtes unternehmerisches Risiko[96], fordert aber auch eine erhöhte Risikobereitschaft[97]. Im Gegensatz zu den Kapitalgebern kann das Start Up selbst sein Risiko nicht durch Streuung der Investments o.ä. verringern. Ein risikoaverser Unternehmer wird in einem neuen Markt von risikofreudigeren Konkurrenten überholt werden, andererseits können negative Marktentwicklungen in einer New Economy innerhalb weniger Monate oder sogar Wochen eintreten. Schnelligkeit spielt bei der wichtigen Marktpositionierung eine bedeutende Rolle[98].

---

92 Heßler / Mosebach DStR 2001, 1045, 1047; Volk, StuB 2000, 870, 871. Ausführlich unten Seite 91 ff.

93 Geigenberger, S. 25; Nitschke, S. 2.

94 Witt, Controller-Magazin 2 / 2001, 112, 115.

95 Heßler / Mosbach, DStR 2001, 1045, 1047.

96 Vgl. dazu die Ausführungen von Möllers / Leisch, WM 2001, 1648 1651.

97 Vgl. Möllers / Leisch, WM 2001, 1648 1651; Heßler / Mosebach, DStR 2001, 1045, 1048.

98 Ein Beispiel ist das „Law of inefficiencies" der New Economy - Regeln, wonach Probleme nicht „gelöst" werden sollen, da Neuerungen mehr Erkenntnisse bringen als die Perfektionierung von grundsätzlich Bekanntem, vgl. Witt, Controller Magazin 1 / 2001, 112, 114.

2. Gesellschafter- und Managementstruktur

Start-Ups weisen Gemeinsamkeiten in der Gesellschafterstruktur und in der Zusammensetzung ihrer Organe auf:

Ein Merkmal von Start Ups ist der prinzipiell überschaubare Gesellschafterkreis. Neben den sog. Gründern und den Risikokapitalgebern kommen als weitere Anteilseigner vor allem Arbeitnehmer in Betracht[99]. Sowohl Mitarbeiterbeteiligungen, Beteiligungen von Kapitalgebern und Gründern sowie Optionen unterliegen in der Regel Verfügungsbeschränkungen[100]. In einem Start-Up wird zumindest in der frühen Phase das operative Management immer von den Gründern gestellt[101]. Diese halten gleichzeitig alle bzw. die Mehrheit der Anteile. Unabhängig von der Rechtsform handelt es sich also um „Gesellschafter-Geschäftsführer". Erst in späteren Phasen eines Start-Ups ist eine Leitung oder Beaufsichtigung durch externe Personen denkbar. Soweit diese nur sehr geringe Anteile oder ausschließlich Optionen besitzen, sind die unter dem Gesichtspunkt der Personenidentität angestellten Erwägungen nicht übertragbar.

Ein weiteres Merkmal ist die unternehmerische Beteiligung bzw. das Interesse der Risikokapitalgeber an der Gesellschaft. Anders als in klassischen Unternehmen spiegelt sich das finanzielle Engagement und der damit verbundene faktische Einfluss nicht proportional in den Anteilen wieder[102]. Die Anteile der Investoren liegen unter 50%, häufig auch weit unter 25%. Teilweise wird daher in der Satzung ein „Stimmrecht nach Köpfen" vereinbart[103].

Aufgrund des Sitzes im Aufsichtsrat bzw. Beirat haben auch die Mitglieder der Überwachungsorgane teilweise eine Doppelstellung als Gesellschafter und Organ. Nur im seltenen Fall einer rein mezzaninen Finanzierung bestehen finanzielles und auch unternehmerisches Engagement ohne die damit normalerweise resultierenden Rechte und Pflichten aus einer Stellung als Gesellschafter.

---

99 Vgl. Nitschke, S. 1; Weitnauer, Rn. D 54 ff.

100 Weitnauer Rn. D 57. Zu den allgemeinen Verfügungsbeschränkungen bei Mitarbeiteroptionen: Harrer, Rn. 240 und Friedrichsen, S. 298 ff.

101 Möglich sind auch Beteiligungen von Verwandten, welche in frühen Phasen als Kapitalgeber fungieren, ohne aktiv im Unternehmen tätig zu sein. Dabei handelt es sich um sehr einzelfallbezogene Problematiken, auf die hier nicht näher eingegangen werden soll.

102 Vgl. auch Wächter, M&A Review 4 / 2001, S. 150.

103 Olbing / Binnewies, GmbH-StB 2001, 59, 60. Im Einzelnen zu den Möglichkeiten der Einflussnahme über die Hauptversammlung Wächter, M&A Review 4 / 2001, S. 151 f.

§ 2 Themenabgrenzung und Fragestellung

Angesichts des Umfangs des Themenbereichs ist eine genaue Themenabgrenzung notwendig: Es sollen nur diejenigen Haftungsaspekte detailliert untersucht werden, bei denen Besonderheiten gegenüber der Haftung in klassisch finanzierten Firmen denkbar erscheinen. Die Arbeit wird sich auf die praktisch relevanten Konstellationen beschränken.

I. Untersuchungsgegenstand

Untersuchungsgegenstand ist die persönliche Haftung der Organe und Gesellschafter bei Unternehmensleitung und -überwachung in „Start-Ups" i.S.v. risikokapitalfinanzierten Wachstumsunternehmen der New Economy.

Erörtert werden mögliche Besonderheiten der zivilrechtlichen Haftung in Form von Schadensersatzansprüchen gegen die Organe und die Gesellschafter eines Start Ups in Form einer GmbH oder Aktiengesellschaft. Strafrechtliche Konsequenzen und andere zivil- oder gesellschaftsrechtliche Ansprüche werden nicht behandelt.

Die Haftung der Risikokapitalgeber wird in Bezug auf mögliche Risiken bei Einflussnahme bzw. aufgrund der Stellung als Gesellschafter untersucht. Fragen der Innenhaftung der Kapitalgeber und der Konzernhaftung über die Frage der Gesellschafterhaftung hinaus werden nicht Gegenstand dieser Arbeit sein. Verursacht durch die Zusammenbrüche am Neuen Markt stellt sich verstärkt auch die Frage nach der Haftung von externen Beratern, Wirtschaftsprüfern, Rechtsanwälten, Konsortialbanken etc. Diese Fragestellungen führen jedoch in andere Themenbereiche und können daher in dieser Arbeit ebenfalls nicht behandelt werden.

Börsennotierte Unternehmen sind keine Start Ups mehr[104]. Die börsenrechtlichen Pflichten und Haftungsnormen, insbesondere unter dem Aspekt des Schutzes von Kleinanlegern, sollen daher nicht behandelt werden. Die Vorfälle am Neuen Markt haben zwar gezeigt, dass teilweise vergleichbare Strukturen und Risiken gegeben sind; die konkrete Anwendbarkeit der Thesen muss jedoch im Einzelfall geprüft werden.

Besonderheiten können sich nur dort ergeben, wo ein Auslegungsspielraum der Norm oder wirtschaftliches Ermessen seitens der Unternehmensleitung besteht. Die Arbeit wird sich daher im Wesentlichen auf die Untersuchung der allgemeinen Sorgfalts- und Treuepflichten beschränken. Spezialgesetzliche Tatbestände, insbesondere öffentlich-rechtliche Pflichten wie Steuergesetzgebung, Normen der Sozialversicherung, des Arbeitsschutzes sowie das Produkthaftungsrecht, das

---

[104] Vgl. Seite 32.

Umwelthaftungsrecht und das Wettbewerbsrecht sollen mangels Zusammenhang und Gemeinsamkeiten ebenfalls nicht untersucht werden[105].

II. Fragestellung

Ökonomische Bedingungen und interne Strukturen eines typischen Start-Ups sind maßgeblich bei der Untersuchung von möglichen Haftungsbesonderheiten. Zwischen diesen beiden Ansatzpunkten ist zu differenzieren. Sie können unabhängig voneinander auftreten und beeinflussen sich nicht zwingend. Alle Unternehmen der „New Economy" unterliegen denselben externen Bedingungen. Entsprechende Erwägungen können daher unabhängig von der Gesellschaftsform zutreffen. Ebenso gibt es (junge) Kapitalgesellschaften außerhalb der „New Economy" mit ähnlichen internen Strukturen und den entsprechenden Problematiken. Zu beachten ist allerdings, dass das unternehmerische Engagement eng mit den Wachstumsaussichten verknüpft ist, dieses wiederum mit der „New Economy", so dass sich die aus den internen Strukturen resultierenden Überlegungen und Ergebnisse nicht ohne genaue Prüfung auf ähnlich gestaltete Unternehmen übertragen lassen.

Über potentielle Einflüsse der Bedingungen der „New Economy" auf eine mögliche Haftung gibt es keine Literatur. Die erhöhte Unsicherheit und der erhöhte Risikofaktor können als Bestandteil jeder Unternehmensführung Einfluss auf Entscheidungen und Entscheidungsspielräume haben.

Die Verwaltung der Gesellschaft durch die Anteilseigner, die begrenzte Anzahl und die begrenzte Verfügbarkeit der Anteile eines Start-Ups entsprechen einer „personalistischen" Gesellschaft in der Form einer - wenn auch wegen der teilweise eingeschränkten unternehmerischen Tätigkeit der Kapitalgeber - untypischen „Mitunternehmer-Gesellschaft"[106]. Im Kapitalgesellschaftsrecht ist die Doppelstellung aufgrund des Prinzips der Fremdorganschaft de lege lata ein

---

[105] Insoweit ist auf die einschlägige Literatur zu verweisen.

[106] Zum Begriff Friedewald, S. 11; zu den Voraussetzungen ders., 10 ff. Zur personalistischen GmbH schon Immenga, S. 63 ff. Nach Ansicht Priesters, Harzburger Steuerprotokoll 2000, 125, 132 f, sind Start Ups zwar typischerweise personalistische (Aktien-) Gesellschaften, er differenziert jedoch ein wenig polemisch zwischen diesen und der „Mitunternehmer-Gesellschaft". Letztere sind nach seiner Auffassung solche, „in denen die Gesellschafter geschäftsleitend tätig sind oder jedenfalls ein unternehmerisches Engagement haben, ihre Beteiligung also nicht primär der Kapitalanlage dient." Im Kern ist eben diese Eigenschaft für die Anteilseigner von Start-Ups typisch.

Sonderfall[107], praktisch in der GmbH äußerst häufig. Die personalistische Aktiengesellschaft war bis zur Schaffung der „kleinen AG" dagegen relativ selten[108]. Diese faktische „Selbstorganschaft"[109] ist seit längerem Gegenstand wissenschaftlicher Diskussion, die sich allerdings auf einzelne Fragestellungen und die Konstellation der Einmann-Gesellschaft bzw. auf die Auswirkungen auf Gesellschafterpflichten beschränkt. Zu untersuchen bleiben die generellen Auswirkungen der Doppelstellung auf Organpflichten und das Zusammenspiel zwischen Organ- und Gesellschafterhaftung[110].

Schließlich stellt sich bei risikokapitalfinanzierten Start Ups die Frage, ob und welche Folgen aus dem erhöhten unternehmerischen Interesse und Engagement der Risikokapitalgeber resultieren. Im Blick steht zum einen die Organhaftung bei einer Tätigkeit im Aufsichtsrat bzw. Beirat, zum anderen die Haftung als Gesellschafter.

Bei der Erörterung der Haftung sind somit drei Fragestellungen zu untersuchen:

1. Welche Auswirkungen haben die ökonomischen Besonderheiten?
2. Welche Folgen hat die Doppelstellung als Organ und Gesellschafter?
3. Welche Auswirkungen und Folgen hat das erhöhte finanzielle und ggf. unternehmerische Engagement von Risikokapitalgebern?

---

[107] Zur gesetzgeberischen Intention vgl. „Entwurf eines Gesetzes betreffend die Gesellschaften mit beschränkter Haftung nebst Begründung und Anlagen", Amtliche Ausgabe, 1891, S. 28 f.

[108] Friedewald schätzt dagegen, dass bereits 1991 10 - 15 % der Aktiengesellschaften personalistisch organisiert waren, vgl. S. 10 Fn 8. Vogel ermittelt einen Anteil von 26 % Familienunternehmen in der Größenklasse zwischen 200 und 2000 Mitarbeiter, wovon wiederum 4 % Einmann-Gesellschaften seien, vgl. Vogel, S. 80 f. Tendenziell ist von einem niedrigem Anteil auszugehen: Familienunternehmen, bislang wohl die häufigste Form der personalistischen Gesellschaft, sind aufgrund der größeren Gestaltungsfreiheit überwiegend in der Form einer GmbH oder Personengesellschaft organisiert, vgl. Wieselhuber / Spannagl, S. 19. Der Vorteil der Aktiengesellschaft liegt neben der leichteren Übertragbarkeit der Anteile, welche aber für eine personalistische Gesellschaft gerade uninteressant ist, in der Möglichkeit des Börsenganges. Diese Möglichkeit wurde erst mit der Schaffung des Neuen Marktes realistisch, wie auch der Anstieg der Aktiengesellschaften von 3200 Ende 1992 auf 5500 Ende 1998, vgl. Hoffmann-Becking, Münchener Hdb. Aktienrecht § 2 Rn. 1, vermuten lässt.

[109] Vgl. Friedewald, S. 17.

[110] Die Frage der möglichen besonderen Auswirkungen einer personalistischen Struktur auf die Treuepflichten des Organs stellte sich beispielsweise schon Baums, S. 313, leider ohne eine Antwort zu geben. Auch *Friedewald* diskutiert zwar ausführlich über besondere Treuepflichten in personalistischen Gesellschaften, beschränkt sich dabei aber auf die der Aktionäre, vgl. Friedewald, S. 131 ff.

Kapitel 2 Die Kompetenzverteilung und Doppelfunktionen

Die Auswirkungen einer Doppelstellung, aber auch die Grenzen und Folgen des Einflusses der Risikokapitalgeber in Start Ups hängen unter anderem von der Kompetenz- und Zuständigkeitsverteilung und den Modifikationsmöglichkeiten in der Aktiengesellschaft und der GmbH ab.

§ 3 Die Kompetenzordnung in AG und GmbH

Zwingend vorgeschriebene Organe sind in der Aktiengesellschaft Vorstand, Aufsichtsrat und Hauptversammlung. In der GmbH sind Geschäftsführung und Gesellschafterversammlung Mindestvoraussetzung.

Zumindest auf den ersten Blick ist in der Aktiengesellschaft der Vorstand Leitungsorgan und der Aufsichtsrat Überwachungsorgan. Schwieriger erweist sich die Bestimmung der Funktion der Hauptversammlung. Insgesamt nicht ohne weiteres erkennbar ist die Funktions- und Kompetenzabgrenzung in der GmbH.

I. Funktionsmerkmale

Die verschiedenen Funktionen und Kompetenzen der Organe lassen sich anhand bestimmter Abgrenzungskriterien bzw. Funktionsmerkmale unterscheiden, die durch die betriebswirtschaftliche und die juristische Literatur entwickelt wurden.

1. Leitung

Leitung ist durch die Elemente der Initiative, der Koordination, der Steuerung und der Entscheidung gekennzeichnet[111]. Eine Leitungsfunktion liegt nur vor, soweit alle Elemente vorhanden sind.

Möglich ist auch, dass das Gesetz eine gemeinsame Leitung durch verschiedene Organe vorsieht, d.h. die Funktionselemente auf mehrere Personen verteilt sind.

a) Unternehmensleitung und Geschäftsführung

Die Führungsfunktion in einem Unternehmen lässt sich - zumindest theoretisch - in Geschäftsführung und Unternehmensleitung unterteilen. Die *Unternehmensleitung* befasst sich mit strategischen Fragen wie Unternehmensplanung und Ge-

---

[111] Vgl. Abeltshauser, S. 31.

schäftspolitik[112]. Die *operative Geschäftsführung* betrifft die Führung des Tagesgeschäftes, insbesondere auch die Vertretung der Gesellschaft nach außen, und dient der Umsetzung der Vorgaben der Unternehmensleitung[113]. In der Praxis lässt sich keine scharfe Trennlinie ziehen. Wichtige Fragen der operativen Geschäftsführung können Fragen der Unternehmensleitung sein, Vorgaben der Unternehmensleitung können je nach Intensität in operative Geschäftsführung münden[114]. Operative Geschäftsführung kann, muss aber keine Leitung im funktionalen Sinn bedeuten, insbesondere kann das Element der unabhängigen Entscheidungskompetenz fehlen.

b) Sachentscheidungen als Mittel der Unternehmensleitung

Unternehmensleitung im funktionalem Sinne findet über „unternehmerische Entscheidungen" statt[115]. Unternehmerische Entscheidungen zeichnen sich dadurch aus, dass sie das Unternehmen selbst oder seine Tätigkeit betreffen. Beispiele sind Entscheidungen in Fragen der operativen Geschäftsführung oder der strategischen Unternehmensleitung, aber auch organisatorische Entscheidungen mit rein internen Auswirkungen. Bei solchen Entscheidungen handelt es sich immer um Entscheidungen in Sachfragen, sie sollen im Folgenden daher Sachentscheidungen genannt werden.

2. Überwachung

Die Überwachung besteht aus den Funktionselementen Aufsicht, Kontrolle, Prüfung und Selbst-Überwachung[116]. Überwachung ist nach der Konzeption immer an die Unternehmensleitung geknüpft, eigene Initiativrechte in der Sache fehlen.

Im Rahmen der Überwachungsaufgabe ist zwischen Entscheidungen über die Anordnung einer Überwachungsmaßnahme, im Folgenden Überwachungsentscheidungen genannt, und unternehmerischen Entscheidungen über den Sachge-

---

112 „Leitung" umschreibt die Führungsfunktion des Vorstandes i.S.d. § 76 AktG.

113 Anders die Begriffe des Aktiengesetzes, wonach „Geschäftsführung" im Sinne des § 77 AktG jedes Vorstandshandeln[113] i.S. von Leitung, Vertretung, aber auch jede andere interne Maßnahme erfasst, vgl. Hüffer § 77 Rn. 3, ders. § 76 Rn. 7 sowie KK - Mertens § 76 Rn. 4, welche die Leitung als ein Element der umfassenden Geschäftsführung verstehen.

114 Aus diesem Grund gegen eine Trennung Hachenburg - Mertens § 37 Rn. 11, Baumbach / Hueck - Zöllner § 37 Rn. 6 g; Zitzmann, S. 88 und wohl auch KK - Mertens § 76 Rn. 4. Für eine Trennung Lutter / Hommelhoff § 37 Rn. 8; Scholz - Schneider § 37 Rn. 10 ff.; Hüffer § 76 Rn. 7. Zu den Auswirkungen der Differenzierung Wiesner in Münchener Hdb. Aktienrecht § 19 Rn. 12.

115 OLG Düsseldorf, ZIP 1996, 1083, 1087. Zum Begriff Mutter, S. 22 ff.

116 Abeltshauser, S. 31. Vgl. schon Theisen, S. 14 ff.

genstand zu differenzieren[117]. Möglich ist eine Verknüpfung beider Entscheidungstypen, wenn Mitentscheidungsrechte in Sachfragen als Mittel der Überwachung gewählt werden.

Verknüpfung von Überwachungs- und Sachentscheidungen:

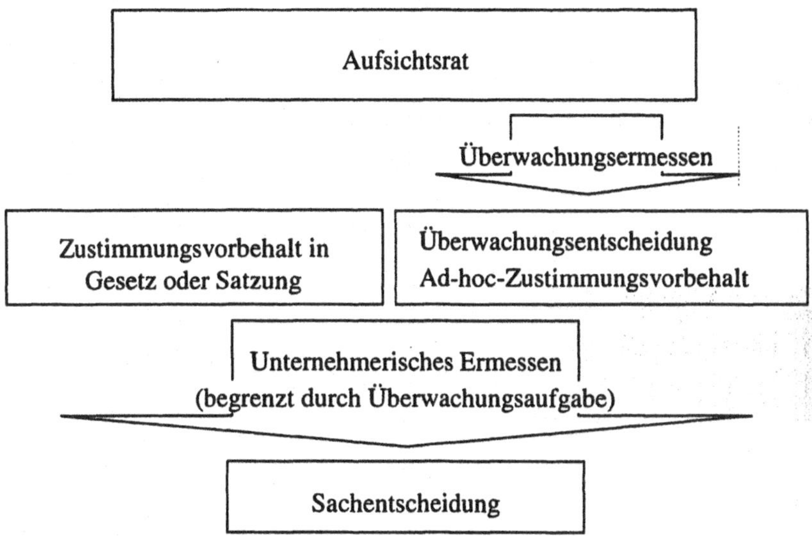

Überwachungsentscheidungen betreffen zumeist Sekundärrechte[118], d.h. die Frage, ob und mit welchen Mitteln die Überwachungsaufgabe ausgeübt wird. Überwachungsentscheidungen haben keine direkten, zielgerichteten unternehmerischen Auswirkungen und greifen nicht unmittelbar in das operative Geschäft oder die strategische Planung ein. Eine unternehmerische Einwirkung geschieht über die vor- oder nachgelagerte Sachentscheidung, auf welche sich die Überwachungsentscheidung bezieht.

---

[117] Differenzierend zwischen Anordnung des Zustimmungsvorbehaltes und Sachentscheidung schon Mertens, ZGR 1977, 270, 280f., sowie ders. in KK § 11 Rn. 66 mit Verweis auf OLG Hamburg, WM 1995, 2188. Vgl. auch Kropff, Hdb. AR Rn. H 28 f, der allerdings inkonsequent die gesamte Entscheidungskette als unternehmerische Entscheidung betrachtet und daher in Probleme beim Ermessensumfang gerät. Dazu unten Seite 134 ff.

[118] Vgl. zur Unterscheidung zwischen Primär- und Sekundärrechten Bork, ZGR 1989, 1, 15 ff.

Überwachungsentscheidungen:

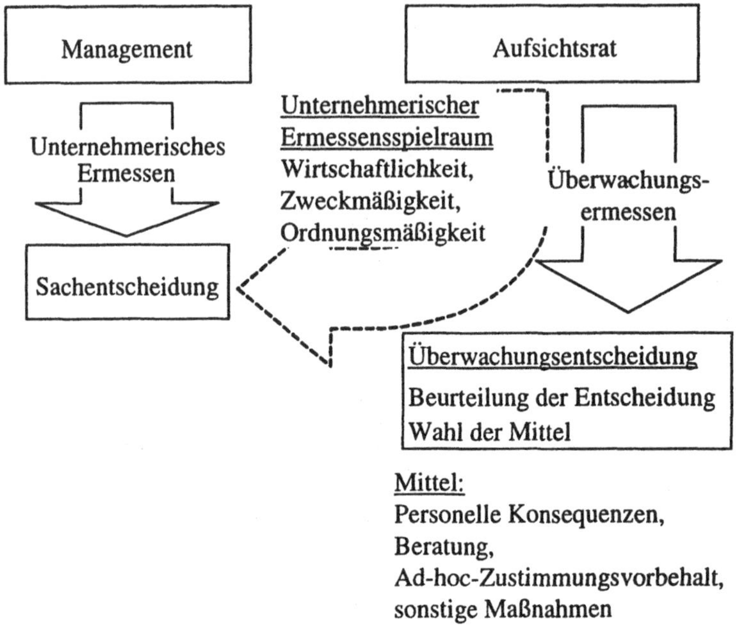

3. Beratung

Beratung ist die „Abgabe und Erörterungen von Einschätzungen, Empfehlungen und Prognosen durch sachverständige Personen im Hinblick auf die Vorbereitung und Fundierung zukünftiger Entscheidungen des Ratsuchenden"[119]. Beratung unterscheidet sich von der Überwachung durch ihre Unverbindlichkeit und fehlende Durchsetzungsmöglichkeiten[120], von der Leitungsfunktion durch das fehlende Entscheidungselement.

[119] Theisen, S. 20 f; ders. AG 1995, 193, 199 mit Nachweisen aus der betriebswirtschaftlichen Literatur.

[120] Vgl. Semler, Rn. 262 und Widmann, S. 12 ff.

II. Kompetenzverteilung zwischen Anteilseignern und Organen

Die Kompetenzverteilung ist in AG und GmbH unterschiedlich. In der Praxis führt dies zu wesentlichen Unterschieden bei der Beurteilung der Frage, ob die Anteilseigner oder die Leitungsorgane die eigentlichen „Machtinhaber" in einem Unternehmen sind.

Allerdings ist darauf hinzuweisen, dass die Anteilseigner in AG und GmbH gleichermaßen ihre Kompetenzen nur als Gesamtheit durch das Organ der Gesellschafter- oder Hauptversammlung ausüben dürfen[121].

1. Aktiengesellschaft

Nach dem Wortlaut des § 76 AktG liegt die Unternehmensleitung beim Vorstand, der diese „unabhängig" vom Willen der Anteilseigner wahrnimmt[122]. Eine gesetzliche Einschränkung erfährt die unbegrenzte Befugnis zur Unternehmensleitung gegenüber den Anteilseignern insbesondere durch § 119 Abs. 1 AktG[123], wonach bestimmte Geschäfte und Maßnahmen der Beschlusskompetenz der Hauptversammlung unterliegen. Eine satzungsrechtliche Beschränkung erfolgt durch die Festlegung des Unternehmensgegenstandes und des Unternehmenszwecks, die in den ausschließlichen Kompetenzbereich der Hauptversammlung fällt[124]. Darüber hinaus ist der Vorstand nicht an Weisungen der Hauptversammlung gebunden, es sei denn, der Beschluss wurde gemäß § 119 Abs. 2 AktG auf sein Verlangen hin gefasst[125].

Zustimmungsvorbehalten fehlt das Element der (Sach-)Initiative. Die Anteilseigner bestimmen den Gang und die Richtung eines Unternehmens nicht selbst und aktiv, sondern entscheiden (nur) über Vorlagen. Zustimmungsrechte können in ihrer Funktion als unternehmerische Überwachung angesehen werden. Die Grenzen sind weitgehend abschließend durch das Gesetz festgelegt[126]. Eine -

---

[121] Ziemons, S. 144. Die Beschränkung der Ausübung ist von der Rechtsinhaberschaft zu unterscheiden, diese liegt beim einzelnen Gesellschafter. Ausübungsbefugnisse für den Einzelnen bestehen für die Rechte, welche die Rechtsausübung in der Gesellschafterversammlung schützen sollen, vgl. für die AG Semler, Münchener Hdb. Aktienrecht § 34 Rn. 2 und ausdrücklich Henn, Rn. 686; für die GmbH Hachenburg - Mertens § 45 Rn. 15 ff. und § 48 Rn. 3 ff. sowie aktuell Scholz - Schneider § 37 Rn. 31.

[122] Vgl. hierzu Hirte, Rn. 172 - 175 m.w.N.

[123] Weitere Einschränkungen bestehen für Strukturmaßnahmen, vgl. Hüffer § 119 Rn. 7, und in bestimmten Sonderfällen, welche insbesondere das Verhältnis der Gesellschaft zu den Verwaltungsorganen betrifft, z.B. § 120 AktG. Ein ausführlicher Überblick über sonstige Zustimmungs- und Beschlussrechte findet sich bei Hüffer, § 120 Rn. 9 und Henn, Rn. 690.

[124] Vgl. Ziemons, S. 13 f; Heermann, ZIP 1998, 763 ff.; Kessler, AG 1995, 61, 67 f. Zur Bedeutung und den Auswirkungen dieser Einschränkung Seite 101 ff.

[125] Hüffer § 76 Rn. 10 m.w.N.

[126] Zur Diskussion um ungeschriebene Zustimmungsvorbehalte vgl. Seite 109 f.

freiwillige - faktische Übertragung von Leitungskompetenzen auf die Hauptversammlung durch eine umfangreiche Vorlagepraxis gemäß § 119 Abs. 2 AktG widerspricht dem eindeutigen Wortlaut des § 76 AktG[127].

Eine, wenn auch eingeschränkte Leitungsfunktion enthalten die Beschlusskompetenzen des § 119 Abs. 1 AktG, soweit die Anteilseigner nicht nur die Entscheidungskompetenz, sondern auch das Initiativrecht in der Sache besitzen[128].

Die Anteilseigner besitzen damit eine partielle, eng begrenzte Leitungsfunktion im Bereich der strategischen Unternehmensführung[129], während der Vorstand umfassendes Leitungsorgan ist.

2. GmbH

Der Geschäftsführer ist in der GmbH zwingendes Organ, das die Gesellschaft nach außen vertritt. Das Gebot der *eigenverantwortlichen* Leitung gegenüber den Gesellschaftern vergleichbar § 76 Abs. 1 AktG fehlt[130]. Die Aufteilung der Führungskompetenz bestimmt sich gemäß § 45 Abs. 1 GmbHG nach dem Gesellschaftsvertrag. Gemäß § 37 GmbHG muss der Geschäftsführer Einschränkungen seiner Befugnisse im Innenverhältnis durch Satzung und Beschlüsse der Gesellschafter beachten.

Unumstritten ist die originäre und ausschließliche Kompetenz der Gesellschafter bei sog. „Grundlagenentscheidungen"[131]. Nach Auffassung von weiten Teilen der Literatur und der Rechtsprechung besitzen die Gesellschafter darüber hinaus die Kompetenz für die gesamte strategische Unternehmensleitung, insbesondere die Bestimmung der Geschäftspolitik[132]. Eine selbstständige Leitungskompetenz der Geschäftsführer bestünde nur im Bereich der operativen Geschäftsführung[133].

---

[127] Vgl. auch Baumbach / Hueck AktG § 119 Rn. 9: „Der Vorstand darf sich aber nicht bei jeder wichtigeren Frage hinter der Hauptversammlung verkriechen". Praxisbeispiele bei Henn, Rn. 693 ff.

[128] Für die Beschlussfassung der Hauptversammlung ist gemäß § 124 Abs. 4 S. 1 AktG die ordnungsgemäße Bekanntmachung in der Tagesordnung erforderlich. Gemäß § 122 Abs. 2 AktG bedarf es einer einfachen Mehrheit von 5 % des Grundkapitals, um die ordnungsgemäße Bekanntmachung zu verlangen.

[129] Vgl. im Einzelnen Kessler, S. 44 ff. sowie ders., S. 42: „Insgesamt lässt sich die Feststellung treffen, dass die Entscheidungszuständigkeit des Vorstandes die Regel, die der Hauptversammlung dagegen die Ausnahme ist."

[130] Allgemeine Meinung, vgl. Hachenburg - Mertens § 35 Rn. 105.

[131] Vgl. Ziemons, S. 11 f.

[132] Vgl. BGH, GmbHR 1991, 196; Scholz - Schneider § 37 Rn. 10; Höhn, S. 11.

[133] Vgl. bspw. BGH, BB 1991, 714.

Nach Ansicht der herrschenden Meinung in der Literatur sind bei „außergewöhnlichen Geschäften“ wiederum die Anteilseigner entscheidungsberechtigt[134].

Mit der Gegenansicht in der Literatur[135] ist eine derart weitgehende Einschränkung der Leitungskompetenzen der Geschäftsführung schon wegen der Problematik der Differenzierung zwischen Geschäftsführung und Unternehmensleitung abzulehnen[136]. Eine ausschließliche Kompetenz der Anteilseigner besteht nur, soweit dies ausdrücklich gesetzlich normiert ist[137]. Die fehlende ausschließliche Leitungskompetenz i.S.d. § 76 AktG und das Weisungsrecht gemäß § 37 GmbHG ist Ausdruck der Flexibilität der Kompetenzverteilung in der GmbH. Soweit die Anteilseigner diese Möglichkeit nicht wahrnehmen, liegen die Leitungskompetenzen auch in der GmbH bei der Geschäftsleitung.

Die Vertretungsmacht im Außenverhältnis und die dem Geschäftsführer per Gesetz auferlegten Sonderpflichten sowie die Ausführung von Weisungen liegen ausschließlich und unstrittig im Kompetenzbereich des Geschäftsführers[138]. Umstritten ist, ob der Geschäftsführer innerhalb dieser Grenzen qua Satzung oder Beschluss zum bloßen Ausführungsorgan degradiert werden darf[139].

Die wohl herrschende Meinung ist der Auffassung, dass der Geschäftsführer (auch) durch Gesellschafterbeschlüsse[140], jedenfalls aber auf Grundlage einer entsprechenden Satzungsbestimmung auf ein Ausführungsorgan reduziert werden könne[141]. Nach der Gegenansicht bedarf jede Einschränkung der Kompetenzen der Geschäftsführer einer satzungsrechtlichen Basis[142]. Die Reduktion auf ein

---

[134] Vgl. Lutter / Hommelhoff § 37 Rn. 8 ff.; Scholz - Schneider § 37 Rn. 10 ff.; Eisenhardt, FS Pfeiffer, 839, 842 ff.

[135] Vgl. Baumbach / Hueck - Zöllner § 37 Rn. 6g und Hachenburg - Mertens § 37 Rn. 11.

[136] Vgl. oben Seite 43.

[137] Vgl. die Nachweise in Fn 135. Gegen eine Differenzierung spricht auch, dass § 46 GmbHG den Anteilseignern originär Überwachungsrechte sowie Beschlussrechte in Bezug auf eigene Interessen als Gesellschafter zuspricht. Leitungskompetenzen im Sinne der aktiven Unternehmensführung, sei es strategisch oder operativ, werden nicht zugewiesen. So auch Ziemons, S. 12 ff., 138, welche richtigerweise betont, dass die Möglichkeit der Weisungserteilung noch nicht eine Kompetenzverschiebung begründet, sondern eine Eingriffsmöglichkeit für die Gesellschafter.

[138] Vgl. hierzu Hachenburg - Mertens § 37 Rn. 15 f. Zu dieser Problematik und den folgenden Ausführungen vgl. die ausführliche Erörterung bei Hofbauer, S. 38 ff. mit umfangreichen Nachweisen.

[139] Vgl. Hachenburg - Mertens § 37 Rn. 17. Umfangreiche Nachweise zur Diskussion über den weisungsfreien Bereich bei Hofbauer, S. 42 und ausführlich die Arbeit von Tomat, S. 10 ff.; Hachenburg - Mertens § 37 Rn. 16; sowie ausführlich Großfeld / Brondics, AG 1987, 293, 296ff.; Lutter / Hommelhoff § 37 Rn. 18; Baumbach / Hueck - Zöllner § 37 Rn. 11.

[140] Hachenburg - Mertens § 37 Rn. 19.

[141] Lutter / Hommelhoff § 37 Rn. 14, 18 m.w.N.

[142] Hommelhoff, ZGR 1978, 119, 127 ff.

reines Ausführungsorgan sei wegen der Bedeutung der Unabhängigkeit des Geschäftsführers für den Minderheitenschutz nicht zulässig[143].

Die Reduktion der Geschäftsführung auf ein reines Ausführungsorgan qua Satzung ist aus dem Gesichtspunkt des Minderheitenschutzes zwar bedenklich[144], de lege lata wegen der Flexibilität der Kompetenzverteilung in der GmbH jedoch zulässig[145]. Die fehlende Unabhängigkeit der Geschäftsführung ist einer der markantesten Unterschiede zwischen GmbH und Aktiengesellschaft[146].

Das Argument des Minderheitenschutzes gewinnt jedoch bei der Frage der Kompetenzbeschneidung durch Beschlüsse an Gewicht: In kritischen Situationen könnten die Mehrheitsgesellschafter für die Minderheitsgesellschafter unerwartet die Unternehmensleitung und die operative Geschäftsführung an sich ziehen und die Gesellschaft in ihrem Interesse leiten[147]. Eine Satzungsbestimmung hat den Vorteil, dass dieser Überraschungseffekt vermieden wird und Minderheitsgesellschafter ggf. wissen, dass ein unabhängiger Geschäftsführer nicht existiert. Belässt die Satzung die Leitungskompetenz beim Geschäftsführer, resultiert daraus ein gewisser Vertrauensschutz der Minderheitsgesellschafter, der in Verbindung mit der Treuepflicht gegenüber den Mitgesellschaftern gegen eine Übertragung der Leitungskompetenzen auf die Anteilseigner spricht[148]. Mögliche Begrenzungen der Eingriffsbefugnisse beruhen damit jedoch anders als in der Aktiengesellschaft nicht auf einem gesetzlich eigenständig geschützten Wirkungskreis des Organs, sondern auf der Treuepflicht der Gesellschafter.

Soweit keine anderen Satzungsbestimmungen existieren, ist die Kompetenzverteilung zwischen Geschäftsleitung und Gesellschafterversammlung in GmbH und Aktiengesellschaft zunächst vergleichbar. Die Gesellschafter in der GmbH besitzen jedoch eine Art subsidiäre Leitungskompetenz mit verdrängendem Charakter, die bei Inanspruchnahme entsprechende Kompetenzen der Geschäftsleitung überlagert.

---

143 Hommelhoff, ZGR 1978, 119, 129; Lutter / Hommelhoff § 37 Rn. 18; HK GmbH - Fichtelmann § 37 Rn. 11. Kritisch auch Baumbach / Hueck - Zöllner § 37 Rn. 9.

144 Vgl. die Nachweise in Fn 143 sowie Immenga, S. 93.

145 Vgl. die ausführlichen Erörterungen bei Tomat, S. 10 ff., der im Ergebnis allerdings jeglichen Freiraum des Geschäftsführers verneint. Gleiches gilt auch für den qua Sonderrecht bestellten Gesellschafter-Geschäftsführer in der personalistischen GmbH, vgl. Tomat, S. 22 ff.

146 So auch Goette, FS 50 Jahre BGH, 123, 124.

147 Zur Begrenzung durch die Treuepflicht vgl. unten Seite 208 ff.

148 Vgl. zur Bindungswirkung fehlender Satzungsbestimmungen auch unten Seite 59 f. und zur der parallelen Problematik bei Zustimmungsvorbehalten durch den Aufsichtsrat unten Seite 151 ff.

III. Der Aufsichtsrat in der Aktiengesellschaft– Leitungspartizipation oder duales System

In der Aktiengesellschaft und der mitbestimmten GmbH ist der Aufsichtsrat zwingendes Überwachungsorgan. Die Risikokapitalgeber sind wegen ihres unternehmerischen Interesses nahezu durchgehend im Aufsichtsrat ihrer Portfoliogesellschaften vertreten[149]. Fraglich ist, wie weit die Möglichkeit der Einflussnahme über den Aufsichtsrat reicht.

1. Aufgabenbereich

Aufgabe des Aufsichtsrats ist gemäß § 111 Abs. 1 AktG die Aufsicht, Kontrolle und Prüfung der Geschäftsleitung[150].

Die Pflichten bei Wahrnehmung der Überwachungsaufgabe lassen sich in präventive und repressive Aufgaben unterteilen[151]: Primäres Ziel und Pflicht ist, durch eine begleitende, in die Zukunft gerichtete Überwachung, die sogenannte präventive Überwachung, schädliche Maßnahmen bzw. Pflichtverletzungen des Managements zu verhindern[152]. Die rückschauende oder repressive Kontrolle dient dazu, Fehler und Fehlentwicklungen aufzudecken und gegebenenfalls die notwendigen Konsequenzen oder Maßnahmen zu ergreifen[153].

Bestimmte Pflichten und Rechte des Aufsichtsrates sind einzeln geregelt[154]: Eine wichtiger Bereich der Tätigkeit ist die Personalkompetenz[155]. Gemäß §§ 77 Abs. 1, 78 Abs. 3 AktG obliegt ihm die Regelung von Vertretungs- und Geschäftsführungsbefugnissen des Vorstandes sowie fakultativ der Erlass einer Geschäftsordnung, § 77 Abs. 2 AktG.

Der Aufsichtsrat hat den Jahresabschluss gemäß § 171 Abs. 1 AktG zu prüfen und der Hauptversammlung über das Ergebnis seiner Prüfung zu berichten. Darüber

---

149 Vgl. Fn 22.

150 Vgl. Seite 133 ff. Der Überwachungsgegenstand des Aufsichtsrats umfasst objektiv die gesamte Unternehmensführung. Subjektiv ist die Überwachung auf die Tätigkeit des Vorstandes beschränkt, so die herrschende Meinung in Literatur und Rechtsprechung, vgl. stellvertretend Henn, Rn. 610 m.w.N.

151 Vgl. BGHZ 135, 244, 254 f; BGHZ 114, 127, 130; Henze, NJW 1998, 3309 f; Lutter / Krieger, Rn. 30; Potthoff / Trescher, S. 61 ff.; Thümmel, Rn. 199; Dreher JZ 1997, 1074; Münchener Hdb. Aktienrecht - Hoffmann-Becking § 29 Rn. 27.

152 Allgemeine Meinung, vgl. KK - Mertens § 111 Rn. 11. Aktuell LG Dortmund, AG 2002, 97, 99.

153 Praktisch liegt der Schwerpunkt oftmals in der rückschauenden Kontrolle, dies ändert aber nichts an der eigentlichen Zielrichtung.

154 Eine ausführliche Übersicht findet sich bei Semler Rn. 89 ff. und bei Mutter, S. 28 ff.

155 In den Zuständigkeitsbereich fällt die Ernennung und Abberufung der Vorstandsmitglieder gemäß § 84 Abs. 1, Abs. 3 AktG, die Ernennung des Vorstandsvorsitzenden gemäß § 84 Abs. 2, Abs. 3 AktG und der Stellvertreter, § 105 Abs. 2 AktG.

hinaus muss der Aufsichtsrat gemäß §§ 171 Abs. 2, 172 AktG den Jahresabschluss billigen[156]. Seit Inkrafttreten des KonTraG beauftragt der Aufsichtsrat auch den Abschlussprüfer, § 111 Abs. 2 S. 3 AktG.

2. Funktionen des Aufsichtsrates

Die umfassenden Aufgaben und Möglichkeiten der Einflussnahme durch Mitentscheidungsrechte und Zustimmungsvorbehalte führen dazu, dass Teile der Literatur und die Rechtsprechung dem Aufsichtsrat nicht nur eine Überwachungs-, sondern auch eine umfangreiche Beratungs- und sogar eine partielle Leitungsfunktion zusprechen[157]. Es stellt sich jedoch die Frage, ob derart weitgehende Befugnisse, welche den Interessen des unternehmerisch agierenden Risikokapitalgebers entsprächen, mit der Kompetenzverteilung der Aktiengesellschaft vereinbar sind.

a) Unvereinbarkeit von Leitungs- und Überwachungsfunktion

§ 111 Abs. 4 S. 1 AktG enthält das Gebot der Unvereinbarkeit von Aufsichtsrat und Geschäftsführung: „Maßnahmen der Geschäftsführung können dem Aufsichtsrat nicht übertragen werden."[158]

In der Praxis ist die faktische Mitgeschäftsführung durch den Aufsichtsrat nicht selten. Untersuchungen Anfang der 80er Jahre belegen, dass das Trennungsprinzip in kleineren und mittleren Gesellschaften mit personalistischer Struktur weitgehend Makulatur ist[159]. Die Handhabung in der Praxis, den früheren Vorstandsvorsitzenden zum Aufsichtsratsvorsitzenden zu wählen, und die Verflechtungen innerhalb der „Deutschland AG" lassen vermuten, dass eine strikte

---

[156] Die §§ 337 Abs. 1, 312, 314 Abs. 1 AktG enthalten zusätzliche konzernrechtliche Sonderregelungen zur Vorlage des Konzernabschlusses, des Berichtes und des Prüfungsberichtes. Ist nach der Satzung eine Abschlagszahlung auf den Bilanzgewinn zulässig, muss der Aufsichtsrat einer solchen zustimmen, § 59 Abs. 3 AktG. Zur Einstellung eines Teils des Bilanzgewinnes in die freien Rücklagen muss der Aufsichtsrat gemäß § 58 Abs. 2 AktG ebenfalls zustimmen. Gemäß § 204 Abs. 1 2 AktG bedarf bei genehmigtem Kapital die Bestimmung der Bedingungen der Aktienausgabe einschließlich des Ausschlusses des Bezugsrechts durch den Vorstand der Genehmigung des Aufsichtsrates.

[157] So BGH, ZIP 1997, 886; Abeltshauser, S. 30; Lutter / Kremer, ZGR 1992, 87 ff.; Martens, FS Fleck, 191, 193 ff.; Axhausen, S. 142, 149 ff. Eine „mitwirkende Geschäftsführungstätigkeit" bejahend auch Götz, ZGR 1990, 633, 641; Hoffmann-Becking in Münchener Hdb. Aktienrecht § 29 Rn. 35. Von einer „partiellen Leitungsfunktion" spricht auch Hopt, FS Mestmäcker, 909, 912.

[158] Nach allgemeiner Meinung darf der Vorstand den Aufsichtsrat mit der Ausführung eines Geschäftes beauftragen, das Initiativrecht muss jedoch beim Vorstand bleiben, KK - Mertens § 111 Rn. 60.

[159] Vogel, S. 271 ff.

Trennung von Leitung und Überwachung auch bei Großunternehmen eher selten sein wird. Ein entsprechendes faktisches Einflusspotential des Aufsichtsrates bzw. einzelner Mitglieder resultiert häufig auch aus finanziellen Abhängigkeiten, wodurch Vertreter der Banken und eben auch der Risikokapitalgeber im Aufsichtsrat großen Einfluss besitzen.

Insbesondere bei intensiver Mitarbeit bzw. vormaliger Vorstandstätigkeit werden die Mitglieder des Aufsichtsrates das Unternehmen und demzufolge auch die Problematiken gut kennen. Der Weg hin zu eigenen (guten) Initiativen und Lösungsansätzen ist nicht lang. In Verbindung mit dem entsprechendem Einfluss ist eine Leitungspartizipation durch Umsetzung der eigenen Vorstellungen des Aufsichtsrates möglich. Dies wird zumindest auf den ersten Blick zumindest dann im Interesse des Unternehmens sein, wenn das Management unfähig erscheint bzw. ist[160]. Teleologisch spricht für eine Partizipation an der Unternehmensleitung, dass der Aufsichtsrat von der Hauptversammlung gewählt wird und insofern in einem gewissen Umfang deren Interessenvertreter ist[161].

Unternehmensleitung und Überwachung derselben schließen sich gegenseitig jedoch schon deswegen aus, da eine Überwachung eigenen Handelns wenig effektiv wäre[162]. Je enger Aufsichtsrat und Management zusammenarbeiten, desto weniger ist zu erwarten, dass die in Zusammenarbeit zustandegekommene Unternehmensführung kritisch hinterfragt wird[163]. Auch nach Ansicht der juristischen Literatur ist für eine effektive Überwachung ein „Mindestmaß an Unabhängigkeit und vielleicht sogar Skepsis“ notwendig[164]. Eine strikte Funktionstrennung der Organe im deutschen Kapitalgesellschaftsrecht bzw. eine Beschränkung des Aufsichtsrats auf die Überwachung gibt es nach weitverbreiteter Ansicht wegen der unternehmerischen Aufgabe des Aufsichtsrats dennoch nicht[165].

Die (ablehnenden) Kritiker einer strikten Trennung von Leitung und Überwachung verkennen, dass „Überwachung“ sich nicht auf nachträgliche Kontrolle beschränkt, sondern umfassend zu verstehen ist. Als Teil der Verwaltung unterscheidet sich der Aufsichtsrat erheblich von einem außenstehenden „Kontrol-

---

160 Bei der Beurteilung der Frage, ob das Management unfähig ist, kommt es jedoch stets auch auf den Blickwinkel und die eigenen Interessen an. Dies gilt nicht, wenn grundlegende Fähigkeiten fehlen. Die „objektive“ Unfähigkeit des Managements von Start Ups war in der Vergangenheit oft nicht zu leugnen.

161 Auch § 1 Abs. 1 MitbG spricht von „Mitbestimmungsrechten“, dies impliziert die Vorstellung eines gewissen Grades an Einflussnahme auf die Verwaltung der Gesellschaft.

162 Vgl. auch Theisen, S. 21.

163 Vgl. dazu Abeltshauser, S. 36 f. und Jäger, DStR 1996, 671, 673 ff.

164 Steinmann / Klaus, AG 1987, 29, 33; Fey, DStR 1995, 1320, 1323; Jäger, DStR 1996, 671, 675. Zur praktischen Abgrenzung vgl. auch Lutter / Krieger, Rn. 14;

165 Beispiele für (vermeintliche) Leitungsfunktionen der Überwachungsorgane bei Abeltshauser, S. 30. „Der Aufsichtsrat des deutschen Rechts ist eben kein Oberrevisor, sondern Teil der Verwaltung der Aktiengesellschaft.“, Semler, Rn. 212, Fn 329.

leur"[166]: Er ist in die Verfahrensabläufe stärker involviert, besser mit dem Unternehmen vertraut und den Interessen des Unternehmens auch stärker verbunden. Das unternehmerische Element findet sich insbesondere in der präventiven Kontrolle in Form der „Beratung" und im Inhalt der Überwachungsaufgabe, wonach nicht nur die Rechtmäßigkeit, sondern auch die Wirtschaftlichkeit und die Zweckmäßigkeit einer Entscheidung der Überwachung unterliegen[167].

Die Konzeption präventiver Kontrolle über Mitentscheidung, Zustimmungsvorbehalte und beratende Tätigkeiten zur Fehlervermeidung kippt, wenn die Distanz zur Unternehmensleitung verloren geht. Sobald der Aufsichtsrat nicht mehr „Außenstehender", wenn auch mit besonderen Bindungen ist, sondern selber mitgestaltet, ist eine effektive Überwachung der eigenen Ideen und Arbeit nicht mehr gewährleistet. Gegen eine Leitungspartizipation spricht darüber hinaus die in der Praxis häufig erhöhte Gefahr von Interessenkonflikten im Aufsichtsrat[168]. Für eine Leitungsfunktion fehlen zudem Anhaltspunkte im Gesetz, denn Zustimmungsvorbehalten und Mitentscheidungsrechten fehlt für eine Qualifikation als „Unternehmensleitung" das Element der unternehmerischen Initiative hinsichtlich des Sachgegenstandes[169].

Eine Partizipation an der operativen Geschäftsführung ist daher strikt abzulehnen[170]. Auch eine Beteiligung an der strategischen Unternehmensleitung ist mit der Überwachungsaufgabe nicht vereinbar. Da sich die Überwachungsaufgabe auf diesen Bereich konzentriert[171], wird eine Abgrenzung allerdings schwieriger sein.

Eine Führungsfunktion besitzt der Aufsichtrat insbesondere im Blick auf seine Personalkompetenz mit vollem unternehmerischem Handlungsspielraum einschließlich des Initiativrechts[172]. Eine Überschneidung von Leitung und Überwachung ist in diesen Fällen nicht gegeben. Es handelt sich weder um operative Geschäftsführung noch um strategische Unternehmensleitung im eigentlichen Sinne, auch wenn die unternehmerische Bedeutung von Personalentscheidungen nicht geleugnet werden soll. Von der Funktion her handelt sich um die Schnittstelle zwischen Überwachung und Unternehmensleitung.

---

166 Höhn, GmbHR 1994, 604: „Unternehmer überwachen Unternehmer".

167 Allgemeine Meinung, vgl. Potthoff / Trescher, S. 81 ff.

168 Dazu unten Seite 85 ff.

169 So auch Abeltshauser, S. 35 und Potthoff / Trescher, S. 290.

170 Zur Unterscheidung zwischen Geschäftsführung und Unternehmensleitung vgl. oben Seite 43.

171 Vgl. zum Gegenstand der Überwachung Seite 146 ff.

172 Gemäß § 84 AktG liegt auch die Personalkompetenz beim Aufsichtsrat; hierzu May, S. 87 ff. Vgl. auch KK - Mertens § 111 Rn. 26 f. Gleiches gilt für die Kompetenzen zum Erlass einer Geschäftsordnung, das Recht auf Einberufung der Hauptversammlung und bestimmten weiteren Antragsrechten, Vgl. die Darstellung bei Hoffmann, Rn. 354-377 und Henn, Rn. 611.

b) Beratungsfunktion

Eine „Beratungspflicht" des Aufsichtsrates ist in der juristischen Literatur allgemein anerkannt und steht nicht zur Debatte[173]. Als Teil und Mittel der präventiven Kontrolle dient die Beratung mit dem Vorstand dazu, Maßnahmen zu erörtern und abzustimmen[174]. Fraglich ist aber, ob es sich um einen Teil der Überwachungsaufgabe handelt oder um eine eigenständige Funktion:

(1) Meinungsstand

Nach Ansicht der herrschenden Meinung ist die „Beratung" ein Element der Überwachungsaufgabe und eine Differenzierung zwischen Beratung und Überwachung nicht möglich[175].

Als Verfechter einer Trennung zwischen Beratung und Überwachung und Gegner einer „Beratungspflicht" im Rahmen der Überwachung gilt - zu Unrecht - *Theisen*[176]: Entgegen der Auffassung der Kritiker ist auch er der Auffassung, dass die Überwachungsaufgabe beratende Elemente enthält. Funktional handle es sich dabei aber um Überwachung, nicht um Beratung. Mangels direkter repressiver Durchsetzungsmöglichkeiten werde dies jedoch häufig nicht so empfunden. Nur eine über die Überwachung hinausgehende Beratung durch den Aufsichtsrat ist nach seiner Ansicht mit der Überwachungsaufgabe unvereinbar[177].

Andere differenzieren wie *Theisen* anhand des Merkmals der Verbindlichkeit. „Echte" Beratung liege nur bei unverbindlichen Stellungnahmen vor, die nicht zwangsweise durchgesetzt werden könnten. Der Aufsichtsrat sei jedoch auch zu einer über die Überwachung hinausgehende Beratung berechtigt und verpflichtet[178].

---

[173] Grundlegend das Urteil des BGH, BGHZ 114, 127. Die beratende Funktion und deren Wichtigkeit wird insbesondere in der neueren Literatur und Rechtsprechung immer wieder betont: „Beratung ist *das* Mittel der Überwachung" (Krieger, ZGR 1985, 338, 340). Ebenfalls schon von einer „Beratungsfunktion" sprechend: BVerfG, BVerfGE 34, 103, 105. A.A. wohl nur Jäger, DStR 1996, 671, 675.

[174] Widmann, S. 14 ff.; Mutter, S. 41 ff. und Lutter / Krieger, Rn. 30.

[175] BGHZ 114, 127, 130; Hoffmann-Becking in Münchener Hdb. Aktienrecht § 29 Rn. 32; Lutter / Kremer, ZGR 1992, 87, 88; Hüffer § 111 Rn. 5; Deckert, AG 1997, 109 ff.

[176] Vgl. Hoffmann-Becking, Münchener Hdb. Aktienrecht § 29 Rn. 32 und Jäger, DStR 1996, 671, 674 auf Theisen, AG 1995, 193, 199.

[177] Theisen, AG 1995, 193, 199, ders. S. 20 f.

[178] Für eine „institutionelle Beratungspflicht" neben der Überwachungstätigkeit insbesondere Meyer-Landrut, AktG § 111 Anm. 1 und Dreher, ZHR 155 (1991), 349, 360. Vgl. auch Henn, Rn. 612.

(2) Stellungnahme

Von einer „Beratung“ wird man sprechen, wenn der „Rat“ über eine bloße Stellungnahme im Rahmen der Überwachungsaufgabe hinausgeht und Empfehlungen, Prognosen sowie eigene Einschätzungen enthalten sind[179]. Soweit der Aufsichtsrat verbindliche Stellungnahmen abgeben bzw. repressive Maßnahmen zur Durchsetzung seiner Auffassung ergreifen kann, handelt es sich jedoch funktional um Überwachung[180].

Im Rahmen der Überwachung dient „Beratung“ der Unterstützung bzw. Erläuterung, besitzt aber als Bezugspunkt und Ziel die Überwachung der Unternehmensleitung. Die Überwachung geschieht im Interesse Dritter, nämlich im Interesse des Unternehmens und / oder der Anteilseigner[181].

Jenseits der Überwachungsaufgabe dient die Beratung in Fragen der Unternehmensleitung der Unterstützung der Unternehmensführung[182].

Gegen eine „echte“ Beratungsfunktion des Aufsichtsrates spricht die Bindung des Ratgebers an die Interessen des Ratsuchenden, nämlich des Leitungsorgans. Echte Beratung bedeutet zudem tendenziell Leitungspartizipation, auch wenn das Merkmal der Entscheidungskompetenz fehlt[183], und widerspricht damit der Kompetenzverteilung des Gesetzes. Das Gesetz enthält keine Anhaltspunkte für eine selbstständige, von der Überwachungsaufgabe losgelöste Beratungsfunktion des Aufsichtsrates[184]. Die „Beratungsfunktion“ des Aufsichtsrates ist somit auf Stellungnahmen und Einschätzungen im Rahmen der Überwachungstätigkeit beschränkt[185].

c) Zusammenfassung

Außerhalb der gesetzlich vorgesehenen eng begrenzten Ausnahmen ist eine Leitungsfunktion des Aufsichtsrates abzulehnen. Die Rolle des Aufsichtsrates beschränkt sich auf die Überwachungsfunktion, wenn auch mit weitreichenden

---

179 Die beiden Funktionen können durchaus in einer Aufsichtsratshandlung vermischt sein, so wenn der Aufsichtsrat eine Maßnahme des Managements nicht nur beanstandet (Überwachung), sondern ein Alternativkonzept vorschlägt (Beratung). Inwieweit letzteres zulässig ist, ist eine Anschlussfrage. Dazu unten Seite 153 ff.

180 So auch Kessler, S. 36.

181 Vgl. Fn 119. Zur Differenzierung zwischen Unternehmens- und Gesellschafterinteresse Seite 96 ff.

182 Differenzierend auch Widmann, S. 13 und 21; Kessler, S. 35 f. und Mutter, S. 43 ff.

183 Vgl. auch Hüffer, § 111 Rn. 5; Widmann, S. 22.

184 So auch, wenn auch viel zu weitgehend Jäger, DStR 1996, 671, 675.

185 Zur Begrenzung vgl. Seite 153 f.

Mitteln[186]. Die faktische Einflussnahmemöglichkeit des Aufsichtsrates, auch bei einer Beschränkung auf die Überwachungsaufgabe, ist jedoch nicht zu unterschätzen.

Eine Leitungsfunktion der Vertreter der Risikokapitalgeber im Aufsichtsrat einer Aktiengesellschaft ist wegen der zwingenden Kompetenzverteilung in der Aktiengesellschaft somit immer unzulässig. Zu klären bleibt, wie weit die zulässige Einflussnahme als Überwacher geht.

IV. Die fakultativen Organe in der GmbH

In der GmbH, nicht dagegen in der Aktiengesellschaft, ist aufgrund der Satzungsfreiheit die Übertragung von Rechten auf andere (auch fakultative) Organe in weitem Umfang möglich[187]. In Start Ups in Form einer GmbH wird der Kapitalgeber in den allermeisten Fällen auf die Einrichtung eines fakultativen Aufsichtsrats oder Beirats dringen[188].

1. Aufsichtsrat nach § 52 GmbHG

Gemäß § 52 GmbHG gelten - vorbehaltlich anders lautender Satzungsbestimmungen - die aktienrechtlichen Vorschriften für den fakultativen Aufsichtsrat in der GmbH[189]. Aufsichtsrat i.S.d. § 52 GmbHG ist jedes fakultative Organ, welches in seiner Funktion Überwachungsorgan ist, unabhängig von seiner Bezeichnung oder weitergehenden Kompetenzen[190]. In Anbetracht der satzungsrechtlichen Flexibilität der GmbH und der daraus resultierenden Möglichkeit, die Befugnisse des Aufsichtsrats zu modifizieren[191], ist zu prüfen, ob die zur Aktiengesellschaft gefundenen Ergebnisse auf den fakultativen Aufsichtsrat übertragen werden können, wenn keine satzungsrechtlichen Modifikationen bestehen.

---

[186] Theisen, S. 371; Höhn, GmbHR 1994, 604 sowie auch Thümmel Rn. 199, Schaubild. So vom Verständnis her auch Lutter, ZHR 159 (1995), 287, 289 f; Kessler, S. 40; Jäger, DStR 1996, 671, 673 ff.

[187] BGH, WM 1973, 1295 (Übertragung auf Gesellschafter-Geschäftsführer), Hachenburg - Ulmer Einl Rn. 29. Eine formelle Übertragung von Leitungsrechten auf einzelne Gesellschafter *ohne Organqualität* verstößt meines Erachtens gegen grundlegende Prinzipien des Gesellschaftsrechts. Leitung wird im Sinne des § 35 GmbHG durch die Organe, nämlich Geschäftsführung oder Gesellschafterversammlung ausgeübt. Zur Organqualität fakultativer Gremien unten Seite 193 ff.

[188] Vgl. Fn 22.

[189] Allgemeine Meinung, vgl. nur Thümmel, Rn. 193 m.w.N. Die einzelnen Vorschriften finden sich bei Semler, Hdb. AR Rn. A 11.

[190] Beck'sches Hdb. GmbH - Müller § 6 Rn. 28.

[191] Vgl. Beck'sches Hdb. GmbH - Müller § 6 Rn. 27 f.

a) Trennung von Aufsichtsrat und Geschäftsleitung

Gemäß § 111 Abs. 4 AktG i.V.m. § 52 GmbHG gilt das Verbot der Geschäftsleitung durch den Aufsichtsrat auch in der GmbH. Durch die Satzung können dem Aufsichtsrat jedoch weitgehende Geschäftsleitungsbefugnisse zugewiesen werden[192].

Das Bedürfnis nach einem neutralen Überwacher ist in der GmbH, in der die Gesellschafter nicht nur uneingeschränkte Informationsrechte, sondern auch entsprechende Eingriffsmöglichkeiten besitzen, viel geringer als in einer Aktiengesellschaft mit einem unabhängigen Vorstand und eingeschränkten Rechten der Anteilseigner. In der GmbH können die Gesellschafter ihr „Schicksal“ weitgehend selbst in die Hand nehmen, während die Aktionäre in der Aktiengesellschaft auf das Geschick des Vorstandes angewiesen sind[193]. Eine Trennung von Leitung und Überwachung ist nicht zwingend.

Aufgrund dieser Unterschiede und der Gestaltungsfreiheit wird eine Übertragung des Grundsatzes der Unvereinbarkeit von Leitung bzw. Beratung und Überwachung abgelehnt: Aufsichtsratsmitglieder können nach Meinung von Literatur und Rechtsprechung beispielsweise auch außerhalb ihres Aufgabenbereiches beratend oder geschäftsleitend tätig werden. Notwendig sei allerdings ein Beschluss der Gesellschafterversammlung[194].

Letzteres ist jedoch entscheidend: Ohne Gesellschafterbeschluss bzw. entsprechende Satzungsbestimmung fehlt dem Aufsichtsrat auch in der GmbH die Kompetenz zu einer weitergehenden Beratung oder gar Geschäftsleitung. Der Verzicht der Gesellschafter auf eine Modifikation der aktienrechtlichen Vorschriften lässt, soweit keine anderen verbindlichen Anhaltspunkte bestehen, darauf schließen, dass die Gesellschafter auch eine Trennung von Leitung und Überwachung beabsichtigt haben. Die Satzungsfreiheit überlagert in diesem Fall den gesetzlichen Verzicht auf eine Funktionstrennung.

Insbesondere im Blick auf Minderheitsgesellschafter, aber auch außenstehende Gläubiger ist damit eine Aufhebung der Trennung ohne formellen Gesellschafterbeschluss nicht zulässig. Die negative Entwicklung bei Start Ups, bei denen eine weitgehende Vermischung von Leitung und Überwachung stattfand, hat gezeigt, dass diese, auch soweit es sich bei den Aufsichtsratsmitgliedern um kompetente Personen handelt, nicht immer im Interesse des Unternehmens ist.

---

192 Reuter, FS 100 Jahre GmbHG, 631, 644 f; Scholz - Schneider § 52 Rn. 94; Lutter / Hommelhoff § 52 Rn. 10; Thümmel, DB 1995, 2461 ff.; Hoffmann, Rn. 163. Zu den Grenzen der Satzungsautonomie vgl. Baumbach / Hueck - Zöllner § 52 Rn. 14 ff.

193 Vgl. auch Priester, Harzburger Steuerprotokoll 2000, 125, 129 ff.

194 Vgl. Lutter / Kremer, ZGR 1992, 87, 100 f. und Vollmer / Maurer, BB 1993, 591, 595.

b) Einfluss der Gesellschafter

Die herrschende Meinung ist aufgrund der Ausgestaltung des Weisungsrechts der Gesellschafterversammlung gegenüber der Geschäftsführung[195] der Auffassung, dass entgegen der Vorschrift des § 111 Abs. 4 S. 4 und 5 AktG eine einfache Mehrheit ausreichend ist, um das Votum eines (fakultativen) Aufsichtsrates zu überstimmen[196].

Dagegen hat sich insbesondere das OLG Koblenz ausgesprochen[197]: Die Überstimmung des Aufsichtsrates entgegen den satzungsrechtlichen Bestimmungen käme in ihrer Qualität einer Satzungsänderung gleich, welche gemäß § 53 Abs. 2, S. 1 GmbHG einer qualifizierten Mehrheit bedürfe. Dies gelte insbesondere, soweit die Installation eines Aufsichtsrates dem Schutz von Minderheitsgesellschaftern dient.

Für diese Auffassung spricht, dass die gerade in diesem Zusammenhang häufig betonte Dispositionsfreiheit der Gesellschafter es ermöglicht, einen unabhängigen Aufsichtsrat vergleichbar mit dem einer Aktiengesellschaft zu schaffen, auch wenn die ursprüngliche Vorstellung des Gesetzgebers von der GmbH eine andere sein mag[198]. Die Schaffung eines fakultativen Aufsichtsrates zum Schutz bzw. als Interessenvertretung der Minderheitsgesellschafter wird in risikokapitalfinanzierten GmbHs häufig anzutreffen sein, wenn die Geschäftsleitung die Mehrheit der Anteile hält. Minderheitsgesellschafter können so im eigenen Interesse entgegen der Gesellschaftermehrheit Geschäftsleitungsmaßnahmen verhindern. Insbesondere die Risikokapitalgeber, welche durch ihr finanzielles Engagement einen Großteil des Risikos tragen, haben ein berechtigtes Interesse an einer unabhängigen Überwachung[199].

Der Verzicht auf Festlegung geringerer Mehrheitserfordernisse in der Satzung führt zu einer Einschränkung der Kompetenzen der Mehrheitsgesellschafter. Zudem widerspräche es dem Verbot des „venire contra factum proprium", zunächst den Eindruck eines unabhängigen Überwachungs- bzw. sogar Leitungsorgans zu erwecken und diese Einschränkung der Gesellschafterkompetenzen nachträglich zu umgehen. Können die Gründer eine Einschränkung der Unabhängigkeit des Aufsichtsrates gegenüber den Kapitalgebern nicht durchsetzen, gelten daher die Regeln des § 111 Abs. 4 AktG i.V.m. § 52 GmbHG uneingeschränkt.

---

[195] Vgl. oben Seite 48 f.

[196] Beck'sches Hdb. GmbH - Müller, § 6 Rn. 51; Potthoff / Trescher, S. 10, beide m.w.N.

[197] Vgl. zur folgenden Argumentation OLG Koblenz, GmbHR 1991, 264, 267 f.

[198] Vgl. zur Gestaltungsfreiheit im Vergleich zur Aktiengesellschaft nur Priester, Harzburger Steuerprotokoll 2000, 125, 127. Wirtschaftlich gesehen wäre die Beschneidung der Aufsichtsratskompetenzen wohl auch kontraproduktiv, da dadurch effektive Überwachung der Geschäftsleitung in der GmbH erschwert wird. Aus Sich der Risikokapitalgeber spräche dies gegen ein Engagement.

[199] Vgl. auch Weitnauer, Rn. C 12.

Aber auch bei satzungsrechtlicher Grundlage gibt es, anders als beim Geschäftsführer, einen weisungsfreien Bereich: Kernkompetenzen der Überwachung müssen beim Überwachungsorgan verbleiben, da das Organ sonst überflüssig wäre[200]. Die Schaffung eines solchen Organs kann im Extremfall missbräuchlich im Sinne der Täuschung Dritter - über das Bestehen eines unabhängigen Gremiums - sein[201]. In einem Start Up, in dem Mehrheitsgesellschafter und Geschäftsführung zumeist personenidentisch sind, wäre ein Überwachungsorgan, welches in vollem Umfang den Weisungen der (Mehrheits-) Gesellschafter unterläge, völlig seiner Funktion beraubt.

c) Zusammenfassung

Wird in der Satzung einer GmbH die Schaffung eines fakultativen Aufsichtsrates vereinbart, werden deren Aufgaben und Haftung jedoch nicht näher beschrieben, gelten die Regeln des Aktienrechts in Bezug auf die Kompetenzverteilung entsprechend[202]. Auch in der GmbH ist es Risikokapitalgebern in diesem Fall nicht gestattet, über den Aufsichtsrat an der Leitung des Unternehmens zu partizipieren. Andererseits unterliegen die Kompetenzen der Mehrheitseigner entsprechenden Beschränkungen.

2. Der Beirat

Einem Beirat können in der GmbH aufgrund der Satzungsautonomie des § 45 GmbHG nahezu alle Kompetenzen der Gesellschafterversammlung zugesprochen werden[203]. Aufgrund der Satzungsautonomie und den obigen Argumenten kann die Eingriffs- und Weisungsbefugnis der Gesellschafter gegenüber dem fakultativem Organ ebenfalls beschränkt werden.

V. Wahrnehmung der Führungsaufgabe gegenüber Dritten

In Start Ups kommt es vor, dass die formell bestellten Organe ganz oder teilweise ihre Aufgaben nicht wahrnehmen bzw. aus dem Hintergrund gesteuert werden. Eine Übertragung der Führungsfunktion auf außenstehende Dritte bzw. das Unterlassen der Unternehmensführung verstößt jedoch dem Grunde nach unstrit-

---

[200] Potthoff / Trescher, S. 10; Beck'sches Hdb. GmbH - Müller § 6 Rn. 8; Baumbach / Hueck - Zöllner § 52 Rn. 17.
[201] Hachenburg - Raiser § 52 Rn. 143.
[202] So auch für das Insichgeschäft Ekkenga, AG 1985, 40, 42.
[203] Vgl. die Erörterung bei Hofbauer, S. 92 ff.

tig gegen § 76 AktG[204]. Der nominelle Geschäftsführer haftet in diesem Fall in vollem Umfang[205]. Abgrenzungsmerkmal ist die Entscheidungskompetenz, die bei den Leitungsorganen verbleiben muss[206]. Die Bindung der Unternehmenspolitik, organisatorischer Strukturentscheidungen oder der Geschäftspolitik an die Zustimmung Dritter ist außerhalb gesellschaftsrechtlicher Möglichkeiten unzulässig[207].

Sog. Betriebsführungsverträge[208] ohne unabhängige Organe sind nur innerhalb einer Konzernverbindung mit entsprechenden Beherrschungs- und Gewinnabführungsverträgen zulässig[209]. Außerhalb einer Konzernverbindung muss die Entscheidungsbefugnis über grundlegende Fragen der Unternehmenspolitik bei den Organen verbleiben[210].

Diese Grenzen sind auf Verträge von Start Ups mit Personen ohne Organstellung und auf die Tätigkeit von Mitarbeitern der Risikokapitalgeber übertragbar[211].

VI. Zwischenergebnis

In der Aktiengesellschaft ist die Leitungsmacht des Vorstandes nur durch gesetzlich abschließend festgelegte Kompetenzen der Anteilseigner im Bereich der strategischen Unternehmensführung begrenzt. Innerhalb des durch die Anteilseigner gesetzten Rahmens agiert der Vorstand weisungsunabhängig. Der Aufsichtsrat ist funktional und kompetenzrechtlich auf Überwachung beschränkt. Die ihm

---

204 Vgl. KK - Mertens § 76 Rn. 43ff. m.w.N. und § 116 Rn. 30. Für die entsprechende Geltung im GmbH-Recht: Hachenburg - Mertens § 43 Rn. 1; Baumbach / Hueck - Zöllner § 35 Rn. 18. Die Organe haften aus Eigenverschulden, vgl. Hopt, AktG § 93 Rn. 55 m.w.N. Zur Haftung des Hintermannes unten Seite 229 ff.

205 Vgl. Hopt, AktG § 93 Rn. 106; Hoffmann / Liebs Rn. 213, 843; BGH, GmbHR 1998, 387 f; BGH, GmbHR 1997, 139. Für eine eingeschränkte Außenhaftung des „Strohmanns" in der Einmann-GmbH BGH, WiB 1994, 473 ff. mit kritischer Anm. Gummert. Von der Unternehmensführung durch Dritte ist das Recht und ggf. die Pflicht der Unternehmensleitung zu unterscheiden, Informationen und den Rat von fachkundigen Dritten einzuholen, vgl. dazu OLG Stuttgart, NZG 1998, 232; Hopt, AktG § 93 Rn. 84 und 255; Hachenburg - Mertens § 43 Rn. 55.

206 KK - Mertens § 76 Rn. 43. Vgl. dazu auch oben Seite 51 ff sowie unten Seite 145 ff.

207 KK - Mertens § 76 Rn. 45. Vgl. zu den Möglichkeiten Herfs, S. 1 ff.

208 Zum Begriff und den verschiedenen Erscheinungsformen Huber, ZHR 152 (1988), 1 ff., 124 ff. m.w.N.

209 KK - Mertens § 76 Rn. 47.

210 Geßler, FS Hefermehl, 263, 275; Oesterreich, S. 142; KK - Mertens § 76 Rn. 47; a.A. Veelken, S. 265.

211 Diese Konstellation wird nur in Verbindung mit Konzernsituationen diskutiert, vgl. „Typ 4" bei Huber, ZHR 152 (1988), 100; 124 ff. So geht Huber, ZHR 152 (1988), 100, 125, von der klassischen Form der Konzernierung aus: „Praktisch wird es stets ein mit Mehrheit oder alleinbeteiligtes Unternehmen sein, das sich das Recht einräumen lässt, den Betrieb der im Mehrheits- oder Alleinbesitz stehenden Gesellschaft zu führen".

gesetzlich zugewiesene partielle Führungsfunktion beschränkt sich auf Entscheidungen über die Sachentscheidungsträger, den Vorstand. Funktional handelt es sich dabei um Unternehmensleitung, nach Zielsetzung und Zweck um präventive Kontrolle. Das Leitung kennzeichnende Initiativrecht liegt außerhalb dieser Fälle immer beim Vorstand, wenngleich der faktische Einfluss des Aufsichtsrates bzw. seiner Mitglieder sehr weit gehen kann[212]. Die Kompetenzordnung von Start Ups wird durch die jeweilige Realstruktur nicht beeinflusst.

In der GmbH liegt die Leitungskompetenz ebenfalls bei der Geschäftsführung. Die Anteilseigner besitzen jedoch eine parallele verdrängende Leitungskompetenz, von der sie in weiten Umfang Gebrauch machen dürfen. Wird in der GmbH ein Aufsichtsrat eingerichtet, gelten die Erwägungen für die Aktiengesellschaft entsprechend. Insbesondere wird dadurch auch die Weisungs- und Eingriffbefugnis der Anteilseigner gegenüber dem Aufsichtsrat beschränkt. Weitgehende Modifikationen in der Satzung sind jedoch möglich. Für die Kompetenzen eines Beirats gelten die entsprechenden satzungsrechtlichen Bestimmungen. Eine Trennung von Leitung und Überwachung ist nicht zwingend.

Gegenüber Außenstehenden müssen die Organe ihre Aufgabe in vollem Umfang wahrnehmen und dürfen das Entscheidungs- und Initiativrecht nicht abgeben.

---

[212] Vgl. zu der konkreten Abgrenzung zwischen Überwachung und Unternehmensleitung Seite 145 ff.

§ 4 Gesellschafter- und Organhandeln

Die (auch) in Start Ups auftretende Personenidentität von Gesellschaftern und Organen hat zur Folge, dass dieselbe Person in unterschiedliche Kompetenzbereiche, verbunden mit den entsprechenden Pflichten und Rechten, eingebunden ist, nämlich als Organ und als Anteilseigner. In der auf das GmbH-Recht beschränkten Diskussion zum Gesellschafter-Geschäftsführer wird Organ- und Gesellschafterhaftung jedoch häufig vermischt[213].

Die Unterschiede zwischen Organ- und Gesellschafterhandeln sind schon auf den ersten Blick immens: Bei Organhandeln gilt in Haftungsfragen die Beweislastumkehr des § 93 Abs. 2 S. 2 AktG zu Lasten des Organs, bei Gesellschafterhandeln gelten die normalen Regeln der ZPO[214]. Die Beweislast für alle rechtsbegründenden Tatsachen trägt demnach der Kläger, also die Gesellschaft[215]. Unterschiedlich sind auch die Verjährungsfristen[216]. Auch eine Mithaftung der Gesellschaft gemäß § 31 BGB wird nur bei Organ-, nicht jedoch bei Gesellschafterhandeln anzunehmen sein.

Hinzu kommt eine in der Praxis sehr wichtige Auswirkung: Eine D&O-Versicherung deckt (normalerweise) nur Schäden, die aus dem Handeln eines Organs resultieren. Schäden aus Gesellschafterhandeln sind dagegen im Zweifel nicht gedeckt[217].

I. Organ- und Gesellschafterhaftung in GmbH und AG

Sind Organ und Anteilseigner personenidentisch, stellt sich die Frage, ob und nach welchen Regeln die Organe bzw. Gesellschafter gegenüber ihrer „eigenen" Gesellschaft haften.

---

213 Beispiel für die Undifferenziertheit ist die umstrittene Frage eines Wettbewerbsverbotes für Gesellschafter-Geschäftsführer, vgl. bspw. Scholz - Schneider § 43 Rn. 126a ff.

214 Vgl. Wilhelm, DB 1999, 2349, 2350.

215 Allgemeine Meinung, vgl. nur Zöllner, ZPO, Vor § 284 Rn 17 a.

216 Vgl. dazu Bayer, WuB II C § 43 GmbHG 1.99.

217 Zur D&O - Versicherung in Deutschland vgl. Thümmel, Rn. 338 ff. Vgl. Wortlaut der Musterbedingungen des Gesamtverbandes der Deutschen Versicherungswirtschaft e.V. (GDV) abgedruckt in Thümmel, Rn. 353: „Der Versicherer gewährt Versicherungsschutz für den Fall, dass ein gegenwärtiges oder ehemaliges Mitglied des Aufsichtsrates, des Vorstandes oder der Geschäftsführung der Versicherungsnehmerin (versicherte Personen) wegen einer *bei Ausführung dieser Tätigkeit begangenen Pflichtverletzung* aufgrund gesetzlicher Haftpflichtbestimmungen privatrechtlichen Inhalts für einen Vermögensschaden von Dritten oder der Versicherungsnehmerin in Anspruch genommen wird.".

1. Grundlagen der Organ- und Gesellschafterhaftung

Die Organe haften persönlich für Schäden der eigenen Gesellschaft oder von Dritten, die durch ihr pflichtwidriges Handeln bzw. Unterlassen verursacht wurden[218]. Die konkreten Handlungspflichten und der Umfang der Organpflichten, nicht jedoch deren Bestand oder deren Intensität sind von der Realstruktur des Unternehmens und der konkreten Situation abhängig[219]. Die Rechtsform des Start Ups ist daher - abgesehen von Sondernormen - aufgrund der vergleichbaren Realstruktur der sog. „Kleinen AG“ und der GmbH unerheblich[220].

Aufgabe des Managements eines jeden Unternehmens ist es, „im Rahmen der Gesetze, der Satzung und der maßgeblichen Gesellschafterbeschlüsse sowie unter Berücksichtigung des Unternehmensinteresses die Zwecke der Gesellschaft zu fördern und Schaden von ihr abzuwenden“[221].

Die Verwaltungsorgane sind als Treuhänder des Gesellschaftsvermögens nach allgemeiner Meinung in besonderer, über die allgemeine Pflicht des § 242 BGB hinausgehender Weise an die Interessen der Gesellschaft gebunden[222]. Maßstab jeder Entscheidung ist alleine „das Wohl der Gesellschaft“[223].

Gemäß § 93 Abs. 1, S. 1 AktG haben die Vorstandsmitglieder bei ihrer Geschäftsführung „die Sorgfalt eines ordentlichen und gewissenhaften Geschäftsleiters anzuwenden“; § 43 Abs. 1 GmbHG spricht von „der Sorgfalt eines ordentlichen Geschäftsmannes“[224]. Die sich daraus ergebenden „Sorgfaltspflichten“ der Organe betreffen die unternehmerischen Aufgaben und Pflichten.

---

[218] Allgemeine Meinung, vgl. Thümmel, Rn. 9.

[219] Vgl. Hübner, S. 35; Schlechtriem, S. 16 ff.; Meyer-Landrut, § 43 Rn. 1; Ebenroth / Lange, GmbHR 1992, 69; Hopt, AktG § 93 Rn. 78; ders. FS Mestmäcker, 909, 913; Thümmel Rn. 134. Gleiches gilt für die Treuepflichten, vgl. K.Schmidt, § 20 IV 2; Bungert, DB 1995, 1749 ff.

[220] Vgl. Goette, FS 50 Jahre BGH, 123, 125 - „anders formuliert, aber inhaltsgleich“. Zum Vergleich von kleiner AG und GmbH Priester, Harzburger Steuerprotokoll, S. 125 ff.; Olbing / Binnewies, GmbH-StB 2001, 59 ff. ; siehe auch Claussen, WM 1996, 609 ff., insb. 618.

[221] Münchener Hdb. Aktienrecht - Wiesner, § 25 Rn. 3.

[222] Vgl. zu den Grundlagen der Treuepflicht Hopt, AktG § 93 Rn. 144 f. m.w.N.

[223] Vgl. Heermann, ZIP 1998, 764; Scholz - Schneider § 43 Rn. 121. Die Details dieser Treue- oder Loyalitätspflicht werden in der Literatur und Rechtsprechung intensiv diskutiert. Vgl. hierzu stellvertretend Hopt, AktG § 93 Rn. 144 ff.; Scholz - Schneider § 43 Rn. 122 ff. sowie BGHZ 49, 30, 36; BGHZ 13, 188; 20, 239; BGH, WM 1985, 1443; WM 1964, 1320 f. Ausführlich zur Loyalitätspflicht in Start Ups unten Seite 77 ff.

[224] Nach herrschender Auffassung beinhalten die § 93 Abs. 1 S. 1 AktG, § 43 GmbHG neben dem Verschuldensmaßstab allgemeine (inhaltliche) Verhaltenspflichten, sind mithin gleichzeitig pflichtbegründend, vgl. Thümmel Rn. 136; Mertens in Hachenburg § 43 Rn. 15; Abeltshauser, S. 15; wohl auch Scholz - Schneider § 43 Rn. 12a. Im GmbH-Recht wird von Teilen der Literatur vertreten, dass die allgemeinen Pflichten des Geschäftsführers aus der Treuepflicht bzw. der Geschäftsführungsaufgabe und den Sonderregelungen abzuleiten seien, vgl. Rowedder - Koppensteiner § 43 Rn. 7; Hirte, Rn. 170. Mertens sieht die Treuepflicht dagegen als Unterfall

Aufgrund der unterschiedlichen Zielrichtung ist zwischen diesen beiden Pflichtenkreisen dogmatisch streng zu unterscheiden[225]: Die Treuepflicht soll die Loyalität gegenüber der Gesellschaft sicherstellen und beinhaltet ein subjektives Element. Letztendlich geht es immer um den Konflikt zwischen eigenen Interessen und den Interessen der Gesellschaft. Die Sorgfaltspflichten betreffen die unternehmerischen Pflichten und Entscheidungen und deren sorgfältige, im Sinne von fachlich korrekter Ausführung[226]. Selbstverständlich müssen die Organe auch oder gerade bei Erfüllung der Sorgfaltspflichten Treubindungen im Sinne von Loyalitätspflichten beachten.
Die Gesellschafter haften, absehen von allgemeinen zivilrechtlichen Anspruchsgrundlagen, gegebenenfalls aus Konzernrecht und bei Verletzung der mitgliedschaftlichen Treuepflicht. Die Existenz dieser „Treuepflicht" gegenüber der Gesellschaft, aber auch der Gesellschafter untereinander, ist für die Mehrpersonen-Gesellschaft dem Grunde nach unbestritten[227]. Die Rechtsform ist insoweit unerheblich[228]. Die mitgliedschaftliche Treuepflicht kann Grundlage einer Schadensersatzhaftung gegenüber der Gesellschaft, aber auch gegenüber den Mitgesellschaftern sein[229]. Maßgebend für die Intensität der Treuepflicht ist die Realstruktur der jeweiligen Gesellschaft. Je kleiner der Gesellschafterkreis, je höher die Beteiligungen und je größer die Möglichkeit der Einflussnahme, desto intensiver und umfangreicher ist die mitgliedschaftliche Treuepflicht[230].

---

der Sorgfaltspflicht, vgl. Hachenburg - Mertens § 43 Rn. 18. Vgl. ausführlich zu den Sorgfaltspflichten unten Seite 88 ff.

225 So insbesondere Hopt, AktG § 93 Rn. 72: „Die Trennung zwischen Sorgfaltspflicht(en) und Treuepflicht(en) ist grundlegend; sie ist für das Verständnis und die Behandlung dieser Pflichten wesentlich - namentlich was unternehmerische Entscheidungen und den dazu notwendigen Ermessensbereich (business judgement rule) angeht, die für die organschaftliche Sorgfaltspflicht konstituierend ist... - und hat auch international Vorbilder bzw. Parallelen namentlich in der Trennung zwischen duty of care und duty of loyalty im US-amerikanischen Recht."

226 Dazu gehört die Beachtung der gesetzlichen und satzungsrechtlichen Vorschriften, aber auch „Organisationspflichten" und die „Pflicht zur ordentlichen Geschäftsleitung", vgl. bspw. Lutter, GmbHR 2000, 301 ff.

227 Vgl. Lutter, ZHR 162 (1998), 164, 167 f; ders., AcP 180, 84, 102 ff.; Brüls-Dehin, S. 1 ff.; Hüffer § 53 a 13 ff; Baumbach / Hueck - Hueck / Fastrich § 13 Rn. 21; Bungert, DB 1995, 1749 ff.; Raiser, § 12 Rn. 44 ff. Kritisch gegenüber der gegenseitigen Treuepflicht in der Aktiengesellschaft noch Flume, § 8 Abs. 1, S. 269 ff. Die Diskussion um die Treuepflicht in der Einmann-Gesellschaften zeigt, dass „die Gesellschaft" teilweise mit der Gesamtheit der Gesellschafter gleichgesetzt wird, vgl. Altmeppen, ZIP 2001, 1837, 1841 f; auch Lutter, ZHR 162 (1998), 165, 183. Zwischen der „Treuepflicht" gegenüber den Gesellschaftern und der gegenüber der Gesellschaft ist zu unterscheiden, vgl. bspw. Ziemons, S. 76; Hüffer § 53a Rn. 19 f.

228 Allg. Meinung, vgl. Lutter, AcP 180, 85, 105 ff.; Baumbach / Hueck - Hueck / Fastrich § 13 Rn. 23.

229 Ziemons, S. 75 ff.; Baumbach / Hueck - Hueck / Fastrich § 13 Rn. 27 ff. Die Treuepflicht ist auch Haftungsgrundlage im faktischen GmbH-Konzern, vgl. Henze, Konzernrecht, Rn. 249 f.

230 Raiser, § 12 Rn. 48 ff; HK / GmbH - Bartel § 13 Rn. 4 und § 14 Rn. 4; Jilg, S. 74; Lutter, AcP 180, 84, 105; Friedewald, S. 132 ff. A.A. Hennrichs, AcP 195, 221, 253.

2. Angleichung von Organ- und Gesellschafterpflichten

Eine Angleichung der mitgliedschaftlichen an die organschaftlichen Pflichten erfolgt im Aktienkonzernrecht: Gemäß § 317 AktG haftet die „Konzernmutter" bei Einflussnahme, soweit nicht die einem pflichtgemäß handelnden Organ entsprechende Sorgfalt angewandt wurde[231]. Eine organschaftliche Haftung des (beherrschenden) Gesellschafters ist in der Praxis nur außerhalb des Konzernrechts von Relevanz; nach der Abkehr der Rechtsprechung vom qualifiziert faktischen GmbH-Konzern erfährt diese Konstruktion wieder Zuspruch[232]. Fraglich ist, ob und inwieweit außerhalb des Konzernrechts eine Angleichung von Gesellschafter- und Organpflichten und entsprechender Haftung zulässig ist.

a) Organschaftliche Haftung der Anteilseigner

Oberstes Organ einer Kapitalgesellschaft ist - so wird es zumindest immer wieder behauptet - die Haupt- bzw. die Gesellschafterversammlung[233]. Obwohl insbesondere in der GmbH die Leitung ergänzend oder weitgehend durch die Gesellschafterversammlung wahrgenommen werden kann[234], unterliegen deren Mitglieder nach dem Wortlaut des Gesetzes jedoch nicht der direkten Haftung der § 93 AktG, § 43 GmbHG.

(1) Organschaftliche Haftung aufgrund der gesellschaftsrechtlich vermittelten Stellung - Meinungsstand

Ein in der Literatur vertretener Ansatz geht wegen der weitreichenden Kompetenzen der Anteilseigner zumindest in der GmbH von einer entsprechenden organschaftlichen Haftung der Gesellschafter aus: Nach *Wilhelm* haben die Gesellschafter eine aktive Leitungsverantwortung. Sie seien nicht nur bei ihren Weisungen an die Sorgfaltspflichten der Organe gebunden, sondern müssten ggf.

---

[231] Emmerich / Habersack § 309 Rn. 1 ff. und § 317 Rn. 4 ff.: Schädigungen der Aktiengesellschaft begründen auch bei Zustimmung aller Anteilseigner einen Ausgleichsanspruch des Unternehmens.

[232] Vgl. nur Altmeppen, ZIP 2001, 1837, 1845 ff.

[233] Vgl. Hüffer § 118 Rn. 2, Münchener Hdb. Aktienrecht - Semler § 34 Rn. 4 m.w.N. Ob die Gesellschafter in ihrer Gesamtheit oder die Gesellschafterversammlung Organ der Gesellschaft sind, ist für die relevante Frage der Möglichkeit der Rechtsausübung unerheblich, vgl. zu dieser Problematik Baumbach / Hueck - Zöllner, § 45 Rn. 3 und Scholz - Schmidt § 45 Rn. 3.

[234] Vgl. hierzu Abeltshauser, S. 47: Er kommt zu dem Schluss, dass Leitung nicht nur durch die Organe, sondern auch durch alle Gesellschafter und die Aufsichtsgremien wahrgenommen wird.

bei einem Fehlverhalten der Geschäftsführung eingreifen[235]. Allerdings ist diese Verantwortung nach seiner Ansicht auf die „bestimmungsmächtigen" Gesellschafter beschränkt[236].

Krebs leitet eine organschaftliche Haftung der Gesellschafter bei Weisungen an die Geschäftsführung aus §§ 309 Abs. 2, 317 Abs. 3, 323 Abs. 1 S. 2 i.V.m. 309 Abs. 2 AktG ab. Im Falle fehlender Qualifikation ist eine solche Haftung seiner Ansicht nach nicht zumutbar. In diesem Fall besäßen die Gesellschafter jedoch auch kein Weisungsrecht gegenüber der Geschäftsleitung[237].

Abeltshauser schließlich geht unter Verweis auf das Prinzip des „Gleichlaufes von Herrschaft und Haftung"[238] wegen der Einflussnahmemöglichkeiten von einer generellen organschaftlichen Haftung bei Ausübung von Leitungsmacht durch Gesellschafter aus[239].

(2) Haftung als „faktisches Organ" - Meinungsstand

Eine Haftung als „faktisches Organ"[240] gemäß § 93 AktG bzw. § 43 GmbHG ist, das ist inzwischen weitgehend unstrittig, dann möglich, wenn Gesellschafter oder Dritte faktisch bzw. tatsächlich die Stellung eines Organs bzw. Mitgliedes der Geschäftsführung einer Gesellschaft einnehmen und daneben kein anderes Organ existiert bzw. dieses faktisch nicht tätig ist, also vollständig aus seiner Stellung verdrängt wird[241].

Eine vollständige Verdrängung der Geschäftsführung durch die Risikokapitalgeber oder ihre Vertreter wird bei Start Ups wegen der Doppelstellung des Managements selten der Fall sein. Häufiger ist dagegen die bestimmende Einflussnahme durch Weisungen von Gesellschaftern oder Dritten oder auch eine parallele Geschäftsführung[242].

---

235 Wilhelm, S. 349 ff., 356. Zur Frage, wie viel Inkompetenz seitens der Geschäftsführung die Minderheitsgesellschafter ertragen müssen: Lutter, ZHR 162 (1998), 169; ders., ZGR 1998, 191, 195 ff.

236 Wilhelm, S. 340 ff. Zustimmend, wenn auch enger, Altmeppen, ZIP 2001, 1837, 1845 ff.

237 Krebs, S. 250 ff. Vgl. auch die Zusammenfassung bei Ziemons, S. 58 ff. mit Kritik.

238 Abeltshauser, S. 28 ff. m.w.N.

239 Abeltshauser, S. 48.

240 Zum unkonturierten Begriff des faktischen Organs Stein, S. 34 ff.

241 Stein, S. 38 ff. mit umfangreichen Nachweisen; auch Hopt, AktG § 93 Rn. 50; Scholz - Schneider, § 43 Rn. 15; Baumbach / Hueck - Zöllner, § 43 Rn. 3; KK - Mertens § 93 Rn. 12. Enger (nur fehlerhaft bestellte Vorstandsmitglieder) Hüffer § 93 Rn. 12. Aus der Rechtsprechung vgl. bspw. BGH, GmbHR 1995, 128; BGH, ZIP 1989, 294 f; BGH, WM 1988, 756 (Insolvenzverwalter).

242 Im angloamerikanischen Recht werden diese Personen „Shadow director" genannt, vgl. Dictionary of Business, Oxford University Press 1996: „Shadow director: A person in accordance with those instructions the directors of a company are accoustomed to act although that

Eine weitverbreitete Meinung in Literatur und Rechtsprechung ist der Auffassung, dass derjenige „faktisches Organ“ sei, der neben der bestellten Geschäftsführung wie ein Organ agiere[243]. Im ITT-Urteil des BGH wurde die Haftung des Mehrheitsgesellschafters wegen schädigender Einflussnahme aufgrund der „faktischen Geschäftsführung“ (und nicht aus § 117 AktG, Treuepflichtverletzung oder Konzernhaftung) bejaht[244].

Mehr und mehr setzt sich die Auffassung durch, dass bereits die bestimmende Einflussnahme auf die Geschäftsführung einer Gesellschaft eine Haftung aufgrund faktischer Organstellung begründen könne[245]. Im Herstatt-Urteil wurde eine faktische Geschäftsführung bereits bei Übernahme einzelner Geschäftsführungsmaßnahmen in Betracht gezogen, wenn auch letztendlich offengelassen[246].

Ob Einzelweisungen des Mehrheitsgesellschafters für eine solche Haftung ausreichen, ist in der Literatur umstritten[247]. Voraussetzung für die Haftung eines Gesellschafters als faktisches Organ ist nach Ansicht *Steins*, dass die Weisungen bzw. die Einflussnahme kompetenzrechtlich illegal sind[248].

(3) Stellungnahme

Abeltshauser stellt richtigerweise die Frage nach dem Haftungsgrund: Knüpft die Haftung der §§ 93 AktG, 43 GmbHG technisch an die Organstellung an oder soll generell ein Pflichtenmaßstab für Unternehmensleitung aufgestellt werden? Die von ihm vertretene funktionale Haftung würde Organe und Gesellschafter, aber auch Dritte hinsichtlich des Haftungsgrundes gleichstellen. Haftungsgrund wäre die Leitung einer Gesellschaft unabhängig von einer legitimierten Organstellung[249]. Der Beurteilungsmaßstab bzw. der Pflichtenkreis wäre generell vergleichbar[250].

---

person has not been appointed as a director. A shadow director influences the running of the company ...“

243 Umfangreiche Nachweise finden sich bei Stein, S. 40.

244 BGHZ 65, 15, 21.

245 Immenga, S. 277 f, 283; Scholz - Schneider § 43 Rn. 15.

246 BGHZ 75, 96, 106 ff.

247 Vgl. nur Stein, S. 42 m.w.N.

248 Stein, S. 153 ff., 173 ff. Die Illegalität kann auf einem Verstoß gegen die Kompetenzordnung, gegen formelle Anforderungen oder gegen die Treuepflicht beruhen, vgl. Stein, S. 155. Weitere Voraussetzung sei, dass die Geschäftsführung selbst nicht hafte. Zustimmend KK - Mertens § 93 Rn. 12.

249 So Abeltshauser, S. 47; a.A. bspw. Wiesener - Münchener Hdb. Aktienrecht, § 26 Rn. 3.

250 Dieser Pflichtenkreis kann durch Sonderrecht ergänzt werden (Wirtschaftsprüfer, Anwälte etc.) bzw. der Verschuldensmaßstab verschärft oder gemindert werden.

Auch von den Vertretern einer organschaftlichen Haftung der Anteilseigner wird dieser Ansatz als zu weitgehend empfunden und auf bestimmte, besonders einflussreiche Gesellschafter beschränkt.

Nach Ansicht von *Krebs* ist eine organschaftliche Haftung immer dann nicht zumutbar, wenn der Anteilseigner nicht ausreichend qualifiziert ist. Er löst diese Problematik, indem er diesen Gesellschaftern das Weisungsrecht gemäß § 37 GmbHG gänzlich entzieht[251]. Dieser Lösungsansatz widerspricht jedoch dem eindeutigen Gesetzeswortlaut und ist nicht haltbar[252].

Die Beschränkung der (analogen) organschaftlichen Haftung der Gesellschafter auf den beherrschenden bzw. ausreichend qualifizierten Gesellschafter zeigt, dass die umfassende Weisungskompetenz der Gesellschafter in der GmbH allein eine Angleichung der Haftung nicht rechtfertigt[253].

Die Beschränkung auf den beherrschenden Gesellschafter in der GmbH würde faktisch zu einer dem Aktienkonzernrecht entsprechenden Haftung führen, was angesichts der neusten BGH-Rechtsprechung zweifelhaft ist[254].

Eine funktionale Anknüpfung hat zwar den Vorteil, dass für das jeweilige Verhalten Maßstäbe und Inhalte definiert werden können, verkennt jedoch, dass das bloße Tätigwerden für eine Anwendung des Beurteilungsmaßstabes alleine nicht ausreicht. Bei kompetenzrechtlich legalen Leitungsmaßnahmen der Gesellschafter spricht die fehlende gesetzliche Verweisung gegen eine organschaftliche Haftung. Eine kompetenzrechtlich erlaubte Leitung kann auch nicht zu einer Haftung als „faktisches Organ“ führen: Findet die Einflussnahme über die Gesellschafter- bzw. Hauptversammlung statt, handelt ein echtes Organ, kein „faktisches“; eine organschaftliche Haftung der Gesellschafter, und nur diese kommt wegen der tatsächlichen Organstellung in Frage, scheidet aus[255].

Bei kompetenzrechtlich illegalen Eingriffen spricht gegen eine organschaftliche Haftung des einzelnen Gesellschafters, dass dieser im Unterschied zum einzelnen Vorstands- oder Geschäftsführungsmitglied in diesem Fall keine gesellschafts-

---

[251] Krebs, S. 255.

[252] Vgl. auch die ausführliche Auseinandersetzung bei Ziemons, S. 61 f.

[253] Zur Kritik Ziemons, S. 66 ff. Siehe auch Ulmer, ZIP 2001, 2021, 2025 mit umfangreichen Nachweisen. Ulmers Kritik, dass es „eine seltsame Regelungstechnik“ sei, den Gesellschafter als (Quasi-) Fremdgeschäftsführer haften zu lassen, ist meines Erachtens nur begrenzt zutreffend, da es eben um Situationen geht, in denen vom Grundverständnis der Geschäftsführer zuständig ist.

[254] Vgl. dazu unten Seite 200.

[255] Vgl. dazu oben Seite 67. Eine Haftung als „faktisches Organ“ scheidet aus diesem Grund auch aus, soweit die Weisung zwar kompetenzrechtlich legal, aber pflichtwidrig war, da es sich immer noch um echtes Organhandeln, nämlich der Gesellschafterversammlung, handelt. A.A. Stein, S. 155.

rechtlich vermittelte Leitungsmacht besitzt. In Frage kommt in diesen Fällen aber eine Haftung als „faktisches Organ“ [256].

b) Milderung der Organhaftung

Trotz der allgemein anerkannten Unterscheidung zwischen organschaftlichen und mitgliedschaftlichen Rechten und Pflichten[257] führt die Personenidentität von Organ und Gesellschafter dazu, dass unter Verweis auf die - vermeintlich - fehlende mitgliedschaftliche Treuepflicht auch eine organschaftliche Loyalitätspflicht des geschäftsführenden Gesellschafters in der Einmann-GmbH teilweise gänzlich abgelehnt wird[258]. Dementsprechend lehnt die herrschende Meinung eine Organinnenhaftung der Gesellschafter-Geschäftsführer in der Einmann-GmbH bzw. bei einvernehmlichem Gesellschafterhandeln ab, soweit das Handeln nicht gegen die mitgliedschaftliche Treuepflicht verstößt[259]. Die Reduktion der Innenhaftung der Organe wird mit der Weisungskompetenz der Gesellschafter begründet, entsprechende Weisungen werden ggf. fingiert[260]. Auf der Vorstellung der Einheit der Person basierend, sollen die Anteilseigner, auch wenn sie unternehmensleitend bzw. sogar als Gesellschafter-Geschaftsführer tätig werden, nicht den strengen Vorschriften und dem Haftungsmaßstab der Organhaftung unterliegen[261].

In der Aktiengesellschaft soll dagegen eine Haftungsmilderung auch in der Einpersonen-Gesellschaft nicht möglich sein[262].

---

256 Dazu unten Seite 206 ff. und Seite 231 ff.

257 Vgl. nur trotz der zwingenden Selbstorganschaft für die Personengesellschaft Münchener Hdb. KG / StG - Weipert KG § 13 Rn. 2, sowie Hüffer, § 84 Rn. 9; Rowedder - Koppensteiner § 43 Rn. 58; Baumbach / Hueck - Zöllner, Anh § 47 Rn. 54 b.

258 Explizit HK / GmbH - Fichtelmann § 35 Rn. 108. Zum vermeintlich fehlenden Eigeninteresse der GmbH vgl. die Nachweise in Fn 407.

259 Vgl. Altmeppen, ZIP 2001, 1837, 1843 m.w.N. ; aktuell HK / GmbH - Fichtelmann I § 43 Rn. 45 sowie auch BGH, WiB 1994, 475, 476: Ein Geschäftsführer, der gleichzeitig alleiniger Gesellschafter sei, hafte, wenn er der Gesellschaft Vermögen entziehe, das zur Deckung des Stammkapitals nicht benötigt werde, grundsätzlich nicht nach § 43 GmbHG.

260 Vgl. nur HK / GmbH - Fichtelmann I § 43 Rn. 45 f. m.w.N.

261 BGH, DB 1999, 1651. Auch für die Publikums-KG wird die These vertreten, dass eine Anwendung des § 43 GmbHG mit seinem schärferen Haftungsmaßstab nur dann gerechtfertigt sei, wenn es sich um ein Fremdorgan handle. Eine Haftungsmilderung sei dann anzunehmen, wenn die Sorgfaltspflichtverletzung gleichzeitig eine Verletzung spezifischer Gesellschafterpflichten sei - Münchener Hdb. KG / StG - Wirth, KG § 3 Rn. 88.

262 Godin / Wilhelmi § 93 Anm. 4; Ekkenga, AG 1985, 40, 41 f; Emmerich / Habersack Anh. II § 318 Rn. 8 m.w.N. A.A. Bachmann NZG 2001, 961, 966 f. Ablehnung auch im Konzernrecht: So soll der Abhängigkeitsbericht 100%iger Tochtergesellschaften mangels Funktion und aufgrund ökonomischer Interesseneinheit entbehrlich sein, vgl. Götz, AG 2000, 498, 500. Gegen Abhängigkeitsberichte bei „vollständiger Interesseneinheit“ in der KGaA schon Mertens, FS Claussen, 297 ff.

In der Mehrpersonengesellschaft bedarf es für eine entsprechende Haftungsfreistellung bzw. Milderung des Sorgfaltsmaßstabes des Organs dagegen nach allgemeiner Auffassung eines formellen und rechtmäßigen Gesellschafterbeschlusses[263]. Weisungen des Mehrheitsgesellschafters bzw. die Doppelstellung als Organ und Mehrheitsgesellschafter reichen nicht aus[264].

Die Erforderlichkeit eines entsprechenden Beschlusses der Anteilseigner auch in der GmbH verdeutlicht, dass die Haftungsfreistellung des Organs immer Folge einer Kompetenzverlagerung ist[265]. Fällt eine Maßnahme aufgrund der verdrängenden Kompetenz der Gesellschafter in der GmbH nicht mehr in den Kompetenzbereich des Organs, scheidet auch eine Haftung aus. In der Einmann-Aktiengesellschaft entfällt die Möglichkeit der Weisungsfiktion mangels entsprechendem Initiativrechts der Aktionäre.

Die Doppelstellung alleine hat demnach zunächst keine Auswirkungen auf die Pflichten und die daraus resultierende Haftung als Organ.

II. Abgrenzung von Organ- und Gesellschafterhandeln

Die Organhaftung greift anerkanntermaßen nur bei Fehlverhalten in Ausführung der Organtätigkeit. Bei beruflich bedingten Tätigkeiten ist das Organ nach der wohl herrschenden Meinung immer „im Dienst“, was bedeutet, dass auch die Anforderungen an die allgemeinen Verkehrspflichten während der Tätigkeit erhöht sind. Nur außerhalb der Organtätigkeit gilt der normale Sorgfaltsmaßstab[266].

Generell kann die Abgrenzung von Organ- und privatem Handeln zu Schwierigkeiten führen, z.B. bei der Beurteilung der Frage, ob es sich bei einem Ausstellungs- oder Theaterbesuch um Dienst oder Privatvergnügen handelt, wenn bekanntermaßen auch Geschäftskollegen anwesend sind und Kontakte „gepflegt“ werden sollen. Die allgemeine Abgrenzungsproblematik erhält jedoch eine besondere Komponente, wenn das Organ gleichzeitig Gesellschafter ist.

---

263 Zur Folgepflicht vgl. Seite 108 ff. und zur Frage der haftungsbefreienden Wirkung Seite 165 ff.

264 Vgl. Hachenburg - Mertens § 43 Rn. 71; KK - Mertens § 93 Rn. 22 m.w.N; Bastuck, S. 89; Ziemons, S. 138. a.A. noch OLG Hamburg, LZ 1917, 823: Der Mehrheitsgesellschafter könne sich darauf berufen, dass er einen entsprechenden Beschlusse hätte herbeiführen können.
Fehlt ein rechtmäßiger Gesellschafterbeschluss, sollen die Regeln der Organhaftung gemäß § 93 AktG, § 43 GmbH greifen, unabhängig davon, ob es sich bei dem Organ um einen Gesellschafter handelt, vgl. HK / GmbH - Fichtelmann § 43 Rn. 16.

265 So ausdrücklich auch KK - Mertens § 93 Rn. 22.

266 Vgl. zur Thematik KK - Mertens § 93 Rn. 28. Auch Tätigkeiten, die von den Qualifikationsanforderungen keine „Organtätigkeiten“ sind, fallen in den Bereich der Organhaftung, soweit sie im Zusammenhang mit der beruflichen Tätigkeit stehen.

1. Verflechtung von Gesellschafter- und Organstellung

Aufgrund der Unabhängigkeit von Gesellschafter- und Organstellung in der Kapitalgesellschaft ist das Handeln als Gesellschafter dem Privatbereich zuzuordnen. Die Betrachtung der Kompetenzverteilung hat jedoch gezeigt, dass sich in der GmbH und - wenn auch in stark verminderter Form - in der AG die Kompetenzen von Organen und Anteilseignern zur Unternehmensleitung nicht nur ergänzen, sondern sich zumindest in der GmbH wegen des Weisungsrechts überschneiden[267]. Die Problematik der Kompetenzabgrenzung betrifft dabei insbesondere die „uneigennützigen" Verwaltungsrechte der Gesellschafter, welche die Gesellschaft in ihrer Gesamtheit betreffen[268].

Bei Maßnahmen, bei denen eine Zusammenarbeit von Organen und Anteilseignern erforderlich ist, ist eine Abgrenzung besonders schwierig. Gleiches gilt für Entscheidungen, die in den originären Aufgabenbereich des Organs bzw. des Gesellschafters fallen, aber gleichzeitig die eigene Stellung als Anteilseigner bzw. Organ betreffen.

Ein Beispiel sind Veräußerungs- oder Fusionsverhandlungen, bei denen die beteiligte Unternehmensleitung in zweierlei Weise betroffen ist: Als Organ ist der Arbeitsplatz tangiert, als Gesellschafter sind es die Anteile. Bezüglich beider Punkte sind positive und negative Auswirkungen denkbar. Möglich und nicht selten ist die Situation, dass sich die Interessen des Anteilseigners und die persönlichen Interessen des Organs widersprechen[269].

2. Abgrenzungskriterien

Eine klare theoretische Differenzierung zwischen Gesellschafter- und Organhandeln ist möglich, soweit das Gesetz bestimmte Kompetenzen ausschließlich und zwingend zuweist und den Vorschriften des Gesetzes entsprechend gehandelt wird. Formell ordnungsgemäße Beschlüsse der Haupt- oder Gesellschafterversammlung innerhalb ihres Kompetenzbereiches sind daher als Gesellschafterhandeln zu werten.

---

267 Vgl. Seite 47 ff. Aber auch in der Aktiengesellschaft können sich durch die ungeschriebenen Kompetenzen der Anteilseigner faktische Überschneidungen der Tätigkeit ergeben, vgl. Fn 123 und 126.

268 Zu den uneigennützigen Rechten wird generell das Stimmrecht gerechnet, vgl. Hüffer, § 53 a Rn. 16. Wiesener kritisiert dies zu Recht und weist auf die Maßgeblichkeit des Beschlussgegenstandes hin, Wiesener, Münchener Hdb. Aktienrecht § 17 Rn. 6. Eigennützige Rechte dienen der Durchsetzung der individuellen Interessen der Gesellschafter, allgemeine Meinung, vgl. nur Wiesner, Münchener Hdb. Aktienrecht § 17 Rn. 5.

269 Zu den Handlungspflichten der Organe börsennotierter Aktiengesellschaften bei sog. „feindlichen Übernahmen" existiert inzwischen umfangreiche Literatur, vgl. die Dissertation von Koch, S. 14 ff.

„Bei ihrer Geschäftsführung“ haften Organe, wenn sie als Organ handeln oder handeln müssten[270]. Eine Organpflicht begründet immer eine Organverantwortlichkeit auch für Unterlassen. Im Fall von Organpflichten wird daher auch bei Gesellschafterhandeln ggf. eine - parallele - Organhaftung in Betracht kommen.

Abgrenzungsschwierigkeiten bestehen bei Handlungen, welche nicht klar einem Kompetenzbereich zugeordnet werden können. Die originäre Leitungskompetenz des Vorstandes und der Geschäftsführung führt zu der Grundregel, dass Maßnahmen der Unternehmensleitung, welche nicht eindeutig als Gesellschafterhandeln gekennzeichnet werden, als Organhandeln zu werten sind. Handelt die betreffende Person als Organ und verfolgt dabei unter Verletzung der Neutralitätspflicht Eigeninteressen als Gesellschafter, führt dies zu einer Organhaftung wegen Verletzung der Loyalitätspflicht gegenüber dem Unternehmen[271].

Eine entsprechende Zurechnung des Handelns gilt aufgrund der zwingenden Kompetenzordnung in der Aktiengesellschaft wegen der abschließenden Kompetenzverteilung auch für eine parallele Stellung als Aufsichtsratsmitglied und Anteilseigner. Maßnahmen der Überwachung sind bei Doppelstellung als Organhandeln zu werten. In der GmbH wird bei einem fakultativen Aufsichtsrat eine Zurechnung bei Überwachungsmaßnahmen von der satzungsrechtlichen Gestaltung und dem Einzelfall abhängen.

III. Zwischenergebnisse

Die Betrachtung hat gezeigt, dass Unterschiede zwischen mitgliedschaftlichen und organschaftlichen Pflichten bestehen. Eine Milderung der Organhaftung allein durch die Doppelstellung erfolgt nicht. Möglich ist jedoch sowohl in der GmbH als in der Aktiengesellschaft eine Haftungsfreistellung bei Kompetenzverlagerung, d.h. im Falle einer Weisung oder Genehmigung. Die unterschiedlichen Pflichtenbindungen führen dazu, dass immer eine Differenzierung zwischen Organ- und Gesellschafterhandeln und -haftung notwendig ist.

Die Abgrenzung von Organ- und Gesellschafterhandeln ist wegen der Verflechtungen insbesondere in der GmbH schwierig. Soweit es sich um eigennützige Rechte handelt, welche im Rahmen der gesetzlich oder satzungsrechtlich vorgegebenen Möglichkeiten ausgeübt werden, ist das Handeln als Gesellschafterhandeln zu qualifizieren. Außerhalb dieser Handlungsmöglichkeiten ist das Handeln im Zweifel als Organhandeln anzusehen und unterliegt damit den Normen der Organhaftung.

---

[270] Hüffer § 93 Rn. 4 aE.

[271] Z.B. bei der Vorbereitung bestimmter Maßnahmen, bei Verhandlungen etc. Vgl. unten bei Loyalitätspflicht Seite 76 ff.

Kapitel 3 Organhaftung

Zu klären ist, ob und wie sich die Doppelstellung, die unternehmerische Beteiligung der Risikokapitalgeber und die besondere ökonomische Situation eines Start Ups auf die Organhaftung auswirkt.

Im Aktienrecht hat die Doppelstellung theoretisch keine große Bedeutung, da die Gesellschafter nach der Konzeption des Gesetzes keinen direkten Einfluss auf die Geschäftsführung haben dürfen. Mit dem Aufsichtsrat besteht zudem ein vom Vorstand personell unterschiedliches Kontroll- und Aufsichtsorgan. Die Konzeption des AktG verliert in einem Start Up mit der hier beschriebenen stark personalistischen Struktur jedoch ihre praktische Bedeutung[272]. Die Unabhängigkeit und Neutralität der Geschäftsleitung ist nicht mehr so gewährleistet, wie dies dem typischen Bild der Aktiengesellschaft entspricht[273].

Organe im Sinne der Organ- und Management- bzw. Aufsichtsratshaftung gemäß §§ 116, 93 AktG, § 43 GmbHG sind der ordnungsgemäß bestellte Vorstand bzw. die Geschäftsführung und der Aufsichtsrat sowie deren Stellvertreter[274]. Organhaftung wird häufig auch als „Managementhaftung" bezeichnet. Im deutschen Rechtsraum ist der Begriff Management nicht klar definiert und wurde bis vor kurzem fast ausschließlich in Bezug auf die Verwaltung größerer Aktiengesellschaften verwendet. In den letzten Jahren, insbesondere in der New Economy, wird der Begriff auch mit kleineren Gesellschaften und GmbHs in Verbindung gebracht. Gerade in Start Ups besteht die Tendenz, dem englischen Wortsinn entsprechend, jeden als „Manager" zu bezeichnen, der irgendeine Art von (Weisungs-) Kompetenz besitzt, nicht nur Personen, die gemeinhin als „leitende Angestellte" verstanden werden.

„Leitende Angestellte" als Teil des Managements besitzen z.T. weitreichende Kompetenzen und können durchaus eigenständig entscheiden, nehmen somit eine „Managementaufgabe" im Sinne einer Führungsaufgabe wahr. Gesellschaftsrechtlich sind diese jedoch nicht zur eigenverantwortlichen Leitung befugt. Sie leiten ihre Kompetenzen von den Leitungsorganen ab. Aufgrund der Leitungsverpflichtung der Organe gegenüber Dritten beschränken sich ihre Befugnisse zumeist auf

---

[272] Mestmäcker, S. 89 f. Zur allgemeinen Entwicklung bei der Aktiengesellschaft hin zu mehr Einfluss der Gesellschafter, vgl. Hirte, Rn. 173 ff.

[273] So auch Goette, FS 50 Jahre BGH, 123, 125. Hopt, FS Mestmäcker, 909, 913 betont daher auch die Bedeutung der Rechtsprechung zum Gesellschafter-Geschäftsführer für die Aktiengesellschaft. Ist die Treuepflicht der Anteilseigner prinzipiell von der Realstruktur und nicht der einzelnen Rechtsform abhängig, ergeben sich doch unterschiedliche Auswirkungen der personalistischen Struktur bzw. konkret der Doppelstellung auf die Organhaftung im Blick auf die weit stärkeren rechtlichen Einflussmöglichkeiten der Gesellschafter in der GmbH.

[274] Allgemeine Meinung, vgl. die Nachweise bei Hüffer § 94 Rn. 3.

Fragen der operativen Geschäftsführung[275]. Die Entscheidungskompetenz in allen Fragen verbleibt bei den geschäftsleitenden Organen. Die Normen der Organhaftung sind auf leitende Angestellte ohne Organstellung daher nicht anwendbar.

§ 5 Haftung gegenüber der Gesellschaft

Die organschaftliche Innenhaftung gegenüber der Gesellschaft ist im Kapitalgesellschaftsrecht weitgehend gesetzlich geregelt: Der Vorstand und der Aufsichtsrat in der Aktiengesellschaft haftet gemäß §§ 93 Abs. 1, 116 AktG; die Geschäftsführung in der GmbH gemäß § 43 GmbHG. §§ 52 Abs. 1 GmbHG, 116 AktG regeln die Haftung der Aufsichtsräte in der GmbH. Eine Regelungslücke besteht für die Haftung der Beiräte in der GmbH, hier sind im Zweifelsfall §§ 52 Abs. 1 GmbHG, 116 AktG analog anzuwenden[276].

Von der gesetzlichen Organhaftung ist eine mögliche vertragliche Haftung der Organe aus dem Dienst- bzw. Anstellungsvertrag zu unterscheiden. In den Fällen, in denen die Verletzung der Organpflichten gleichzeitig eine Verletzung des Arbeitsvertrages bedeutet, ist umstritten, ob die vertragliche Haftung parallel zur Organhaftung bestehen bleibt oder von dieser verdrängt wird[277]. Praktisch relevant wird diese Frage nur, wenn es sich um zusätzliche Pflichten im Anstellungsvertrag handelt, die über die gesetzliche Regelung hinaus gehen. Eine Ausdehnung der Organpflichten im Anstellungsvertrag ist wegen der abschließenden Haftungsregelung nicht möglich[278].

Sieht man eine Erweiterung des Pflichtenkreises durch den Anstellungsvertrag als möglich an, verneint jedoch den Charakter als Organpflicht, ist ggf. eine Schadensersatzpflicht gegenüber der Gesellschaft aus pVV des Anstellungsvertrages gemäß § 280 Abs. 1 BGB zu prüfen.

---

[275] Vgl. die Unterscheidung zwischen operativer Geschäftsführung und Unternehmensleitung, Seite 43.

[276] Hachenburg - Raiser § 52 Anm. 358; Beck'sches Hdb. GmbH - Müller, § 6 Rn. 28; Thümmel, Rn. 12; Ruter / Thümmel, Rn. 306 ff. Zur Haftung der „Beiräte" in der Aktiengesellschaft vgl. unten Seite 195 f.

[277] Für eine Verdrängung die wohl h.M.: BGH, NJW 1997, 741; BGH, NJW - RR 1989, 1255; Baumbach / Hueck - Zöllner, § 43 Rn. 4; Fleck, ZIP 1991, 1270; a.A. Hübner, S. 37; Scholz - Schneider, § 43 Rn. 13; früher auch der BGH, z.B. BGH, ZIP 1988, 568.

[278] Herrschende Meinung, vgl. Hüffer, § 93 Rn. 1; KK - Mertens § 93 Rn. 4; Geßler / Hefermehl - Hefermehl § 93 Rn. 14; a.A. Gondin / Wilhelmi § 93 Rn. 4; wohl auch Thümmel, Rn. 16, der die Beachtung der Regelungen des Arbeitsvertrages als Organpflicht sieht, ähnlich auch Hachenburg - Mertens § 43 Rn. 4.

I. Loyalitätspflichten

Die organschaftliche Treuepflicht oder Loyalitätspflicht ist Reaktion auf die besondere Vertrauensstellung, die ein Organ gegenüber der Gesellschaft besitzt[279].

1. Loyalitätspflicht der Leitungsorgane

In Anlehnung an in der Praxis häufige Konstellationen wurden durch Literatur und Rechtsprechung verschiedene Fallgruppen für die Loyalitätspflicht der Leitungsorgane aufstellt[280]: Dazu gehören Wettbewerbsverbote[281], das Verbot der Ausnutzung der Stellung zu eigenen Zwecken[282] sowie die „Geschäftschancenlehre“[283]. „In-sich-Geschäfte“ können unter Ausschluss von § 181 BGB im Gesellschaftsvertrag genehmigt werden[284]. Die Fallgruppe der „Personellen Verflechtungen“, die Doppelmandate außerhalb von Konzernverbindungen und daraus resultierende Interessenkonflikte erfasst, betrifft zumeist Aufsichtsratsmitglieder, kann aber auch bei Vorstandsmitgliedern relevant sein[285]. Auch die Verschwiegenheitspflicht ist ein besonders kodifizierter Bestandteil der Loyalitätspflicht[286].

Mit der Einführung des § 53 a AktG wurde das Gebot der Gleichbehandlung der Anteilseigner im Aktienrecht kodifiziert[287]. Die Gesellschaftsorgane unterliegen

---

279 Abeltshauser, S. 271.

280 Vgl. die Aufstellung von Abeltshauser, S. 400 ff.; auch Hopt, AktG § 93 Rn. 156 ff.

281 Vgl. § 88 AktG und Hopt, AktG § 93 Rn. 164 ff. Zur Übertragbarkeit auf die GmbH vgl. Abeltshauser S. 364 ff.; Scholz - Schneider § 43 Rn. 126a; Lawall, NJW 1997, 1742 ff.; Knobbe-Keuck, GmbHR 1992, 333 ff.

282 KK - Mertens § 93 Rn. 61; Hopt, AktG § 93 Rn. 173 ff.; Abeltshauser, S. 353 ff.

283 Hopt, AktG § 93 Rn. 166; Abeltshauser, S. 373 ff.

284 Zur besonderen Problematik bei Gesellschafter-Geschäftsführern Ekkenga, AG 1985, 40 ff.

285 Hierzu Abeltshauser, S. 402 und Wardenbach, S. 62 ff. sowie die Studie von Pfannschmidt, S. 197 ff. Zur Reichweite eines Wettbewerbsverbotes und zur Zulässigkeit von Aufsichtsratsmandaten in Konkurrenzunternehmen, vgl. Schneider, BB 1995, 365, 367 sowie unten Seite 216 ff.

286 Vgl. Streit Hopt, AktG § 93 Rn. 187. Bei der GmbH ist die Verschwiegenheitspflicht zwar nicht gesondert kodifiziert, ist aber als Teil der allgemeinen Loyalitätspflicht genauso relevant. Zum Inhalt Lutter, Information S. 121 ff; 129 ff. Zum sachlichen Umfang Marsch-Barner, Hdb. AR Rn. J 6 ff.

287 Grundlegend Hueck, S. 44 ff. Siehe auch Lutter / Hommelhoff § 14 Rn. 30; Baumbach / Hueck - Hueck / Fastrich § 13 Rn. 35 ff.; Henn, AG 1985, 240 ff. Umstritten sind in der GmbH Geltungsgrund, Geltungsbereich und Inhalt der Gleichbehandlungspflicht, vgl. für die Einordnung der Gleichbehandlungspflicht als Unterfall der Treuepflicht Scholz - Winter § 14 Rn. 41; differenzierend Brüls-Dehin, S. 136 - ihre Argumentation, dass die Treuepflicht mehr abstrakt sei, der Gleichbehandlungsgrundsatz dagegen konkrete Überprüfungen ermögliche, spricht meines Erachtens eher dafür den Gleichbehandlungsgrundsatz als konkretisierten Teil der Treuepflicht anzusehen.

einer Neutralitätspflicht, wonach sie die Sonderinteressen eines Großaktionärs nicht zu Lasten der Gesellschaft oder der Mitgesellschafter fördern dürfen[288].

a) Einfluss der Doppelstellung auf die Loyalitätspflicht

Wegen der Unterschiede von Organ- und Gesellschafterstellung erfolgt durch die Doppelstellung keine Milderung der organschaftlichen Loyalitätspflichten[289].

Die Gewährung wirtschaftlich nicht gerechtfertigter persönlicher Vorteile eines Organs an sich selbst sowohl in Bezug auf die Organposition als auch auf die Gesellschafterstellung ist eine „eigennützige Ausnutzung der Organstellung". Dazu gehören wegen der Doppelstellung auch verdeckte Gewinn- oder Vermögensverlagerungen an die eigene Person[290] in Form von überhöhten Gehältern und Provisionen[291], Sicherheiten[292], Austauschgeschäfte ohne angemessene bzw. mit überhöhter Gegenleistung[293] oder die Gewährung ungesicherter Darlehen[294]. Laut BGH muss das Gehalt eines Gesellschafter-Geschäftsführers sowohl einem Fremdvergleich entsprechen als auch unter Gesamtwürdigung aller Umstände, insbesondere der wirtschaftlichen Lage des Unternehmens, angemessen sein[295].

---

[288] Mestmäcker, S. 275 sowie KK - Mertens § 53a Rn. 25; ders. zur Neutralitätspflicht des Vorstandes § 76 Rn. 18; auch Scholz - Winter § 14 Rn. 44. Für eine Verletzung wird zumeist Willkür verlangt, vgl. Raiser, § 12 Rn. 55 f. Zum Streit um eine aktienrechtliche Neutralitätspflicht im Zusammenhang mit Übernahmeangeboten vgl. Hüffer § 76 Rn. 15d; Krause, WM 1996, 893 (Übernahmeangebote und Beteiligungserwerb); Escher-Weingart, AG 2000, 164 (Aktienzuteilung bei Börsengang).

[289] Entsprechend den obigen Ausführungen ist eine Haftungsfreistellung durch Kompetenzverlagerung auf die Anteilseigner möglich. Auch diese sind an den Gesellschaftszweck, nach verbreiteter Meinung sogar an das Unternehmensinteresse gebunden, vgl. unten Seite 210 ff., und können keinen Dispens vom Wettbewerbsverbot erteilen, soweit dies dem Unternehmensinteresse widerspricht, vgl. Lutter / Hommelhoff § 14 Rn. 23. Besonders im Steuerrecht wird die Frage diskutiert, wann solche Befreiungen als verdeckte Gewinnausschüttung zu beurteilen sind. Allerdings gelten hier andere Maßstäbe als im Gesellschaftsrecht, so dass eine entsprechende Entscheidung des Fiskus noch nicht auf eine Pflichtverletzung des Managements hindeuten muss, vgl. zu dieser Problematik stellvertretend Knobbe-Keuck, GmbHR 1992, 333 ff. sowie die Nachweise bei Abeltshauser, S. 185 in Fn 621.

[290] Zur Zulässigkeit Scholz - Schneider § 43 Rn. 143.

[291] RG, HRR 1941 Nr. 132; für eine entsprechende Geltung von § 57 AktG auch in der Einmann-AG KK - Kraft § 1 Rn. 70.

[292] Zuletzt: OLG Hamburg AG 1980, 275 ff.; OLG Düsseldorf, AG 1980, 273 f; OLG München AG 1980, 272 f.

[293] Vgl. die umfangreichen Nachweise bei Abeltshauser, S. 184 f.

[294] OLG Hamm ZIP 1995, 1263.

[295] BGH, WM 1990, 1195 f. Vgl. auch die Übersicht bei Tänzer, GmbHR 1996, 40, 41. Für die entsprechende Anwendung von § 87 AktG im GmbH-Recht Scholz - Schneider § 43, Rn. 142. Im Zusammenhang mit Interessenkonflikten ist auch die Vorschrift des § 288 HGB bzw. des § 286 Abs. 4 HGB zu kritisieren, wonach Bezüge der Organmitglieder nicht angegeben werden müssen. Zwar werden die Kapitalgeber sich zumeist Einsicht verschaffen können, etwas anderes ist dies trotz der umfassenden Informationsrechte in der GmbH gemäß § 51 a GmbHG und

Aufgrund der erschwerten wirtschaftlichen Lage von Start Ups ist die Angemessenheit eher restriktiv zu beurteilen.

b) Besondere Loyalitätspflichten in Start Ups

Die Personenidentität von Gesellschaftern und Organen ist zwar in der Praxis durchaus häufig, aber im Gesetz nicht gesondert berücksichtigt worden. Problematisch ist, dass sich Neutralitätspflicht und schützenswerte Berücksichtigung eigener Gesellschafterinteressen eigentlich widersprechen. Aufgrund der Unteilbarkeit der Person ist eine echte Neutralität vergleichbar mit der eines Fremdgeschäftsführers gar nicht denkbar.

(1) Neutralitätspflicht

In Rechtsprechung und Literatur wird die Ansicht vertreten, dass Geschäftsführer, die zugleich Mehrheitsgesellschafter sind, jede Entscheidung auf mögliche Interessenkonflikte mit einzelnen Gesellschaftern überprüfen und die Belange der Minderheit im Sinne einer größtmöglichen Schonung berücksichtigen müssten[296]. Diese Auffassung wird damit begründet, dass in Anlehnung an § 243 Abs. 2 AktG bei Mehrheitsbeschlüssen und Weisungen immer auch die Auswirkungen auf die Mitgesellschafter berücksichtigt werden müssen[297].

Unabhängig davon, ob diese Auffassung zutreffend ist, spricht diese Argumentation allein noch nicht für eine entsprechende Pflicht der Organe, da Gesellschafterpflichten auch bei Personenidentität wegen der Trennung von Organ- und Gesellschafterstellung nicht ohne weiteres auch den Organen obliegen.

Bei Doppelstellung kann jedoch davon ausgegangen werden, dass, auch wenn keine persönlichen Vorteile zu Lasten der Gesellschaft oder der Gesellschafter angestrebt werden, innerhalb des zulässigen Rahmens die eigenen Interessen als Gesellschafter weitestgehend berücksichtigt oder zumindest geschont werden. Die organschaftliche Gleichbehandlungs- bzw. Neutralitätspflicht gebietet daher eine entsprechende Rücksichtnahme des Organs auf die schützenswerten Interessen der übrigen Gesellschafter. In einem personalistisch strukturierten Start Up ist es für die Organe zudem relativ einfach, die Interessen der Gesellschafter zu erkunden, so dass eine entsprechende Pflicht auch nicht an der Zumutbarkeit scheitert.

---

insbesondere aufgrund der bereits normierten Einschränkungen gemäß § 131 AktG in der AG bei Kleinaktionären wie Arbeitnehmern.

[296] BGH, DStR 1994, 214; Meilicke, DB 1994, 1761.

[297] So OLG Frankfurt, GmbHR 1997, 346, 347 f; Scholz - Schneider § 13 Rn. 38. A.A. Brüls-Dehin, S. 119.

Wegen der Prämisse der Handlungsfreiheit des Organs ist eine solche Rücksichtnahme auf Maßnahmen beschränkt, die mittel- oder unmittelbar die Gesellschafter betreffen[298]. Welche Interessen schützenswert und wie diese zu gewichten sind, ist eine Frage der Bestimmung des Unternehmensinteresses[299].

(2) Informelle Gleichbehandlung versus Verschwiegenheitspflicht

In der GmbH besteht mit § 51 a GmbHG ein umfangreiches Auskunfts- und Einsichtsrecht der Gesellschafter. Eine Verschwiegenheitspflicht und ein darauf basierendes Auskunftsverweigerungsrecht bzw. eine entsprechende -pflicht besteht nur bei Gefahr einer Gesellschaftsschädigung und bedarf gemäß § 51 a Abs. 2 S. 2 GmbHG eines Gesellschafterbeschlusses[300]. Die Erteilung einer Auskunft bedarf keiner Genehmigung und ist damit Gegenstand der Organhaftung[301]. Maßstab für die Weitergabe oder Verweigerung von Informationen ist das Unternehmensinteresse[302]. Selbstständige Informationspflichten sind jedoch auch in der GmbH recht selten und auf Einzelfälle beschränkt[303]. In der AG bestehen gesetzliche Auskunftspflichten gemäß §§ 131, 176 Abs. 1, 337 Abs. 4 AktG nur in der Hauptversammlung[304].

Die Verschwiegenheitspflicht der Organe gilt auch gegenüber den Aktionären[305]. § 131 Abs. 4 AktG beinhaltet das Gebot der informellen Gleichbehandlung aller Anteilseigner[306].

---

[298] Vgl. dazu den Fall BGH, ZIP 1988, 301, wo ein Mehrheitsgesellschafter bereits vor der Auflösung mit dem Vorstand Absprachen getroffen hatte, welche für ihn einen Vorteil bedeuteten und damit die Minderheitsgesellschafter benachteiligte. Vgl. auch oben Seite 72 ff.

[299] Zur Bestimmung unten Seite 94 ff. Dabei ist zu beachten, dass Mehrheits- und Minderheitsgesellschafter nicht immer vergleichbar sind und der Gleichbehandlungsgrundsatz nur bedingt greift, vgl. hierzu Raiser, § 12 Rn. 56 ff. Allerdings wurde hier in Rechtsprechung und Literatur bereits viel Vorarbeit geleistet. Insbesondere bei den Hilfsrechten wie dem Auskunftsrecht ist eine Ungleichbehandlung nicht zulässig, vgl. Nirk / Reuter / Bächle, I 500. Vgl. aber die Erwägungen zur Information der Kapitalgeber unten Seite 83 f.

[300] Hoffmann / Liebs, Rn. 416 ff. Zur Frage, wann die Auskunft verweigert werden kann Zöllner in Baumbach / Hueck § 51 a Rn. 23 ff. Im Falle der unberechtigten Informationsverweigerung haften Gesellschaft und Gesellschafter, sowie die Geschäftsführer, vgl. ders. Rn. 34 f.

[301] Zu möglichen Ausnahmen Baumbach / Hueck - Zöllner § 51 a Rn. 27.

[302] KK - Mertens § 93 Rn. 82; Hüffer § 93 Rn. 8; Wüsthoff, S. 115 ff.

[303] Vgl. Überblick bei Hoffmann / Liebs Rn. 416. Zum grundsätzlichen Streit um Informationspflichten vgl. Hachenburg - Hüffer § 51 a Rn. 8 ff.

[304] § 131 Abs. 1 S. 1 AktG. Dazu Hopt, AktG § 93 Rn. 208. Bei Grundlagen und Strukturentscheidungen besitzen die Aktionäre besondere Auskunftsrechte, vgl. §§ 293 a-g AktG, 319 Abs. 2, 320 Abs. 3 AktG. Für Auskunftsrechte auch bei gesetzlich nicht geregelten Strukturmaßnahmen: LG München, AG 1993, 435. Vgl. zur Haftung gegenüber den Gesellschaftern unten Seite 189 ff.

[305] Marsch-Barner, Hdb. AR Rn. J 37. Eine Ausnahme besteht im Konzern im Falle eines Beherrschungs- oder Gewinnabführungsvertrages bzw. einer Eingliederung der Gesellschaft, vgl. Marsch-Barner, Hdb. AR Rn. J 39 und mit Begründung Lutter, Information, S. 151. Im

Die Doppelstellung eines Gesellschafters als Organ führt gezwungenermaßen zu einem Informationsvorsprung. § 131 Abs. 4 AktG setzt für ein Eingreifen der Gleichbehandlungspflicht allerdings voraus, dass die Informationen in der „Eigenschaft als Aktionär" erlangt wurden. Sonderkenntnisse aufgrund Organstellung reichen nicht aus[307]. Eine Erweiterung des Auskunftsrechtes der Aktionäre durch die Satzung ist nicht möglich[308].

Die Verschwiegenheitspflicht gegenüber Anteilseignern ist in der kapitalistischen Aktiengesellschaft kodifizierter Ausdruck des typisierten Unternehmensinteresses[309]. Aufgrund der geringen Verbundenheit des einzelnen Aktionärs wäre eine vertrauliche Behandlung von Informationen nicht gewährleistet. Der Informationsvorsprung beteiligter Organe könnte, soweit diesbezüglich eine Gleichstellung aller Anteilseigner notwendig wäre, im Extremfall zu einer allgemeinen Veröffentlichungspflicht führen, wenn nicht mehr alle Aktionäre namentlich bekannt sind.

In einer personalistischen Gesellschaft, in der die Gesellschafter zudem für das Unternehmen tätig sind, ist die Gefahr der Gesellschaftsschädigung wesentlich geringer: Die Anteilseigner unterliegen einer strengen Treuepflicht, welche ein Verbot der Unternehmensschädigung und eine entsprechende Verschwiegenheitspflicht beinhaltet[310].

In einem Start Up ist mit Blick auf den Gleichbehandlungsgrundsatz einerseits und der geringeren Schutzbedürftigkeit der Gesellschaft andererseits eine teleologische Reduktion der umfassenden Verschwiegenheitspflicht und der Begrenzungswirkung des § 131 AktG angebracht. Für eine pflichtgemäße Auskunftsverweigerung ist daher immer eine Begründung erforderlich[311]. Ist die vertrauliche Informationsbehandlung durch alle Anteilseigner sichergestellt und besteht ein berechtigtes Interesse der Anteilseigner an einem gleichen Informationsstand, ist eine informelle Gleichstellung mit den Organen angezeigt. Maßstab ist das Unternehmensinteresse[312].

---

faktischen Konzern ist das Aufsichtsratsmitglied im Gegensatz zum Vorstand dagegen nicht von seiner Verschwiegenheitspflicht entbunden, vgl. Marsch-Barner, Hdb. AR Rn. J 40, undifferenziert Lutter, Information S. 152.

306 Vgl. hierzu Hopt, AktG § 93 Rn. 208; Lutter, ZIP 1997, 613, 616; Lutter, Information, S. 151.

307 Vgl. Hüffer § 131, Rn. 37 sowie Henn, AG 1985, 240, 244 f.

308 Vgl. nur Friedewald, S. 95.

309 Demgegenüber bildet § 51 a GmbHG das typisierte Unternehmensinteresse im Falle einer stark personalistisch strukturierten Gesellschaft und kann im Fall einer kapitalistischeren Struktur zu großen Problemen führen, vgl. zur Kritik Baumbach / Hueck - Zöllner § 51 a Rn. 1 m.w.N.

310 Vgl. Seite 215 ff.

311 A.A. Baumbach / Hueck - Zöllner § 51 a Rn. 28 m.w.N.

312 Insbesondere Produktinformationen können für das Unternehmen lebenswichtig sein, vgl. auch Lutter, Information, S. 121 ff. Aufgrund der schnellen Entwicklungen und der harten Konkurrenz und dem daraus resultierenden besonderen Wert eines Entwicklungsvorsprunges können schon kleine Indiskretionen mangels großer finanzieller Reserven zum Zusammenbruch des

(2.1) Ungeschriebene Informationsrechte und -pflichten

Bei börsennotierten Unternehmen ist das Management gemäß § 15 WpHG zur Weitergabe allgemeiner, werterheblicher Informationen an die Aktionäre, zur „Ad-hoc-Publizität", verpflichtet[313], um den Insider-Handel mit entsprechenden Nachteilen für die übrigen Anteilseigner zu unterbinden[314]. Unternehmensinteressen können nur zu einer teleologischen Reduktion der Veröffentlichungspflicht führen, soweit nicht die „insiderrechtliche Präventivfunktion" eine Veröffentlichung erfordert[315].

Der Grundgedanke der Insidervorschriften ist auf nicht-börsennotierte Gesellschaften übertragbar: Besteht die Gefahr der Verfolgung von Eigeninteressen oder Sondervorteilen, insbesondere durch Personen des Managements, überwiegen die mitgliedschaftlichen Interessen der Anteilseigner. In diesem Fall besteht ein entsprechendes Auskunftsrecht und eine Informationspflicht[316]. In einem Start Up ist das Informationsinteresse der Anteilseigner aufgrund der ökonomischen Bedingungen und des Informationsvorsprunges einiger Gesellschafter durch ihre Organstellung höher, das Schutzbedürfnis der Gesellschaft gleichzeitig niedriger als in einem kapitalistisch organisierten Unternehmen[317]. Informationsrechte reichen nicht aus bzw. laufen ins Leere, wenn der Informationsberechtigte, was häufig der Fall sein wird, nicht um die Existenz wichtiger Informationen weiß. Eine aktive Informationspflicht gegenüber den Anteilseignern, vergleichbar mit der Ad-hoc-Publizität bei börsennotierten Gesellschaften, gilt damit für alle Start Ups sowohl in Form der GmbH als auch der Aktiengesellschaft[318].

Unternehmens führen. In der GmbH ist es äußerst umstritten, ob das Management die Auskunft gegenüber den Gesellschaftern verweigern darf, siehe hierzu Hoffmann / Liebs Rn. 418 sowie Marsch-Barner, Hdb. AR Rn. J 38 m.w.N. Aufgrund der oben angeführten Gründe ist jedoch von einem Verweigerungsrecht auszugehen.

313 In diesem Fall überwiegt das Informationsinteresse der Aktionäre. Vgl. zur Ad-hoc-Publizität Schlüter, Wertpapierhandelsrecht D Rn. 50 ff.; Götze, BB 1998, 2326.

314 Schlüter, Wertpapierhandelsgesetz D Rn. 10 ff.

315 Wüsthoff, S. 74 ff,

316 Für die analoge Anwendung der Insidervorschriften auf den außerbörslichen Handel vgl. Assmann - Cramer § 14 WpHG Rn. 88g; Fleischer, AG 2000, 309, 312 f. m.w.N.

317 Zur entsprechenden Situation bei börsennotierten Unternehmen am Neuen Markt und der daraus resultierenden Wichtigkeit von Ad hoc-Mitteilungen Möllers / Leisch, WM 2001, 1648, 1651.

318 Für den Fall des MBO so Koppensteiner, ZHR 155 (1991), 103 und Fleischer, AG 2000, 309, 312 ff. Für eine Auskunftspflicht in der GmbH auch Schneider in Scholz § 43 Rn. 119. Zum Inhalt der Auskunftspflichten Fleischer, AG 2000, 309, 315 ff. Bei Start Ups besteht aufgrund der ökonomischen Besonderheiten ein besonderes Informationsinteresse der Anteilseigner, vgl. unten Seite 189 ff.

(2.2) Information der Kapitalgeber im Unternehmensinteresse

Das Unternehmensinteresse als Grund der Verschwiegenheitspflicht kann in bestimmten Situationen, z.B. im Falle neuen Kapitalbedarfs, insbesondere im Rahmen von Konzernverbindungen zu einer Offenbarungsbefugnis bzw. -pflicht gegenüber einzelnen Aktionären mit Einfluss und finanziellen Möglichkeiten führen[319].

In Start Ups tragen die Risikokapitalgeber einen Großteil des finanziellen Risikos, ohne dass sich dies - anders als in „klassischen" Unternehmen - proportional in ihren Anteilen und einer dadurch gesellschaftsrechtlich vermittelten Machtposition widerspiegelt, d.h. sie sind in der Regel weder herrschendes Unternehmen noch Mehrheitsgesellschafter[320]. Risikokapitalfinanzierte Unternehmen leben von dem Geld ihrer Kapitalgeber und sind aufgrund ihres erhöhten Kapitalbedarfs im Gegensatz zu klassischen Unternehmen, welche zumeist kostendeckend arbeiten können, von ihren Kapitalgebern abhängig. Ein Konflikt mit diesen kann in vielen Fällen die Insolvenz des Unternehmens nach sich ziehen.

Die Bereitschaft der Kapitalgeber, sich zu engagieren und (weitere) Finanzmittel zur Verfügung zu stellen, wird davon abhängen, inwieweit eine vertrauensvolle Zusammenarbeit besteht, welche notwendigerweise auch die Weitergabe vertraulicher Informationen beinhaltet. Gegen eine Weitergebe vertraulicher Informationen spricht, dass die Kapitalgeber anders als im Konzern zwar das gegenwärtige finanzielle Risiko tragen, aber nicht verpflichtet sind, zukünftige Fehlbeträge des Unternehmens auszugleichen[321]. Andererseits wird die Informationsweitergabe Voraussetzung für ein weiteres freiwilliges Engagement sein, so dass diese bei entsprechenden Vorkehrungen (Vertraulichkeitserklärungen) zulässig sein wird[322].

Der Gleichbehandlungsgrundsatz greift insoweit gegenüber Anteilseignern mit geringem finanziellem Engagement, insbesondere Arbeitnehmern, nicht. Die einseitige Information des bzw. der Kapitalgeber findet ihre Grenze im Verbot von Sondervorteilen.

---

319 Vgl. KK - Mertens § 116 Rn. 38 mit Verweis auf § 93 Rn. 82; Marsch-Barner, Hdb. AR Rn. J 19. Lutter spricht im Zusammenhang mit Unternehmensverbindungen von „Vorteilen aus einer vertrauensvollen Zusammenarbeit mit Obergesellschaft" aus, vgl. Lutter, Information, S. 153.

320 Zur möglichen Konzernhaftung vgl. unten Seite 200 ff.

321 §§ 302, 322 AktG, vgl. dazu Lutter, Information, S. 153.

322 Lutter, Information, S. 151 m.w.N. ist der Auffassung, dass derjenige Aktionär, der vertrauliche Informationen wolle, sich selber als Aufsichtsrat zur Verfügung stellen müsse. Dies ist in Start Ups insoweit problematisch, da eine Besetzung der Aufsichtsratsposten in diesem Fall nur mit Organen der Kapitalgeber möglich wäre, da die Verschwiegenheitspflicht grundsätzlich auch für entsandte Mitglieder i.S.d. § 101 Abs. 2 AktG gilt, vgl. dazu die folgenden Ausführungen. Dagegen spricht auch die gesteigerte Überwachungspflicht und die erhöhten Anforderungen an Vertreter der Kapitalgeber in einem Start Up, vgl. unten Seite 156 ff.

2. Loyalitätspflicht der Aufsichtsratsmitglieder

Auch die Mitglieder des Aufsichtsrates unterliegen einer Loyalitätspflicht gegenüber dem Unternehmen. Der wesentliche Unterschied zu der Loyalitätspflicht des Managements ist durch den Charakter der Aufsichtsratstätigkeit als Nebentätigkeit begründet[323]. Im Blick auf die unterschiedliche Interessenbindung wird zwischen den Aufgaben- und Pflichtenkreisen des Organs und dem sonstigen Handeln differenziert:

a) Allgemeine Loyalitätspflichten

Soweit das Aufsichtsratsmitglied innerhalb seines Aufgabenbereiches handelt, hat das Unternehmensinteresse Vorrang vor eigenen Interessen und den Interessen Dritter[324].

Auch außerhalb der Mandatwahrnehmung unterliegt das Aufsichtsratsmitglied dem Verbot der Ausnutzung der Organstellung für eigene Zwecke und dem Verbot gesellschaftsschädigenden Verhaltens[325]. Bis zu den Grenzen gesellschaftsschädigenden Verhaltens kann das Aufsichtsratsmitglied eigene oder Drittinteressen über das Unternehmensinteresse stellen[326].

---

323 Allgemeine Meinung, vgl. Fleck, FS Heinsius, 89, 90; sowie Doralt, Hdb. AR Rn. M 34 ff. Zumeist wird die Treuepflicht des Aufsichtsrats getrennt unter den Stichpunkten der Verschwiegenheitspflicht und der Interessenkollision erörtert, ohne auf den verbindenden Charakter als Loyalitätspflicht einzugehen, vgl. Marsch-Barner, Hdb. AR J 1 ff.

324 LG Dortmund, AG 2002, 97, 99; BGH, WM 1980, 173; Ulmer, NJW 1980, 1603-1607; KK - Mertens § 116 Rn. 27. Vgl. auch BGH, NJW 1980, 1629: „Die gesetzliche Pflicht des Aufsichtsrats zur Überwachung der Geschäftsführung (§ 111 Abs. 1 AktG) und die damit verbundene Verantwortung, fehlerhaftes oder gar gesellschaftsschädigendes Verhalten der Verwaltung abzuwenden, schließt mit Selbstverständlichkeit die Pflicht ein, solche Maßnahmen nicht von sich aus dem Vorstand nahezulegen; ob dieser die möglichen Nachteile für die Gesellschaft selbst erkennt und ob er sich in seiner Entscheidung frei fühlt oder nicht, ist dabei nicht ausschlaggebend; jeder von ihnen - Aufsichtsratsmitglied wie Vorstandsmitglied - ist aus eigener, selbstständiger Verpflichtung verantwortlich.".

325 KK - Mertens § 116 Rn. 30; RGZ 165, 68, 82; KK - Mertens § 93 Rn. 22 m.w.N.

326 Vgl. aber BGH, NJW 1980, 1629: „Die Spaltung einer Person mit kollidierenden Pflichten in solche Verhaltensweisen, die nur dem einen, nicht aber zugleich dem anderen Verantwortungsbereich zugeordnet werden könnten, ist, wenn tatsächlich beide Bereiche betroffen sind, nicht möglich. Interessenkollisionen sind, wenn ein Aufsichtsratsmitglied zwei Gesellschaften angehört, auch grundsätzlich nicht in dem Sinne entlastend, dass die Pflichterfüllung gegenüber der einen die Pflichtverletzung gegenüber der anderen Gesellschaft rechtfertigen könnte. Veranlasst ein Aufsichtsratsmitglied, wie es hier der Fall war, seine Gesellschaft zum Abschluss eines für sie schädlichen Geschäfts mit einem Unternehmen, dem er selbst interessenmäßig verbunden und dessen vertretungsberechtigtes Organ er ist, so ist das trotz gegenläufiger Interessen und Pflichten in seiner Person gegenüber jener Gesellschaft pflichtwidrig und von ihm zu vertreten." Zudem sind Gesichtspunkte der Verhältnismäßigkeit zu beachten: Fleck, FS Heinsius, 89, 90 ff.

Wegen der Konzeption als Nebenamt unterliegen Aufsichtsratsmitglieder prinzipiell keinem Wettbewerbsverbot[327].

b) Loyalitätspflichten des Aufsichtsrats in Start Ups

Die Doppelstellung eines Aufsichtsratsmitgliedes ist nicht nur praktisch, sondern auch rechtlich kein Ausnahmefall. Insbesondere professionelle Risikokapitalgeber mit Branchenfokus, d.h. mehreren Beteiligungen in derselben Branche, werden nicht nur das Interesse des einen Start Ups, sondern (daneben) weitere autonome Interessen, möglicherweise auch die von Wettbewerbern verfolgen[328]. Auch in einem Start Up darf selbstverständlich die Stellung und der Einfluss als Aufsichtsratsmitglied nicht zur Durchsetzung von Eigeninteressen benutzt werden. Da die Konzeption als Nebenamt weitere Interessenbindungen nicht nur billigt, sondern sogar begrüßt, ist die Einbeziehung und Berücksichtigung von Partikularinteressen anders als bei Vorstandsmitgliedern jedoch nicht per se ein Verstoß gegen die Loyalitätspflicht[329].

(1) Auswirkungen auf die Verschwiegenheitspflicht

Im Aktienrecht ist unstrittig, dass die Verschwiegenheitspflicht auch gegenüber der entsendenden Gesellschaft, d.h. gegenüber dem Kapitalgeber gilt[330]. Die durch die Aufsichtsratstätigkeit erlangten Informationen dürfen daher nicht an den Risikokapitalgeber oder seine Organe weitergeben werden. Da die Entscheidung über die Weitergabe vertraulicher Informationen nicht dem Aufsichtsrat, sondern dem Vorstand zusteht[331], ist der Anstieg der Informationsrechte der Anteilseigner, insbesondere der Risikokapitalgeber in Start Ups, und die dementsprechende Milderung der Verschwiegenheitspflicht des Managements unerheblich.

In der GmbH besteht nach Ansicht der herrschenden Meinung wegen der umfassenden Informationsrechte keine Verschwiegenheitspflicht gegenüber den Anteilseignern[332]. Kritisch ist die selbstständige Weitergabe von Informationen im Blick auf den Gleichbehandlungsgrundsatz, da dadurch die nicht im Aufsichtsrat vertretenen Anteilseigner benachteiligt werden.

---

[327] BGHZ 39, 116, 123; Thümmel, Rn. 222. Vgl. auch Fleck, FS Heinsius, 89 ff.
[328] Reigber / Thyssen, VW 1999, 1852, 1854.
[329] Vgl. KK - Mertens § 116 Rn. 28.
[330] Vgl. Schilling AktG (3. Auflage) § 93 Anm. 11. So schon ausdrücklich Hengeler, FS Schilling, 175, 193. Die Verschwiegenheitspflicht der Aufsichtsratsmitglieder soll ausdrücklich kodifiziert werden, vgl. Reichert / Weller, ZRP 2002, 49, 50.
[331] Vgl. nur Henn, Rn. 874.
[332] Vgl. Marsch-Barner, Hdb. AR Rn. J 38 m.w.N.

Für eine entsprechende Verschwiegenheitspflicht der Aufsichtsratmitglieder auch in der GmbH spricht, dass sich die Entscheidung über eine Informationsweitergabe am Unternehmensinteresse orientieren sollte. Eine sorgfältige Abwägung der verschiedenen Interessen innerhalb eines Unternehmens durch die Aufsichtsratsmitglieder ist zum einen wegen mangelnder weitergehender Informationen und zum anderen wegen potentieller Interessenkonflikte nicht sichergestellt. Das Unternehmensinteresse spricht daher auch in der GmbH für die alleinige Kompetenz der Geschäftsführung bezüglich der Entscheidung über die Weitergabe von Informationen.

Eine selbstständige Weitergabe von Informationen durch die Mitglieder des Aufsichtsrates ist daher nur als Mittel der Überwachung erlaubt. Aufgrund der gebotenen Verhältnismäßigkeit der Mittel ist ein solcher Schritt ultima ratio und ausschließlich bei erheblichen Nachteilen und Untätigkeit der Verwaltung zulässig[333].

(2) Wettbewerbsverbote von Aufsichtsratsmitgliedern

Die herrschende Meinung lehnt auch in personalistischen Gesellschaften ein Wettbewerbsverbot für Aufsichtsratsmitglieder mangels Anwendbarkeit des § 88 AktG ab[334]. Nach anderer Ansicht soll dagegen auch die Wahrnehmung von Aufsichtsratsmandaten in Konkurrenzunternehmen unzulässig sein[335].

Die Nichtanwendbarkeit des Wettbewerbsverbotes auf Aufsichtsratsmitglieder gemäß § 105 Abs. 2 S. 4 AktG ist Ausdruck des Nebentätigkeitscharakters. Die Norm schließt allerdings nur das Wettbewerbsverbot gemäß § 88 AktG aus, ein Ausschluss eines sich aus der allgemeinen Loyalitätspflicht ergebenden Wettbewerbsverbotes lässt sich daraus nicht entnehmen[336].

Gegen ein Wettbewerbsverbot wird angeführt, dass dadurch ein „Unternehmer-Aktionär" an der Wahrnehmung weiterer Beteiligungsinteressen gehindert werde[337]. Dieses Argument greift bezogen auf im Aufsichtsrat tätige Organe des

---

[333] Marsch-Barner, Rn. J 21; KK - Mertens § 116 Rn. 38.

[334] Friedewald, S. 139; Schneider, BB 1995, 366 ff., anders nur bei Aufsichtsratsmitgliedern in der GmbH, vgl. Scholz - Schneider §52 Rn. 350; Armbrüster, ZIP 1997, 1269, 1271; siehe auch § 105 Abs. 2 S. 4 AktG bei stellvertretender Wahrnehmung eines Vorstandsmandates.

[335] Für ein Verbot von Doppelmandaten bei börsennotierten Unternehmen die Regierungskommission, Bericht Corporate Governance Rn. 54. Vgl. ausführlich Wardenbach, S. 62 ff. Eine Ausnahme soll bei Konkurrenztätigkeit mit nur geringen Auswirkungen bestehen. Die Diskussion wird im übrigen entschärft, wenn man eine Leitungspartizipation durch den Aufsichtsrat verneint.

[336] Vgl. Lutter, ZHR 145 (1981), 224, 236 ff.; Lutter / Krieger, Rn. 9; Reichert / Schlitt, AG 1995, 241, 244 ff; Wardenbach, S. 70 ff. A.A. die h.M., vgl. Marsch-Barner Hdb. AR Rn. J 139 ff.; Schneider, BB 1995, 365, 367.

[337] Schneider, BB 1995, 365, 367 f.

Risikokapitalgebers in Start Ups nicht, da der Risikokapitalgeber und seine Organe sowieso einem aus der mitgliedschaftlichen Treuepflicht abgeleiteten Wettbewerbsverbot unterliegen[338]. Anders verhält es sich allerdings, soweit es sich um Dritte handelt.

In risikokapitalfinanzierten Start Ups wird der maßgebliche Einfluss nicht durch die Stellung als Aufsichtsrat, sondern durch die Stellung als Kapitalgeber vermittelt. Das Aufsichtsratsmitglied selbst, soweit es nicht faktisch mit dem Kapitalgeber gleichzusetzen ist, besitzt keine besondere Machtstellung[339].

Bei enger Zusammenarbeit von Management und Aufsichtsrat haben die Mitglieder umfassenden Einblick in Geschäftsführungsangelegenheiten. In Start Ups wird eine entsprechende Einbindung aufgrund der generell erhöhten Überwachungspflicht gegeben sein[340]. Auch der faktische Einfluss wird, selbst wenn man eine strikte Trennung von Leitung und Überwachung annimmt, dadurch verstärkt. Je größer die faktische Machtstellung ist, desto größer ist die Erforderlichkeit eines Wettbewerbsverbotes wegen der Gefahr negativer Einflussnahme im Falle eines Interessenkonfliktes.

Ein unmittelbarer Wettbewerb oder die Wahrnehmung eines Mandats bei einem Wettbewerber ist mit einer solchen Stellung wegen des daraus resultierenden Interessenkonfliktes unvereinbar[341]. Ein Wettbewerbsverbot ist wegen der besonderen Einbindung[342] und der Machtstellung daher zumindest für die Vertreter der Risikokapitalgeber im Aufsichtsrat anzunehmen.

3. Zwischenergebnisse

Die organschaftliche Neutralitätspflicht führt in Start Ups wegen der Doppelstellung des Managements dazu, dass Organe die Interessen der Mitgesellschafter in ihre Überlegungen mit einbeziehen und die im Verhältnis schonendste Möglichkeit wählen müssen, da von einer entsprechenden Schonung der Eigeninteressen ausgegangen werden kann.

Die Doppelstellung und der daraus resultierende Informationsvorsprung der an der Verwaltung beteiligten Anteilseigner führt in Verbindung mit der personalistischen Struktur zu einer Steigerung der Informationspflichten gegenüber den übrigen Anteilseignern und einer entsprechenden Milderung der Verschwiegenheitspflicht in der Aktiengesellschaft. Gegenüber den Risikokapitalgebern beste-

---

338 Vgl. Friedewald, S. 141 und Armbrüster, ZIP 1997, 1269, 1271. Ausführlich unten Seite 215 ff.

339 Zu der daraus resultierenden Problematik unten Seite 206 ff.

340 Vgl. unten Seite 156 f.

341 Vgl. auch die Erwägungen auf Seite 215 ff.

342 Vgl. unten Seite 158 ff.

hen wegen der besonderen finanziellen Bedeutung besondere Informationsrechte bzw. -pflichten.

Die Mitglieder des Aufsichtsrates unterliegen in Aktiengesellschaft und GmbH ggf. auch gegenüber dem entsendenden Kapitalgeber der Verschwiegenheitspflicht. Die Entscheidung über eine Information obliegt der Geschäftsführung. Eine selbstständige Weitergabe von Informationen kann im Rahmen der Überwachungsaufgabe als ultima ratio in Betracht kommen.

Vertreter der Risikokapitalgeber im Aufsichtsrat unterliegen aufgrund ihrer besonderen Stellung einem Wettbewerbsverbot.

II. Sorgfaltspflichten des Managements

Unter dem Begriff „Sorgfaltspflichten" werden inhaltliche Pflichten, Sorgfalts- und Verschuldensmaßstab vermengt. Diese „Pflichten" sollen eine Erfüllung der organschaftlichen Aufgaben im Unternehmensinteresse sicherstellen. Eine allgemeine Erfolgshaftung der Organe kennt das deutsche Recht nicht[343]. Die Organhaftung ist auf die Haftung für sorgfaltswidriges Verhalten beschränkt[344].

Bei der Mehrzahl der einem Mitglied der Leitungsorgane auferlegten Pflichten handelt es sich um sog. unternehmerische Entscheidungen bzw. Sachentscheidungen[345], bei denen eine wirtschaftliche bzw. unternehmerische Beurteilung der Lage notwendig ist[346]. Die vielen unterschiedlichen Einflussfaktoren führen zumeist zu einer hohen Komplexität von Sachentscheidungen[347]. In der Mehrzahl handelt es sich um Entscheidungen „unter Unsicherheit"[348], d.h. dass es aus wirtschaftlicher Sicht nicht nur eine, sondern mehrere „richtige" Entscheidungsmöglichkeiten gibt. Unternehmerische Fehlentscheidungen lassen sich teilweise auch bei Anwendung größter Sorgfalt nicht vermeiden, wenn Entwicklungen anders als gehofft oder erwartet verlaufen. Für die Entscheidungsträger in einem in einer New Economy tätigen Start Up werden die Unsicherheitsfaktoren noch verstärkt. Fehlende Erfahrungen und Kenntnisse[349] erschweren eine Gewichtung der Faktoren und Wahrscheinlichkeiten.

---

[343] Bastuck, S. 69, Fn 19; Ziemons, S. 141 f; KK - Mertens § 93 Rn. 29 m.w.N.

[344] Scholz - Schneider § 43 Rn. 11; so auch Hopt, AktG § 93 Rn. 81 m.w.N.

[345] Zum Begriff oben Seite 44.

[346] Vgl. Goette, FS 50 Jahre BGH, 123, 125.

[347] Vgl. auch Mutter, S. 23.

[348] Hopt, AktG § 93 Rn. 81 m.w.N. Zur Entscheidung unter Unsicherheit aus betriebswirtschaftlicher Sicht vgl. Bamberg / Coenenberg, S. 128 ff. Kennzeichnend sind die fehlenden bzw. unbekannten Wahrscheinlichkeiten. Bei objektiv oder subjektiv bekannten Wahrscheinlichkeiten wird von einer Entscheidung unter Risiko gesprochen, vgl. ders., S. 77 ff.

[349] Vgl. oben Seite 30 f. und Seite 37 f.

1. Unternehmerischer Ermessenspielraum

Die neuste Rechtsprechung und Literatur billigen der Unternehmensleitung aufgrund dieser Unsicherheiten einen „unternehmerischen Ermessenspielraum" zu, der nicht durch die Gerichte überprüfbar und dementsprechend haftungsfrei ist[350].

a) Anforderungen an den „unternehmerischen Ermessensspielraum"

Der unternehmerische Ermessensspielraum beruht auf der These, dass grundsätzlich nicht den Gerichten die Kompetenz zukommt, die wirtschaftliche Leitung eines Unternehmens zu beurteilen[351]. Häufig fehlen bei sehr komplexen Fragen auch notwendige Kenntnisse und Erfahrungen[352]. Andererseits soll die Unternehmensleitung nach der Intention des Gesetzgebers durch die Haftungsandrohung zu einer sorgfältigen Unternehmensleitung gezwungen werden[353]. Eine gewisse Überprüfung scheint insofern angebracht. Die präventive Wirkung wirkt jedoch kontraproduktiv, wenn der Entscheidungsspielraum durch die Haftungsandrohung übermäßig eingeschränkt wird und die Rechtsunsicherheit zu einem übervorsichtigen Handeln, das nicht mehr im Interesse des Unternehmens liegt, verleitet[354].

---

350 HK / GmbH - Fichtelmann I § 43 Rn. 15a; OLG Naumburg, NZG 2001, 137; v. Gerkan, ZHR 154 (1990), 39, 55.; BGH, NJW 1997, 1926 (ARAG); OLG Düsseldorf, ZIP 1996, 1083, 1087 mit Anmerkung Bork, EWiR § 47 GmbHG 1 / 96, 555; Scholz - Schneider § 43 Rn. 45a; Hopt, AktG § 93 Rn. 81. Eine Ausnahme bilden konkrete gesetzliche Vorgaben, wie z.B. die des § 93 Abs. 3 AktG, ein überprüfungs- oder haftungsfreier Beurteilungs- bzw. Ermessensspielraum des Managements besteht in diesen Fällen nicht. Da in diesem Bereich strukturelle Haftungsbesonderheiten nicht möglich sind, werden diese Pflichten nicht weiter erörtert. Lutter, GmbHR 2000, 301, 307, der „10 Gebote" an den Geschäftsführer aufstellt, ist der Auffassung, dass die meisten dieser Gebote ermessensresistent sind, unter anderem auch Fragen des erlaubten Risikos und der Organisation. Dass gerade in diesem Bereich ein unternehmerischer Ermessensspielraum von wesentlicher Bedeutung ist, werden die folgenden Ausführungen zeigen.

351 Gegen solche Kompetenzen auch Scholz - Schneider § 43 Rn. 45 ff.

352 Dieser Auffassung ist im übrigen auch der BGH, WM 1990, 1195: „Dabei wird sich voraussichtlich die Einholung eines Sachverständigengutachtens nicht vermeiden lassen; die eigene Sachkunde eines Richters wird in derartigen Fällen, in denen nicht nur betriebswirtschaftliche, sondern auch Marktkenntnisse nötig sind, nur selten ausreichen." Aber auch bei der Hinzuziehung von Sachverständigen ist Zurückhaltung geboten, es ist nicht zulässig, dass letztendlich diese über den Ausgang eines Prozesses befinden. Hinzu kommt, dass in neuen Märkten keine gesicherte Expertenmeinung besteht, insofern auch die Auffassungen sog. Sachverständiger erheblich divergieren werden. Dieses würde letztlich zu einer extrem großen Rechtsunsicherheit führen.

353 Vgl. hierzu Haas, S. 9 f. m.w.N.

354 Goette, FS 50 Jahre BGH, 123, 124 m.w.N.

Im Bereich unternehmerischen Handelns muss die richterliche Kontrolle und eine mögliche Haftung daher auf ein Minimum reduziert werden[355]. Die Überprüfung muss sich somit zumindest theoretisch zwischen Prävention und Innovationshemmnis bewegen.

Fraglich ist, wie der unternehmerische Ermessensspielraum bzw. seine Grenzen im Blick auf die Besonderheiten von Start Ups zu bestimmen sind.

b) Grenzen des Ermessensspielraums

Seitens der Gerichte wurden die Voraussetzungen eines überprüfungsfreien unternehmerischen Entscheidungsspielraums nie explizit aufgeführt. Einigkeit besteht darüber, dass jede unternehmerische Entscheidung die Anforderungen bzw. Grenzen der organschaftlichen Loyalitätspflicht berücksichtigen muss[356]. Aspekte der Loyalitätspflicht sind voll überprüfbar[357].

Im Grundsatz ebenfalls unbestritten ist, dass die Korrektheit des Entscheidungsfindungsverfahrens im Blick auf eine ausreichende Informationsgrundlage und die Vereinbarkeit der Entscheidung mit dem sog. Unternehmensinteresse zumindest kursorisch durch die Gerichte überprüft werden darf[358].

Diese Beurteilungskriterien entsprechen den inhaltlichen Anforderungen der sog. Business Judgement Rule[359] und sind nach dem heutigen Meinungsstand wohl „kleinster gemeinsamer Nenner" im Blick auf die Zulässigkeit richterlicher Überprüfung[360].

Fraglich ist, ob die richterliche Überprüfung auch auf diese Kriterien beschränkt ist. Alle anderen Entscheidungsgründe wären damit vergleichbar mit Geboten der Moral und der Sitte nicht justiziabel. Das würde bedeuten, dass bei weitem nicht jede „falsche" unternehmerische Entscheidung haftungsrechtlich relevant wäre.

In Einzelentscheidungen wurden durch Gerichte zusätzliche Voraussetzungen aufgestellt; teilweise unternehmerische Entscheidungen sogar auf ihre Zweckmä-

---

355 Vgl. hierzu auch Hopt, AktG § 93 Rn. 83. Horn, ZIP 1997, 1131 f, grenzt anschaulich zwischen unternehmerischem Versagen und pflichtwidrigem Handeln ab. Lutter, ZIP 1995, 441.

356 Vgl. Heermann, ZIP 1998, 764.

357 Lutter, GmbHR 2000, 301, 307 und Hopt, AktG § 93 Rn. 72.

358 Zur Bindung an das Unternehmensinteresse vgl. die Nachweise in Fn 386. Zu den „ermessensleitenden Gesichtspunkten" ausführlich KK - Mertens § 76 Rn. 16 ff.; Hopt, AktG § 93 Rn. 87 f; Hüffer § 76 Rn. 12 ff.

359 Vgl. dazu unten Seite 102 ff.

360 Für eine Orientierung an der Business Judgement Rule bspw. die Corporate Governance - Kommission der Regierung, Rn. 70.

ßigkeit hin geprüft[361]. In älteren Entscheidungen wird eine Haftung teilweise mit der schlichten Begründung bejaht, die „Sorgfalt eines ordentlichen Geschäftmannes" sei verletzt worden, ohne dies weiter zu erörtern[362].

Nach weitverbreiteter Ansicht in der Literatur erfordert die „Sorgfalt eines ordentlichen Geschäftsmannes", dass jede Entscheidung „in vollem Verantwortungsbewusstsein" getroffen und die Risikobereitschaft „nicht überspannt" wird[363]. Als weitere Voraussetzung für haftungsfreies Handels wird die Beachtung der „Grundregeln ordnungsgemäßer Unternehmensführung" genannt. Diese würden eine Beachtung und Orientierung an gesicherten Erkenntnissen und bewährten Erfahrungen unternehmerischen Verhaltens verlangen[364]. Im Folgenden wird jedoch aufgezeigt werden, dass diese Anforderungen insbesondere im Blick auf die ökonomischen Bedingungen von Start Ups für die Bestimmung des Ermessensspielraums ungeeignet sind:

(1) Gesicherte Erkenntnisse in Start Ups

Bewegt man sich als Unternehmer in den Märkten einer „New Economy", stellt man schnell fest, dass es aufgrund der unbekannten Märkte, des Alters der Firmen und des schnellen Wachstums „gesicherte Erkenntnisse und bewährte Erfahrungen" mangels Vorbildern nicht gibt[365]. Die betriebswirtschaftliche Literatur kam in den Boomzeiten zumindest teilweise zu dem Schluss, dass selbst betriebswirtschaftliche Grundregeln nicht mehr gelten würden[366]. Nach dem Absturz des Neuen Marktes und dem damit verbundenen Umdenken hat sich die anfängliche Euphorie in teilweise intensive Kritik umgekehrt und die Rückkehr zu den Grundsätzen der „Old Economy" gefordert[367].

---

361 BGHZ 135, 244, 245. Ausdrücklich gegen eine Zweckmäßigkeitskontrolle inzwischen OLG Düsseldorf, ZIP 1996, 1087 sowie OLG Naumburg, NZG 2001, 137.

362 So schon RGZ 12, 74 ff.; RGZ 13, 43 ff.; RG, JW 33, 2954 mit Anmerkung Schwinge; BGH, WM 1968, 1329 f; BGH, WM 1974, 131 ff.; BGH, WM 1978, 109 ff.; OLG Hamm, ZIP 1995, 1263; OLG Düsseldorf, ZIP 1997, 27.

363 Scholz - Schneider § 43 Rn. 46a; Grooterhorst, ZIP 1999, 1117, 1123. Dazu sogleich unten Seite 92 ff.

364 Heermann, ZIP 1998, S. 763 m.w.N.

365 Heßler / Mosebach, DStR 2001, 1045, 1047, 1052; Volk, StuB 2000, 870, 871.

366 Vgl. die kritische Betrachtung bei Stierle, Das Parlament, B 9 / 2001, 15 ff. aber auch Witt, Controller Magazin 2 / 2001, 112 f. So wurde davon ausgegangen, dass allein Wachstum ein Unternehmen finanzieren könne. Einnahmen bzw. Kostendeckung erschienen zumindest in den ersten Jahren nicht wichtig. Auch bei der Unternehmensbewertung wurden und wird die Geltung der anerkannten Regeln angezweifelt, vgl. die Übersicht bei Volk, StuB 2000, 870 ff.; auch Achleitner, BB 2001, 927 ff. Änderungen sind auch in der Bilanzierung zu beobachten, vgl. Benzinger / Göhner, DB 2001, 2205

367 Vgl. Benzinger / Göhner, DB 2001, 2205 ff. sowie auch Witt, Controller Magazin 2 / 2001, S. 112 ff.

Häufig lässt sich eben erst aus der Retrospektive feststellen, welches die „richtige“ Entscheidung gewesen wäre[368]. An welchen Regeln sollten sich aber die Manager innerhalb des Booms orientieren? Eine „Orientierung an gesicherten Kenntnissen der Betriebswirtschaft“ ist ganz allgemein schon deswegen schwierig, weil auch in den Wirtschaftswissenschaften nicht immer traute Einigkeit herrscht und auch diese Wissenschaft sich weiterentwickelt. Die starre Orientierung an Altbekanntem würde dazu führen, dass unternehmerische Innovationen im Sinne von Neuerungen in der Unternehmensführung eine Erfolgshaftung zur Folge hätten, da schon die Innovation an sich eine Pflichtverletzung wäre[369].

Ziemons ist der Auffassung, dass nicht die Unternehmensführung von Wagnis-Unternehmen, sondern nur der Unternehmensgegenstand risikoreich sei. Eine ordnungsgemäße (und damit haftungsfreie) Geschäftsführung müsse unabhängig von diesem „in den Grenzen der gesicherten Erfahrungen und Erkenntnissen“ agieren[370].

In der Tendenz ist *Ziemons* sicher zuzustimmen, sie übersieht aber, dass technologische Revolutionen soweit gehen können, dass auch betriebswirtschaftliche Erkenntnisse in Frage gestellt werden. Innovationen und Neuerungen erfordern eine größere Risikobereitschaft und den Mut, auch unternehmerisch neue Wege zu gehen[371]. Fraglich ist nur, wo die Grenzen liegen.

Um Missverständnissen vorzubeugen, ist darauf hinzuweisen, dass grundlegende betriebswirtschaftliche Regeln zumindest teilweise kodifiziert sind und ein Verstoß dagegen ohne Frage eine Pflichtverletzung ist.

(2) Die Frage des erlaubten Risikos

Die Frage der Zulässigkeit von Risikogeschäften ist die im deutschen Recht am ausführlichsten diskutierte Fallgruppe und wohl schwierigste Problematik des unternehmerischen Ermessens[372].

Laut Rechtsprechung und weiten Teilen der Literatur dürfe die Geschäftsleitung bei ihren Entscheidungen das „erlaubte“ Risiko nicht überschreiten[373]. Gleichzei-

---

368 So stellen Heßler / Mosebach, DStR 2001, 1045, 1049 richtig fest: „ Hat sich ein Wirtschaftsprüfer z.B. im Frühjahr 2000 auf Wirtschaftswissenschaftler, Analysten und andere professionelle Zukunftsspezialisten verlassen, dann wird er mit hoher Wahrscheinlichkeit Lageberichte uneingeschränkt testiert haben, deren Aussage mehr Wunsch als Wirklichkeit war.“.

369 Zum allgemeinen Problem der „gesicherten Erkenntnisse“: Hopt, AktG § 93 Rn. 88 m.w.N.

370 Ziemons, S. 141 f.

371 Vgl. zu den Auswirkungen der New Economy auf die Anforderungen an das Management auch Rupp, Das Parlament B 9 / 2001, 23, 26 ff.

372 Vgl. Baumbach / Hueck - Zöllner § 43 Rn. 21; Münchener Hdb. Aktienrecht - Wiesner § 19 Rn. 16 ff.

373 Vgl. schon Fn 363.

tig besteht Einigkeit, dass das Unterlassen eines „normalen“ Risikos ebenfalls pflichtwidrig ist[374]. Die Grenze ist nach heutiger Auffassung unter anderem von dem jeweiligen Unternehmen und der Branche und der jeweiligen Transaktion abhängig. In risikoreichen Branchen oder Unternehmen dürfen höhere Risiken eingegangen werden[375]. Häufig ist in der Literatur auch die Rede von Risikominimierung[376]. Teilweise wird verlangt, dass der Erfolgseintritt wahrscheinlich sein bzw. das Risiko in Relation zum potentiellen Gewinn stehen müsse. Der Bestand des Unternehmens dürfe nicht gefährdet werden[377]. Laut anderer Ansicht ist eine Bestandsgefährdung zumindest dann zulässig, wenn das Eingehen des Risikos die Chance des Überlebenssicherung biete[378]. Gesicherte Abgrenzungskriterien bestehen nicht[379].

Sollen nicht die Gerichte über die Unternehmenspolitik entscheiden, ist die Entscheidung, ob das Unternehmen konservativ und möglicherweise mit weniger Rendite oder risikoreicher geführt wird, was mehr Rendite, aber auch einen Totalverlust mit sich bringen könnte, Sache des Unternehmens[380].

Start Ups sind keine „Risikounternehmen“ im klassischen Sinne, das besondere Risiko liegt in der wirtschaftlichen Unsicherheit. Sowohl in der Boom-Phase als auch in der Konsolidierungsphase der „New Economy“ müssen diese Unternehmen ihr Überleben durch Innovationen, Wachstumsschübe u.ä. sichern. Die notwendigen Maßnahmen bringen häufig (große) wirtschaftliche Risiken mit sich. In jungen Unternehmen wird nahezu jedes größere Geschäft das Risiko einer Bestandgefährdung in sich bergen. Andererseits ist - überspitzt formuliert - auch jeder Vertrag zur „Überlebenssicherung“ notwendig. Der Erfolgseintritt von Maßnahmen steht schon wegen der Neuartigkeit des Produktes häufig in den

---

374 Vgl. BGH, VersR 1975, 812; Clemm / Dürrschmidt, FS Welf Müller, 67, 71; Hopt, AktG § 93 Rn. 82.

375 Hopt, AktG § 93 Rn. 82; Scholz - Schneider § 43 Rn. 77. Ein ausführlicher Überblick über die Rechtsprechung zu Risikogeschäften findet sich bei Abeltshauser, S. 162 ff.

376 KK - Mertens § 93 Rn. 48.

377 KK - Mertens § 93 Rn. 49; Lutter / Hommelhoff § 43, Rn. 10; Hachenburg - Mertens § 43 Rn. 27; Scholz - Schneider § 43 Rn. 78, 80 f. Früher sah die Rechtsprechung bereits in der „offenkundigen Vermögensgefährdung“ einen Sorgfaltspflichtverstoß, vgl. BGH, WM 1966, 323.

378 Hopt, AktG § 93 Rn. 82.

379 Lutter / Hommelhoff § 43 Rn. 12; Baumbach / Hueck - Zöllner § 43 Rn. 21; Scholz - Schneider § 43 Rn. 80; Rowedder - Koppensteiner § 43 Rn. 17. Vgl. auch BGHZ 69, 207, 215: „Schadensrisiko darf nicht außer Verhältnis stehen“.

380 Aus diesem Grund ist eine Einschränkung unter der Prämisse, dass es stets naheliegender sein müsste, „dass sich das Geschäft für die GmbH vorteilhaft erweist, als dass es zu einer Schädigung führt“ unbedingt abzulehnen; so aber Ebenroth / Lange, GmbHR 1992, 70, 72. Eine derartige Überprüfung würde die Handlungsfreiheit der Geschäftsleitung übermäßig einschränken, da diese dadurch zu einer konservativen Geschäftspolitik gezwungen wird, wenn sie eine Haftung ausschließen will.

Sternen[381]. Ob das Risiko in Relation zum Gewinn steht, wird höchst unterschiedlich beantwortet werden.

(3) Zusammenfassung

Die Diskussion um die Grenzen, insbesondere die Maßgeblichkeit der Interessen der Anteilseigner zeigt, dass Risikovermeidung und die Beachtung gesicherter Erkenntnisse den Anforderung des Wirtschaftslebens, insbesondere in einem Start Up nicht gerecht werden. Ein Blick in die Rechtsprechung zu Risikogeschäften zeigt, dass in den meisten Fällen nicht das Risiko selbst problematisch war, sondern dass die Geschäftsleistung nicht über hinreichende Informationen verfügte[382] oder Interessenkollisionen vorlagen[383]. Das bekannteste Beispiel ist die fehlende Sicherung bei Leistungen an ein „zweifelhaftes" Unternehmen im ARAG - Garmenbeck Fall. Der BGH stellte darauf ab, dass das Geschäftmodell „außerordentlich risikoreich und in Bezug auf die Erfolgsaussichten fragwürdig erscheinen musste". Ausschlaggebend war, dass für die Vorleistung von über 50 Mio. DM keinerlei Sicherheiten verlangt wurden; der Vorstand der ARAG hatte auf das Wort des Geschäftsführers der Garmenbeck Ltd. vertraut[384]. Dieser war einschlägig vorbestraft, besaß keinerlei fachliche Qualifikation (er war Elektroinstallateur), die Firma war eine reine Briefkastenfirma ohne Personal, Telefonanschluss oder Geschäftskonten. Die ungesicherte Überweisung einer derartigen Summe war schon deswegen sorgfaltswidrig, da offensichtlich eine pflichtgemäße Informationsbasis fehlte[385]. Auch die Prüfung einer Interessenkollision wäre wohl nicht abwegig.

c) Unternehmensinteresse als inhaltlicher Maßstab

In der deutschen Literatur herrscht Einigkeit, dass jede Maßnahme des Managements am sog. Unternehmensinteresse auszurichten ist[386]. Fraglich ist, ob das

---

[381] Vgl. auch Heßler / Mosebach, DStR 2001, 1045, 1049: „Während für Bereiche wie Handel (...) solides Datenmaterial in Form von langjährigen Zeitreihen vorliegt, ist die Beurteilung einer internetbasierten Wirtschaft mehr oder weniger spekulativer Natur."

[382] So in BGH, WM 1962, 112 (unterlassene Rentabilitätsberechnung) und BGH, WM 1971, 1546 f. (fehlerhaft kalkulierte Vertragspreise); Hinweise auf fehlende Informationen auch bei BGH, WM 1974, 131 ff. und BGH, WM 1978, 109 ff. (fehlende Überprüfung der Kreditentwicklung und Überschreitung der Kreditlinie).

[383] OLG Düsseldorf, AG 1982, 225 f. (Beratervertrag mit Kreditnehmer).

[384] BGH, NJW 1997, 1926.

[385] So wohl OLG Düsseldorf, ZIP 1997, 27, 31 f. Vgl. auch Clemm / Dürrschmidt, FS Welf Müller, 67, 77 f.

[386] Vgl. bspw. BGHZ 64, 325 ff. und BVerfGE 50, 290, 374 sowie die ausführlichen Rechtsprechungsnachweise bei Goette, FS 50 Jahre BGH, 125, 127. Vgl. hierzu die gängigen Formulierung, dass „das Organmitglied zur Wahrung des Vorteils der Gesellschaft und zur Abwendung

Unternehmensinteresse nicht auch die Aspekte des zulässigen Risikos und der Beachtung gesicherter Erkenntnisse erfasst und damit alleiniger inhaltlicher Maßstab einer Entscheidung ist.

(1) Maßgebende Faktoren - Meinungsstand

In der Frage, welche Faktoren bzw. Interessen bei der Bestimmung des Unternehmensinteresses maßgebend sind, besteht in der juristischen Literatur eine bunte Meinungsvielfalt: Nach einer Ansicht sind die Interessen der Anteilseigner als Kapitalgeber, die der Arbeitnehmer und die der Öffentlichkeit in die Bestimmung des Unternehmensinteresses mit einzubeziehen, eine bestimmte Reihenfolge der Interessen gäbe es nicht. Grenze allen Handels sei der Bestand und die dauerhafte Rentabilität des Unternehmens[387]. Nach anderer Ansicht erfordert das haftungsrechtlich relevante Unternehmensinteresse nur die Beachtung der gesetzlich normierten Interessen der Anteilseigner sowie der grundlegenden Sicherheitsinteressen der Gläubiger[388]. Eine Missachtung von Arbeitnehmerinteressen oder des Gemeinwohls führe außerhalb der expliziten gesetzlichen Vorgaben nicht zu einer Haftung der Organe[389].

Die vor allem in der GmbH-rechtlichen Literatur vertretene Gegenansicht ist der Auffassung, dass das Unternehmensinteresse alleine durch die Interessen der Anteilseigner bestimmt werde. Ein „Eigeninteresse" der juristischen Person gegenüber ihren Anteilseignern gebe es nicht. Über die Sozialbindung des Eigentums wird in diesem Zusammenhang nicht einmal diskutiert[390].

Unbestritten ist, dass die gesetzlichen Vorschriften die Interessen der Gesellschafter bzw. des Unternehmens begrenzen[391]. Einigkeit besteht auch, dass andere schützenswerte Ziele, wie Arbeitnehmerinteressen, eine Einschränkung der Interessen der Anteilseigner oder Gläubiger zumindest rechtfertigen können[392].

---

von Schäden verpflichtet sei" bei Hopt, AktG § 93 Rn. 80; auch Horn, ZIP 1987, 1229; Ebenroth / Lange, GmbHR 1992, 70. Teilweise wird zwischen Unternehmens- und Gesellschaftsinteresse differenziert, vgl. Hüffer § 76 Rn. 15. Meines Erachtens ist das von dem Unternehmensinteresse differenzierte „Gesellschaftsinteresse" das auf das Unternehmen bezogene Gesellschafterinteresse, welches trotz der zwingenden Übereinstimmung anders betitelt wird und so für zusätzliche Verwirrung in der Diskussion um eine Eigeninteresse sorgt. Vgl. auch sogleich unten Seite 96 f.

387 Hüffer, § 76 Rn. 12 f; wohl auch Raiser, § 14 Rn. 13. Zur „sozialistischen" Zielvorgabe vgl. auch die Nachweise bei Hirte Rn. 172 sowie bei Semler, Rn. 35.

388 Kessler, AG 1993, 252, 265 ff.

389 Wünschenswert sei, wenn die Leitungsmaßnahmen die anderen Zielvorgaben wenigstens in ihrem Kern bewahren, Kessler, AG 1993, 252, 268 f.

390 Dazu sogleich unten Seite 98 ff.

391 Vgl. Semler, Rn. 53 sowie Potthoff / Trescher, S. 81.

392 Raiser, § 14 Rn. 13 f. und 85 f. Die generelle Zulässigkeit von sozialbezogenen Zuwendungen zugunsten von Arbeitnehmern, Kunst, Kultur etc. auf Kosten des Unternehmens ergibt sich

Die schützenswerten Kerninteressen der Anteilseigner und Gläubiger müssen jedoch auch in diesem Fall erhalten bleiben[393].

Die juristische Diskussion verläuft parallel zur der Diskussion in der Betriebswirtschaft, ob aus ökonomischer Sicht ausschließlich der Shareholder Value, d.h. die Interessen der Anteilseigner, oder die Stakeholder-Interessen, d.h. auch die der Arbeitnehmer, der Gläubiger, der Lieferanten, sowie allgemeine ökonomische, technologische, rechtliche, politische sowie soziale Interessen, bei der Unternehmensleitung maßgeblich sind[394].

Bei Personenidentität von Gesellschaftern und Unternehmensverwaltung besteht zumeist ein Gleichlauf von Geschäftsleitungs- und Gesellschafterinteressen[395]. Wäre das Unternehmensinteresse mit dem Gesellschafterinteresse gleichzusetzen, würde eine Innenhaftung bei Übereinstimmung von Gesellschafterwillen und Geschäftsleitungswillen aufgrund einer Doppelstellung von Organ und Gesellschafter regelmäßig entfallen[396].

Fraglich ist also, inwieweit eine Übereinstimmung von Unternehmens- und Gesellschaftsinteressen besteht. Zunächst ist aber zu untersuchen, wie sich das Gesellschafterinteresse bestimmt.

(1.1) Gesellschafter- und Gesellschaftsinteressen - Individualinteressen der Anteilseigner

Der in der Wirtschaftstheorie „Opportunismus" genannte Mechanismus führt dazu, dass jeder Gesellschafter nicht nur den Gesellschaftsgewinn vergrößern will, sondern darüber hinaus versuchen wird, seinen Eigenanteil an dem Gewinn zu vergrößern[397]. In personalistischen Gesellschaften steigt die Relevanz der eigenen Interessen und damit die Gefahr von Differenzen innerhalb der Geschäfts-

---

nach Auffassung des Schrifttums aus den Art. 14 Abs. 2 GG, der Sozialbindung des Eigentums, und Art. 20 Abs. 3 GG, dem Sozialstaatsgebot, vgl. auch Abeltshauser, S. 196 sowie Scholz - Schneider § 43 Rn. 66 f. Welche Interessen zu beachten sind und wie die unterschiedlichen Interessen zu gewichten sind, ist äußerst umstritten. Für Start Ups ist anzumerken, dass sich die Problematik wie bei Großkonzernen (sich verselbstständigende kulturelle Förderungen ohne wirtschaftlichen Zweck etc.) kaum stellt. In Anbetracht ihrer Größe und Situation werden immer Marketingerwägungen diese Entscheidungen beeinflussen.

393 Vgl. Goette, FS 50 Jahre BGH, 123, 127 sowie Clemm / Dürrschmidt, FS Welf Müller, 67, 72.

394 Für die alleinige Orientierung an den Interessen der Anteilseigner plädiert der sog. Shareholder - Value - Ansatz, vgl. zur Maßgeblichkeit des „Shareholder-Value" aus juristischer Sicht v. Werder, ZGR 1998, 69, 77 ff. Zur Beachtung der sog. „Stakeholder"-Interessen Kessler, AG 1993, 252, 256 ff. sowie ders. S. 192 ff.

395 Vgl. Böhm, S. 18.

396 Siehe dazu die Nachweise in Fn 259.

397 Wiedemann, S. 438 ff.; Immenga, S. 201 ff. und Böhm, S. 35 mit Verweis auf das Beispiel in BGH, NJW 1995, 1358.

führung[398]. Während in kapitalistischen Gesellschaften aufgrund der weitgehenden Trennung von Geschäftsleitung und Gesellschafterstellung eine gewisse Distanz und damit zumeist eine gewisse Professionalität gewährleistet ist, spielen in personalistischen Kapitalgesellschaften häufig emotionale Konflikte eine wichtige Rolle bei der Unternehmensleitung, wie Zwistigkeiten in Familienunternehmen z.T. eindrucksvoll belegen[399]. Solche Differenzen können zu höheren Kosten bis hin zur Handlungsunfähigkeit des Unternehmens führen.

Die Konstellation in Start Ups kann somit dazu führen, dass bei Entscheidungen nicht das Wohl der Gesellschafter als Gesamtheit, sondern eigene Vorteile ausschlaggebend sind. Strukturell bedingte Interessenkonflikte zwischen Gründern und Risikokapitalgebern erhöhen die Gefahr solcher Zwistigkeiten[400].

Das Reichsgericht vertrat in seiner frühen Rechtsprechung für die Aktiengesellschaft die Auffassung, nach dem Gesetz seien, „die in Angelegenheiten der Gesellschaft mit der erforderlichen Stimmenzahl gefassten Beschlüsse der Mehrheit für die Minderheit auch dann maßgebend, wenn sie dieser als verkehrt, wirtschaftlich nachteilig und die Bestrebungen der Minderheit schädigend erscheinen. Dies ist eine unabwendbare Folge des im Gesetz zur Anerkennung gelangten Grundsatzes, dass die Mehrheit des Aktienbesitzes über die Verwaltung der Gesellschaft und darüber entscheidet, was im Interesse der Gesellschaft und ihrer Aktionäre zu tun und zu lassen ist. Mit dieser Tatsache muss sich jeder abgefunden haben, der Aktien erwirbt."[401]

Diese Auffassung wurde schon zur Zeit der Beschlussfassung kritisiert und wird heute schon wegen des Verbots von Sondervorteilen gemäß § 243 Abs. 2 AktG und dem gesetzlich verankerten Gleichbehandlungsgrundsatz nicht mehr ernsthaft vertreten. Die Durchsetzung von Individualinteressen zu Lasten der Mitgesellschafter wird heute dem Grunde nach unstreitig durch die Treuepflicht der Gesellschafter untereinander begrenzt[402].

Bei der Bestimmung des Gesellschaftsinteresses sind somit die Mehrheitsinteressen zwar maßgebend, diese werden jedoch durch die schützenswerten Interessen der Minderheiten begrenzt. Bei der Abwägung ist zu beachten, dass nur „gesell-

---

[398] Vgl. Böhm, S. 36.

[399] Vgl. nur das Dornier-Beispiel bei Böhm, S. 37.

[400] Vgl. oben Seite 34 f.

[401] RGZ 68, 235, 246. Vgl. zur Entwicklung in der Rechtsprechung Jilg, S. 14 ff.

[402] Vgl. unten Seite 208 ff. Bei Personenidentität und der faktisch fehlenden Neutralität der Geschäftsleitungsorgane kommt der Treuepflicht der Gesellschafter zueinander besondere Relevanz zu. In Start Ups besonders schützenswert sind auch die beteiligten Arbeitnehmer, deren Anteile zumeist stimmrechtslos sind.

schaftsbezogene“ Interessen der Gesellschafter, nicht aber persönliche Sonderinteressen schützenswert und zu beachten sind[403].

Mehrheits- und Gesellschaftsinteressen sind damit nicht zwingend deckungsgleich.

(1.2) Eigeninteresse der Gesellschaft

Im Aktienrecht wird ein von dem Willen der Anteilseigner unterschiedliches „Eigeninteresse“ der Aktiengesellschaft überwiegend anerkannt[404]. Der stärkere Schutz bzw. die größere Unabhängigkeit der Gesellschaft gegenüber ihren Gesellschaftern zeige sich sowohl in der Weisungsunabhängigkeit des Vorstandes als auch in den Regeln des Konzernrechts[405].

Für die GmbH geht die wohl (noch) herrschende Meinung in der Literatur dagegen davon aus, dass es ein vom Interesse der Gesellschafter unabhängiges „Eigeninteresse“ der GmbH nicht gebe. Unternehmens- und Gesellschaftsinteresse seien deckungsgleich[406]. Demnach wird das Unternehmensinteresse - vorbehaltlich der Grenze des § 30 GmbHG - nicht verletzt, wenn alle Anteilseigner dem (schädigenden) Beschluss zugestimmt haben[407].

Es setzt sich aber langsam die Auffassung durch, dass zumindest die „kalte Liquidation“, d.h. ein existenzgefährdender Eingriff mit Folge der Insolvenz, nicht nur gegebenenfalls zu einer Außen-, sondern auch zu einer persönlichen

---

403 Allgemeine Meinung vgl. nur Baumbach / Hueck - Hueck / Fastrich § 13 Rn. 27. Als persönliche Sonderinteressen sind dabei all jene zu verstehen, die den das Organ oder den Anteilseigner unmittelbar und individuell betreffen und von denen der Anteilseigner individuell profitiert, bspw. die Unternehmensübernahme unter Missachtung von Minderheitsinteressen, vgl. MüKo AktG - Hüffer § 243 Rn. 80 ff.

404 Vgl. Kessler, AG 1993, 252, 254; sowie Flume, § 2 VII 3, S. 59 ff. und Olbing / Binnewies, GmbH-StB 2001, 59 61: „Bei der AG hingegen kommt es zur ‚Trennung von Herrschaft und Kapital‘“. Gegen ein eigenständiges Unternehmensinteresse auch bei der Aktiengesellschaft Hüffer § 76 Rn. 15 m.w.N.

405 Zur zwingenden Wirkung der Regelungen auch in der Einmann-AG vgl. Fn 262.

406 Gegen ein vom Mitgliedergesamtinteresse zu differenzierendes Gesellschaftsinteresse in der GmbH Lutter / Hommelhoff § 14 Rn. 24; Flume, § 2 VII 3, S. 61 ff.; aktuell HK / GmbH - Fichtelmann I § 43 Rn. 49. Vgl. auch Ehricke, AcP 199, 258 ff.; Scholz - Schneider § 43 Rn. 63 f. So auch die bislang ständige Rechtsprechung des BGH, vgl. BGH, 56, 97, 101; BGHZ 95, 345 f; BGH, DB 1993, 34 f; BGH, DB 2000, 661; sowie BGH, DB 1999, 1651 mit kritischer Anmerkung von Wilhelm, DB 1999, 2349 ff.

407 So Baumbach / Hueck - Zöllner, Anh § 47 Rn. 51; Fleck, ZGR 1990, 31 ff.; Olbing / Binnewies, GmbH-StB 2001, 59, 61: „Abgesehen von den Kapitalaufbringungs- und Kapitalerhaltungsregeln (§§ 30 ff. GmbHG) steht bei der GmbH das Vermögen zur Disposition der Gesellschafter.“. Vgl. BGH, JZ 1999, 1171 ff. mit zustimmender Anmerkung Noack, 1174.

Haftung der Gesellschafter gegenüber der Gesellschaft führen kann[408]. Demnach stimmt nach Meinung von Teilen der Literatur und der inzwischen wohl herrschenden Auffassung in der Rechtsprechung auch in der GmbH das Interesse des „Unternehmens“ nicht zwingend mit dem der Gesamtheit der Anteilseigner überein[409]. So ist nach Ansicht des BGH die Beachtung der schützenswerten Interessen der Gläubiger Teil der „Eigenbelange“ der GmbH[410].

(2) Stellungnahme

Die Einschränkung der Haftungsdisponibilität im Innenverhältnis zeigt, dass Rechtsprechung und Literatur der Eigenschaft der GmbH als juristische Person und dem Schutz der Gesellschaft als Haftungssubjekt vermehrte Bedeutung zumessen. Die Zulässigkeit größerer Einflussnahme der Gesellschafter in einer GmbH im Vergleich zur Aktiengesellschaft spricht nicht gegen ein „Eigeninteresse“; die Vergabe von Leitungskompetenzen ist von der Frage, in wessen Interesse ein Unternehmen geführt wird, zu unterscheiden. Auch die GmbH ist eben nicht „materiell als Personengesellschaft“[411] zu verstehen[412]. Die Voraussetzung der Insolvenz bzw. der - daraus resultierenden - Schädigung Dritter für eine Innenhaf-

---

408 Ausdrücklich so für die Schädigung einer GmbH durch den Alleingesellschafter der BGH in seinem Urteil zu „Bremer Vulkan“, ZIP 2001, 1874. Dazu Ulmer, ZIP 2001, 2021, 2022 ff. und Altmeppen, ZIP 2001, 1837 ff. Bereits vorher war in ähnlicher Konstellation eine Haftung über die Rechtskonstruktion des „qualifiziert faktischen Konzerns“ anerkannt, wenn auch umstritten, vgl. dazu die Abhandlung von Röhricht, FS 50 Jahre BGH, 83 ff. Allgemein anerkannt war bereits, dass die vorsätzliche Insolvenz auch in einer Einmann-Gesellschaft aufgrund der Gefährdung der Gläubigerinteressen unzulässig ist, vgl. Scholz - Schneider § 43 Rn. 127 und Priester, ZGR 1993, 512 ff, insbesondere 517 ff. m.w.N. Zur Außenhaftung der Gesellschafter gegenüber geschädigten Gläubigern vgl. unten Seite 225 f.

409 Vgl. die Nachweise in Fn 387-389. Ausführlich Tomat, S. 175 ff.; Ziemons, S. 97 ff.; Ulmer, ZHR 148 (1984), 391, 418 ff. Für ein Bestandswahrungsinteresse Röhricht, FS 50 Jahre BGH, 83, 103 ff. (anders wohl noch in WPg 1992, 766, 784 f); Priester, ZGR 1993, 512, 518 ff.; Winter, ZGR 1994, 570; Horn, ZIP 1987, 1228, 1230. Sehr weitgehend Wilhelm, S. 330 ff.

410 BGH, ZIP 2001, 1874: „Der Schutz einer abhängigen GmbH gegen Eingriffe ihres Alleingesellschafters folgt nicht dem Haftungssystem des Konzernrechts des Aktienrechts (§§ 291 ff., 311 ff. AktG), sondern ist auf die Erhaltung ihres Stammkapitals und die Gewährleistung ihres Bestandsschutzes beschränkt, der eine angemessene Rücksichtnahme auf die *Eigenbelange* der GmbH fordert. An einer solchen Rücksichtnahme fehlt es, wenn die GmbH infolge der Eingriffe ihres Alleingesellschafters ihren Verbindlichkeiten nicht mehr nachkommen kann.“ Bereits vorher entschied er, dass ein Verzicht auf einmal entstandene Innenhaftungsansprüche durch Verkürzung der Verjährung nicht zulässig sei, soweit diese zur Befriedigung der Gläubiger notwendig seien, vgl. BGH, DB 2000, 268. Kritisch dazu Altmeppen, DB 2000, 658.

411 So noch Flume, § 2 VII 3, S. 62.

412 Kessler, AG 1993, 252, 253 ff. nennt dieses „die gedankliche Substitution des Unternehmens durch den Unternehmer“. Auch er wendet sich zwar ausdrücklich gegen ein „Eigeninteresse“ als Anthromorphisierung, zeigt aber in seinen folgenden Ausführungen, dass das Handeln des Vorstandes keineswegs nur durch den Willen der Anteilseigner bestimmt wird, sondern dieser Wille nur ein, wenn auch ein wichtiger Aspekt ist.

tung bei einvernehmlichen Gesellschafterhandeln spricht ebenfalls nicht gegen ein Eigeninteresse, sondern schließt nur die mittelbare Haftung der Gesellschafter gegenüber sich selbst aus.

(2.1) Maßgebende Faktoren

Der Streit, ob das für die Organe beachtliche Ergebnis der Einbeziehung und Abwägung der verschiedenen Interessen als „selbstständiges" Unternehmensinteresse bezeichnet wird, ist reiner Formalismus: Übereinstimmung herrscht auf der einen Seite darin, dass eine juristische Person kein Selbstzweck ist[413], auf der anderen Seite, dass der Gesellschafterwille sowohl in der GmbH als auch in der Aktiengesellschaft nicht allein maßgeblich für die Bestimmung des „Unternehmensinteresses" i.S. zulässigen Organhandelns ist.

Der Wille der Anteilseigner, insbesondere des oder der Mehrheitsgesellschafter, ist in weitem Umfang bestimmend für das Unternehmensinteresse und damit für das Handeln der Unternehmensleitung[414], wird aber zwingend durch gesetzliche Vorgaben und Gläubigerinteressen beschränkt[415].

Eine Beachtung sonstiger Stakeholder-Interessen ist in einem gewissen Umfang wünschenswert und zulässig. Jenseits konkreter Normen oder entsprechender Satzungsvereinbarungen besteht aber mangels gesetzlicher Anhaltspunkte aus haftungsrechtlicher Sicht keine Rechtspflicht zur Beachtung allgemeiner ökonomischer oder sozialer Interessen. Die Sozialbindung des Eigentums ist nicht derart weitgehend, dass sie eine entsprechende sanktionierte Pflicht zur Eigeninitiative des Managements begründen würde[416].

Das „Unternehmensinteresse" ist somit zwar von Einzelinteressen unabhängig, leitet sich aber von diesen ab[417] und bestimmt, wie die einzelnen Interessen zu gewichten sind[418]. Obwohl es sich bei der Abwägung um die eigentliche unternehmerische Tätigkeit handelt und es eine einheitliche Auffassung bezüglich der Relevanz der Interessen kaum geben wird, kann aufgrund der Beweislastvertei-

---

[413] Vgl. auch Röhricht, FS 50 Jahre BGH, 83, 103; Hüffer § 76 Rn. 15.

[414] In der GmbH wird dies durch das Weisungsrecht der Gesellschafter verdeutlicht, aber auch in der Aktiengesellschaft muss sich das weisungsunabhängige Management an dem Willen der Anteilseigner orientieren.

[415] In diesem Sinn auch Ulmer, ZIP 2001, 2021, 2026: „ Denn wenn man mit dem BGH-Senat die GmbH als eine Veranstaltung anerkennt, die auch sicherstellen soll, dass die Gesellschaft ihren Verbindlichkeiten nachkommen kann, so gehört auch der (mittelbare) Schutz der Gläubigerbelange zum schutzwürdigen GmbH-Interesse.".

[416] Intensive Kritik bei Wiedemann, ZGR 1980, 147, 161 ff. Vgl. auch Raiser, § 14 Rn. 86.

[417] Kessler, AG 1993, 252 ff.

[418] Es weist „allen am Unternehmen Beteiligten die gemeinsame Richtung und begrenzt ihre Sonderinteressen in Konfliktfällen", vgl. Junge, FS Caemmerer, 547, 551 ff.

lung des deutschen Rechts eine richterliche Überprüfung nicht gänzlich ausgeschlossen werden[419].

Da die Abwägung eben gerade nicht der richterlichen Überprüfung unterliegen sollte[420], liegt jede Entscheidung im Unternehmensinteresse, welche sich an diesen Interessen orientiert bzw. bei der die Interessen von Anteilseignern und Gläubigern im Kern gewahrt bleiben und mögliche Einschränkungen durch andere schützenswerte Interessen gerechtfertigt sind.

(2.2) Konkretisierung des Unternehmensinteresses

Mangels haftungsrechtlicher Relevanz allgemeiner ökonomischer Aspekte sind wirtschaftliche Interessen wie die langfristige Rentabilität und die Erzielung von Gewinnen keine unabänderlichen Eigeninteressen der Gesellschaft[421], sondern leiten sich von diesbezüglichen Interessen der Anteilseigner ab[422]. Der Beachtung gesicherter Erkenntnisse, der Orientierung an der Gewinnmaxime und der Vermeidung eines übermäßigen Risikos kommt eine Art Indizwirkung zu, da nach dem allgemeinen Erkenntnissen davon ausgegangen werden kann, dass dies tendenziell dem „Unternehmensinteresse" entspricht. Unabänderlich ist die Beachtung solcher Gesichtspunkte jedoch nicht[423]. Auch der Bestand des Unternehmens ist nur insoweit absolute Grenze als dies für den Gläubigerschutz erforderlich ist.

Effiziente Risikominimierung ist stets im Unternehmensinteresse. Bei gleichem Nutzen bzw. Ergebnis und Kostenneutralität sind Risiken soweit wie möglich zu reduzieren. Verursacht die Risikominimierung dagegen Kosten (Versicherungsprämien, möglicherweise Verteuerung des Produktes / der Dienstleitung aufgrund der Kosten für eine Absicherung), ist zwischen Kosten und Nutzen abzuwägen.

Von der Frage, ob ein Risiko im Unternehmensinteresse liegt, ist die Frage der ausreichenden Informationsbasis und des guten Glaubens an das Unternehmensin-

---

[419] Vgl. auch Seite 103 ff. Die Rechtsprechung zieht einen Vergleich mit § 114 VwGO, wonach eine Überprüfung des Ermessens nur bei einer „Ermessensreduzierung auf Null" zulässig sei. Dies müsse aber die absolute Ausnahme sein. Befürwortend Hoerdemann, S. 91 ff. Der Vergleich ist jedoch aufgrund der grundlegenden Unterschiede zwischen dem öffentlichen Recht und dem Privatrecht unzulässig; vgl. hierzu die Argumentation von Thümmel, DB 1997, 1117, 1118.

[420] Kessler, AG 1995, 61, 66.

[421] So aber Hüffer § 76 Rn. 13. Für ein Unternehmensinteresse nach rein wirtschaftlichen Effizienzgesichtspunkten, Posner, S. 89 f; Abeltshauser, S. 214. Vgl. OLG Hamm, ZIP 1995, 1263, 1268.

[422] Dies geschieht insbesondere über die Bestimmung des Unternehmensgegenstandes und des Unternehmenszwecks, vgl. Kessler, AG 1995, 61, 66 ff.

[423] Beispiele für Abweichungen vom Unternehmensgegenstand und Modifikationen der Risikobetrachtung finden sich bei Abeltshauser, S. 171.

teresse zu unterscheiden: Je größer das Risiko bzw. der mögliche Schaden, desto höher sind auch die Anforderungen an die Informationsgrundlage und zwar auch bezüglich der Interessen der Anteilseigner[424]. Gegebenenfalls kann daher für den „guten Glauben" an das Unternehmensinteresse eine Information bzw. sogar Zustimmung der Anteilseigner bzw. der Aufsichtsorgane Voraussetzung für pflichtgemäßes Handeln sein[425].

Nicht in den Kompetenzbereich der Geschäftsleitung fällt die Bestimmung von Unternehmensgegenstand und Geschäftszweck[426]. Zwar darf die Geschäftsleitung innerhalb der Vorgaben der Anteilseigner agieren, eine autonome Änderung des Unternehmensgegenstandes durch den Vorstand ist mangels entsprechender Kompetenz auch bei Existenzbedrohung nicht zulässig[427] und daher stets pflichtwidrig.

d) Übertragbarkeit der Business Judgement Rule ins deutsche Recht

Die Idee des „unternehmerischen Ermessensspielraums" ähnelt der sog. „Business Judgement Rule" im US-amerikanischen Recht.

Nach dieser scheidet eine Haftung aus, wenn eine Organentscheidung dem ersten Anschein nach auf der Basis hinreichender Informationen und in gutem Glauben an die Wahrung des Unternehmensinteresses getroffen wurde und kein Interessenkonflikt bestand[428]. Die Anforderungen an eine ausreichende Informationsbasis wurden durch die jüngere US-amerikanische Rechtsprechung verschärft. Der Unternehmensleiter muss alle Informationen berücksichtigen, die er in zumutbarer Weise erlangen kann[429]. Bei der Ermittlung des „Unternehmensinteresses" ist nach der amerikanischen Rechtsprechung nicht nur das wirtschaftliche Wohl des Unternehmens relevant, sondern auch staatliche Interessen und die der Arbeitnehmer. Die Interessen sind unter dem Gesichtspunkt der Verhältnismäßigkeit abzuwägen[430]. Ausreichend für eine Haftungsfreiheit ist die Begründung einer Entscheidung mit einem nachvollziehbaren und vernünftigen Geschäftszweck[431].

---

[424] Vgl. zur Selbstinformation in Start Ups unten Seite 112 ff.
[425] Ausdrücklich Horn, ZIP 1997, 1132. Vgl. dazu unten Seite 110.
[426] Vgl. oben Fn 124.
[427] A.A. wohl Hopt, AktG § 93 Rn. 108.
[428] Zur Business Judgement Rule Trockels, AG 1990, 139 ff. und Abeltshauser, S. 130 ff.
[429] Vgl. Dravis, Sacramento business journal 29.03.99: "Tough new environment for corporate boards".
[430] Vgl. dazu Abeltshauser, S. 78 m.w.N.
[431] Dazu ausführlich Merkt, Rn. 696 mit Nachweisen aus der Rechtsprechung.

(1) Beweislastregel und inhaltlicher Maßstab

Nach der „business judgement rule" ist eine unternehmerische Unterscheidung grundsätzlich nicht gerichtlich überprüfbar. Erst erhebliche Zweifel an der Erfüllung einer der Kriterien führen zu einer Beweislastumkehr zu Lasten der Organe und einer inhaltlichen Überprüfung der Entscheidung[432]. Aufgrund der Verknüpfung von inhaltlichen Anforderungen und Beweislastverteilung ist die Business Judgement Rule „Einfallstor" für jede richterliche Entscheidungsüberprüfung.

Inhaltlich ist zwischen den Anforderungen an das Verfahren der Entscheidungsfindung und denen an die Entscheidung selbst zu unterscheiden[433]. Die inhaltlichen Anforderungen sind - vergleichbar mit der Doppelfunktion der § 93 AktG, § 43 GmbHG[434] - nicht nur Maßstab, sondern auch Pflichtenquelle: Je höher die Anforderungen an die Informationsbasis und die Informationsbeschaffung sind, desto intensiver werden auch die Organpflichten zur Schaffung eines effektiven Informationsbeschaffungssystems. Eine Verletzung der Selbstinformationspflichten ist per se ein Pflichtverstoß, unabhängig vom Ergebnis[435]. Die Entscheidung, welche Informationen ausreichend für die Beurteilung eines Sachverhaltes sind, liegt jedoch ihrerseits in weiten Teilen im unternehmerischen Ermessen.

(2) Unvereinbarkeit der Beweislastregelung mit dem deutschen Recht

Teile der deutschen Literatur sind der Auffassung, dass das unternehmerische Ermessen vergleichbar der Business Judgement Rule als „Einfallstor" für eine volle inhaltliche Überprüfung zu verstehen ist[436]. Wären jedoch „erhebliche Zweifel" an der Richtigkeit einer Entscheidung für eine Überprüfung vonnöten, würde dies bedeuten, dass die geschädigte Gesellschaft eine Art „prima facie" - Beweis erbringen müsste.

Im deutschen Recht trägt die Beweislast für ein haftungsfreies Handeln gemäß § 93 Abs. 2 S. 2 AktG das Organ[437]. Gegen eine Übertragung der Beweislastver-

---

432 Abeltshauser, S. 132. Merkt, Rn. 682 trennt daher zwischen der inhaltlichen „business judgement rule" und der „business judgement doctrine", erstere enthalte die grundsätzliche inhaltliche Haftungsfreiheit, während letztere die Überprüfungsfreiheit beinhalte.

433 Westermann, 15, 18 m.w.N.

434 Vgl. Fn 224.

435 Vgl. hierzu ausführlich Hopt, AktG § 93 Fn 236 und Rn. 84 f.

436 So Abeltshauser: Erst wenn die Voraussetzungen der Business Judgement Rule nicht erfüllt wurden, ist eine inhaltliche Überprüfung der Entscheidung möglich, vgl. S. 172.

437 So muss die Gesellschaft nach der neusten Rechtsprechung nur die Schadensentstehung belegen, wobei ihr die Beweiserleichterung des § 287 ZPO zugute kommen kann, vgl. BGH, DStR 2003, 124 ff. Die Beweislastverteilung gilt nach allgemeiner Ansicht auch für die GmbH, Heermann, ZIP 1998, 761, 765; Lutter, GmbHR 2000, 301, 308; Scholz - Schneider § 43 Rn. 167; Hachenburg - Mertens § 43 Rn. 66. Die Beweislastverteilung des deutschen Rechts wurde im Schrifttum vielfach kritisiert, insbesondere da der Beweis negativer Umstän-

teilung und -umkehrung der Business Judgement Rule auf das deutsche Recht spricht nach dem heutigen Meinungsstand der eindeutige Wortlaut der Norm[438]. Eine Anwendung der Business Judgement Rule ist daher nur im Sinne einer Begrenzung der überprüfbaren inhaltlichen Anforderungen an eine unternehmerische Entscheidung möglich[439]. Die Qualifikation des unternehmerischen Ermessens als „Einfallstor" kann nur eine Verschiebung in dem Sinne bedeuten, dass niedrigere Anforderungen an die Beweislast des Organs gestellt werden. Beispielsweise könnte bezüglich der Voraussetzungen des unternehmerischen Ermessens eine Glaubhaftmachung ausreichen. Erst wenn diese nicht gelingt, wäre eine volle Überprüfung möglich. Eine reduzierte Anwendung der „Business Judgement Rule" hat zur Folge, dass das „überprüfungsfreie unternehmerische Ermessen" nicht greift, soweit es sich um mögliche Pflichtverletzungen handelt, welche inhaltliche Kriterien für ein haftungsfreies Handeln sind.

e) Zwischenergebnis

Voraussetzung für haftungsfreies Handeln bei unternehmerischem Ermessensspielraum ist eine ausreichende Informationsbasis, die Vermeidung von Interessenkonflikten und guter Glaube hinsichtlich des Unternehmensinteresses. Die richterliche Überprüfung ist im Gegenzug auf diese Merkmale beschränkt.

Diese Anforderungen und die Beschränkung entspricht dem Gesetzeszweck: Einerseits wird die Präventionswirkung nicht unterlaufen und sorgfältiges Handeln verlangt. Andererseits wird durch die klaren Anforderungen und die Beschränkung Rechtssicherheit für die Unternehmensleitung geschaffen, welche die Risikobereitschaft nicht unnötig einschränkt[440].

Insbesondere die Situation in der New Economy verdeutlicht, dass weder die Beachtung von „gesicherten Erkenntnissen" noch die Formel des „erlaubten Risikos" eine absolute Eingrenzung des unternehmerischen Handlungsspielraumes darstellten können, da keine gesicherten Erkenntnisse vorliegen. Die Schnelligkeit der Märkte, des Wettbewerbs und des Wachstums lassen eine Beurteilung des „erlaubten" Risikos im Nachhinein nahezu unmöglich werden. Die typische Problematik der ex ante Sicht[441] wird hier insofern verschärft, da die Fehler, die

---

de, also dem Fehlen einer Pflichtwidrigkeit, ungleich schwieriger als der Beweis positiver Tatsachen, wenn nicht sogar unmöglich ist, vgl. insbesondere Heermann, ZIP 1998, 766. Im Schrifttum finden sich daher viele modifizierende Vorschläge, vgl. die Nachweise bei Heermann, ZIP 1998, 761, 765 ff. und 767 ff.

438 Zu diesem Ergebnis kommt auch Westermann, S. 15, 19; ausführlich dazu Mutter, S. 217.

439 So auch Mutter, S. 219 ff.

440 Im Ergebnis gleich Scholz - Schneider § 43 Rn. 46 b: „Liegen diese Voraussetzungen vor, so führen das bewusste Eingehen geschäftlicher Risiken, Fehlbeurteilungen und Fehleinschätzungen nicht zu einer Haftung". Vgl. auch Henze, NJW 1998, 3311, Grooterhorst, ZIP 1999, 1123.

441 Vgl. dazu Hopt, AktG § 93 Rn. 81.

möglicherweise begangen wurden, in Anbetracht der Ergebnisse und Entwicklungen besonders schwerwiegend und unverständlich erscheinen. Hinzu kommt, dass es auch zum Zeitpunkt der Entscheidung kritische Stimmen gegeben haben wird, die jedoch in der allgemeinen Euphorie ignoriert wurden. Es besteht die Gefahr, dass solche Stimmen im Nachhinein aufgrund der tatsächlichen Erfahrungen überbewertet werden und dem Management so ein nicht kalkulierbares Haftungsrisiko aufgebürdet wird. Die Begrenzung der inhaltlichen Überprüfung der Entscheidung auf das „Unternehmensinteresse" bedeutet, insbesondere bei gleichzeitiger Stellung des Managements als Mehrheitseigner, dass viele Irrungen haftungsrechtlich verzeihlich sind. Auch in Start Ups gibt es jedoch keine Haftungsfreiheit, da die Interessen der Minderheitseigner und der Gläubiger stets in die Überlegungen mit einzubeziehen sind.

Maßgebende Faktoren bei Managemententscheidungen:

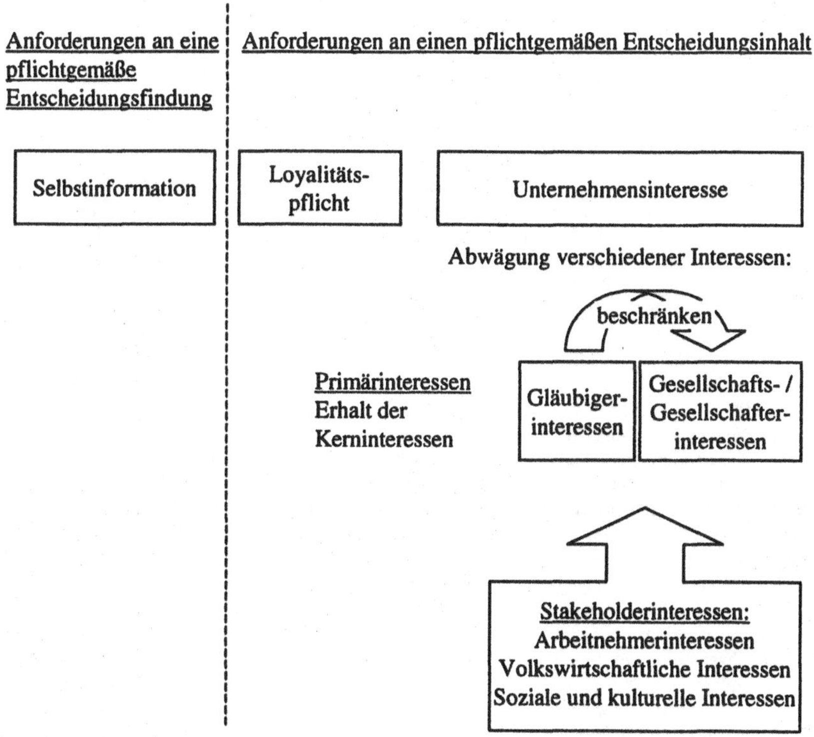

2. Konkretisierung der Sorgfaltspflichten des Managements in Start Ups im Blick auf den unternehmerischen Ermessensspielraum

Die Sorgfaltspflicht des Managements umfasst Legalitätspflichten, Organisationspflichten und die eigentlichen Leitungspflichten, d.h. die operative Geschäftsführung und kaufmännische Leitung[442]. Allgemeine Legalitätspflicht ist die Wahrung des rechtmäßigen Verhaltens der Gesellschaft nach innen und nach außen[443]. Ein unternehmerischer Ermessensspielraum besteht bei Legalitätspflichten nur, soweit die konkrete Norm der Geschäftsleitung einen Beurteilungsspielraum zubilligt bzw. interpretationsfähige Voraussetzungen enthält.

Der von § 93 Abs. 1 S. 1 AktG, § 43 Abs. 1 GmbHG festgelegte Sorgfaltsmaßstab wird objektiv bestimmt, d.h. unabhängig von den individuellen Fähigkeiten des Organs, aber auch unabhängig von den Gepflogenheiten im Unternehmen[444]. Die individuellen Fähigkeiten eines Geschäftsführers sind nicht ausschlaggebend. Unerfahrenheit exkulpiert die Unternehmensleitung auch dann nicht, wenn diese offensichtlich war[445].

---

[442] Vgl. hierzu Schlechtriem, S. 16, 17ff.; Münchener Hdb. Aktienrecht - Wiesner § 25 Rn. 4 ff.; KK - Mertens § 93 Rn. 27; Scholz - Schneider § 43 Rn. 42; Abeltshauser, S. 149 ff. In der Praxis überschneiden sich die Pflichtenkreise. Sowohl Organisations- als auch allgemeine Leitungspflichten sind teilweise einzeln geregelt und damit gleichzeitig Legalitätspflichten.

[443] Vgl. Abeltshauser, S. 151; Hachenburg - Mertens § 43 Rn. 20-23. Dazu gehören alle Straf- und Ordnungsvorschriften (Wettbewerbs-, Steuer-, Sozialversicherungsrecht etc.). Gesetzesverstöße lösen nach einhelliger Auffassung nicht nur eine Außenhaftung, sondern auch eine Innenhaftung gegenüber der Gesellschaft aus. Unerheblich ist, ob der Verstoß subjektiv wirtschaftlich für die Gesellschaft von Vorteil war, vgl. KK - Mertens § 93 Rn. 34 ff.; Abeltshauser, S. 206, 213 f; Hachenburg - Mertens § 43 Rn. 20; Hopt, AktG § 93 Rn. 98 ff.; Scholz - Schneider § 43 Rn. 52 ff. Eine Ausnahme machte der BGH in der Vergangenheit bei Schmiergeldzahlungen in „exotischen" Ländern, diese seien zwar sittenwidrig, aber im Verhältnis zum Unternehmen nicht per se unzulässig, BGHZ 94, 268, 271f.; vgl. auch KK - Mertens § 93 Rn. 37. Die Innenhaftung bzw. die Schadensberechnung ist bei wirtschaftlicher Kompensation des Verstoßes problematisch: Der Pflichtverstoß müsste dazu führen, dass die aus dem Verstoß entstandenen wirtschaftlichen Vorteile der Gesellschaft nicht auf den Nachteil angerechnet werden dürften, andernfalls würde eine Innenhaftung mangels Schaden der Gesellschaft leer laufen, wenn z.B. Ordnungsgelder niedriger sind als die wirtschaftlichen Vorteile. Die Relevanz dieser Problematik zeigt sich in den häufigen Verstößen gegen Vorschriften, welche nur mit Ordnungsgeldern bedroht sind: Laut BGH besitzt der Geschäftführer zumindest keinen Ausgleichsanspruch gegen die Gesellschaft, soweit die Ordnungsgelder aus persönlichen Mitteln gezahlt wurden, vgl. BGH, NJW 1965, 293. Die individuelle Strafbarkeit der Geschäftsleitung nimmt der Problematik zumindest teilweise ihre praktische Relevanz, so sind „Schmiergeldzahlungen" gemäß § 299 StGB inzwischen strafbar. Die Innenhaftung ist bei streitiger Rechtslage fraglich, wenn der „sicherere" Weg nachteilig für die Gesellschaft wäre, vgl. hierzu Hübner, S. 81 ff.; 86 ff.; Espey / Bitter, S. 127 ff.

[444] BGH, WM 1983, 725; OLG Koblenz, ZIP 1991, 870 / 871.

[445] Vgl. HK / GmbH - Fichtelmann § 43 Rn. 14; Hüffer § 93 Rn. 4.

Der unternehmerische Ermessensspielraum führt zu einer unternehmerischen Flexibilität, die den Anforderungen einer New Economy entspricht. Voraussetzung für pflichtgemäßes Handeln ist eine sorgfältige Entscheidungsvorbereitung, d.h. entsprechende Selbstinformation, und die Orientierung am Unternehmensinteresse. Beide Merkmale sind (begrenzt) durch die Gerichte überprüfbar, so dass sich die Frage stellt, welche konkreten Anforderungen in einem Start Ups an pflichtgemäßes Handeln stellen sind.

a) Konkretisierung des Unternehmensinteresses bei Doppelstellung

Rein dogmatisch betrachtet unterliegen Gesellschafter-Geschäftsführer den gleichen Haftungsbedingungen und Haftungsmaßstäben wie Fremdorgane[446]. Trotz aller Betonung der Trennung zwischen Gesellschafts- und Gesellschafterinteresse sowie Organ- und Gesellschafterhandeln darf jedoch nicht übersehen werden, dass die Gesellschafter sowohl in Aktiengesellschaft und mehr noch in der GmbH ein schützenswertes Interesse besitzen, den Gang „ihrer" Gesellschaft in einer gewissen Weise bestimmen zu können. Die Auffassung, dass der Geschäftsführer mit Kapitalmehrheit wesentlich freier in seinem Handeln sein müsse[447], und Urteile, welche Gesellschafter-Geschäftsführern die haftungsfreie Schädigung der Gesellschaft erlauben[448], mögen zwar von ihrem dogmatischen Ansatz nicht überzeugen, vom Ergebnis ist diese Tendenz jedoch richtig. Grundsätzlich ist es jedem erlaubt, sein „eigenes" Vermögen zu gefährden.

Eingang finden die schützenswerten Interessen als Gesellschafter über die Bestimmung des Unternehmensinteresses, bei dem die Interessen der Anteilseigner wichtiger, wenn auch nicht alleiniger Maßstab sind. Die Geschäftsleitung darf als Mehrheitsaktionär ihre eigenen Interessen angemessen berücksichtigen. Die organschaftlichen Loyalitätspflichten begrenzen andererseits Individualinteressen des Organs.

(1) Organschaftliche Loyalitätspflicht versus Eigeninteresse als Gesellschafter

Das in der organschaftlichen Loyalitätspflicht verankerte Verbot des Verfolgens von Eigeninteressen müsste eigentlich dazu führen, dass der Mehrheitsgesellschafter das Unternehmen entgegen den eigenen Interessen führen müsste.

Der scheinbare Widerspruch von organschaftlicher Loyalitätspflicht und der Berücksichtigung schützenswerter Eigeninteressen löst sich, wenn zwischen

---

[446] Siehe Seite 66 ff. Zur Haftungsmilderung in GmbH vgl. unten Seite 193 f.
[447] Vgl. Immenga, S. 96, allerdings für die Bestellung qua Sonderrecht.
[448] Vgl. die Nachweise in Fn 407.

persönlichen und gesellschaftsbezogenen Interessen der Anteilseigner unterschieden wird. Grundsätzlich kann der Mehrheitseigner als Manager im Rahmen des Unternehmensinteresses seine Auffassung bezüglich der Unternehmensleitung - also seine gesellschaftsbezogenen Interessen - durchsetzen, z.B. in Bezug auf die Risikobereitschaft, den Führungsstil, die Organisation, aber auch im Blick auf bestimmte Geschäfte etc. Die Neutralitätspflicht des Organs führt bei Doppelstellung jedoch dazu, dass die Interessen der Mitgesellschafter beachtet werden müssen[449] und eine intensive Informationspolitik notwendig ist. Persönliche Interessen, insbesondere Sonderinteressen i.S.d. § 243 AktG, dürfen dagegen nicht mit Hilfe der Organstellung durchgesetzt werden.

Innerhalb dieser Grenzen ist der Wille des Mehrheitsgesellschafters maßgebend für die Bestimmung des Unternehmensinteresses. Insofern ist auch der Mehrheitsgesellschafter als Organ zwar an das Unternehmensinteresse gebunden, die Maßgeblichkeit seines eigenen Willens führt aber dazu, dass er faktisch einen größeren Handlungsspielraum besitzt. Eine Verletzung des Unternehmensinteresses kommt nur im Blick auf den Minderheiten- oder Gläubigerschutz in Betracht.

(2) Beachtlichkeit von internen Vorschriften und Weisungen

Auch der Mehrheitsgesellschafter ist als Organ an die Satzung sowie gültige Beschlüsse der Anteilseigner und ggf. der Aufsichtsorgane gebunden[450]. Eine formlose Satzungsänderung ist wegen des Minderheitenschutzes nur nach Maßgabe des Gesellschaftsrechts möglich. Verstöße gegen die Satzung oder gegen Beschlüsse haben zur Folge, dass das unternehmerische Risiko auf die Geschäftsleitung übergeht, aufgrund des Pflichtverstoßes trägt die Geschäftleitung die volle Verantwortung für die Folgen ihres Handelns[451].

Eine Folgepflicht der Geschäftsleitung besteht auch bei gesellschaftsschädigenden oder unsinnigen Beschlüssen, soweit diese rechtmäßig sind[452]. Ein gewisses Ermessen soll bei anfechtbaren Gesellschafterbeschlüssen bestehen[453]. Pflichtwidrig ist dagegen die Ausführung erkennbar rechtswidriger Weisungen der Gesellschafter bzw. Beschlüsse des Aufsichtsrates[454].

---

[449] Vgl. dazu Seite 79 f.

[450] Vgl. nur Thümmel, Rn. 130.

[451] Meier, DStR 1994, 176 f; zustimmend Scholz - Schneider § 43 Rn. 57.

[452] Ausführlich zum aktuellen Meinungsstand Tomat, S. 34 ff.; Lutter, GmbHR 2000, 301, 303; OLG Frankfurt, GmbHR 1997, 346. Zum fehlenden Ermessensspielraum Ebenroth / Lange, GmbHR 1992, 69, 73; Thümmel, Rn. 127.

[453] Hoffmann / Liebs, Rn. 421 f; KK - Mertens § 93 Rn. 31.

[454] Hoffmann / Liebs, Rn. 822 f; KK - Mertens § 93, Rn. 31. Für eine eingeschränkte Folgepflicht Thümmel, Rn. 98.

Im Fall der Doppelstellung gelten besondere Sorgfaltspflichten im Blick auf die Beurteilung der Rechtswidrigkeit von Beschlüssen der Anteilseigner: Wegen des zwingend gleichen Wissenstandes von Organ und beschließendem Anteilseigner ist in Verbindung mit den besonderen Sorgfaltsanforderungen an die Organe eine erhöhte „Erkennbarkeit" der Rechtswidrigkeit der Maßnahme gegeben. Die Organe eines Starts Ups können sich insoweit nicht auf die haftungsbefreiende Wirkung der Kompetenzverschiebung berufen. Die normalerweise haftungsausschließende Hinweispflicht[455] wird bei einer Personenidentität von Organ und Mehrheitsgesellschafter obsolet. Da es in der Macht des Mehrheitsgesellschafters liegt einzugreifen, kann ein solcher Hinweis die Ausführung eines rechtswidrigen Verstoßes nicht rechtfertigen.

(3) Ungeschriebene Vorlage- und Zustimmungspflichten

Vorlage- bzw. Zustimmungspflichten bestehen bei fehlender Organkompetenz bzgl. des Entscheidungsgegenstandes. Vorlagen können aber auch der ordnungsgemäßen Feststellung des Unternehmensinteresses dienen, da so der Wille der Anteilseigner als wichtiges Element des Unternehmensinteresses ermittelt werden kann.

(3.1) Kompetenzbeschränkungen

Ungeschriebene Vorlagepflichten werden im Aktienrecht (nur) für tiefgreifende strukturelle Maßnahmen diskutiert[456]. Nach Ansicht der Rechtsprechung und Teilen der Literatur besitzt der Vorstand für solche Maßnahmen nicht die „alleinige Kompetenz"[457].

Die engere Verbundenheit und das größere finanzielle Engagement der Aktionäre in der personalistischen Aktiengesellschaft lassen eine entsprechende Kompetenzbeschränkung des Vorstandes wünschenswert erscheinen[458]. De lege lata ist

---

[455] Vgl. Hefermehl, FS Schilling, 159, 172.

[456] Ungeschriebene Zustimmungsvorbehalte sollen für Strukturmaßnahmen bestehen und aus der Kompetenz zur Festlegung des Unternehmensgegenstandes und des Unternehmenszwecks resultieren, vgl. Kessler, AG 1995, 61, 67 ff. Vgl. allgemein zu den ungeschriebenen Zustimmungsvorbehalten Geßler, FS Stimpel, 771, 772 ff. In Anlehnung an die Nachgründungsvorschrift des § 52 Abs. 1 AktG strebt er einen Schwellenwert von 10% des Grund- bzw. Eigenkapitals an. Vgl. auch Lutter, FS Stimpel, 825, 850 f, welcher die Ansicht vertritt, ab einem Entscheidungsvolumen von 25 % der Aktivseite der Bilanz lägen jedenfalls Strukturentscheidungen vor, die der Zustimmung der Hauptversammlung bedürften. Siehe auch Hüffer § 119 Rn. 16 m.w.N.

[457] Grundlegend OLG Hamburg, JZ 1981, 231 ff. mit Anm. Großfeld, ebenda, 234 ff. BGHZ 83, 122, 131. Dazu Hüffer, § 119 Rn. 16; Geßler, FS Stimpel, 771, 773 ff.; Timm, AG 1980, 172 ff.; Rehbinder, ZGR 1983, 92 ff.

[458] Vgl. zu den Erwägungen Friedewald, S. 150 ff.

sie jedoch nicht gerechtfertigt: Nach dem ausdrücklichen Gesetzeswortlaut liegt - abgesehen von gesetzlich explizit geregelten Fällen - die Leitungskompetenz auch in strukturellen Fragen beim Vorstand[459].

Möglich ist jedoch eine Analogie zu den gesetzlich normierten Entscheidungsbefugnissen der Anteilseigner, um eine Umgehung zu verhindern[460]. Zu prüfen ist weiterhin, ob die Maßnahmen des Vorstandes den Unternehmensgegenstand oder -zweck verändern und von daher nicht mehr in seinen Kompetenzbereich fallen[461].

In der GmbH werden aufgrund der konzeptionell stärkeren Mitwirkungsbefugnis teilweise weitreichende ungeschriebene Vorlagepflichten angenommen und diesbezügliche Kompetenz des Geschäftsführers verneint[462]. Wie dargelegt wurde, haben GmbH-Gesellschafter nach der Konzeption des Gesetzes aufgrund der weitgehend verdrängenden Kompetenz mehr Einflussmöglichkeiten, doch liegt es an ihnen, von diesen Gebrauch zu machen[463]. Eine Verletzung der Kompetenzordnung kommt allenfalls dann in Betracht, wenn es sich um grundlegende, die Gesellschafts- oder Gesellschafterstruktur betreffende Entscheidungen handelt[464].

Bei kompetenzrechtlichen Beschränkungen reicht die Billigung einer Maßnahme durch den Mehrheitsgesellschafter nicht aus. Minderheitsgesellschafter, wenn sie auch nicht den Ausgang einer Entscheidung beeinflussen, können in einer Gesellschafterversammlung zumindest ihre Argumente vortragen und besitzen bei einer Verletzung der Treuepflicht ein Anfechtungsrecht[465]. Eine Doppelstellung wirkt sich insofern nicht aus.

(3.2) „Guter Glaube" an das Unternehmensinteresse und Minderheitenschutz

Von Vorlagepflichten bei fehlender Organkompetenz sind Vorlage- und Zustimmungspflichten zu unterscheiden, die der Ermittlung des Unternehmensinteresses

459 KK - Mertens § 76 Rn. 51; KK - Zöllner, § 119 Rn. 34 ff; Heinsius, ZGR 1984, 383, 393 ff.; Westermann, ZGR 1984, 352, 363 ff.; ders., ZHR 154 (1990), 203, 214 ff.; Kropff, ZGR 1984, 112, 123.

460 Hüffer, § 119 Rn. 18; auch Teile der Gegenansicht, vgl. KK - Mertens § 76 Rn. 52. Im Fall „Holzmüller" wäre wegen der Vermögensverlagerung von 80 % der Aktiva ein Rückgriff auf § 361 AktG a.F. analog erwägenswert gewesen.

461 Vgl. die Nachweise in Fn 426. Zur Problematik bei Konzernbildungsfragen Kessler, AG 1995, 61, 66 ff.

462 Vgl. Seite 48 f. m.w.N.

463 Allerdings muss der Geschäftsführer einer GmbH die Gesellschafter jedenfalls über solche Maßnahmen informieren, vgl. sogleich unten mit Nachweis in Fn 470.

464 Ähnlich Auffassung Baumbach / Hueck - Zöllner § 37 Rn. 6 e ff. und Tomat, S. 14 m.w.N.

465 Hüffer § 119 Rn. 20.

bzw. des Erhalts des Guten Glaubens daran dienen. Beispielsweise sind nach der wohl herrschenden Auffassung in der GmbH „ungewöhnliche“ Geschäfte, namentlich Maßnahmen, die der Geschäftspolitik widersprechen, und Maßnahmen, bei denen mit Widerspruch der Gesellschafter gerechnet werden muss, vorlagepflichtig[466].

Solche Maßnahmen entsprechen, zumindest auf den ersten Blick, nicht dem Willen der Anteilseigner. Insofern fehlt dem Geschäftsführer der „gute Glaube“ an das Unternehmensinteresse, weshalb er ggf. haftbar ist.

In der Aktiengesellschaft werden Vorlagepflichten in solchen Fällen übereinstimmend abgelehnt, obwohl ohne Zweifel auch in der Aktiengesellschaft das Unternehmen in Übereinstimmung mit dem Willen der Anteilseigner geführt werden sollte. Gegen extensive Vorlagepflichten wird nicht nur die alleinige Leitungskompetenz des Vorstandes angeführt und die Befürchtung, dass eine extensive Vorlage- bzw. Genehmigungspflicht die Geschäftsleitung in ihrer Handlungs- und Entscheidungsfreiheit lähmen würde, sondern auch die Befürchtung der Inkompetenz der Anteilseigner[467]. In der kapitalistischen Aktiengesellschaft kommt hinzu, dass der Wille des Einzelnen praktisch in der Vielzahl der Meinungen aufgeht, insofern der für das Unternehmensinteresse maßgebliche Wille der Anteilseigner wesentlich abstrakter bestimmt werden kann und muss.

Nach dem Aktiengesetz muss der Vorstand jedoch gemäß § 90 Abs. 1 S. 1 Nr. 4, S. 2 AktG den Aufsichtsrat über alle bedeutenden Maßnahmen informieren[468]. Die Interessen der Anteilseigner an der Geschäftsführung werden in der kapitalistisch konzipierten Aktiengesellschaft somit durch den Aufsichtsrat artikuliert und gewahrt. Das besondere unternehmerische Risiko bzw. die gesteigerte Bedeutung einzelner Maßnahmen in Start Ups[469] führt gemäß § 90 Abs. 1 S. 1 Nr. 4, S. 2 AktG in der Aktiengesellschaft zu einer intensiven Informationspflicht der Geschäftsleitung gegenüber den Aufsichtsorganen. Zwar steht es dem Vorstand über § 119 Abs. 2 AktG frei, die Anteilseigner direkt zu befragen und so einem eigenen Haftungsrisiko entgegenzuwirken, eine Pflicht ist wegen der anderen Überwachungskonzeption jedoch nicht anzunehmen.

Dagegen sind in der GmbH, soweit die Satzung nichts anderes bestimmt, mangels einer mit § 90 AktG vergleichbaren Norm die Informationspflichten gegenüber den Gesellschaftern im Rahmen des „normalen“ Geschäftsverlaufes nicht gestei-

---

466 Vgl. Nachweise in Fn 134.

467 Explizit KK - Mertens § 76 Rn. 51.

468 Vgl. Wiesner, Münchener Hdb. Aktienrecht § 25 Rn. 10 f. m.w.N. Für eine Betonung dieser Pflicht auch die Regierungskommission, vgl. Bericht Corporate Governance Rn. 34 f.

469 Seite 92 ff.

gert. Über grundlegende Maßnahmen sind die Gesellschafter jedoch immer zu informieren[470].

Soweit ungeschriebene Zustimmungserfordernisse der Bestätigung der Mehrheitsinteressen bzw. dem guten Glauben daran dienen, sind diese bei Mehrheitsbesitz der Geschäftsleitung obsolet[471]. Ausreichend ist die Anteilsmehrheit der Gesamtgeschäftsführung: Da Entscheidungen von grundsätzlicher Bedeutung wegen des Grundsatzes der Gesamtgeschäftsführung gemäß § 77 Abs. 1 S. 1 AktG, § 43 Abs. 2 GmbHG vom Gesamtvorstand zu entscheiden sind, wird die Abstimmung in der Gesellschafterversammlung gleichsam vorverlagert[472].

Möglich ist aber, dass eine Vorlage aus dem Gesichtspunkt des Minderheitenschutzes notwendig bzw. ratsam erscheint. Dies gilt insbesondere, wenn Eigeninteressen als Mehrheitsgesellschafter tangiert werden und so eine gerichtliche Überprüfung der Entscheidung wegen potentieller Verletzung der Loyalitätspflichten möglich ist.

b) Selbstinformation und Kontrolle

Voraussetzung für eine pflichtgemäße unternehmerische Entscheidung ist eine ausreichende Informationsbasis. Welche konkreten Informationen für eine ordnungsgemäße Unternehmensführung notwendig sind und die Anforderungen an einen pflichtgemäßen Ermessensgebrauch erfüllen, ist wiederum mit Blick auf das Unternehmensinteresse zu beurteilen.

Da insofern ein Beurteilungsspielraum besteht, handelt es sich bei der Entscheidung über den Umfang der Informationsbasis selbst um eine „unternehmerische"

---

470 Vgl. Hachenburg - Mertens § 43 Rn. 29 m.w.N.

471 Es sei denn, aufgrund des Stimmrechtsausschlusses des § 47 Abs. 4 GmbHG und des § 136 AktG sind in Einzelsituationen andere Mehrheiten möglich, allerdings gilt dies nicht für zustimmungsbedürftige Geschäfte. Zu den Einzelheiten unten Seite 168 ff. Mertens, KK § 76 Rn. 51, verweist darauf, dass auch in der personalistischen Aktiengesellschaft Vorlagepflichten sinnlos wären, da Organe und Mehrheitsgesellschafter ohnehin an einem Strang ziehen würden. Hinzu kommt, dass Arbeitnehmer in der GmbH zumeist eben aus dem Grund der unerwünschten Einflussnahme auf die Geschäftsführung nur stimmrechtslose Anteile erhalten. Allerdings ist die Entziehung von Stimmrechten beschränkt, für Maßnahmen, die den Gesellschafter persönlich in seiner Stellung betreffen oder die Struktur der Gesellschaft, ist ein Stimmrechtsentzug nicht möglich. Vgl. hierzu Baumbach / Hueck - Zöllner § 47 Rn. 24 m.w.N.

472 Münchener Hdb. Aktienrecht - Wiesner § 22 Rn. 15 m.w.N.; Hofmann / Liebs, Rn. 325, 806 f. Aus dem Unternehmensinteresse resultiert auch die Pflicht der Unternehmensleitung zum kollegialen Verhalten untereinander, KK - Mertens, § 93 Rn. 44. In einer personalistischen Gesellschaft kann diese Pflicht wegen des gesteigerten Konfliktpotentials erhebliche praktische Bedeutung haben, vgl. Seite 63. Minimalpflicht ist in einer personalistischen Gesellschaft die intensive informelle Zusammenarbeit.

Entscheidung[473]. Als Kriterium des unternehmerisches Ermessens im Blick auf einen ordnungsgemäßen Entscheidungsprozeß ist diese Entscheidung bezüglich des Umfangs der notwendigen Informationen allerdings zumindest partiell überprüfbar[474].

In Start Ups besitzen Selbstinformation und Kontrolle wegen der besonderen ökonomischen Unsicherheit und des unternehmerischen Risikos eine besondere Relevanz. Die besondere Situation der „New Economy" spielt bei der Frage der Selbstinformation und dazu gehörigen Organisation eine wichtige Rolle. Es erhöhen sich sowohl der Zeit- als auch der Kostendruck: Die sich schnell verändernden Märkte und der verschärfte Wettbewerb erfordern schnelles Handeln[475].

Die Unternehmensleitung muss sowohl über ihr Unternehmen (aus betriebwirtschaftlicher und produkttechnischer Sicht) als auch über die externen Bedingungen (Markt, Wettbewerb, wirtschaftliche, rechtliche und politische Entwicklung) informiert sein[476]. Beratung durch und Delegation an Dritte entbindet die Unternehmensleitung nicht von ihrer Informations- und Kontrollpflicht, sondern erfordert eine „pflichtgemäße Kontrolle" der Beauftragten[477].

Vorhandene Informationsquellen müssen vollständig ausgeschöpft werden[478]. Es müssen aber auch ausreichende interne wie externe Informationsquellen geschaffen werden[479]. Die Selbstinformationspflichten begründen damit auch entsprechende Organisationspflichten des Vorstandes zur Schaffung entsprechender Entscheidungs-, Informations- und Kontrollsysteme[480].

---

473 Der Umfang der Selbstinformationspflicht wird insbesondere von der Dringlichkeit, vgl. Bastuck, S. 69 und Mutter, S. 9, und von den Kosten der Informationsbeschaffung beeinflusst, vgl. auch Abeltshauser, S. 132. Zeitaufwand und Kosten sind dabei meistens miteinander verknüpft, häufig sind nicht die unmittelbaren Kosten für die Informationsbeschaffung, sondern die zeitliche Verzögerung der Entscheidung der eigentliche Kostenfaktor. Dazu Rühli, S. 227 ff.

474 Vgl. dazu oben Seite 89.

475 So wurde der Satz „Nicht die Großen werden die Kleinen fressen, sondern die Schnellen die Langsamen" durch Lothar Späth bekannt, er stammt ursprünglich von Heinz Peter Halek.

476 KK - Mertens § 93 Rn. 45; Hopt, AktG § 93 Rn. 85.

477 KK - Mertens § 93 Rn. 46.

478 Hopt, AktG § 93 Rn. 84; KK - Mertens § 93 Rn. 29

479 Vgl. OLG Hamm, ZIP 1995, 1263, 1269: „Bestandsaufnahme, Problemanalyse und Abklärung von Handlungsmöglichkeiten". Siehe auch Clemm / Dürrschmidt, FS Welf Müller, 67, 75.

480 Vgl. zu den einzelnen Informationspflichten Hopt, AktG § 93 Rn. 89 ff. m.w.N. Besonders im Blickpunkt steht zur Zeit das Umwelt- und Produktcontrolling im Hinblick auf das Umwelthaftungs- und das Produkthaftungsrecht sowie das Risk-Management.

(1) Gesteigerte Bedeutung interner Informationssysteme in Start Ups

Einigkeit herrscht darüber, dass in besonders risikoreichen Situationen eine besondere Sorgfalt bei der Entscheidungsfindung notwendig ist[481]. Für Start Ups resultieren daraus erhöhte Anforderungen an die Informationsbasis[482].

In und über neue Märkte sind generell wenig Informationen vorhanden. Die Beschaffung solcher Informationen ist vielfach schwierig und kostenintensiv. Hinzu kommt häufig eine hohe Produktkomplexität, die ein besonderes technisches Verständnis erfordert, um Einsatzmöglichkeiten zu eruieren und zutreffende Informationen zu beschaffen. Dies kann zu einem Informationshemmnis und Kostentreiber werden. Marktstudien besitzen allenfalls begrenzten Aussagewert, wirtschaftliche Entwicklungen sind kaum vorhersehbar[483].

Der Mangel an externen Informationen bzw. die Schwierigkeiten bei der Beschaffung lassen den internen Informationsquellen eine besondere Bedeutung zukommen. Die mangelnden externen Informationen müssen über eine besonders sorgfältige Information über mögliche interne Auswirkungen der Entscheidungen aufgefangen werden. Diese Besonderheit führt in Verbindung mit dem schnellen Unternehmenswachstum bzw. der Schnelligkeit der Entwicklungen zu besonderen Anforderungen an die Organisation der Informations- und Kontrollsysteme[484].

---

481 Vgl. Horn, ZIP 1997, 1132.

482 Erhöhte Informationsbedürfnisse sehen auch Benzinger / Göhner, DB 2001, 2205, 2213 m.w.N., die dies auch explizit mit der angespannten finanziellen Lage begründen, vgl. ebenda Fn 48.

483 Zudem kann auch antizyklisches Verhalten nicht per se als Pflichtverstoß gewertet werden.

484 Heßler / Mosebach, DStR 2001, 1045, 1048 f. Vgl. dazu die praktischen Erwägungen von Weitnauer, Rn. B 79 (Zusammenfassung).

Informationsbasis bei Managemententscheidungen:

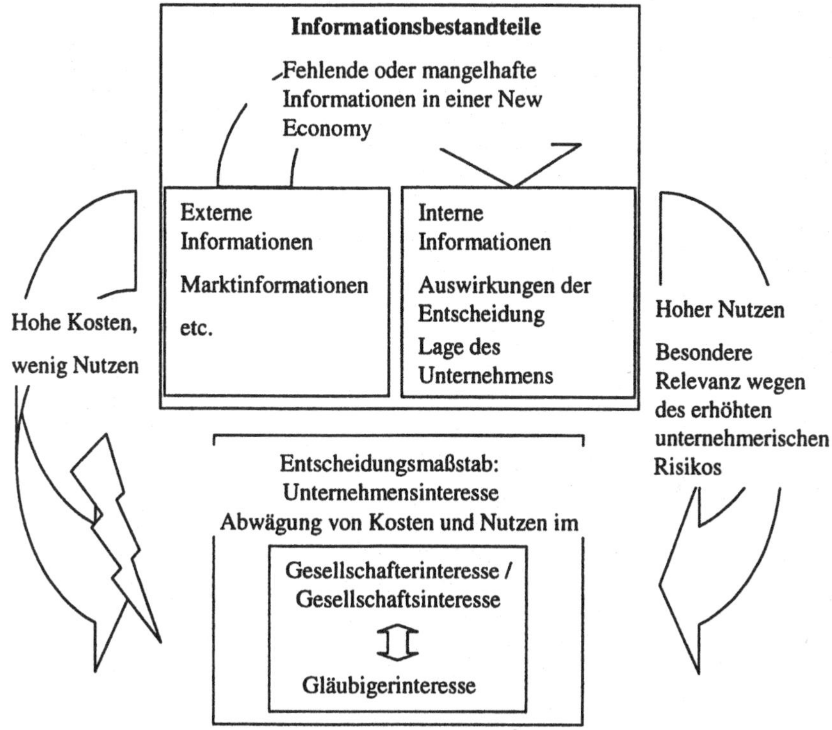

(2) Rechnungslegung und Jahresabschluss

Wichtige Basis interner (Selbst-) Information ist die Rechnungslegung[485]. Eine Informations- und Schutzfunktion des Bilanzrechts im Blick auf die Anteilseigner wurde noch vor wenigen Jahren in Deutschland recht einhellig abgelehnt[486]. Im Zuge der Globalisierung wächst jedoch die Erkenntnis, dass den Informationsbedürfnissen der Anteilseigner nicht nur aus ethischen, sondern auch aus ökonomi-

485 Vgl. Kleindieck, ZGR 1998, 466, 472 m.w.N.

486 Vergleiche die Nachweise bei Kübler, ZGR 2000, 550, 551: „Gesichtspunkte des Gesellschafterschutzes und der Kapitalmarktinteressen haben grundsätzlich keinen Platz im allgemeinen Bilanzrecht."

schen Gründen nachzukommen ist[487]. Dies zeigt auch die vorgeschriebene parallele Bilanzierung nach IAS oder US-GAAP[488] bei einer Notierung am Neuen Markt[489]. Der Jahresabschluss dient, anders als z.B. im angloamerikanischen Recht, zudem als Bemessungsgrundlage für die Vermögens- und Gewinnbeteiligung[490].

Gemäß § 91 AktG bzw. § 41 GmbHG muss die Geschäftsleitung dafür sorgen, dass die erforderlichen Handelsbücher entsprechend den Vorschriften der §§ 238 ff. HGB geführt werden[491]. Die Rechnungslegung respektive Buchführung unterliegt gemäß § 238 Abs. 1 S. 1 HGB den „Grundsätzen ordnungsgemäßer Buchführung". Diese enthalten sowohl formelle Regeln, wie Buchungstechniken sowie Verwendung und Darstellung der Daten im Jahresabschluss, als auch materielle Anforderungen[492]. Der Inhalt der Rechnungslegung ist jährlich im Jahresabschluss gemäß § 267 HGB abhängig von der Größe des Unternehmens unterschiedlich detailliert darzustellen.

Start Ups sind zumeist kleine oder mittlere Kapitalgesellschaften. Während die Anforderungen an große und mittlere Kapitalgesellschaften sich weitgehend nur in formellen Punkten unterscheiden [493], sind die materiellen Anforderungen an kleine Kapitalgesellschaften seit Umsetzung der sog. „Mittelstandsrichtlinie" wesentlich geringer[494]: Kleine Kapitalgesellschaften dürfen gemäß § 266 Abs. 1 S. 3 HGB eine verkürzte Bilanz aufstellen, auch die GuV darf gemäß § 276 HGB verkürzt werden[495]. Der Lagebericht ist gemäß § 264 Abs. 1 S. 3 HGB entbehrlich. Die GuV muss gemäß § 326 S. 1 HGB nicht veröffentlicht werden, sowohl die Aufstellungsfrist als auch die Veröffentlichungsfrist ist gemäß §§ 264 Abs. 1 S. 2 und 3, 326 S. 1 HGB wesentlich verlängert und die Prüfungspflicht entfällt gemäß § 316 Abs. 1 S. 1 HGB gänzlich.

---

487 Vgl. zu dieser Entwicklung Kübler, ZGR 2000, 550, 555 f.

488 Zu den Bilanzierungsanforderungen nach US-GAAP und IAS vgl. Ballwieser, MüKo HGB - Ballwieser Vor § 238 Rn. 3 ff.

489 Regelwerk Neuer Markt Art. 7.2.2. (1).

490 Vgl. MüKo HGB - Ballwieser, § 238 Rn. 1; ausführlich zu den Funktionen Coenenberg, S. 31 ff.; Wilhelm, Kapitalgesellschaftsrecht, Rn. 1079; Kleindieck, ZGR 1998, 466, 467 ff. Unterschiede in der Bilanzierung und Rechungslegung zwischen GmbH und AG existieren nicht.

491 Umstritten, aber im Ergebnis irrelevant ist, ob die Buchführungspflicht eine Pflicht des Vorstandes oder eine Pflicht der AG ist, für die der Vorstand die Verantwortung trägt, vgl. Hüffer § 91 Rn. 2.

492 Hierzu Coenenberg, S. 59 ff.; Baumbach / Hueck - Schulze-Osterloh § 41 Rn. 15, insbesondere auch § 42 Rn. 8 ff. Gemäß § 238 Abs. 1 S. 2 HGB müssen die Bücher so geführt werden, dass sich auch ein sachverständiger Dritter innerhalb angemessener Zeit einen Überblick verschaffen kann. Gemäß § 239 Abs. 2 HGB sind die Aufzeichnungen „vollständig, richtig, zeitgerecht und geordnet" vorzunehmen.

493 Vgl. zu den einzelnen Vorschriften K. Schmidt § 29 Abs. 4 S. 2 und 3.

494 Vgl. hierzu HK / HGB - Niedner E vor § 238 Rn. 29.

495 Dieses gilt auch für mittelgroße Kapitalgesellschaften.

(2.1) Rechnungslegungsvorschriften - Kritik

Zweifel an der Zweckmäßigkeit der Unterteilung nach Größenmerkmalen resultieren aus dem schnellen Wachstum von Start Ups. Insbesondere die Entwicklung von der kleinen zur mittleren Kapitalgesellschaft kann unter Umständen nur wenige Monate dauern[496]. Zudem greifen gemäß § 267 Abs. 4 S. 1 HGB die Anforderungen der jeweiligen Größenklasse erst, wenn die Schwellenwerte in zwei aufeinander folgenden Geschäftsjahren überschritten wurden[497]. Gegebenenfalls kann ein Start Up bis zu zwei Jahre von den Erleichterungen für kleine Kapitalgesellschaft Gebrauch machen, selbst wenn es inzwischen als große Kapitalgesellschaft anzusehen wäre.

Die Geschwindigkeit der Veränderungen und das erhöhte unternehmerische Risiko lassen generell an der Angemessenheit und der Vertretbarkeit der Erleichterungen für kleine und auch teilweise für mittlere Unternehmen zweifeln: Aufstellungs- und Veröffentlichungsfristen von bis zu 6 Monaten haben in volatilen Märkten zur Folge, dass der Jahresabschluss bei Fertigstellung und Veröffentlichung eher historischen Wert besitzt. Innerhalb eines halben Jahres kann ein junges Unternehmen vom Branchenstar zum Verlierer werden bzw. ganze Branchen können abstürzen. Die verlängerte Aufstellungsfrist besteht jedoch gemäß § 264 Abs. 1 S. 3 HGB nur, soweit dies dem „ordnungsgemäßen Geschäftsgang entspricht", was bei Start Ups aufgrund der besonderen Anforderungen an die interne Rechnungslegung - vgl. sogleich unten - nicht der Fall ist.

Kritisch zu betrachten ist auch die Möglichkeit der verkürzten Bilanz bzw. GuV[498], die unter anderem Ausnahmen vom Saldierungsverbot enthält. Gleiches gilt für die fehlende Offenlegungspflicht. Je weniger Überblick ein Unternehmen bzw. dessen Leitung über die Finanzen, insbesondere über die Einnahmen im Verhältnis zu den Ausgaben, aber auch über die Zusammensetzung der Verbindlichkeiten und Forderungen, hat, desto eher besteht die Gefahr, schädliche Entwicklungen zu übersehen und daher nicht rechtzeitig gegensteuern zu können.

Wichtig und aussagekräftig ist bei Start Ups nicht das Ergebnis, sondern eine detaillierte Cash-Flow-Rechnung[499], Aufstellung des Umsatzwachstums[500] sowie

---

496 Vgl. Fn 52.

497 Dazu Beck'scher BK - Budde / Karig § 267 Rn. 14 ff. m.w.N.

498 Vgl. Küting / Weber - Baetge / Commandeur § 264 Rn. 20.

499 Beispiele für Cash-Flow-Definitionen bei Drukarczyk, S. 74 ff.

500 Die Darstellung des Rohertrages ist dagegen wohl nicht ausreichend, da in diesem Fall nicht beurteilt werden kann, ob z.B. die Umsatzerlöse zurückgegangen sind oder vielleicht externe Leistungen zu teuer eingekauft worden sind. Wichtig ist auch, ob die Erlöse im Kerngeschäft oder auf andere Weise generiert werden, um so die Entwicklung des maßgeblichen Geschäfts beurteilen zu können.

die Errechnung von Deckungsbeiträgen. Indikatoren wie die Cash-Burn-Rate[501] sind unerlässlich.

Die Möglichkeit für kleine Kapitalgesellschaften, auf einen Lagebericht zu verzichten, ist bezogen auf Start Ups sehr kritisch zu sehen: Gerade bei Jungunternehmen ist die Aussagekraft von Finanzdaten in der Vergangenheit - soweit solche existieren - sehr begrenzt[502]. Wichtig ist die zukünftige Entwicklung, d.h. der Geschäftsverlauf und zukünftige Risiken, diese werden aber nur im Lagebericht berücksichtigt[503]. Ein Jahresabschluss ohne Lagebericht ist im Blick auf den Gläubiger- oder Anlegerschutz nur begrenzt von Wert. Eine ausreichende Selbstinformation wird dadurch keinesfalls erreicht.

Eine Pflichtprüfung erschien dem Gesetzgeber bei kleinen Kapitalgesellschaften wegen des Aufwandes in Relation zur Unternehmensgröße als unverhältnismäßig. Bei Start Ups erfordert jedoch das schnelle Wachstums mit seinen besonderen Anforderungen an Buchhaltung, Controlling und Risk-Management von Anfang an eine gute Organisation. Eine solche könnte insbesondere durch eine Pflichtprüfung sichergestellt werden, denn je schneller das Unternehmen wächst und je größer das Unternehmen ist, desto schwieriger wird es, solche Systeme nachträglich zu installieren. Bei risikokapitalfinanzierten Start Ups ist diese Erleichterung in der Praxis kaum relevant, da die Kapitalgeber in der Regel geprüfte Jahresabschlüsse verlangen.

Im Schrifttum zum Aktienrecht wird darauf verwiesen, dass die Erleichterungen zumindest in Bezug auf die Funktion der Selbstinformation in der Praxis größtenteils irrelevant seien: § 131 AktG, insbesondere § 131 Abs. 1 S. 3 AktG gewähre dem Aktionär das Recht zur Einsichtnahme in den vollständigen Jahresabschluss, weshalb die Rechnungslegung den Anforderungen an einen ungekürzten Jahresabschluss entsprechen müsse[504]. Die Gesellschafter einer GmbH haben dagegen kein entsprechendes Recht. Das Auskunfts- und Einsichtsrecht gemäß § 51a GmbHG ermöglicht es den Gesellschaftern zwar, weitergehende Informationen zu erhalten, eine Verpflichtung zur Aufstellung einer ungekürzten Bilanz ergibt sich

---

501 Die Cash-Burn-Rate bezeichnet den Zeitraum, in dem die Gelder der Kapitalgeber verbraucht werden. Laut Presseberichten erreichte das Unternehmen „Boo.Com" in Spitzenzeiten eine Cash-Burn-Rate von rund 25 Mio. € im Monat. Vgl. den Beitrag von Thomas Spang, „Die Rache des Virtuellen - Wie krisenfest ist die Internet-Wirtschaft?" vom 17.09.2000, Deutschlandradio Archiv.

502 Explizit Heßler / Mosebach, DStR 2001, 1045, 1046 f; auch Achleitner, BB 2001, 927 ff.; Volk, StuB 2000, 870, 871;

503 Dazu Dörner / Bischof, WPg 1999, 444; Küting / Hütten, AG 1997, 250, 251. Die besondere Informationsfunktion im Blick auf zukünftige Entwicklungen betonend Kleindieck, ZGR 1998, 466, 472 f. Budde - Karig, Beck'scher BK § 264 Rn. 56 ff.; MüKo HGB - Beater § 264 Rn. 35.

504 Farr, AG 1996, 145, 157 ff.; Beck'scher BK - Förschle / Kofahl § 266 Rn. 20.

daraus allerdings nicht[505]. Umgekehrt ist die Situation hinsichtlich der Erleichterungen aus § 274 a HGB: Aktionäre können diesbezügliche Informationen nicht anfordern, § 131 AktG läuft ins Leere, während das Auskunfts- und Einsichtsrecht der GmbH-Gesellschafter nicht berührt wird[506].

Auch wenn Informationsrechte der Anteilseigner bestehen, wirken diese erst bei Nachfrage als Druckmittel. Bei personalistischen Gesellschaften ist zwar wegen der weitgehenden Verbindung von Kapital und Geschäftsführung die Schutzbedürftigkeit der unternehmerisch aktiven Anteilseigner eingeschränkt[507], es besteht in Start Ups gerade aufgrund der Doppelstellung in Verbindung mit der fehlenden Managementerfahrung jedoch die Gefahr, dass Kontrollmechanismen in Bezug auf die Rechnungslegung versagen und dadurch eine ausreichende Selbst- und in der Folge auch externe Information nicht mehr möglich ist[508]. Eine unzureichende Rechnungslegung und fehlende Aussagekraft des Jahresabschlusses bedeutet für nicht direkt am Management beteiligte Anteilseigner, insbesondere für beteiligte Arbeitnehmer, und für die Gläubiger ein erhöhtes Risiko an Informationsdefiziten[509]. Die mangelnde Selbstinformation erhöht zudem das Risiko der Insolvenz und der Insolvenzverschleppung[510].

(2.2) Gebot des „fair and true view" - Verschärfung der externen Rechnungslegung

Konkrete Rechnungslegungs- und Bilanzierungsvorschriften gewähren auf Seite der bilanzierenden Unternehmen, der Adressaten des Bilanzrechts, kein Ermessen

---

505 Farr, GmbHR 1996, 92, 95; MüKo HGB - Beater § 266 Rn. 9; Beck'scher BK - Förschle / Kofahl § 266 Rn. 20.

506 Becksch'er BK - Ellrott § 274a Rn. 1.

507 Vgl. auch Coenenberg, S. 52, der die Trennung von Leitung und Kapital als Grund für die Prüfungspflicht ansieht.

508 Küting / Zwirner, BC 2001, 173, 175: „Mehrere Indizien belegen die These, dass viele Unternehmen des Neuen Marktes dem Rechnungswesen lediglich einen geringen Stellenwert einräumen und somit die Bedeutung eines ordentlichen Rechnungswesens unterschätzt wird." Auf die noch größere Bedeutung dieser Problematik bei nicht-börsennotierten Unternehmen weisen Heßler / Mosebach, DStR 2001, 1045, 1049 hin.

509 So auch Kleindieck, ZGR 1998, 466, 471: „ In der Aktiengesellschaft ist die Rechnungslegung gewiss das wichtigste Informationsinstrument der Aktionäre. (...) Die Rechnungslegung (...) liefert den Aktionären somit die Grundlage für ihre Kontroll- und Dispositionsentscheidungen: Jahresabschluss und Lagebericht vermitteln die zentralen Informationen für den Aktionärsentscheid über die Entlastung der Verwaltungsmitglieder; und auf der Basis der Jahresabschlussdaten suchen die Aktionäre das Risiko ihres Kapitalengagements einzuschätzen."

510 So auch explizit Heßler / Mosebach, DStR 2001, 1045, 1049: „Durch die Kombination von schnellem Wachstum, starker internationaler Ausrichtung, mangelhafter Rechnungslegung und unerfahrenem Management ergibt sich ein hohes Risikopotential, das durchaus als bestandsgefährdendes Risiko i.S. des § 289 HGB verstanden werden kann."

und keinen Beurteilungsspielraum[511]. Genauso unzweifelhaft darf ein Unternehmen darüber hinausgehende Informationen veröffentlichen[512].

Fraglich ist, ob die besonderen Bedingungen und die gesteigerten Informationsinteressen der Anteilseigner und Gläubiger von Start Ups[513] in Verbindung mit der Tatsache, dass die gesetzlichen Bilanzierungsvorschriften hier im besonderem Maße als unzureichend anzusehen sind, zu einer Verschärfung der Rechnungslegungs- und Bilanzierungsanforderungen für eben diese Unternehmen führen können.

Eine Aufweichung der Größenklassen, d.h. die Qualifikation aller Start Ups einer bestimmten Größe zumindest als mittlere Kapitalgesellschaften, widerspricht nicht nur dem eindeutigen Gesetzeswortlaut[514], sondern löst insbesondere auch das Problem der Klassensprünge nicht. Dies zu lösen, ist Aufgabe des Gesetzgebers.

Für umfangreiche Diskussionen hat das auf der 4. EG-Bilanzrichtlinie basierende Bilanzrichtliniengesetz[515] gesorgt, das mit § 264 Abs. 2 HGB, das „fair and true view"-Prinzip als materielles Kriterium in das Bilanzrecht einführte. Danach müssen die Vermögensverhältnisse der Gesellschaft „zutreffend" dargestellt werden. Reichen die gesetzlichen Angaben in der Bilanz, der GuV und ggf. dem Lagebericht nicht aus, müssen ggf. zusätzliche Angaben gemacht werden. Die gesetzlichen Anforderungen an Kleine Kapitalgesellschaften werden dieser Informationsfunktion im Sinne eines „fair and true view" nicht gerecht[516].

Für eine Erweiterung des Jahresabschlusses ist nach Auffassung der herrschenden Meinung Voraussetzung, dass die mangelnde Aussagekraft des Jahresabschlusses auf besonderen Umständen beruht. Der Jahresabschluss müsse hinter dem zurückbleiben, was „üblicherweise an Erkenntnis bei einem Unternehmen dieser Größe, Rechtsform und Branche" erwartet werden darf[517]. Generelle Erleichterungen, wie

---

511 Crezelius, ZGR 1999, 252, 256 f, auch zu der Frage, ob es sich bei den Rechnungslegungsvorschriften des HGB um öffentliches Recht, um Privatrecht oder um Recht sui generis handelt.

512 Grenze ist die Verschwiegenheitspflicht des Managements, vgl. oben Seite 80 f.

513 Benzinger / Göhner, DB 2001, 2205, 2213.

514 Anders als z.B. § 1 Abs. 2 HGB, der sich seit der Handelsrechtsreform nicht an starren Größen, sondern an den materiellen Anforderungen orientiert, sind die Kriterien des § 267 HGB rein formell.

515 Bilanzrichtliniengesetz, BGBl. I, 1985, 2355 ff. und 4. Richtlinie vom 25.07.1978, Amtsbl. EG 78 / 660 / EWG.

516 Kritisch bei kleinen Kapitalgesellschaften: Küting / Weber - Baetge / Commandeur § 264 Rn. 16-28.

517 So MüKo HGB - Beater § 264 Rn. 30. Nach der von der herrschenden Meinung vertretenen „Abkopplungsthese" entstehen auch dann keine zusätzlichen Anforderungen an die Bilanz. Erforderliche zusätzliche Informationen sind ggf. im Anhang darzustellen, vgl. GK HGB - Marsch-Barner § 264 Rn. 8 ff.; MüKo HGB - Beater, § 264 Rn. 15 m.w.N. Dieser Auffassung entspricht die Gesetzesbegründung: „Die Generalklausel steht nicht in dem Sinne über der

die für kleine Kapitalgesellschaften würden dagegen nicht zu einem Eingreifen der Vorschrift führen, da die Erfüllung der gesetzlichen Vorschriften eine Übereinstimmung mit dem tatsächlichen Anschein indiziere[518].

Das in Art. 2 Abs. 5 der Richtlinie enthaltene Prinzip des „overriding principle" wurde nicht in deutsches Recht transformiert[519], obwohl die europäische Kommission in ihrer Begründung der Generalnorm „erstrangige Bedeutung" zugemessen hat[520]. Transformiertes Recht[521] ist jedoch richtlinienkonform auszulegen, soweit dies verfassungsrechtlich bzw. im Rahmen der Rechtssystematik möglich ist[522]:

Einer entsprechenden Auslegung wird von der herrschenden Meinung die aus dem Prinzip resultierende Rechtsunsicherheit entgegenhalten. Der Grundsatz des „fair and true view" sei auch im englischen Recht nicht definiert und eigne sich daher nicht als Auslegungshilfe. Dagegen spreche auch der andere Funktionszusammenhang: Die Bilanz diene im englischen Recht nur der Information und ziehe keine gesellschaftsrechtlichen oder steuerrechtlichen Ansprüche nach sich[523]. Aufgrund der Funktion des Jahresabschlusses als Berechungsgrundlage für den (ausschüttungsfähigen) Gewinn ginge eine Anwendung des „fair and true view" - Prinzips wegen erhöhter Ausschüttungen zu Lasten der Insolvenzvorsorge[524].

Eine größere Rechtsunsicherheit als die, die bei Generalklauseln wegen ihres Interpretationsspielraums systemimmanent ist, kann, wenn man die einschlägige Literatur betrachtet, nicht festgestellt werden[525]. Die Argumentation des Gläubigerschutzes und der vermeintlich erhöhten Insolvenzgefahr geht an der Realität vorbei: Sollte es der Gesellschaft so schlecht gehen, dass höhere Ausschüttungen tatsächlich zu einer Beeinträchtigung der Gläubigerinteressen führen könnten, gibt es keine Reserven mehr, die aufgrund eines „fair-and-true-view" dargestellt

---

gesetzlichen Regelung, dass sie es erlauben würde, den Inhalt und den Umfang des Jahresabschlusses in Abweichung von den gesetzlichen Vorschriften zu bestimmen. Insbesondere ist die Befürchtung unbegründet, dass aus der Generalklausel ganz allgemein zusätzliche Anforderungen für alle oder bestimmte Unternehmen abgeleitet werden könnten." BT-Drucks. 10 / 317, S. 76. Von der Frage, ob durch die Generalklausel des § 264 Abs. 2 HGB eine Ausweitung der gesetzlichen Anforderungen an die Rechnungslegung begründet werden kann, ist die Frage zu unterscheiden, ob die Generalklausel zu einer Einschränkung der gesetzlichen Spielräume und Wahlrechte führen kann. Zu dieser Frage vgl. Küting / Weber - Baetge / Commandeur § 264 Rn. 33 ff.; MüKo HGB-Beater § 264 Rn. 20f.

518 Vgl. auch Budde - Karig, Beck'scher BK, § 264 Rn. 43.

519 Vgl. hierzu Wiedmann, § 264 Rn. 20; Küting / Weber - Baetge / Commandeur § 264 Rn. 10; Altenburger, BFuP 1997, 721, 723 f.

520 Begründung der Kommission der EG 1974, S. 213.

521 Trotz der Auffassung des BFH ist dies zumindest bei § 264 Abs. 2 HGB unzweifelhaft der Fall; vgl. Wiedmann § 264 Rn. 20, Küting / Weber - Baetge / Commandeur § 264 Rn. 10.

522 Vgl. nur Hommelhoff, AcP 192, 71, 95.

523 MüKo - Beater, HGB § 264 Rn. 15.

524 Vgl. nur Schön, ZHR 161 (1997), 133, 153.

525 Vgl. Küting / Weber § 264 Rn. 13 ff.; Wiedmann § 264 Rn. 24 ff.;

werden müssten[526]. Bemisst sich der Gewinnanspruch nach den tatsächlichen finanziellen Reserven, wird zum einen die Gesellschaft (für den Fall, dass die tatsächliche Lage schlechter ist) vor überhöhten Gewinnansprüchen geschützt, auf der anderen Seite werden aber auch die berechtigten Ansprüche der Gesellschafter gewahrt.

Wesentlich häufiger wird sein, dass durch verkürzte Informationen negative Entwicklungen versteckt bzw. schlicht übersehen werden, was letztlich auch zu Lasten der Gläubiger geht. Eine erweiterte Informationsfunktion des Jahresabschlusses ist, da der Gläubigerschutz dem nicht widerspricht, neben der Funktion als Bemessungsgrundlage im Sinne aller Beteiligten begrüßenswert[527]. § 264 Abs. 2 S. 2 HGB kann bei entsprechender richtlinienkonformer Auslegung sowohl zu höherer Detailliertheit als auch zu zusätzlichen Angaben im Jahresabschluss führen. Insoweit besteht ein „unternehmerischer Ermessensspielraum" der Geschäftsleitung[528], der durch die Zielsetzung jedoch beschränkt ist[529].

Bei Start Ups führen insbesondere das zumeist negative Ergebnis, fehlende Vergangenheitsdaten und die unbekannten und risikoreicheren Märkte dazu, dass Bewertung und Risikoeinschätzung im Vergleich zu anderen Kapitalgesellschaften gleicher Größe erschwert wird[530]. § 264 Abs. 2 S. 2 HGB mit seiner Forderung nach einem Jahresabschluss, der eine Beurteilung der wirtschaftlichen Lage zulässt, betrifft gerade Unternehmen mit besonderer Komplexität oder besonderen Umständen. Insofern ist gerade bei Start Ups im Interesse des Unternehmens von erweiterten Bilanzierungspflichten auszugehen.

(2.3) Anforderungen an die interne Rechnungslegung

Die Funktion und Erforderlichkeit der Rechnungslegung als Selbstinformationsquelle[531] ist nach Ansicht des BGH unabhängig von den Anforderungen an die externe Rechnungslegung: Eine Organisation müsse so beschaffen sein, dass zu jeder Zeit ein Überblick über das Vermögen und die finanzielle Lage des Unternehmens möglich ist, unabhängig von Aufstellungsfristen für den Jahresabschluss[532].

---

[526] Treffend Kübler, ZGR 2000, 550, 561: „(...): wenn die Gesellschaft pleite ist, sind die stillen Reserven längst aufgelöst."

[527] Vgl. oben Fn 487.

[528] Abeltshauser, S. 206.

[529] So auch Wiedmann, § 264 Rn. 21 f: § 264 Abs. 2 S.1 HGB sei zwar mit Beachtung der gesetzlichen Vorschriften und der GOB erfüllt, daneben stünde jedoch gleichberechtigt Satz 2 mit seiner Forderung nach weiteren Informationen.

[530] Vgl. auch oben Seite 91 f.

[531] Vgl. Fn 485.

[532] BGH, ZIP 1995, 560 f.

Die konkreten Anforderungen an eine pflichtgemäße Selbstinformation werden damit materiell bestimmt und liegen im unternehmerischen Ermessen. Der Ermessensspielraum bzgl. des Umfangs bzw. der Organisation der internen Rechnungslegung ist jedoch durch die Zielsetzung begrenzt. Nur eine vollständige Auswertung aller Informationen aus einem dem Gesichtspunkt der Risikofrüherkennung genügenden Informationssystem wird als „ausreichend" im Sinne pflichtgemäßer unternehmerischer Ermessensausübung angesehen[533]. Diese Zielsetzung verweist auf die Funktion der Rechnungslegung als Basis der internen Revision, welche ihrerseits Grundlage des gesetzlich vorgeschriebenen Risikofrüherkennungssystems ist[534].

Bei entsprechender Komplexität des Unternehmens gelten demnach intern weder die zeitlichen noch die inhaltlichen Erleichterungen in Bezug auf den Jahresabschluss. In einem Start Up muss die interne Rechnungslegung daher den oben erläuterten Besonderheiten entsprechend angelegt sein, die in der Regel über die Anforderungen für andere Unternehmen dieser Größe hinaus gehen werden.

(3) Risikomanagement

Start Ups tragen ein generell erhöhtes unternehmerisches Risiko. Die Insolvenzquote liegt aktuell bei über 35 %[535]. § 91 Abs. 2 AktG normiert die Pflicht zur Einführung eines Risikofrüherkennungssystems: *Bestandsgefährdende* Entwicklungen aus bspw. risikobehafteten Geschäften, Verstöße gegen gesetzliche Vorschriften und inkorrekte Rechnungslegung mit wesentlichen Auswirkungen auf die Vermögens-, Finanz- und Ertragslage des Unternehmens / Konzerns müssen so rechtzeitig erkannt werden, dass noch entsprechende Gegenmaßnahmen eingeleitet werden können[536].

(3.1) Umfang der Risikofrüherkennung und Anwendung auf die GmbH

Genaue rechtliche Vorgaben zur Umsetzung wurden nicht geschaffen, da es nach ganz allgemeiner Meinung eine allgemein „richtige" unternehmerische Organisation nicht gibt. Der Umfang der Risikofrüherkennungssysteme ist abhängig von Branche, Größe, Struktur etc., also von der Realstruktur des jeweiligen Unter-

---

533 Für eine entsprechende Begrenzung des unternehmerischen Ermessens bei der Unternehmensplanung Altmeppen, ZGR 1999, 291, 305 f. m.w.N.: „Die entscheidende Grenze der Ermessensausübung dürfte sich dabei aus der Pflicht des Geschäftsführers ergeben, (...) sich über alle unternehmenspolitisch relevanten Umstände und Entwicklungen zu informieren."

534 Thümmel, Rn. 110. Zu den Unterschieden zwischen der externen Rechnungslegung und dem internen Rechnungswesen, dem Controlling, als Quelle der Selbstinformation, Biletzki, S. 6ff.

535 Vgl. Fn 18.

536 Vgl. Begründung zum Regierungsentwurf, BT-Drucksache, 13 / 9712, S. 15.

nehmens[537]. Teile der Praxis gehen davon aus, dass § 91 Abs. 2 AktG die Einführung eines Risikomanagementsystems im weiteren Sinne erfordere[538]. Die Gegenansicht lehnt diesen Ansatz ab, § 91 Abs. 2 AktG beinhalte nur die Verpflichtung zur Errichtung einer spezifischen internen Revision und sei insofern deklaratorisch[539].

Parallel zu der Frage, ob § 91 Abs. 2 AktG nur deklaratorisch allgemeine Pflichten des Managements kodifiziert oder ob zusätzliche Pflichten begründet werden, verläuft der Streit über die Frage der analogen Anwendung der Norm auf die GmbH: Bei einer rein deklaratorischen Wirkung des § 91 Abs. 2 AktG entsprechen die Pflichten der GmbH-Geschäftsführer denen des AG-Vorstandes, da die Einrichtung eines entsprechenden Risikofrüherkennungssystems Teil der allgemeinen Sorgfaltspflicht ist. Zumeist wird allerdings davon ausgegangen, dass entsprechende Pflichten nur für große, teilweise auch für mittlere GmbHs gelten würden bzw. eine AG-typische Struktur erfordere[540].

Würde § 91 Abs. 2 AktG die Einführung eines umfangreichen und engmaschigen Risikomanagementsystems unabhängig von der Größe verlangen, ginge die Wirkung über eine rein deklaratorische hinaus. Gleichzeitig würde dies aus ökonomischen Gründen gegen eine Übertragung auf Start Ups in Form kleiner und wohl auch mittlerer GmbHs sprechen. Tatsächlich verursacht ein zu engmaschiges System hohe Kosten und blockiert Entscheidungsabläufe sowie den allgemeinen Arbeitsablauf, anstatt diesen zu unterstützen. In Start-Ups mit einer hohen Volatilität und dünner Kapitaldecke wäre eine solche Forderung kontraproduktiv[541]. Mangels gesetzlicher Anhaltpunkte ist eine derart weitgehende Interpretation von § 91 Abs. 2 AktG abzulehnen.

Ein Risikofrüherkennungssystem erfordert unabhängig von der Unternehmensgröße die „systematische, in sich schlüssige und unternehmensweite Risikoerfassung"[542]. Dies geht aber nicht über allgemeine Vorstandspflichten hinaus, sondern ist Sinn und Zweck von Unternehmensplanung, interner Revision und Controlling. Deren Einrichtung gehört als Basis jeder internen Information zu den allgemeinen Managementpflichten[543] und ist in seinem Bestand, wenn auch nicht in

---

[537] Altmeppen, ZGR 1999, 291, 301 mit Verweis auf die Parallelität der Probleme in AG und GmbH.

[538] Vgl. IdW-HFA WPg 1998, 866, 873 Tz 77 und die Nachweise bei Drygala / Drygala, ZIP 2000, 297, 198.

[539] Vgl. insbesondere Hüffer § 91 Rn. 9; so auch Hoffmann-Becking, ZGR 1998, 497, 513 f. Vgl. auch die Nachweise bei Clemm / Dürrschmidt, FS Welf Müller, 67, 69.

[540] Drygala / Drygala, ZIP 2000, 297, 299 ff.; Schmidt / Uhlenbruck - Uhlenbruck Rn. 591; Hirte, Rn. 186.

[541] Zu entsprechenden Erwägungen bzgl. des Controlling-Umfangs Witt, Controller Magazin 2 / 2001, 112, 115.

[542] Drygala / Drygala, ZIP 2000, 297, 299.

[543] Eindeutig Lutter, GmbHR 2000, 301, 305.

seinem Umfang unabhängig von der Unternehmensgröße. Die Einrichtung eines „Risikofrüherkennungssystems“ liegt, wie § 91 Abs. 2 AktG jetzt explizit formuliert, damit außerhalb des unternehmerischen Ermessens.

Die Bestimmung des notwendigen Umfangs der Kontrollsysteme ist dagegen eine unternehmerische Entscheidung[544]. Der Ermessensspielraum wird jedoch - wie bei der internen Rechnungslegung erörtert - durch die Konkretisierung der Zielvorgabe der „Risikofrüherkennung“ wesentlich verengt. Das unternehmerische Risiko und die erhöhte Insolvenzgefahr von Start Ups aufgrund der besonderen Bedingungen[545] führen daher zu wesentlich höheren Anforderungen an Risikofrüherkennungssysteme.

Die Erforderlichkeit eines entsprechenden Risikofrüherkennungssystems gilt auch für die kleine bzw. mittlere GmbH: Denn je kleiner und einfacher strukturiert ein Unternehmen ist, desto einfacher ist auch die Risikofrüherkennung mit ihren Anforderungen an Buchhaltung, Controlling und interne Revision. Das Problem liegt nicht in der Materie an sich, sondern in den fehlenden Kenntnissen der Unternehmer[546].

(3.2) Besonderheiten bei der Unternehmensplanung

Als Umsetzung der unternehmerischen Strategievorstellungen ist die Unternehmensplanung Voraussetzung und Informationsbasis für die unternehmerische Entscheidungsfindung und Pflicht des Managements in AG und GmbH[547]. In Verbindung mit der internen Rechnungslegung ist die Unternehmensplanung Basis der internen Revision und Risikofrüherkennung[548]: Nur wenn bestimmte Ziele gesetzt werden, kann ein Soll-Ist-Abgleich der tatsächlichen Unternehmenssituation im Vergleich zu dem erwarteten Verlauf erfolgen und überprüft werden, ob sich das Unternehmen wie erwünscht entwickelt, wo Risiken und Abweichungen bestehen und woraus diese resultieren. In einem Start Up ist die Unterneh-

---

544 Drygala / Drygala, ZIP 2000, 297, 304.

545 Vgl. Seite 23 f, Seite 37 f. und Seite 114 f.

546 Besitzt das Management keine entsprechenden Kenntnisse, ist es auf jeden Fall zumutbar, entsprechendes Know-how einzukaufen bzw. sich anzueignen. Auch sollte man sich vor Augen führen, dass jeder Kleinhandwerker, bevor er sich selbstständig machen darf, bei der Meisterprüfung zumindest begrenzte kaufmännische Kenntnisse nachweisen muss. Meines Erachtens darf man dies von einem Jungunternehmer, welcher mit Millionen hantiert bzw. dies zumindest anstrebt, erst recht erwarten.

547 Zur Frage, ob die Pflicht zur Unternehmensplanung nur die Jahresplanung inkl. Budget erfasst oder auch eine Mehrjahresplanung vgl. Altmeppen, ZGR 1999, 291, 304. Neben allgemeinen Bedenken sprechen bei Start Ups fehlende - seriöse - Marktentwicklungsprognosen gegen eine Pflicht zur Aufstellung eines Mehrjahresplanes. Der Finanzvorstand eines Start Ups nannte in einem Gespräch Mehrjahresplanungen reine „Kaffeesatzleserei“.

548 Lutter, GmbHR 2000, 301, 305. Vgl. zum Planungs- und Controllingsystem Götz, AG 1995, 337, 338; Schmidt / Uhlenbruck - Uhlenbruck, Rn. 591 ff.

mensplanung wegen der fehlenden oder aussagearmen Vergangenheitsdaten von besonderer Bedeutung[549].

Die Unternehmensplanung setzt sich aus dem Budget, der Kostenplanung und der Erlösplanung zusammen, das Budget wiederum aus Fixkosten und variablen Kosten. Die Abhängigkeit der variablen Kosten und der Erlöse vom Umsatz führt zu einer direkten Abhängigkeit dieser Faktoren von der Nachfrage, welche (auch) durch das Marktumfeld bestimmt wird.

Aufgrund der Tatsache, dass es sich bei den Produkten bzw. Dienstleistungen von Start Ups zumeist um Innovationen handelt[550], ist der wirtschaftliche Nutzen und der Bedarf des Marktes bezogen auf das Produkt unsicher[551]. Wegen des weitgehend unbekannten Marktumfeldes können Entwicklungen nicht wie in klassischen Branchen prognostiziert werden[552]. Folge ist, dass eine Marktpreisbestimmung und darauf basierende Preiskalkulationen sowie aussagekräftige bzw. seriöse Umsatzprognosen erschwert, wenn nicht unmöglich werden. Die besondere Unsicherheit bei der Erlösplanung führt dazu, dass die Kosten- und Liquiditätsplanung an Bedeutung gewinnt: Als Mindestvoraussetzung für jedes Risikofrüherkennungssystem muss, um die Unsicherheiten auf der Erlösseite zu kompensieren, eine detaillierte Kostenplanung erfolgen, um so Abweichungen von der Erlösplanung Rechnung tragen zu können.

Die Schnelligkeit der Entwicklungen führt zu gesteigerten Anforderungen an den Informationsaustausch: Neue Informationen über Projekte und damit verbundene Erlöse und Kosten sowie Informationen aus einer ständigen Abweichungskontrolle ermöglichen es, die Planung aus den Gesichtspunkten der Machbarkeit und der Prämissen ständig zu aktualisieren und so Risiken frühzeitig zu erkennen[553]. Im Blick auf das Risikofrüherkennungssystem sind sog. „Worst-case"-Szenarien sowie die Berücksichtigung verschiedener Entwicklungsmöglichkeiten notwendig, auch um die Grenze der Überlebensfähigkeit zu ermitteln[554].

---

549 Heßler / Mosbach, DStR 2001, 1045, 1046.

550 Vgl. auch Heßler / Mosbach, DStR 2001, 1045, 1047.

551 Vgl. oben Seite 37 f. und Seite 91 f.

552 Heßler / Mosbach, DStR 2001, 1045, 1049. So hat Alan Greenspan, Leiter der US-Notenbank, den Märkten der New Economy dauerhaftes Wachstum vorhergesagt, vgl. Häring in FTD 24.02.2000, was erwiesenermaßen nicht eintraf, auch damals gab es schon Gegenstimmen. Die extreme Entwicklung verdeutlicht die Unsicherheiten von Prognosen.

553 Vgl. auch Schmidt / Uhlenbruck - Uhlenbruck, Rn. 593: „Die Finanzplanung muss so gestaltet sein, dass sie jederzeit einen Überblick über die notwendigen Ausgaben und die zu erwartenden Eingänge gibt." Die besonderen Schwierigkeiten verlangen einen besonders kritischen Blick, notwendig ist eine - wenn möglich auch personelle - Trennung von zukunftsbezogener Planung und Budget und vergangenheitsbezogener Buchhaltung.

554 Vgl. auch Witt, Controller-Magazin 2 / 2001, 112, 115.

(3.3) Anforderungen an die interne Kontrolle

Die interne Revision dient der Überwachung und Effizienzprüfung interner Abläufe[555], während das Controlling die Koordination der verschiedenen Maßnahmen betrifft[556]. Teil des Controllings und bedeutender Teil der Risikofrüherkennung ist die Abweichungsanalyse von der Unternehmensplanung in Form von Liquiditäts- und Verschuldungskontrolle[557].

Die Gefahr einer bilanziellen Überschuldung ist in Start Ups wegen fehlender Rücklagen, dem zumeist negativen operativen Ergebnis und des Bilanzierungsverbotes für den immateriellen Geschäftswert, z.B. bei selbstentwickelter Software und an sich werthaltigen Kundenstämmen[558], größer als in anderen Unternehmen. Die zumindest geringe Finanzdecke und die Abhängigkeit von einzelnen Kunden bzw. Projekten erhöht die Gefahr fehlender Liquidität[559].

Die Kunden- bzw. Projektabhängigkeit führt zu einer erhöhten Bedeutung des Projektcontrollings[560], dessen Erkenntnisse in die Planungs- und Planungsaktualisierung mit einfließen müssen.

Insgesamt sind in einem Start Ups daher erhöhte Anforderungen an die interne Kontrolle zu stellen[561]: Monatliche Abschlüsse und regelmäßige detaillierte Planvergleiche sind Mindestvoraussetzung[562], um Entwicklungen zu erkennen und ggf. zu reagieren. Des weiteren gehören eine quartalsweise aktualisierte Planung sowie eine intensive Liquiditätskontrolle zum Mindeststandard[563].

c) Der unternehmerische Ermessensspielraum in Start Ups am Beispiel von Krisensituationen

Vorrangige, aus dem Unternehmensinteresse resultierende Aufgabe des Managements ist die Krisenvermeidung[564]. Eine „Krise“ wird in der Betriebswirtschaft

---

555 Wöhe, S. 195.
556 Wöhe, S. 234 ff.
557 Schmidt / Uhlenbruck - Wellensieck Rn. 220 m.w.N.
558 Beck'scher BK - Hoyos / Schmidt-Wendt § 247 Rn. 377 ff., 391 und 410.
559 Vgl. Möllers / Leisch, WM 2001, 1648, 1651; auch Witt, Controller-Magazin 2 / 2001, 112, 115
560 Vgl. Witt, Controller Magazin 2 / 2001, 112, 114 f.
561 So auch Heßler / Mosbach, DStR 2001, 1045.
562 Schmidt / Uhlenbruck - Wellensieck Rn. 220 m.w.N. Ein monatlicher Berichtszyklus wurde auch von der Regierungskommission angedacht, wenn auch nur für große Kapitalgesellschaften, vgl. Bericht Corporate Governance Rn. 19 f.
563 Von einem Start-Up mit 50 und mehr Mitarbeitern wird man eine tägliche Liquiditätskontrolle erwarten dürfen. Vgl. zur Liquiditätskontrolle bei Verdacht auf Zahlungsunfähigkeit Schmidt / Uhlenbruck - Uhlenbruck Rn. 594 m.w.N.
564 Vgl. Haas, S. 123 ff.; Schmidt / Uhlenbruck - Maus Rn. 1 ff.; Schmidt / Uhlenbruck - Wellensiek Rn. 185 ff. sowie zur Haftung Schmidt / Uhlenbruck - Schmidt Rn. 1293 f.

überwiegend als existenzbedrohender Zustand[565] oder wesentlich weiter als „unbeabsichtigte und unerwartete nachhaltige Störung eines Systems“[566] definiert. Beiden Definitionen ist gemeinsam, dass es sich um Umstände handelt, welche aus betriebswirtschaftlicher Sicht besondere (Gegen-) Maßnahmen des Managements erfordern. Das Unternehmensinteresse führt im Fall existenzbedrohender Krisen im Interesse der Gläubiger immer zu einer haftungsrechtlich relevanten Schadensabwendungspflicht in Form von Sanierungsmaßnahmen oder gegebenenfalls der Stellung eines Insolvenzantrags[567].

Krisenauslöser können exogene Faktoren wie die allgemeine konjunkturelle Lage und negative Entwicklungen in bestimmten Branchen, bei „mittelständischen“ Unternehmen aber auch der Zusammenbruch eines Vertragspartners sein. Daneben können endogene Faktoren, wie mangelhaftes Kostenmanagement und Fehlorganisation, zu existenzbedrohenden Situationen führen[568].

Die Folge von Unternehmenskrisen ist, insbesondere bei drohender oder bereits eingetretener Überschuldung oder Zahlungsunfähigkeit, zusätzlicher Kapitalbedarf zur Existenzsicherung. Ziel einer „Sanierung“ ist daher die Verbesserung der Liquidität und der Eigenkapitalausstattung, zumeist auch durch die Akquise neuen Fremd- und / oder Eigenkapitals[569].

(1) „Zyklischer“ Kapitalbedarf

In etablierten Unternehmen ist zusätzlicher Kapitalbedarf, zumindest soweit er unmittelbar zur Existenzerhaltung notwendig ist, dagegen stets Folge einer Krise[570], da bei optimalem Verlauf der Kapitalbedarf durch die Einnahmen

---

565 Nachweise bei Schmidt / Uhlenbruck - Maus Rn. 5 und Beck'sches Hdb. GmbH - Axhausen § 15 Rn. 1 ff.

566 Handwörterbuch der Betriebswirtschaft - Staehle, 2452.

567 Vgl. Picot / Aleth, Rn. 210 ff. Voraussetzung für eine Insolvenzantragspflicht ist Überschuldung oder Zahlungsunfähigkeit, vgl. dazu Schmidt / Uhlenbruck - Maus Rn. 6, sowie Bork, Rn. 81. Zur Sanierungspflicht: BGH, NJW 1979, 1823 ff.; K. Schmidt, ZIP 1988, 1497, 1504; Beck'sches Hdb. GmbH - Axhausen § 15 Rn. 21 ff.; Clemm / Dürrschmidt, FS Welf Müller, 67, 79.

568 Beck'sches Hdb. GmbH - Axhausen § 15 Rn. 3. Zur Bedeutung des Risikofrüherkennungssystems in diesem Zusammenhang Clemm / Dürrschmidt, FS Welf Müller, 67, 70.

569 Hoffmann / Liebs Rn. 609. Darüber hinaus können aber auch weitere Maßnahmen, wie Umstrukturierung, Marketingmaßnahmen, Produktänderungen, die die Liquidität und das Eigenkapital nicht unmittelbar beeinflussen, notwendig sein.

570 Möglich ist in jedem Unternehmen zusätzlicher Kapitalbedarf zur Wachstumsfinanzierung: Insbesondere in späteren Phasen dienen Finanzierungsrunden in Start Ups zur Überbrückung bestimmter Wachstumsschwellen, vgl. auch oben Seite 31 f, in diesen Fällen besteht jedoch keine unmittelbare Existenzbedrohung, soweit der „normale“ Kapitalbedarf aus Eigenmitteln gedeckt werden kann, auch wenn mit Blick auf mittel- und langfristige Entwicklungen Wachstum und Expansion lebensnotwendig ist. Wegen der strategischen Bedeutung werden Expansionsentscheidung zumeist von den Anteilseignern getroffen.

gedeckt wird. Start Ups weisen zumeist ein negatives oder lediglich gering positives Ergebnis auf, auch wenn und obwohl der Geschäftsverlauf und die Unternehmensentwicklung den Erwartungen entspricht, da insbesondere hohe Entwicklungskosten am Anfang nicht amortisiert werden können[571]. Der „zyklische" Kapitalbedarf von Start Ups ist selbst Krisenauslöser und existenzbedrohend, ohne dass er auf externen oder internen Fehlentwicklungen bzw. Fehlleistungen des Managements beruht.

Mangels Fehlentwicklungen gibt es keine vergleichbaren internen Sanierungspflichten[572]. Aus dem Gebot der „Schadensabwendung" resultiert jedoch die Pflicht des Managements, sich rechtzeitig auf die Suche nach neuem Kapital oder neuen Investoren zu begeben[573]. Passives Verhalten trotz Kenntnis der Existenzbedrohung verstößt wegen der Missachtung der Kerninteressen der Gläubiger und der - objektiven - Interessen der Anteilseigner gegen das Unternehmensinteresse.

Im Fall einer Existenzbedrohung gelten, auch wenn diese Entwicklung nicht auf dem Fehlverhalten des Managements beruhen sollte, mangels Ermessen alle Legalitätspflichten. Insbesondere müssen gemäß § 92 Abs. 1 AktG, § 49 Abs. 3 GmbHG *alle* Anteileigner spätestens dann informiert werden, wenn ein Verlust in der Höhe der Hälfte des Eigenkapitals auftritt[574]. Ein kurzfristiger Aufschub der Verlustanzeige wegen der negativen Außenwirkung im Rahmen „konkreter und aussichtsreicher Sanierungsverhandlungen"[575] ist in Start Ups abzulehnen. Die eine solche Geheimhaltung rechtfertigende Gefährdung des Unternehmensinteresses ist wegen der stärkeren Treuebindung der Anteilseigner nicht gegeben. Kapitalgeber und beteiligte Arbeitnehmer sind in besonderem Maße schützenswert.

Die Information der Anteilseigner hat unverzüglich nach Eintritt des Verlustes zu erfolgen. Da Kenntnisse über die finanzielle Lage der Gesellschaft aus internen Informationsquellen gewonnen werden, exkulpiert die fehlende Kenntnis wegen der besonderen Anforderungen an die Selbstinformationspflicht nicht.

---

571 Vgl. Assmann / Schütze - Otto § 27 Rn. 22.

572 Die Häufigkeit und die Höhe des benötigten Kapitals wird wiederum durch externe und auch internen (Krisen-) Faktoren beeinflusst, so dass sich die beiden Szenarien in der Praxis schwer trennen lassen.

573 Zur Sanierungspflicht spätestens bei „eindeutiger" Diagnostizierung der Krise, Clemm / Dürrschmidt, FS Welf Müller, 67, 75.

574 Münchener Hdb. Aktienrecht - Wiesner, § 25 Rn. 51; Schmidt / Uhlenbruck - Schmidt Rn. 64; Hachenburg - Hüffer § 49 Rn. 27. Zum Streit um die Berechnung vgl. Hüffer, § 92 Rn. 3 f.

575 Hüffer § 92 Rn. 6; weitergehend noch KK - Mertens § 92 Rn. 17.

(2) Drohende Zahlungsunfähigkeit

§ 18 InsO gibt der Geschäftsleitung die Möglichkeit, schon bei drohender Zahlungsunfähigkeit Insolvenzantrag zu stellen. Eine haftungsbegründende Pflicht soll sich daraus aber nicht ergeben[576]. Voraussetzung für eine Antragsmöglichkeit nach § 18 InsO ist gemäß § 18 Abs. 2 InsO die „Wahrscheinlichkeit" der dauerhaften Zahlungsunfähigkeit[577].

Nach dem Grundgedanken der Norm liegt eine frühzeitige Verfahrungseröffnung sowohl im Unternehmens- (aufgrund der besseren Sanierungsmöglichkeiten im Insolvenzverfahren) als auch im Gläubigerinteresse (aufgrund der höheren Quote)[578].

Soll eine Gesellschaft mangels Zukunftsaussichten nicht fortgeführt werden, obwohl aktuell keine Überschuldung oder Zahlungsunfähigkeit gegeben ist, ist sie im Interesse der Gläubiger ordnungsgemäß zu liquidieren[579]. Die Entscheidung über eine Liquidierung obliegt ausschließlich den Anteilseignern[580].

Durch die Antragstellung nach § 18 InsO wird die ausschließliche Entscheidungskompetenz der Gesellschafter über eine Beendigung der Gesellschaft eingeschränkt[581]. Die alleinige Antragsbefugnis der Organe soll nach Ansicht *Smids* verhindern, dass „interne Streitigkeiten mit den Instrumentarien des Insolvenzrechts ausgetragen werden". Die Gefahr einer Antragsstellung trotz Liquidationsmöglichkeit sei wegen des negativen Images und der höheren Kosten gering[582].

Gerade in einem Start Up kann seitens der Gründer aus persönlichen oder aus wirtschaftlichen Gründen jedoch durchaus das Bedürfnis vorliegen, das Unternehmen „ gegen die Wand zu fahren", sei es, weil die Konditionen der Kapitalgeber ungünstig sind oder nur eine Beendigung der Gesellschaft ein vertragliches oder gesellschaftsrechtliches Wettbewerbsverbot beenden könnte. Möglich ist auch, dass die Gesellschafter unterschiedliche Ziele verfolgen[583]. Die Gefahr

---

576 Dazu Kübler / Prütting - Pape § 18 Rn. 3.

577 Vorübergehende Zahlungsstockungen reichen, anders als „gravierende Liquiditätskrisen", nicht aus, vgl. HK / InsO - Kirchhof § 18 Rn. 12 f; Smid - Smid § 18 Rn. 6. Zur betriebswirtschaftlichen Bestimmung Drukarczyk / Schüler, Rn. 40 ff.

578 Vgl. Bork, Rn. 88; HK / InsO - Kirchhof § 18 Rn. 2; Drukarczyk / Schüler, Rn. 35 ff.; Smid - Smid § 18 Rn. 1; Kübler / Prütting - Pape § 18 Rn. 12 ff. Zur Problematik, dass sich hinter einem solchen Antrag eine bereits vorhandene Überschuldung verbergen kann, siehe Schmidt / Uhlenbruck - Uhlenbruck Rn. 574 und 576.

579 Vgl. die Nachweise in Fn 567 und 564, sowie Schmidt / Uhlenbruck - Schmidt Rn. 1293.

580 Auch als Mehrheitsgesellschafter ist ein Gesellschafter- bzw. Hauptversammlungsbeschluss zwingend, vgl. auch § 119 Abs. 1 Nr. 8 AktG.

581 So auch Ulmer, RWS Forum 3, S. 119, 124 f. und Noack / Kübler, InsO Rn. 332.

582 Smid - Smid, § 18 Rn. 12 f.

583 Vgl. hierzu Seite 96 f.

steigt in Relation zu fehlendem eigenen finanziellen Engagement und persönlicher Haftung gegenüber den Kapitalgebern.

Eine verfrühte Antragsstellung - auch oder gerade gemäß § 18 InsO - kann wegen der negativen Auswirkungen der Insolvenzeröffnung[584] gegen das Unternehmensinteresse verstoßen und eine Haftung wegen Sorgfaltspflichtverletzung auslösen[585].

Im Fall einer Doppelstellung birgt die Möglichkeit der Antragstellung nach § 18 InsO die Gefahr einer Verletzung der Gleichbehandlungspflicht und der organschaftlichen Loyalitätspflichten. Das Management kann ggf. seine Interessen als Anteilseigner, welche gezwungenermaßen tangiert sind, auch bei Begrenzung seines Stimmrechtes durchsetzen[586].

Aufgrund der Neutralitätspflicht und zur Verifizierung des guten Glaubens an das Unternehmensinteresse bedarf eine Antragstellung gemäß § 18 InsO daher bei Doppelstellung in der Regel eines entsprechenden Beschlusses der Anteilseigner.

Die Zustimmungspflicht entfällt, wenn die Gläubigerinteressen die Interessen der Anteilseigner überlagern. In diesem Fall kann sich das Antragsrecht zu einer Antragspflicht verdichten. Dies kann der Fall sein, wenn die Anteilseigner die Deckung zusätzlichen Kapitalbedarfs und gleichzeitig eine Liquidation ablehnen bzw. sich nicht einigen können und absehbar ist, dass neue bzw. zusätzliche Kapitalgeber nicht rechtzeitig gefunden werden können.

(3) Insolvenzantragspflicht

Im Fall von Überschuldung oder Zahlungsunfähigkeit muss die Geschäftsleitung gemäß § 92 Abs. 2 AktG, § 64 GmbHG innerhalb von maximal drei Wochen einen Insolvenzantrag stellen. Nach herrschender Meinung im Aktienrecht beginnt die Frist erst bei positiver Kenntnisnahme der Geschäftsleitung bzw. bei böswilliger Unkenntnis zu laufen. Im GmbH-Recht hat sich dagegen die Auffassung durchgesetzt, dass Fristbeginn bereits bei „Erkennbarkeit" des Insolvenzgrundes vorliegt[587].

Die Intensivierung der Selbstinformationspflichten in einem Start Up führt dazu, dass schon die mangelnde Kenntnis an sich im Blick auf die Selbstinformationspflichten, insbesondere auf § 91 Abs. 2 AktG, als Pflichtverletzung zu werten

[584] Vgl. Fn 616 sowie Posner, S. 371.

[585] Vgl. Ulmer, RWS-Forum 3, S. 119, 125; Noack / Kübler, InsO Rn. 332; K.Schmidt, ZIP 1988, 1497, 1504; Schmidt / Uhlenbruck - Schmidt Rn. 587: „Die Geschäftsführer müssen theoretisch punktgenau reagieren und haften bei verspätetem Insolvenzantrag nach § 64 GmbHG, bei verfrühtem Insolvenzantrag nach § 43 GmbHG."

[586] Schmidt / Uhlenbruck - Schmidt, Rn. 1293.

[587] Vgl. die Nachweise bei Hüffer § 92 Rn. 9.

ist[588]. Bei objektiver „Erkennbarkeit“ wird in den allermeisten Fällen auch eine Pflichtverletzung wegen Unterlassens vorliegen, da adäquate Maßnahmen zur Schadensabwendung nicht getroffen werden können.

Bei der Beurteilung der haftungsbegründenden „schuldhaften“ Unkenntnis[589] bzw. der Erkennbarkeit im Sinne der Insolvenzantragspflicht wird jedoch wegen der strafrechtlichen Relevanz auf die Ist- und nicht auf die Sollsituation bezüglich des Informationsstandes abzustellen sein. Erst wenn nach den für die Geschäftsleitung verfügbaren Informationen die Situation erkennbar ist, beginnt die Drei-Wochen-Frist zu laufen[590].

d) Zwischenergebnisse

Die Doppelstellung des Managements in Start Ups gewährt, zumindest bei gleichzeitiger Stellung als Mehrheitsgesellschafter, mehr Handlungsspielraum. Die gesellschaftsbezogenen Interessen dürfen im Rahmen des Minderheiten- und Gläubigerschutzes bis zur Grenze der Loyalitätspflichtverletzung durchgesetzt werden.

Aufgrund der Trennung von Gesellschafter- und Organstellung muss jedoch immer die Kompetenzordnung beachtet werden. Werden Maßnahmen, die in den Kompetenzbereich der Anteilseigner fallen, durch das Organ ohne formell korrekte Zustimmung der Anteilseigner getroffen, ist ein Verstoß gegen das Unternehmensinteresse wegen Verletzung der Minderheitsrechte anzunehmen.

Da eine Interessenkollision im Falle einer Doppelstellung naheliegend ist, besteht trotz des eigentlich größeren Handlungsspielraums die Gefahr eines erhöhten Haftungsrisikos: Die Loyalitätspflichten sind nach allgemeiner Ansicht ermessensresistent und unterliegen der vollen richterlichen Überprüfbarkeit. Insofern kann nicht ausgeschlossen werden, dass über diesen Weg eine weitergehende Überprüfung der Maßnahmen und eine Haftungserweiterung stattfindet.

Das erhöhte unternehmerische Risiko führt zu einer Intensivierung der Selbstinformationspflichten im Rahmen des unternehmerischen Ermessens. Mangels externer Informationen ist den internen Informationsquellen besonderer Wert beizumessen. Das unternehmerische Ermessen ist bei der Risikofrüherkennung durch die Zielvorgabe eingeschränkt. An die Rechnungslegung und das Risiko-

---

588 Vgl. Seite 112 ff.

589 So Wimmer, NJW 1996, 2546, 2547.

590 Auch innerhalb der 3-Wochen - Frist gehen erfolgversprechende Sanierungsbemühungen bzw. die Suche nach einem Investor einem Antrag vor, bei fehlenden Erfolgsaussichten ist der Antrag dagegen unverzüglich zu stellen ; vgl. K. Schmidt, ZIP 1988, 1497, 1504; Hachenburg - Ulmer § 64 Rn. 28.

management sind daher wegen des besonderen unternehmerischen Risikos erhöhte Anforderungen zu stellen.

III. Sorgfaltspflichten des Aufsichtsrats

Aufgabe des Aufsichtsrats ist die Überwachung der Unternehmensleitung[591]. Auch die Aufsichtsratsmitglieder müssen gemäß § 116 AktG entsprechende Sorgfaltspflichten beachten. Überwachung ist anders als Leitung mangels eigenen Initiativrechts bezogen auf die Sache stets reaktiv. Bezugspunkt der Tätigkeit ist die Arbeit des Managements[592].

Die Abhängigkeit der Überwachungstätigkeit von der Unternehmensleitung führt dazu, dass Fragestellungen im Blick auf die Sorgfaltspflichten des Aufsichtsrates anders gelagert sind als beim Vorstand. Besondere Bedeutung, auch im Blick auf die weitreichende Kritik an der Praxis der deutschen Aufsichtsratstätigkeit[593], besitzt die Frage des Sorgfaltsmaßstabes sowie der Mindestanforderungen und Grenzen der Tätigkeit. Fraglich ist aber auch, ob und in welchem Maß der Aufsichtsrat einen „unternehmerischen Ermessensspielraum" besitzt. Diese Fragestellungen sind im Blick auf das erhöhte unternehmerische Risiko, die

---

[591] Vgl. Seite 51 ff. Wie § 93 Abs. 1 AktG sind auch §§ 93 Abs. 1, 116 AktG doppelfunktional, diese Normen beinhalten nicht nur den Sorgfaltsmaßstab, sondern auch inhaltliche Pflichten, vgl. Thümmel, Rn. 194. In der GmbH sind gemäß § 52 Abs. 1 GmbHG Änderungen der Pflichten und der Funktionen des Aufsichtsrates möglich, vgl. dazu Lutter / Krieger, Rn. 353, 363. *Theisen* hat als erster den Versuch unternommen, die Überwachungsaufgabe des Aufsichtsrates aus betriebswirtschaftlicher Sicht zu strukturieren und anhand von „Grundsätzen der ordnungsgemäßen Überwachung" konkrete Anforderungen an deren Wahrnehmung aufzustellen. Danach muss nicht nur die zu überwachende Entscheidung der Geschäftsleitung, sondern auch die Überwachung selber unabhängig von ihrem Inhalt den Prinzipien der Ordnungsmäßigkeit, der Gesetzmäßigkeit, der Richtigkeit, der Zielgerichtetheit und Zweckmäßigkeit, sowie Anforderungen an Transparenz und Nachprüfbarkeit genügen; vgl. Theisen, S. 1 ff., aber auch Krawinkel, S. 204 ff. und Mutter, S. 24 ff. Es geht um die Ordnungsmäßigkeit der Überwachung selbst, vgl. Theisen, S. 269. Dies verkennt Semler, Rn. 184, Fn 294. Gegen eine den GoB entsprechende Konkretisierung wird eingewandt, dass das geltende Recht betriebswirtschaftliche Ansätze nicht decken würde, vgl. KK - Mertens § 111 Rn. 30, der im übrigen im wesentlichen zum gleichen Ergebnis kommt. Dieser Einwand verwundert, da die Heranziehung von Hilfswissenschaften wie der Betriebswirtschaft zur Normausfüllung zulässig und notwendig ist, wie die Diskussion um die Risikofrüherkennung gemäß § 91 Abs. 2 AktG zeigt. Das entscheidende Gegenargument ist jedoch, dass die Kriterien zwar aus betriebswirtschaftlicher Sicht zur Beurteilung einer Aufsichtsratsentscheidung hilfreich, juristisch dagegen wie beim Management die Kriterien entsprechend dem Ermessensspielraum des Aufsichtsrats nur begrenzt überprüfbar sind. Es ist bemerkenswert, dass sich in der juristischen Literatur keine weiteren Überlegungen zu den Anforderungen an die Überwachungsentscheidung selbst finden. Alle Überlegungen sind auf die zu überwachende Entscheidung fokussiert, vgl. bspw. Semler, Rn. 178 ff.

[592] Clemm / Dürrschmidt, FS Welf Müller, 67, 83. Vgl. oben Seite 44.

[593] Potthoff / Trescher, S. 4 ff.; Fey, DStR 1995, 1320, 1322.

personalistische Struktur und die unternehmerischen Interessen der Risikokapitalgeber in Start Ups zu untersuchen.

1. Ermessensspielraum des Aufsichtsrats

Die Pflichten des Aufsichtsrates sind sowohl inhaltlich als auch insbesondere in ihrem Umfang in weiten Teilen nicht geregelt. Bezüglich der Wahl der Mittel und Intensität gestehen bestehende Vorschriften dem Aufsichtsrat weite Ermessensspielräume zu.

a) „Unternehmerisches" Ermessen des Aufsichtsrates

Unternehmerisches Ermessen entsprechend dem Management besitzt der Aufsichtsrat nach Ansicht des BGH und der herrschenden Meinung in der Literatur bei Ausübung der präventiven Kontrolle, da er insoweit eine „Führungsaufgabe" wahrnimmt. Kein Ermessen besteht nach der oben zitierten Auffassung dagegen im Rahmen der repressiven Aufgaben[594].

Die Verknüpfung des Ermessensspielraums mit der Abgrenzung zwischen repressiver und präventiver Kontrolle wird jedoch den Anforderungen an die Entscheidungen nicht gerecht[595]:

„Unternehmerische Entscheidungen", bei denen ein entsprechender Ermessensspielraum nötig ist, können, wenn auch begrenzt, gleichermaßen im Zuge der repressiven Kontrolle anfallen. Hinzu kommt, dass eine klare Abgrenzung von repressiver und präventiver Kontrolle nicht immer möglich ist[596]. Beispielsweise besitzt der Aufsichtsrat bei der „Beratung" nach allgemeiner Ansicht einen Ermessensspielraum. Beratung wird zumeist eine präventive Maßnahme sein, kann aber durchaus auch im Rahmen der nachträglichen Überwachung notwendig sein[597].

---

594 BGHZ 135, 244. Zustimmend Horn, ZIP 1997, 1129, 1138; Thümmel, Rn. 199, ders., DB 1997, 1117; Götz, NJW 1997, 3275; Kindler, ZHR 162 (1998), 101.

595 Kritisch auch Hüffer § 111 Rn. 4 b; Dreher, JZ 1997, 1074.

596 Die Bindung des unternehmerischen Ermessens des Aufsichtsrats an die Unterscheidung zwischen präventiver und repressiver Kontrolle wird insbesondere von *Dreher* kritisiert, da eine exakte Trennung zwischen präventiver und repressiver Kontrolle nicht möglich sei und zudem die Bindung nicht stringent durchgehalten würde: Beispielsweise sei die Abberufung aus wichtigem Grund ein repressives Mittel, trotzdem bestünde laut der herrschenden Meinung gerade in diesem Bereich ein Ermessensspielraum, vgl. Dreher, JZ 1997, 1074, 1075. Das Beispiel Drehers ist meines Erachtens verfehlt, da eine Abberufung aus wichtigem Grund aus Sicht der Gesellschaft eine präventive Maßnahme ist, die weitere Pflichtverletzungen verhindern soll, die zeitliche Reihenfolge, d.h. die Maßnahme als Reaktion auf eine bereits erfolgte Pflichtverletzung, ist nicht entscheidend für die Qualifikation des Mittels.

597 Vgl. auch KK - Mertens § 111 Rn. 34.

(1) Bindung des unternehmerisches Ermessens an den Entscheidungstyp

Entscheidungen der Überwachungsorgane lassen sich nach den oben aufgestellten Kriterien in Sach- und Überwachungsentscheidungen untergliedern[598]. Bei Überwachungsentscheidungen liegt die unternehmerische Entscheidung und Beurteilung bezüglich des Sachgegenstandes beim Vorstand. Der Aufsichtsrat darf und muss die Sachentscheidung des Managements nur im Blick auf seine Überwachungsaufgabe überprüfen und auf dieser Basis eine (Überwachungs-) Entscheidung über weitere Maßnahmen treffen.

Soweit sich der Aufsichtsrat mit dem Sachgegenstand befasst und diesen beurteilen muss, steht ihm wegen der mit der Geschäftsführung vergleichbaren Ausgangs- und Interessenlage ein „unternehmerischer" Ermessensspielraum in Bezug auf die Sachentscheidung zu[599]. Die Gewährung eines unternehmerischen Ermessensspielraums ist somit nicht von der Unterscheidung zwischen repressiver und präventiver Kontrolle[600], sondern vom Entscheidungstyp abhängig.

(2) Umfang des unternehmerischen Ermessens des Aufsichtsrates

Nach weitverbreiteter Ansicht muss der Aufsichtsrat, soweit ihm ein unternehmerischer Ermessensspielraum zusteht, zwar seinerseits die Grenzen des pflichtgemäßen Ermessens beachten, unterliegt aber keiner sonstigen Beschränkung. Eine Zustimmungsverweigerung sei auch dann möglich, wenn die Maßnahme des Vorstandes im Rahmen des pflichtgemäßen Ermessens liegt[601]. Grund sei, dass der Aufsichtrat die Geschäftsführung in ihrer Gesamtheit[602] im Blick auf ihre

---

[598] Vgl. die Ausführungen Seite 44.

[599] Ähnlich auch Mutter, S. 116 ff. Mutter dehnt den Bereich der unternehmerischen Entscheidung sehr weit aus, da er auch Entscheidungen, die im Rahmen von Kontrolle und Prüfung anfallen, als unternehmerische Entscheidungen versteht, vgl. insbesondere S. 130 - 136 zur Prüfung der Unternehmensplanung.

[600] Die Entscheidungen bei repressiver Überwachung sind häufig Überwachungsentscheidungen, da es zumeist um die Anordnung repressiver Maßnahmen geht, nicht aber um eine Entscheidung über den Sachgegenstand selbst.

[601] Vgl. Semler, Rn. 212; KK - Mertens § 111 Rn. 85; Mutter, S. 199 ff. Die Ausübung eines Zustimmungsvorbehalt darf nicht mit dessen Anordnung verwechselt werden, vgl. Seite 44.

[602] Hinsichtlich der Frage, ob es sich dabei um eine organbezogene oder eine funktionsbezogene Bestimmung handelt, vgl. Mutter, S. 30 ff. und KK - Mertens § 111 Rn. 21. Wie bei der Haftung führt eine funktionsbezogene Betrachtungsweise dazu, dass der Personenkreis anders bestimmt würde, insbesondere auch Angestellte mit in den Überwachungsbereich mit einbezogen werden. Die Überwachung und Kontrolle der Arbeit der Angestellten ist aber eine Aufgabe des Managements, eine unmittelbare Überwachungspflicht des Aufsichtsrates gibt es nicht. In den Bereich der Überwachungspflicht des Aufsichtsrates fällt dagegen die Frage, ob das Management seine diesbezügliche Aufgabe erfüllt.

„Ordnungsmäßigkeit, Zweckmäßigkeit und Wirtschaftlichkeit" und nicht nur im Blick auf haftungsrelevantes Verhalten überwachen müsse[603].

Gegen die Ablehnung einer unternehmerisch voll vertretbaren Entscheidung der Geschäftsleitung durch den Aufsichtsrat spricht die Funktion als Überwachungsorgan und das damit verbundene Gebot der unternehmerischen Zurückhaltung. Vollends paradox wird eine solch weitreichende Kompetenz, wenn andererseits die Sorgfaltsanforderungen an den Aufsichtsrat auf eine Plausibilitätsprüfung beschränkt werden[604]. Bestehen keine objektiven Zweifel an der Wirtschaftlichkeit und der Zweckmäßigkeit einer Entscheidung, widerspricht die Verweigerung wegen des Blockadeeffektes zudem dem Unternehmensinteresse[605]. Der Aufsichtsrat darf daher seine Zustimmung nur verweigern, wenn objektive Gründe gegen die Entscheidung sprechen.

Wegen der Trennung von Gesellschafter- und Organstellung gelten diese Beschränkungen in der Aktiengesellschaft auch für an der Gesellschaft beteiligte Aufsichtsratsmitglieder, d.h. auch für die Vertreter der Risikokapitalgeber. Soweit diese schützenswerte Interessen der Kapitalgeber als Anteilseigner durchsetzen wollen, ist eine Verweigerung aufgrund eines potentiellen Verstoßes gegen das Unternehmensinteresse jedoch zulässig. Bei einem fakultativen Aufsichtsrat in der GmbH ist entscheidend, ob der Aufsichtsrat als reines Überwachungsgremium gedacht war oder unternehmerische Mitwirkung gewollt ist.

Der volle Ermessensspielraum steht dem Aufsichtsrat zu, wenn er die alleinige Sachentscheidungskompetenz besitzt[606]. Hierbei handelt es sich um gesetzlich zugewiesene Leitungsrechte außerhalb des Kompetenzbereiches des Managements.

Keiner weiteren Ermessensbeschränkung unterliegt der Aufsichtsrat auch bei Wahrnehmung der Beratungsaufgabe, in der sich das „unternehmerische" Element der Überwachungsaufgabe widerspiegelt[607]. Mangels Entscheidungskompetenz ist eine Funktionsverlagerung zumindest rein rechtlich nicht zu befürchten. Allerdings sind zum Schutz vor Kompetenzverlagerung die Grenzen der Beratungspflicht zu beachten[608].

---

603 BGHZ 114, 127, 129; statt vieler in der Literatur KK - Mertens § 111 Rn. 11.

604 So unter anderem Clemm / Dürrschmidt, FS Welf Müller, 67, 85.

605 Im Ergebnis so auch Höhn, S. 604 f. und Theisen, S. 371. Für eine Beschränkung der Entscheidungsfreiheit bei gewollter Blockadepolitik spricht auch die Diskussion um die Treuebindung von Anteilseignern, vgl. Jilg, S. 88 f.

606 Clemm / Dürrschmidt, FS Welf Müller, 67, 85 f. Vgl. Seite 54.

607 Vgl. zur Beratungsfunktion Seite 54 ff.

608 Vgl. dazu unten Seite 153 ff.

b) Überwachungsermessen

Bei Ausübung der repressiven Kontrolle, die in weiten Teilen durch Überwachungsentscheidungen erfolgt, lehnt der BGH ein überprüfungsfreies „Überwachungsermessen" ab[609]. Überwachungsentscheidungen, zumindest soweit sie im Rahmen der repressiven Kontrolle ausgeübt werden, wären demnach richterlich voll überprüfbar.

(1) Notwendigkeit eines Ermessensspielraums bei repressiver Kontrolle

Bestehen Anhaltspunkte für eine Pflichtverletzung des Vorstandes muss der Aufsichtsrat laut Rechtsprechung und Literatur zunächst prüfen, ob tatsächlich ein Schadensersatzanspruch des Unternehmens besteht. Bei positivem Ergebnis schließt sich eine Prozessrisikoanalyse an, in deren Rahmen die Erfolgsaussichten einer Klage und die rechtliche und tatsächliche Vollstreckbarkeit möglicher Ansprüche zu beurteilen sind. Nur wenn zwei gleichwertige Handlungsalternativen gegeben wären, könne sich der Aufsichtsrat frei entscheiden, jedoch unterliege auch die Beurteilung der Gleichwertigkeit der Handlungsalternativen der richterlichen Kontrolle[610]. Gerechtfertigt wird dies mit der Kompetenz der Gerichte: Die Frage der korrekten Auslegung und Anwendung von Rechtsvorschriften - in diesem Fall durch den Aufsichtsrat - sei originärer Gegenstand der Rechtswissenschaft[611].

Bei Erfolgsaussichten muss der Anspruch, so die herrschende Meinung, geltendgemacht werden[612]. Nur bei „gewichtigen Gegengründen und einer besonderen Rechtfertigung" könne davon abgesehen werden[613]. Zu der Frage, wie hoch die Erfolgsaussichten sein müssen, gibt es nur unbestimmte Äußerungen[614]. „Ausschließliche Prämisse" bei der Entscheidung über die Klageerhebung sei das Unternehmensinteresse, welches nur in „Bagatellfällen" gegen eine Klageerhebung sprechen würde[615]. Die Unsicherheiten führen aber auch nicht zu der Konsequenz, im Zweifel lieber zu klagen, da die Klageerhebung bei fehlenden

---

609 Vgl. Fn 594; zustimmend Potthoff / Trescher, S. 285 f; Jaeger / Trölitzsch, WiB 1997, 684, 685; a.A. OLG Düsseldorf, ZIP 1995, 1183, 1190.

610 Jaeger / Trölitzsch, WiB 1997, 684, 686 f.

611 Mutter, S. 173.

612 Hierzu Boujong, DZWiR 1997, 326 ff.; Jaeger / Trölitzsch, WiB 1997, 684 ff.

613 BGH, JZ 1997, 1074.

614 Gewissheit muss nach Ansicht des BGH nicht gegeben sein, BGH, WiB 1997, 692, 694. Jäger, WiB 1997, 10, 13 sieht die Möglichkeit der „schlüssigen Geltendmachung" als Voraussetzung.

615 Von einer Klage kann nach Ansicht des BGH auch bei schwerwiegenden und unverhältnismäßigen Folgen für das Vorstandsmitglied abgesehen werden, vgl. Jäger, WiB 1997, 10, 15. Zur Widersprüchlichkeit der Kriterien des BGH Jaeger / Trölitzsch, WiB 1997, 684, 686.

Erfolgsaussichten bzw. Unbegründetheit wegen der negativen Auswirkungen ebenfalls eine Pflichtverletzung sein kann[616].

Die Problematik besteht darin, dass die Beurteilung von Rechtsfragen, abgesehen von Extremfällen, auch bei geklärtem Sachverhalt durch geschulte Juristen keinesfalls einheitlich ausfallen muss, wie auch der Gesetzgeber durch die Schaffung des Rechtsmittels der Revision anerkannt hat. Bei einem komplexen Sachverhalt ist es bereits schwierig, eindeutig zu beurteilen, ob überhaupt ein Anspruch besteht, insbesondere wenn es sich um relativ neue und umstrittene Rechtsgebiete handelt[617]. Schwieriger noch sind die Erfolgsaussichten einer Klage bzgl. der Beweislage und Beitreibbarkeit der Forderung zu beurteilen[618].

Der Vergleich mit den Anwaltspflichten bei der Prüfung einer Klage geht fehl, da es mangels Ermessensspielraum nicht ausreicht, auf Basis ausreichender Informationen zu einer vertretbaren Rechtsauffassung zu gelangen bzw. zumindest den Mandanten nicht über die Erfolgsaussichten einer Klage zu täuschen[619]. Auch der Verweis auf die nicht zu bestreitende juristische Kompetenz der Gerichte geht aufgrund der Tatsache, dass diese sich trotzdem nicht immer einig sind, fehl. Der Aufsichtsrat soll, überspitzt formuliert, gleichzeitig Anwalt, Mandant und Richter sein, ggf. auch noch ein bisschen Detektiv, soweit es um die Solvenz des Vorstandes geht[620].

In der Praxis gibt es auch hier keine einzelne „richtige“ Entscheidung. Auch bei Überwachungsentscheidungen bzw. der repressiven Überwachungsaufgabe müssen verschiedene Aspekte beurteilt und gegeneinander abgewogen werden,

---

616 Zu den negativen Auswirkungen einer Klage Grooterhorst, ZIP 1999, 1117, 1124; Jaeger / Trölitzsch, WiB 1997, 684, 686.

617 Clemm / Dürrschmidt, FS Welf Müller, 67, 82: „Über die Frage etwas, ob bestimmte Entscheidungen unter Risiko - Gesichtspunkten (noch) vertretbar waren oder ob und inwieweit die Entscheidungsgrundlagen wirklich ausreichend sorgfältig ermittelt worden waren, wird man nicht selten streiten können.“.

618 Das sieht auch Jäger, WiB 1997, 10, 13.

619 Vgl. das Beispiel bei Grooterhorst, ZIP 1999, 1117, 1124 zu den anwaltlichen Gutachten im Fall ARAG / Garmenbeck, welche eine Pflicht zur Geltendmachung verneinten.

620 Zur Problematik der Beitreibbarkeit bei hohen Forderungen Clemm / Dürrschmidt, FS Welf Müller, 67, 80. Gesetzt den Fall, es würde sich ggf. um eine sehr hohe Forderung gegen das Management handeln, das Unternehmen befindet sich womöglich noch in wirtschaftlichen Schwierigkeiten und bräuchte das Geld dringend. Rein rechtlich könnte eine Pflichtverletzung vorliegen. Es gibt Anzeichen dafür, aber auch dagegen. Solvent wäre der Vorstand auch. Nur ist die Beweislage schlecht, da es sich um einen Zeugenprozess handeln würde und die Aussagen uneinheitlich sind. Aus anwaltlicher Sicht ein eher kritischer Fall. Soll der Aufsichtsrat nun klagen und hoffen, dass jemand „auspackt“? Insbesondere falls der Anspruch mangels Beweis zurückgewiesen wird, wird nicht nur das Vermögen und Ansehen, sondern bei Start Ups auch der Bestand des Unternehmens gefährdet. Besonders problematisch erscheinen diese Anforderungen an pflichtgemäßes Aufsichtsratshandeln, wenn andererseits eine im Vergleich zum Management geringere Qualifikation der Aufsichtsratsmitglieder als zulässig erachtet wird, vgl. unten Seite 143 f.

woraus eine mit der unternehmerischen Entscheidung vergleichbare Unsicherheitssituation resultiert[621].

In einer New Economy spitzt sich die Situation wegen der mangelnden Erfahrungen noch zu. Aber selbst wenn eine Verletzung von Sorgfalts- und Loyalitätspflichten durch die Geschäftsleitung nicht angezweifelt werden kann, beispielsweise bei Verletzung einfacher Bilanzierungsregeln, muss die Klageerhebung nicht unbedingt im ökonomischen Interesse der Anteilseigner und der Gläubiger liegen. Eine Klage wird beispielsweise dann nicht empfehlenswert sein, wenn das Unternehmen trotz der Pflichtverletzungen noch überlebensfähig und keine Gläubiger geschädigt werden. In diesem Fall kann es aus ökonomischer Sicht sinnvoll sein, den Vorstand ohne negative Schlagzeilen zu entlassen, da diese aufgrund der starken Identifikation von Management und Unternehmen ein junges Start Up in seinem Bestand gefährden können.

Soll die Haftung des Aufsichtsrates nicht zur Disposition der Justiz gestellt werden, ist ein überprüfungsfreier Ermessensspielraum unverzichtbar und notwendig.

(2) Unternehmensinteresse als Maßstab

Der BGH gesteht dem Aufsichtsrat nur bei der Wahl der repressiven Mittel einen sehr begrenzten - voll überprüfbaren - Spielraum zu. Das Handeln habe sich ausschließlich am „Unternehmensinteresse" zu orientieren[622]. Die vom BGH geforderte Bindung der Aufsichtsratsentscheidung an das Unternehmensinteresse spricht jedoch nicht gegen einen „Ermessensspielraum", sondern ist im Gegenteil Maßstab jeder Ermessensentscheidung[623]. Wegen dieser Bindung an das Unternehmensinteresse kann der Aufsichtsrat pflichtwidriges Handeln beispielsweise nicht unbegründet sanktionslos lassen.

Die Gewährung von „Ermessen" bei der repressiven Überwachung führt auch nicht zu einer Verlagerung der Geschäftsführungstätigkeit, da „Überwachungsermessen" des Aufsichtsrates und „unternehmerisches Ermessen" der Geschäftsleitung sich nicht überschneiden, wie *Kindler* irrtümlicherweise annimmt[624]. Er verkennt die unterschiedlichen Entscheidungsprozesse: So steht das unternehmerische Ermessen bezüglich der Sachentscheidung, wie er richtig erkennt, dem Vorstand zu[625]. Der Ermessensspielraum des Aufsichtsrats bezieht sich aber nicht

---

[621] Zutreffend, wenn auch undifferenziert bzgl. des Entscheidungstyps: Dreher, ZHR 158 (1994), 614, 617 ff.
[622] Vgl. Fn 613.
[623] Zum Unternehmensinteresse als Element des unternehmerischen Ermessens oben Seite 94 ff. Vgl. auch Dreher, JZ 1997, 1074 f.
[624] Kindler, ZHR 162 (1998), 101, 111 m.w.N.
[625] Kindler, ZHR 162 (1998), 101, 110.

auf die Sachentscheidung, sondern die Überwachungsentscheidung, also die Frage, wie auf die Vorstandsentscheidung unter Einbeziehung aller Faktoren zu reagieren ist.

Gegen einen „unternehmerischen Ermessensspielraum" vergleichbar mit dem des Vorstandes im Rahmen der repressiven Kontrolle wird des weiteren eingewandt, dass so der Aufsichtsrat Entscheidungen des Vorstandes faktisch legalisieren könne, dies gemäß § 93 Abs. 4 S. 2 AktG außerhalb seiner Kompetenzen läge[626]. Es geht jedoch nicht um eine Legalisierung pflichtwidrigen Handelns, sondern um einen Orientierungsmaßstab für den Aufsichtsrat.

Das Unbehangen der herrschenden Meinung in Rechtsprechung und Literatur, dem Aufsichtsrat einen der Unternehmensleitung vergleichbaren Ermessenspielraum einzuräumen, könnte aus der Gleichsetzung von Gesellschafter- und Unternehmensinteresse bei der Beurteilung des Handelns der Leitungsorgane resultieren. Eine ausschließliche Orientierung an den Interessen der (Mehrheits-) Gesellschafter wird bei Aufsichtsratsentscheidungen mangels Berücksichtigung von Gläubiger- und Minderheitsinteressen zu Recht als fehlerhaft empfunden. Oben wurde jedoch aufgezeigt, dass das Unternehmensinteresse diese Interessen stets mit erfasst.

Der Rechtsprechung des BGH entsprechend besitzen die Kerninteressen des Unternehmens, nämlich die Interessen der Gesamtheit der Anteilseigner, insbesondere der Minderheitsgesellschafter und der Gläubiger, stärkere Präjudizwirkung als beim unternehmerischen Ermessen. Diese Interessen können nicht ohne weiteres durch individuelle Interessen der Anteilseigner oder Dritter - auch soweit diese grundsätzlich schützenswert sind - eingeschränkt werden[627]. Die Gewichtung der Interessen ist somit stärker eingeschränkt als beim unternehmerischen Ermessensspielraum. Im Übrigen ist auch immer die Loyalitätspflicht zu beachten.

Im Ergebnis werden zwischen der hier vertretenen Auffassung und der herrschenden Meinung kaum Unterschiede auftreten[628]. Die Anerkennung eines „Überwachungsermessens" könnte aber zu mehr Rechtssicherheit und Fokussierung auf die wesentlichen Punkte in einem Entscheidungsprozeß führen[629].

---

626 Kindler, ZHR 162 (1998), 101, 110; Jaeger, WiB 1997, 10, 13; wohl auch Potthoff / Trescher, S. 287.

627 Nur im Ergebnis ähnlich Jaeger, WiB 1997, 10, 15.

628 Im Fall ARAG - Garmenbeck fehlte es schon an der Begründung des Unternehmensinteresses am Forderungsverzicht, aufgrund des Umfangs der Ansprüche und dem Rehabilitationsinteresse des Unternehmens wäre ein solches meines Erachtens auch nicht begründbar.

629 Handelt es sich bei der Maßnahme des Managements um eine Verletzung der Geschäftsführerpflichten im haftungsrechtlichen Sinne, ist ein Eingriff aus dem Gesichtspunkt des Unternehmensinteresses zwar zwingend, vgl. auch BGHZ 124, 111. Ermessen besteht jedoch bezüglich der Wahl der Mittel. Im Falle der präventiven Kontrolle ist nach einer formlosen Beanstandung

c) Zwischenergebnis

Die Mitglieder des Aufsichtsrates besitzen bei ihren Entscheidungen ebenfalls einen Ermessensspielraum. Ein „unternehmerischer Ermessensspielraum“ steht ihnen immer zu, soweit es sich um Sachentscheidungen handelt. Die Unterscheidung zwischen präventiver und repressiver Kontrolle ist insoweit unerheblich. Wegen der Beschränkung des Aufsichtsrates auf die Überwachungsfunktion ist der unternehmerische Ermessensspielraum jedoch auf den Überwachungsgegenstand beschränkt. Eine sich innerhalb des unternehmerischen Ermessensspielraums befindende, wirtschaftliche vertretbare und im Blick auf den Unternehmensgegenstand zweckdienliche Entscheidung des Vorstandes darf der Aufsichtsrat daher nicht über einen Zustimmungsvorbehalt unterbinden. Diese Beschränkung gilt nicht, soweit dem Aufsichtsrat de lege lata die originäre und ausschließliche Entscheidungskompetenz zugewiesen ist. Ebenfalls keinen inhaltlichen Beschränkungen unterliegt der Aufsichtsrat mangels Eingriff in die Leitung bei der im Rahmen seiner Überwachung ausgeübten Beratung.

Entgegen der herrschenden Meinung besitzen der Aufsichtsrat und seine einzelnen Mitglieder auch einen Ermessensspielraum bei Überwachungsentscheidungen bzw. im Rahmen der repressiven Kontrolle. Dieser Ermessensspielraum ist jedoch stärker durch Minderheits- und Gläubigerinteressen beschränkt.

d) Besondere Bedeutung der Informationsgrundlage

Eine ausreichende Selbstinformation ist wie bei der Geschäftsführung Voraussetzung für haftungsfreies Handeln bei Ermessensentscheidungen. Dieser Pflicht kommt bei der Arbeit des Aufsichtsrates besondere Bedeutung zu und ist wichtigstes Mittel und Basis jeder Überwachung[630]. Die Selbstinformationspflichten

---

oder Stellungnahme die Festlegung von Zustimmungsvorbehalten gemäß § 111 Abs. 4 S. 2 AktG denkbar, ausführlich dazu Henze, Rn. 633 ff. ebenso die Einberufung der Hauptversammlung gemäß § 111 Abs. 3 AktG in schwereren Fällen oder als ultima ratio ggf. die Information außenstehender betroffener Personen, KK - Mertens § 116 Rn. 58. Bei Maßnahmen, die zwar keine Pflichtverletzungen im haftungsrechtlichen Sinne sind, an deren betriebswirtschaftlicher Richtigkeit, also der Wirtschaftlichkeit oder Zweckmäßigkeit, Zweifel bestehen, besteht hinsichtlich der Einzelmaßnahme keine Verpflichtung zu Eingriff, vgl. auch Semler, Rn. 206. Bei wiederholten unwirtschaftlichen Maßnahmen und bei schlechtem Geschäftsverlauf das Unternehmensinteresse aus dem Gesichtspunkt der Interessen der Anteilseigner zu entsprechenden Eingriffspflichten im Rahmen des Personalentscheidungsrechtes führen, auch wenn der „glücklose“ Unternehmer nicht haftet, vgl. Henze, Rn. 625 mit Rechtsprechungsnachweisen.

[630] Zur Bedeutung Hüffer § 90 Rn. 1. Zu erwähnen ist insbesondere die Berichtspflicht des Vorstandes gemäß § 90 AktG sowie die Bücher und schriftlichen Unterlagen gemäß § 111 Abs. 2 AktG. Durch das KonTraG wurde die Informationsmöglichkeiten weiter verbessert und die Bedeutung des Aufsichtsrates hervorgehoben.

sind eng mit dem maßgeblichen Überwachungsgegenstand, der Geschäftsführung durch den Vorstand[631], verknüpft: Zu beurteilen ist sowohl die konkrete Organtätigkeit als auch - insbesondere im Blick auf die Personalkompetenz - die generelle Organeignung. Indikator für die konkrete Organtätigkeit, aber auch für die allgemeine Organeignung ist der Geschäftsverlauf bzw. die Unternehmensentwicklung, auch wenn diese eigentlich nicht Teil des Überwachungsgegenstandes sind[632].

Anders als bei der Geschäftsleitung ist der Umfang der Selbstinformationspflicht zumindest teilweise konkretisiert: Maßnahmen, die zu berichten sind, unterliegen der Überwachung durch den Aufsichtsrat[633]. Gemäß §§ 90 Abs. 1 S. 1 Nr.4 und 90 Abs. 1 S. 2 AktG gehören Geschäftspolitik und Unternehmensplanung als Elemente der Unternehmensleitung genauso dazu wie Geschäfte mit erheblicher Bedeutung[634]. Mindestpflicht der Aufsichtsratsmitglieder ist es, die Berichterstattung des Managements zur Kenntnis zu nehmen[635]. Der Aufsichtsrat ist zudem verpflichtet zu kontrollieren, ob der Vorstand seine Berichtspflicht gemäß § 90 AktG erfüllt, und muss gegebenenfalls eigene Nachforschungen anstellen[636].

Auslöser für eine eingehendere Prüfungspflicht sind Verschlechterungen der Vermögens- und Ertragslage des Unternehmens, größere Planabweichungen oder unterschiedliche Entwicklungen vergleichbarer Unternehmen sowie Hinweise auf Pflichtverletzungen der Geschäftsführung[637].

Selbstverständlich muss der Aufsichtsrat, auch das einzelne Mitglied, für eine den Anforderungen entsprechende Selbstorganisation sorgen[638], welche von der Intensität und Reichweite der Aufgaben abhängig ist.

---

631 Vgl. oben Seite 51 f.

632 Allerdings ist die Wirkungskette nicht zwingend: So kann die persönliche Eignung aus Gründen abzulehnen sein, welche nicht in der Organtätigkeit begründet liegen, auch ein positiver, aber auch negativer Geschäftsverlauf ist nicht zwingend Ergebnis der Organtätigkeit: In den Boom - Zeiten der New Economy waren auch Unternehmen mit überaus fraglicher Managementqualität zumindest eine Zeit lang sehr erfolgreich.

633 Dörner / Öser DB 1995, 1085; Lutter / Krieger, Rn. 18; KK - Mertens § 111 Rn. 14; Henze, Rn. 620 mit Nachweisen aus der Rechtsprechung.

634 Allgemeine Meinung, vgl. Hüffer, § 111 Rn. 3. Zur „erweiterten Überwachungspflicht“ aufgrund von § 90 Abs. 1 S. 1 Nr. 4 und § 90 Abs. 1 S. 2 AktG Semler Rn. 237 ff.

635 Dies mag selbstverständlich sein, ist es aber keinesfalls. Insbesondere wenn die Aufsichtsratsposten nach Prestige vergeben werden, nehmen die Mitglieder ihre Aufgabe oft kaum oder gar nicht wahr. Vgl. zu der Besetzungspolitik Scheffler, ZGR 1993, 63, 72.

636 LG Bielefeld, BB 1999, 2630, 2631 (Balsam). Für die Nachforschungspflicht des einzelnen Mitgliedes auch LG Dortmund, AG 2002, 97 99. Zustimmend Clemm / Dürrschmidt FS Welf Müller, 67, 89. Zum Instrumentarium Lutter / Krieger, Rn. 68.

637 KK - Mertens § 111 Rn. 18. Die Prüfungspflicht umfasst sowohl die Ursachenforschung als auch die Beurteilung der (Gegen-) Maßnahmen.

638 LG Dortmund, AG 2002, 97, 98. Zu den Pflichten des einzelnen Mitgliedes KK - Mertens § 116 Rn. 11 f. Wie der Vorstand gibt es auch für den Aufsichtsrat zahlreiche Vorschriften für die Selbstorganisation und Verfahrensabläufe, vgl. §§ 95 ff. AktG.

2. Sorgfaltsmaßstab

Neben inhaltlichen Pflichten enthalten die §§ 116, 93 Abs. 1 AktG den Sorgfaltsmaßstab bei der Erfüllung der Aufsichtsratstätigkeit. Sorgfaltsmaßstab und inhaltliche Sorgfaltspflichten beeinflussen sich - insbesondere wenn ein Ermessensspielraum besteht - gegenseitig: Die Beachtung der allgemeinen Sorgfaltspflichten, beispielsweise der Selbstinformationspflicht, ist Voraussetzung für die Erfüllung des Sorgfaltsmaßstabs der §§ 93 Abs. 1 S. 1 Akt, 43 Abs. 1 GmbHG. Gleichzeitig werden die Intensität der Sorgfaltspflichten und damit auch die inhaltlichen Einzelheiten durch die Anforderungen des Sorgfaltsmaßstabs beeinflusst.

Der Sorgfaltsmaßstab des Aufsichtsrats ist daher nicht mit dem der Leitungsorgane identisch, sondern ist mit Blick auf die inhaltlichen Pflichten und Aufgaben des Aufsichtsrates zu bestimmen[639].

a) Verknüpfung von Sorgfaltsmaßstab und Qualifikation

Eine sorgfältige Wahrnehmung der Überwachungsaufgabe, d.h. die Beurteilung des Vorstandshandelns, die Wahl der Überwachungsmittel und die Beratung des Vorstandes erfordert an sich eine der Unternehmensleitung entsprechende Qualifikation[640]. Nach überwiegender Meinung sind die Qualifikationsanforderungen jedoch im Vergleich zur Unternehmensleitung geringer[641]. Ein Aufsichtsratsmitglied muss nur die Mindestkenntnisse eines „durchschnittlich erfahrenen Organmitgliedes" besitzen[642]. Die erforderliche objektive Mindestqualifikation bestimmt sich auch hier nach den Anforderungen in dem jeweiligen Unternehmen. Subjektive Sonderkenntnisse erhöhen die Anforderungen an die Sorgfaltspflicht des Einzelnen[643].

---

639 Vgl. statt vieler KK - Mertens § 116 Rn. 2.

640 Vgl. auch die Erwägungen und Nachweise bei Theisen, S. 258.

641 Vgl. nur KK - Mertens § 116 Rn. 7 f.

642 Zu den Mindestanforderungen KK - Mertens § 116 Rn. 7, sowie bzgl. der daraus resultierenden haftungsrechtlichen Konsequenzen, Rn. 57. Vgl. auch Krawinkel, S. 188 sowie detailliert Wardenbach, S. 177 ff. *Theisen* stellt konkretere Anforderungen an das Aufsichtsratsmitglied auf, demnach muss dieses bzw. die getroffenen Entscheidungen den Kriterien der Unabhängigkeit, der Eigenverantwortlichkeit bzw. Eigenständigkeit und der Funktionsgerechtigkeit / Sachverständigkeit genügen, vgl. Theisen, S. 269 und 273, die Grundsätze der Verschwiegenheit und der Vergütung / Entlastung passen m.E. nicht in das System der personellen Anforderungen im Blick auf die Sorgfaltspflicht.

643 Ein ausführlicher Überblick über die verschiedenen Tendenzen und Richtung im Rahmen der Bestimmung der Anforderung an das Aufsichtsratsmitglied findet sich bei Mutter, S. 282-297 mit den entsprechenden Nachweisen. Zu dem Einfluss fachlicher Kenntnisse auf die Überwachungspflicht: LG Hamburg, ZIP 1981, 194, 197; Doralt, Hdb. AR Rn. M 12 ff.; KK - Mertens § 116 Rn. 57; Hüffer § 116 Rn. 3; a.A. K. Schmidt, § 28 Abs. 3 1 (S. 835).

Die Verbindung von Qualifikation und individuellem Sorgfaltsmaßstab zeigt sich in der Erhöhung der Sorgfaltsanforderungen aufgrund subjektiver Kenntnisse: Ein Naturwissenschaftler wird sich im Regelfall nur begrenzt mit betriebswirtschaftlichen oder auch rechtlichen Fragen auskennen, da aber „betriebswirtschaftliche Grundkenntnisse" als objektiver Mindeststandard ausreichen[644], ist der Sorgfaltsmaßstab wegen des eingeschränkten Verständnisses geringer als bei einem Wirtschaftsprüfer oder Rechtsanwalt.

b) Sorgfaltsmaßstab bei Sachentscheidungen

In der Literatur wird teilweise die Auffassung vertreten, dass Aufsichtsratsmitglieder bei Sachentscheidungen, da es sich dabei um Leitungspartizipation handle, einem höherem, möglicherweise sogar einem dem Management entsprechenden, Sorgfaltsmaßstab unterliegen[645].

Die Schwäche der sog. „funktionalen Theorie", d.h. die Anknüpfung des Sorgfaltsmaßstabes an die Funktion, liegt darin, dass an eine Person bei Wahrnehmung von unterschiedlichen Aspekten einer einheitlichen Tätigkeit nicht unterschiedliche Qualifikationsanforderungen gestellt werden können. Demnach ist die anzuwendende Sorgfaltspflicht bzw. der Sorgfaltsmaßstab nur begrenzt variabel: Reichen für die Aufsichtsratstätigkeit Grundkenntnisse der Betriebswirtschaft aus, kann bei Sachfragen nicht die gleiche Einsicht und das gleiche Detailverständnis wie beim Vorstand vorausgesetzt werden[646]. Bei einer dem Vorstand entsprechenden Qualifikation sind wegen der subjektiven Komponente des Sorgfaltsmaßstabes die Sorgfaltsanforderungen allgemein, also auch bei Überwachungstätigkeit erhöht[647].

Auch die Konzeption als Nebenamt spricht für einen im Verhältnis zur Management geringeren Sorgfaltsmaßstab[648]. Gegen einen mit dem Management vergleichbaren Sorgfaltsmaßstab mit entsprechenden Sorgfaltspflichten des Aufsichtrats sprechen auch die geringeren Anforderungen an die Selbstinformation: Ohne besondere Anhaltspunkte darf der Aufsichtsrat davon ausgehen, dass der

644 Vgl. Doralt, Hdb. AR Rn. M 15. Jedes Aufsichtsratsmitglied muss die relevanten wirtschaftlichen Zusammenhänge und die „normalerweise anfallenden Geschäftsvorgänge" auch ohne fremde Hilfe verstehen können, vgl. BGHZ 95, 293, 295 f.

645 So insbesondere Abeltshauser, S. 34 ff. sowie auch Doralt, Hdb. AR Rn. M 8. Auch Clemm / Dürrschmidt, FS Welf Müller, 67, 86 für die Personalkompetenz.

646 Im Ergebnis gleich Doralt, Hdb. AR Rn. M 7.

647 Aufgrund der wechselseitigen Besetzung von Aufsichtsräten und Vorständen innerhalb von Deutschland dürfte diese Konstellation recht häufig sein.

648 Zu den daraus resultieren Einschränkungen Doralt, Hdb. AR Rn. M 7 und 9. Allerdings ist dies abhängig von der Intensität der Aufsichtsratstätigkeit, so dass eine entsprechend intensive Einbindung zu einer allgemeinen Erhöhung des Sorgfaltspflichten führt, vgl. dazu unten Seite 156 ff.

Vorstand bei anstehenden Sachentscheidungen vollständige und richtige Unterlagen vorlegt, und muss keine intensiveren Nachforschungen treffen[649]. Im Gegensatz dazu dürfte der Vorstand sich bei der Entscheidungsvorbereitung nicht auf Informationen aus einer Quelle bzw. deren Richtigkeit verlassen. Nur soweit es sich um echte „Leitungsfunktionen" handelt, ist der Aufsichtsrat insbesondere auch für die eigenverantwortliche Informationsbeschaffung verantwortlich.

Bei geringeren objektiven Mindestanforderungen an die Qualifikation eines Aufsichtsratsmitgliedes ist eine rein funktionale Betrachtung des Sorgfaltsmaßstabes wegen der Verschränkung von Qualifikation und Sorgfaltsmaßstab nicht möglich[650]. Die geringeren Anforderungen sprechen andererseits dafür, dass die Unternehmensleitung durch den Aufsichtsrat nach dem Willen des Gesetzgebers die Ausnahme ist.

c) Zwischenergebnis

Der Sorgfaltsmaßstab der Aufsichtsratsmitglieder bestimmt sich nach den Anforderungen des Unternehmens und den konkreten Anforderungen in Verbindung mit den individuellen Kenntnissen. Unerheblich ist, ob es sich um Überwachungs- oder um Sachentscheidungen bzw. sogar echte Unternehmensleitung handelt.

3. Abgrenzung zwischen Überwachung und Unternehmensleitung

Die Funktionsbetrachtung hat gezeigt, dass es nach der rechtlichen Konzeption im deutschen (Aktien-) Recht kein „board-of-directors" gibt. Tatsächlich scheint sich die unternehmensrechtliche Realität jedoch in diese Richtung zu entwickeln[651]. Auch in Literatur und Rechtsprechung wird teilweise eine sowohl zeitlich als auch inhaltlich sehr intensive Überwachung durch den Aufsichtsrat bzw. seine Mitglie-

---

649 Clemm / Dürrschmidt, FS Welf Müller, 67, 83.

650 In der Praxis dürfte in den allermeisten Fällen das Ergebnis übereinstimmen, In seinem Verweis auf das ARAG - Garmenbeck Urteil des BGHs und auf Kindler, ZHR 162 (1998), 101, 108, verkennt Doralt, dass dort nur von unternehmerischem Ermessen gesprochen wird. Die Einräumung eines vergleichbaren Ermessensspielraums bedeutet jedoch nicht die Anwendung des gleichen Sorgfaltsmaßstabes.

651 Vgl. oben Seite 52 f; ausdrücklich Hüffer § 76 Rn. 4. In der GmbH ist eine entsprechende Gestaltung möglich. Zum board-of-directors vgl. Münchener Hdb. Aktienrecht - Wiesner § 19 Rn. 4: „Directors", durch die Aktionäre einer Gesellschaft gewählt, nehmen zwar vorrangig auch Aufgaben des deutschen Aufsichtsrates wahr, also Überwachung und Beratung (supervision). Die „Officers", zuständig für die Geschäftsführung, werden durch die „Directors" bestimmt. Anders als im deutschen Recht können die „Directors" sowohl den Aufgabenbereich als auch den Umfang der Vertretungsmacht der Officers bestimmen und können so wegen ihrer umfassenden Kompetenz wesentlich stärkeren Einfluss nehmen als - zumindest theoretisch - im deutschen Recht. Eine Übersicht über „monistische" Überwachungssysteme bei Potthoff / Trescher, S. 11 ff.

der gefordert[652]. Gerade in Start Ups neigen Risikokapitalgeber teilweise dazu, wegen ihres unternehmerischen Interesses vermehrten Einfluss auf die Unternehmensleitung zu nehmen.

Es stellt sich die Frage, ob eine quantitativ und qualitativ derart intensive Überwachung mit der Aufgabe des Aufsichtsrates und der Konzeption als Nebenamt vereinbar ist[653]. Auch aus wirtschaftlicher Sicht muss dies nicht unbedingt sinnvoll sein, da eine intensive Überwachung den Vorstand beanspruchen und behindern kann[654].

a) Sachlicher Umfang der Überwachungstätigkeit

Nach herrschender Meinung unterliegen nur „übergeordnete Fragen der Unternehmensführung" der Überwachung durch den Aufsichtsrat, nicht jedoch Detail- und rein fachliche Fragen[655]. Die Abgrenzung ist jedoch schwierig. So unterliegt nach Ansicht *Mutters* jede Maßnahme des Managements der Überwachung, da der Vorstand die Entscheidung „für so bedeutend" hält, „dass er es selbst entscheidet"[656].

Diese Argumentation verkennt die objektive Ausrichtung des § 90 Abs. 1 AktG: Die Entscheidung eines Vorstandes über die Farbe seiner Büroeinrichtung unterliegt nicht der Überwachung, dagegen kann die Tatsache des Kaufs an sich bzw. der Preis ab einer bestimmten Höhe oder bei einem Verdacht der Verletzung der Loyalitätspflicht durchaus Anlass zur Überwachung geben. Maßstab für die Relevanz eines Vorgangs ist das Unternehmensinteresse und nicht das subjektive Interesse des Vorstandes, auch wenn die persönliche Entscheidung Indiz für eine besondere Relevanz sein kann.

In Krisenzeiten können Detailfragen, z.B. des Finanzwesens, erheblich an Relevanz gewinnen und zu Maßnahmen werden, „die für die Rentabilität oder die Liquidität der Gesellschaft von erheblicher Bedeutung sein können" und damit gemäß § 90 Abs. 1 S. 1 Nr.4 AktG der Überwachung unterliegen. Auch andere Detailfragen können unter die Überwachungspflicht fallen, wenn Verdachtsmo-

---

652 Der BGH und Stimmen in der Literatur gehen z.B. davon aus, dass dem Aufsichtsrat die „ständige", i.S.d. kontinuierlichen Beratung des Vorstandes obläge, BGHZ 114, 127 ff. und Henze, Rn. 650.

653 Kritisch auch Siebel, Hdb. AR Rn. D 14; Hoffmann, Rn. 105, Lutter / Kremer, ZGR 1992, 87, 90, Jäger, DStR 1996, 671, 673.

654 Semler, Hdb. AR Rn. A 71.

655 BGHZ 114, 127 ff. Zum Überwachungsgegenstand vgl. Hoffmann-Becking in Münchener Hdb. Aktienrecht § 33 Rn. 27; Henze, Rn. 195; Lutter / Kremer, ZGR 1992, 87, 95; Rellermeyer, ZGR 1993, 77, 85 f; Vollmer / Maurer, BB 1993, 591 ff.; Semler, Rn. 100 alle m.w.N.

656 Mutter, S. 64.

mente bestehen, dass der Vorstand Einzelaspekte seiner Aufgaben nicht erfüllt und eine Haftung in Betracht kommt[657].

Nur der Sorgfaltsmaßstab, nicht jedoch der Umfang des Überwachungsgegenstandes, wird insbesondere bei fachlichen Fragen von der individuellen Qualifikation abhängen: Ein Rechtsanwalt, der Aufsichtsrat und Rechtsbeistand ist, wird eine mögliche Pflichtverletzung z.B. aufgrund von Insolvenzverschleppung zwar eher erkennen (müssen) und insoweit gehört es auch zu seiner Überwachungsaufgabe, das Management darauf hinzuweisen bzw. ggf. die Initiative zu ergreifen. Eine detaillierte Rechtsberatung oder rechtliche Prüfung gehört jedoch nie zur Pflicht eines Aufsichtsratmitgliedes[658].

b) Quantität der Überwachung

Quantität und Qualität der Überwachung beeinflussen sich in einem gewissen Maße gegenseitig: Steigende Anforderungen an die Qualität führen zumeist auch zu erhöhten zeitlichen Anforderungen; andererseits kann die Quantität durch zeitliche Mindestanforderungen und Obergrenzen auch die Qualität im Sinne von Intensität beeinflussen bzw. begrenzen. Trotzdem sind beide Aspekte grundsätzlich zu trennen[659]. Der konkrete Zeitaufwand ist auch von der Schwierigkeit und dem Umfang der Fragestellung abhängig[660]. Die konkreten Anforderungen, aber auch individuelle Vereinbarungen[661] können die quantitativen Anforderungen an die Überwachungstätigkeit erhöhen. Die besondere Langsamkeit eines Aufsichtsratsmitgliedes kann seine Pflichten keinesfalls unter ein bestimmtes Minimum reduzieren[662]. Anders als beim Vorstand stellt sich jedoch die Frage, ob dem Zeitaufwand Obergrenzen gesetzt sind.

---

657 Zur daraus resultierenden „erweiterten Überwachungspflicht" Semler Rn. 240 ff. insbesondere 243.

658 Unzutreffend Lutter / Kremer, ZGR 1992, 86, 90, welche von einer Ausdehnung des Überwachungsgegenstandes in Krisenzeiten ausgehen. Sie begründen dies mit der „abgestuften Überwachungspflicht", vgl. unten Seite 150 f, diese betrifft jedoch die Intensität der Überwachung und nicht den Überwachungsgegenstand. Sehr weitgehend in fachlichen Fragen Vollmer / Maurer, BB 1993, 591, 592; enger Boujong, AG 1995, 203, 205.

659 Vgl. auch Götz, ZGR 1990, 635, 641.

660 Hoffmann, Rn. 140. Gegebenenfalls muss jedes Aufsichtsratsmitglied persönlich für die Wahrnehmung der Überwachungsaufgabe sorgen, d.h. aktiv tätig werden, wenn z.B. die Mindestzahl der Sitzungen nicht eingehalten wird, vgl. KK - Mertens, § 116, Rn. 10. Eine höhere Mindestpflicht trifft den Aufsichtsratsvorsitzenden, was mit seinen besonderen Befugnissen korrespondiert, vgl. dazu KK - Mertens § 107 Rn. 33 ff. Dabei handelt es sich insbesondere um organisatorische Pflichten, da er Ansprechpartner des Vorstandes, Sitzungsleiter und Koordinator ist. Diese Aufgaben muss er in vollem Umfang wahrnehmen.

661 KK - Mertens § 116 Rn. 19.

662 Mindestvoraussetzung für eine pflichtgemäße Aufsichtsratstätigkeit ist die regelmäßige Teilnahme an den Sitzungen des Aufsichtsrates und ggf. der betreffenden Ausschüsse inklusive

Teile der Literatur sehen die Begrenzung der Intensität der Überwachung durch den zumutbaren Zeitaufwand als Selbstverständlichkeit[663]. Andere kritisieren die Konzeption des Aufsichtsratsamtes als Nebenamt und neigen dazu, die qualitativen Anforderungen auszudehnen, ohne zu überprüfen, inwieweit die zeitlichen Möglichkeiten die Intensität der Überwachung begrenzen[664]. Nach Auffassung der herrschenden Meinung müsse sich der Arbeitsaufwand in den Grenzen des Zumutbaren halten. In kritischen Situationen dürften sich der Aufsichtsrat und seine Mitglieder einer Mehrbelastung jedoch nicht entziehen[665].

§ 100 Abs. 2 S. 1 Nr. 1 AktG erlaubt den Aufsichtsratsmitgliedern eine anderweitige hauptberufliche Tätigkeit z.B. im Management anderer Unternehmen, sowie die Wahrnehmung von bis zu neun weiteren Aufsichtsratsmandaten. Aus der Konzeption als Nebenamt lässt sich folgern, dass die Grenze des Zumutbaren auch in Krisenzeiten jedenfalls dann erreicht ist, wenn der geforderte quantitative Zeiteinsatz nicht mehr mit der pflichtgemäßen Wahrnehmung einer anderen Aufgabe vereinbar ist und dort haftungsrechtliche Risiken entstehen.

§ 100 Abs. 2 S. 1 Nr. 1 AktG normiert zwar einerseits den Charakter als Nebenamt, andererseits handelt es sich jedoch - nur - um eine Obergrenze.

Die Anforderungen an den Aufsichtsrat können je nach Unternehmensstruktur sehr unterschiedlich sein. Abhängig davon gilt gemäß §§ 93 Abs. 1, 116 AktG für die Mitglieder des Aufsichtsrates ein objektiver Mindestmaßstab. Die Wahrnehmung des Amtes trotz Nichterfüllung der Mindestanforderungen führt wie beim Vorstand zu einer Art Übernahmeverschulden. Der dahinter stehende Gedanke ist auf die zeitlichen Anforderungen übertragbar: War ex ante erkennbar, dass eine

---

einer entsprechenden Vorbereitung und die Kenntnisnahme der in den Sitzungen bekannt gegebenen Informationen, vgl. KK - Mertens § 116 Rn. 18.

663 Für eine Begrenzung Semler, Rn. 140; KK - Mertens § 116 Rn. 5; Geßler / Hefermehl - Geßler § 111 Rn. 9. Konkrete inhaltliche Anmerkungen finden sich nur bei Semler, Rn. 140 und v. Schenck, Hdb. AR Rn. E 39 f. sowie Trescher, DB 1989, 1981, 1983; Lutter, Information, S. 89 und Hoffmann, Rn. 105, S. 3 unten weisen zumindest auf die Beschränkung im Normalfall hin.

664 Zur Bestimmung der Quantität über die Intensität bzw. den Inhalt der Überwachungsaufgabe ohne Einschränkung, z.B. Lutter / Krieger, Rn. 21. Zur Kritik an der Konzeption als Nebenamt vgl. Lutter, NJW 1995, 1133; ders. ZHR 159 (1995), 287, 307 ff.; Möllers, ZIP 1995, 1725; Bernhardt, ZHR 159 (1995), 310, 317. Die Regierungskommission hat sich in ihrem Bericht dafür ausgesprochen, dass die Regelung des § 100 Abs. 2 AktG mit der Obergrenze von zehn Aufsichtsratsmandaten so beibehalten werden solle, vgl. Bericht Corporate Governance Rn. 52. Professionelle Aufsichtsräte könnten auch erhebliche Arbeitsbelastungen bewältigen, des weiteren seien die Anforderungen in den Unternehmen so unterschiedlich, dass es keine einheitliche Regelung geben könne. Diese Erwägungen sind hinsichtlich der Grenze der allgemeinen zeitlichen Anforderungen an ein Aufsichtsratsmandat jedoch wenig hilfreich.

665 So KK - Mertens § 116 Rn. 18.

pflichtgemäße Wahrnehmung an den zeitlichen Anforderungen scheitert, liegt schon in der Mandatsübernahme eine haftungsbegründende Pflichtverletzung[666].

Allerdings muss auf die objektive Wahrscheinlichkeit des zukünftigen Arbeitsaufwandes abgestellt werden, denn theoretisch kann jedes Unternehmen in eine Krise geraten. Ein gewisser zeitlicher Spielraum ist jedoch notwendig, da auch die anderen Aufgaben vorübergehend zeitintensiver werden können. Im allgemeinen wird davon ausgegangen, dass die Anforderungen in großen bzw. börsennotierten Kapitalgesellschaften höher sind als in einer mittelständischen Gesellschaft[667]. Diese Einschätzung trifft, um einem Ergebnis vorwegzugreifen, auf Start Ups jedoch nicht zu[668].

Der Zeitaufwand stellt sich somit als ein Aspekt der „Qualifikation" dar. Die Mindestvoraussetzungen werden objektiv nach den Anforderungen des Unternehmens bestimmt. Die konkreten Zumutbarkeitsgrenzen verlaufen jedoch individuell unterschiedlich. Die Intensität der Überwachung wird, soweit es eine Frage des Arbeitsaufwandes ist, durch den zumutbaren zeitliche Aufwand begrenzt.

c) Überwachungsintensität

Der Eingriff in die Unternehmensführung bzw. Leitungspartizipation erfolgt über die Teilnahme an oder Einflussnahme auf Sachentscheidungen. Reine Prüfungs- und Kontrollmaßnahmen können zwar unerwünscht sein und die Geschäftsführung behindern, führen jedoch nicht zu einer Leitungspartizipation[669]. Soweit die Sachentscheidungskompetenz im Gesetz eindeutig festgelegt ist, hat der Gesetzgeber die Mitwirkung als zulässig erachtet.

Der neuralgische Punkt, d.h. die Gefahr einer Kompetenzverschiebung, liegt jedoch bei der (Überwachungs-) Entscheidung, die über die Notwendigkeit bzw. Zulässigkeit von Mitwirkung bzw. Einflussnahme auf eine Sachentscheidung urteilt[670]. Ermessensspielräume bzgl. des Umfangs der Mitwirkung werden über § 111 Abs. 4 S. 2 AktG und durch die gesetzlich nicht geregelte Beratungsaufgabe eröffnet.

---

[666] So im Ergebnis auch Semler, Rn. 140 in Fn 197 mit Verweis auf die entsprechende Rechtsprechung für den Abschlussprüfer.

[667] Diese Einschätzung liegt auch bei der Corporate Governance Kommission vor, was sich bei den Erwägungen zur Einberufung / Sitzungsfrequenz, vgl. Bereicht Corporate Governance Rn. 57, und den Empfehlungen für den Corporate-Governance-Kodex hinsichtlich der Höchstzahl an Mandaten, Rn. 52, zeigt.

[668] Vgl. unten Seite 156 ff.

[669] Dies gilt auch im Rahmen der präventiven Prüfung und Kontrolle, wenn diese auf die Verhinderung pflichtwidriger Maßnahmen beschränkt ist, ohne Stellungnahmen, Meinungen etc. abzugeben.

[670] Diese Gefahr der Kompetenzverschiebung sieht auch Jäger, DStR 1996, 671, 673.

(1) Abgestufte Überwachungspflicht

Die inzwischen wohl herrschende Meinung geht von einer „abgestuften Überwachungspflicht" aus, wonach die Anforderungen an die Aufsichtsratsarbeit in Krisenzeiten ansteigen soll[671]. *Semler* schlägt eine Abstufung der Überwachungspflicht in eine begleitende Überwachung in „normalen" Zeiten, eine „unterstützende" in Zeiten der Verschlechterung und eine „führende" Überwachung in Krisenzeiten vor[672]. Diese Auffassung wird vielfach wegen der mangelnden Praktikabilität kritisiert[673]. In einem Start Up dürfte die Frage, wann ein „normaler" Geschäftsverlauf, eine Verschlechterung oder eine Krise vorliegt, noch schwieriger zu beantworten sein; allerdings ist der Grundgedanke durchaus plausibel und als Anhaltspunkt verwendbar.

Richten sich die Anforderungen nach der „Lage" der Gesellschaft, kommt es für eine Bestimmung der Intensität der Überwachungspflicht bzw. „die vom Aufsichtsrat geschuldete Überwachungsdichte"[674] neben der konkreten Situation auch auf das generelle Profil der Gesellschaft an. Start Ups erfordern als besonders risikoreiche Unternehmen eine höhere Überwachungsintensität als einfach strukturierte mittelständische Unternehmen[675].

In der Literatur wird vereinzelt die Auffassung vertreten, dass die Überwachungsaufgabe in Krisenzeiten in eine, wenn auch eingeschränkte, Führungsfunktion münden kann. Gemeint sei nicht die Übernahme der operativen Geschäftsführung, sondern die Tatsache, dass der Aufsichtsrat die oberste Verantwortung trage,

---

671 Inzwischen weitgehend herrschende Meinung, vgl. Nachweise bei Hüffer, § 111 Rn. 7; Semler, Rn. 231 ff.; KK - Mertens § 111 Rn. 20. Gemeint ist die Intensivierung der Überwachung, nicht eine Erhöhung des Sorgfaltsmaßstabes. Dieser steigt bei der erhöhten Überwachungspflicht, wenn besondere Aufmerksamkeit gefordert wird, vgl. zur Differenzierung Semler, Rn. 235 ff. Nach seinem Verständnis beruht die abgestufte Überwachungspflicht auf äußeren Umständen, dem Unternehmensverlauf, während die erweiterte Überwachungspflicht, welche eine „erhöhte Wachsamkeit" fordert, durch konkrete Vorgänge innerhalb des Unternehmens ausgelöst wird.

672 Semler, AG 1983, 141; ders. Rn. 131 ff.

673 Ablehnend u.a. KK - Mertens § 111 Rn. 20. Vgl. auch oben Seite 127 ff. Wegen der grundsätzlichen Definitionsschwierigkeiten - so werden vom Vorstand z.B. Sanierungsbemühungen in „Krisenzeiten" gefordert - erscheint der Verweis auf die mangelhafte Praktikabilität ein wenig zu einfach. Sicherlich sind die Übergänge fließend, aber ich denke, auch Semler geht davon aus, dass es sich bei den Abstufungen nur um Anhaltspunkte und Leitlinien handelt.

674 Lutter / Kremer, ZGR 1992, 87, 90.

675 Vgl. ausführlich unten Seite 156 ff. Zur Frage, in welchem Umfang dem Aufsichtsrat Sachentscheidungen auferlegt sind Mutter, S. 116 ff. Allerdings geht Mutter m.E. mit seiner Forderung nach einer eigenständigen, wenn auch nur skizzenhaften Unternehmensplanung (S. 136) und entsprechender Bilanzanalyse (S. 148 f) zu weit. Sicherlich muss der Aufsichtsrat im Rahmen seiner Überwachungstätigkeit die unternehmerischen Entscheidungen des Managements nachvollziehen und überprüfen, selbstständige Alternativkonzepte sind aber nicht gefordert.

wenn er den Vorstand gemäß § 84 AktG ersetze[676]. Die damit beschriebene Personalhoheit des Aufsichtsrates ist jedoch unabhängig von Krisenzeiten, auch wenn die Dringlichkeit von Personalfragen und die Auswirkungen in Krisenzeiten wesentlich höher sein können als in „ruhigen“ Zeiten. Eine darüber hinausgehende Ausweitung der Leitungsfunktion wäre nur notwendig und denkbar, wenn sämtliche - einschließlich der stellvertretenden - Vorstände abberufen werden müssten und daher das Leitungsorgan fehlt; allerdings erscheint dieses Szenario konstruiert[677]. Auch in diesem Fall müsste der Aufsichtsrat von seiner Personalkompetenz Gebrauch machen, die operative oder strategische Unternehmensleitung obliegt ihm gleichwohl nicht[678].

Im Ergebnis führt die abgestufte Überwachungspflicht zwar zu einer Intensivierung der Überwachungsaufgabe, jedoch auch in Krisenzeiten nicht zu einer Leitungsfunktion.

(2) Begrenzung von Zustimmungsvorbehalten

§ 111 Abs. 4 S. 2 AktG beinhaltet die Möglichkeit, in der Satzung bestimmte „Arten von Geschäften“ an die Zustimmung des Aufsichtsrates zu binden[679], und die Möglichkeit des sog. Ad-hoc-Zustimmungsvorbehaltes durch Beschluss des Aufsichtsrates. Durch solche Zustimmungsvorbehalte kann am ehesten in die Leitungskompetenz der Geschäftsleitung eingegriffen werden[680].

Generalklauseln in der Satzung, wonach alle Maßnahmen der Geschäftsführung, die über das Tagesgeschäft hinausgehen, einem Zustimmungsvorbehalt unterworfen sind, sind nach allgemeiner Literaturansicht unzulässig[681] und sind auch durch die Vermutung der Inkompetenz des Managements nicht gerechtfertigt[682]. Zu

---

676 Vgl. Semler, Rn. 234; ausdrücklich so nur noch Hüffer, § 111 Rn. 7.

677 Insbesondere Claussen hat die „führende“ Überwachung stark kritisiert, vgl. Claussen / Semler, AG 1984, 20, 21. Sein Szenario - „ein 21köpfiger, paritätisch besetzter Aufsichtsrat, ohne Insiderkenntnis, zumeist ohne spezifische Branchenvertrautheit, keiner verlässlichen Verschwiegenheitspflicht unterworfen, zumeist weder imstande noch willens, neue Liquidität oder frisches Kapital bereitzustellen...“ - würde allerdings auch eine pflichtgemäße Wahrnehmung der Überwachungsaufgabe ausschließen.

678 Der Aufsichtsrat und seine Mitglieder sind nicht Verhandlungspartner an Stelle oder neben dem Vorstand für Vertragspartner, Gläubiger und Investoren oder ggf. Insolvenzverwalter, auch wenn sie gleichzeitig die Mehrheit der Anteile halten. Diese Verhalten ist in der Praxis durchaus nicht selten, vgl. auch KK - Mertens § 93 Rn. 12.

679 In der Praxis wird in risikokapitalfinanzierten Gesellschaften davon fast immer von dieser Möglichkeit Gebrauch gemacht, vgl. Weitnauer, Rn. C 12.

680 Dies ist in Start Ups auch durchaus beabsichtigt, vgl. Weitnauer Rn. 15.

681 Im Zuge der deutschen Einheit hatte die Treuhandanstalt solche - unzulässigen - Generalklauseln, vgl. Horn, S. 810. Zur Kritik: Kropff, AR Hdb. Rn. H 18.

682 Horn, S. 851. Dagegen spricht in der AG § 76 AktG, zudem müsste der Aufsichtsrat bei sichtbarer Inkompetenz von seiner Personalkompetenz Gebrauch machen.

Recht kritisiert werden auch umfangreiche Zustimmungskataloge, welche in ihrer Wirkung einer Generalklausel faktisch gleichkommen[683].

Zulässig ist die Festlegung einzelner Zustimmungsvorbehalte in jedem Bereich, und zwar nach herrschender Ansicht sowohl durch Festlegung in der Satzung als auch durch Beschluss eines Ad-hoc-Vorbehaltes[684]. Nur das Initiativrecht in Sachfragen muss beim Vorstand verbleiben[685].

Ad-hoc-Vorbehalte sind ein sehr wirksames Überwachungsmittel und sind ohne Frage zulässig bzw. erforderlich, wenn dies die einzige Möglichkeit ist, pflichtwidrige i.S.v. schadensersatzbegründende Maßnahmen des Managements zu verhindern. Mehr noch als satzungsrechtliche Vorbehalte bergen sie bei übermäßigem Gebrauch und der fehlenden Begrenzung die Gefahr faktischer Leitungspartizipation[686]. Ad-hoc-Vorbehalte besitzen eine stärkere Signalwirkung, mehr „Maßregelung", und bedeuten zumeist auch einen Vertrauensentzug. Als Mittel der Überwachung liegt die Anordnung von ad-hoc-Vorbehalten im Überwachungsermessen[687].

Die jeweilige Kompetenzordnung wirkt jedoch als Grenze[688]. Die Anordnung von Ad-hoc-Zustimmungsvorbehalten ist, soweit die Zweifel nur Wirtschaftlichkeit und Zweckmäßigkeit der Maßnahmen betreffen, nur bei einer besonders exponierten Bedeutung und unter strenger Beachtung der Verhältnismäßigkeit der Mittel zulässig[689]. Allerdings ist wegen der fließenden Grenzen und der uneinheitlichen Rechtsprechung ein gewisser Spielraum anzunehmen.

Konkrete Aufzählungen in der Satzung gewähren der Geschäftsleitung insofern mehr Handlungsfreiheit, da die Zustimmungserfordernisse durch die Konkretisierung in der Satzung gleichzeitig beschränkt werden. Insofern ist die Gefahr der Unternehmensleitung durch den Aufsichtsrat in diesen Fällen geringer. Satzungs-

---

683 Vgl. zur Kritik Mutter, S. 62 und Clemm / Dürrschmidt, FS Welf Müller, 67, 84.

684 Mutter, S. 59 ff.

685 Mutter, S. 48, der dies aber auch noch dahingehend einschränkt, dass eine „unverbindliche" Empfehlung einer eigenen unternehmerischen Konzeption zulässig sei, obwohl er erkennt, dass echte Unterverbindlichkeit nicht existiert. Siebel, Hdb. AR Rn. D 13, will dem Aufsichtsrat echte Führungspflichten bei der Beratung zuerkennen, allerdings nennt er keinerlei Abgrenzungskriterien.

686 Fey, DStR 1995, 1320, 1323.

687 Vgl. oben Seite 137 ff. KK - Mertens § 111 Rn. 66 mit Verweis auf OLG Hamburg, WM 1995, 2188, begrenzt die Anordnungskompetenz anhand des Aufgabengegenstandes und des Prozessstandes bei der Entscheidungsfindung des Vorstandes, ein Eingriff in laufende Prozesse ist demnach nie zulässig.

688 Vgl. auch Kessler, S. 40: „ Zwar schafft das Recht, das sich aus § 111 Abs. 4 S. 2 ergibt, auch die Möglichkeit, auf die Geschäftsführung bis zu einem gewissen Grad Einfluss zu nehmen; diese Regelung ist jedoch ausschließlich als ein Mittel zur Erfüllung der Überwachungsaufgaben des Aufsichtsrates anzusehen, das daher funktional wiederum durch diese begrenzt wird."

689 Restriktiv auch Raiser, § 15 Rn. 7; Semler, Rn. 210; Hoffmann, Rn. 304.

rechtliche Zustimmungsvorbehalte sind als typisches Mittel der Überwachung demnach in weiterem Umfang erlaubt[690].

Aufgrund der Beschränkung des Überwachungsgegenstands darf und muss sich der Aufsichtsrat mit Detailfragen der Unternehmensführung nur bei besonderer Bedeutung oder einem begründeten Verdacht auf Pflichtverletzungen befassen[691]. Dies gilt wegen der zwingenden Kompetenzverteilung auch für die in der Satzung festgelegten Zustimmungskataloge, die auf wesentliche Geschäfte zu beschränken sind[692].

(3) Grenze der Beratungsintensität

Der unternehmerische Aspekt der Überwachungsaufgabe spiegelt sich in der Beratungsaufgabe des Aufsichtsrats wieder. Gleichzeitig besteht auch hier die Gefahr der faktischen Unternehmensleitung[693]. Mangels Entscheidungskompetenz kann zwar nicht formell, aber rein tatsächlich die Leitungsgewalt zumindest partiell durch die eigentlichen Überwacher ausgeübt werden[694]. Die Grenze zwischen „überwachender" und „geschäftsleitender" Beratung dürfte in der Praxis weniger eine Linie als mehr ein „Bereich" sein und ist schwer zu identifizieren[695].

(3.1) Beratung im Rahmen der Überwachungsaufgabe

Ein gewisse faktische Verbindlichkeit der Beratung durch den Aufsichtsrat resultiert aus der Möglichkeit des Ad-hoc-Zustimmungsvorbehaltes, mehr aber

---

690 Ähnlich auch Götz, ZGR 1990, 633, 640. Einen Katalog zustimmungsbedürftiger Geschäfte in der Satzung, allerdings als Maßnahme der Intensivierung der Überwachung, sieht auch der Entwurf des Transparenz- und Publizitätsgesetzes vor, vgl. die Erörterungen bei Reichert / Weller, ZRP 2002, 49, 50.

691 Fey, DStR 1995, 1320, 1323 m.w.N.

692 So im Ergebnis auch Götz, ZGR 1990, 633, 641 ff. Zudem wäre es der Qualität der Aufsichtsratsarbeit mit Sicherheit nicht abträglich, wenn dieser sich nur mit den wesentlichen Punkten beschäftigt, sich dafür aber auch Zeit nimmt, anstatt sich um jede Kleinigkeit zu kümmern. Möglich sollte in diesem Rahmen auch die Erfassung wesentlicher Einzelgeschäfte sein, in Anbetracht der notwendigen Bedeutung werden Einzelgeschäfte einer größeren Bedeutung bedürfen als eine bestimmte Art von Geschäften. So in der Tendenz die wohl herrschende Meinung, vgl. Semler, Rn. 210; a.A. Hüffer, § 111 Rn. 18 m.w.N. Einzelvorbehalte bedeuten weniger Einfluss als Kataloge, somit sollte a maiore ad minus eine teleologische Reduktion erfolgen.

693 Jäger, DStR 1996, 671, 675. Bestes Indiz ist die häufige Betonung, dass die „überwachende Beratung" nicht so weit gehen darf, dass sie in die Geschäftsführung eingreift, zuletzt Krawinkel, S. 184.

694 Vgl. dazu auch die Erhebungen von Vogel, S. 271 ff. 40 % der Vorstände empfinden Entscheidungen des Aufsichtsrats als „Empfehlungen" und nicht als Anregungen, vgl. Mutter, S. 323.

695 Vgl. Vollmer / Maurer, BB 1993, 591, 593; Jäger, DStR 1996, 671, 673.

noch aus Personalkompetenz[696]. Selbst wenn man die Einflussnahme des Aufsichtsrates durch Zustimmungsvorbehalte begrenzt, dürfte sich jedes Vorstandsmitglied bewusst sein, dass eine erneute Bestellung nach Ablauf der Amtszeit unwahrscheinlich ist, wenn er nicht entsprechend dem bzw. gegen den Willen des Aufsichtsrates agiert. Zwar unterliegt auch die Personalentscheidung den Grenzen unternehmerischen Ermessens, innerhalb dieses Rahmens kann der Aufsichtsrat jedoch frei entscheiden - wobei die Stellung als Amtsinhaber nicht zwingend für eine Wiederwahl spricht. Insofern mag das Argument, der Aufsichtsrat sei nicht berechtigt, seinen faktischen Einfluss auszunutzen[697], zwar theoretisch zutreffen, praktisch ist es aber wenig hilfreich.

Gemäß § 111 Abs. 1 AktG ist auch die Beratung als Mittel der Überwachung zwingend auf den Überwachungsgegenstand beschränkt[698]. Innerhalb des Überwachungsgegenstandes wird die Beratungstätigkeit insbesondere durch das ausschließlich beim Vorstand liegende Initiativrecht begrenzt. Eigene Sachinitiativen liegen außerhalb der Kompetenz des Aufsichtsrats[699].

Sowohl Quantität als auch Intensität der Beratung können auf eine Leitungspartizipation hindeuten. Die „aufgedrängte" Beratung, d.h. wenn der Vorstand nicht darum bittet bzw. diese ablehnt, kann Indiz für eine Kompetenzüberschreitung sein[700]. Andererseits kann die häufige Bitte um Beratung durch den Vorstand auf Führungsschwächen bzw. Unsicherheit und eine daraus resultierende Leitungspartizipation hindeuten.

(3.2) Beratung außerhalb des Aufgabengebietes

Verträge, insbesondere Beratungsverträge mit Aufsichtsratsmitgliedern, sind gemäß § 114 AktG grundsätzlich zulässig. In Start Ups sind solche Verträge im Rahmen der Managementunterstützung häufig. Die Verträge müssen jedoch eine

---

[696] Vgl. auch Mutter, S. 79.

[697] Semler, Rn. 233.

[698] Vgl. dazu die Erörterungen oben Seite 153. Ähnlich sieht dies wohl auch der BGH, der zwar eine „ständige" und „laufende" Beratung, jedoch nur „in übergeordneten Fragen der Unternehmensführung" verlangt, vgl. BGHZ 114, 127 ff. Nach Auffassung *Mutters* und *Semlers* unterliegt der Aufsichtsrat bei Wahrnehmung der Beratungsaufgabe trotz des faktischen Einflusses praktisch keinen Grenzen, vgl. Mutter, S. 48; Semler Rn. 262. Hinzu kommt, dass Mutter das Aufgabengebiet des Aufsichtsrates praktisch nicht eingrenzt, dieses also die gesamte Geschäftsführung umfasst, vgl. S. 44 zweiter Absatz am Ende.

[699] Damit sind nicht „Anregungen" oder „Tipps" gemeint, insbesondere wenn der Vorstand gelegentlich um solche bittet, sondern detailliertere eigene Problemlösungsansätze. Insbesondere durch solche Sachinitiativen unterscheidet sich die geschäftsleitende Beratung von der überwachenden Beratung.

[700] Der Autor verkennt nicht, dass dieser Schluss nicht zwingend ist und es „beratungsresistente" Personen gibt, die auch eine Beratung innerhalb des Pflichtenkreises ablehnen. In diesen Fällen wird bei drohenden Pflichtwidrigkeiten über schärfere Maßnahmen nachzudenken sein.

Tätigkeit außerhalb des Aufgabengebietes des Aufsichtsrates zum Gegenstand haben[701].

(3.2.1) Begrenzung der Beratungstätigkeit durch die Kompetenzordnung

Geschäftsführende Tätigkeiten oder Partizipation an der Geschäftsführung z.B. in Form der geschäftsleitenden Beratung verstoßen nicht gegen § 114 AktG, da eine solche Beratung gerade nicht zum Aufgabenbereich gehört. Ein solcher Vertrag wäre aber nicht mit dem dualen Verwaltungssystem einer Aktiengesellschaft vereinbar[702]. Die Nichtigkeit des Vertrages ergibt sich aus § 134 BGB i.V.m. §§ 76, 111 Abs. 2 S. 1 AktG[703].

Zulässiger Vertragsgegenstand ist damit ausschließlich die fachliche Beratung des Vorstandes durch einzelne Aufsichtsratsmitglieder[704]. Eine Leitungspartizipation durch rein fachliche Beratung ist nicht möglich.

Allerdings kann auch bei einer an sich zulässigen Fachberatung des Vorstandes die für eine pflichtgemäße Überwachung notwendige Distanz zum Vorstand verloren gehen. Soweit eine pflichtgemäße Erfüllung der Überwachungsaufgabe nicht mehr möglich ist, kann dies zu einer Organhaftung führen[705].

(3.2.2) Haftung bei Beratung außerhalb des Aufgabengebietes

Außerhalb seines Aufgabengebietes haftet ein Aufsichtsratsmitglied nach den allgemeinen Grundsätzen. Der besondere faktische Einfluss lässt jedoch daran zweifeln, ob dies auch bei fachlicher Beratung des „eigenen" Unternehmens gilt

---

701 Zu den Grenzen der Zulässigkeit gesonderter Beratungsverträge siehe BGHZ 114, 127, 130; Lutter / Kremer, ZGR 1992, 87, 95; Rellermeyer, ZGR 1993, 77, 85 f; Vollmer / Maurer, BB 1993, 591 ff.

702 So auch Vollmer / Maurer, BB 1993, 591, 593. Vgl. auch Widmann, S. 40, mit Abgrenzungsbeispielen. Meines Erachtens gilt dieses Verbot nicht nur für das Aufsichtsratsmitglied persönlich, sondern auch für ihm „gehörende" Unternehmen, auch wenn § 114 AktG nicht grundsätzlich auf Verträge mit Konzerngesellschaften anwendbar ist, vgl. KK - Mertens § 114 Rn. 8. m.w.N.

703 Widmann, S. 53. Im Ergebnis gleich, allerdings mit der Aufgabe des Aufsichtsrats argumentierend, die h.M. vgl. die Nachweise bei KK - Mertens § 114 Rn. 5.

704 Zur umfangreichen Abgrenzungsdiskussion vgl. KK - Mertens § 114 Rn. 6 m.w.N. Entscheidend ist, dass das Aufsichtsratsmitglied nicht zu einer fachlichen Tätigkeit, auch nicht Beratung verpflichtet ist, vgl. Seite 146 f. A.A. nur Jäger, der eine Beratungspflicht des Aufsichtsrates u.a. wegen der Gefahr der Kompetenzverschiebung weitgehend ablehnt, gleichzeitig aber uneingeschränkt die Beratung durch einzelne Mitglieder des Aufsichtsrates als zulässig erachtet, vgl. DStR 1996, 671, 675.

705 Vgl. Widmann, S. 45 ff. Vgl. Vollmer / Maurer, BB 1993, 591, 594. Eine Unterstützung und / oder Beratung des Aufsichtsrats als Gremium ist mangels Einflussnahme auf die Geschäftsleitung wohl immer unbedenklich.

oder ob nicht auch hier die organschaftlichen Haftungsgrundsätze gelten. Abgrenzungsschwierigkeiten ergeben sich insbesondere dann, wenn Mitglieder des Aufsichtsrates in Fachfragen unentgeltlich und ohne gesonderten Beratungsvertrag beraten. Diese Beratung wird vom Management als Teil der „Aufsichtsratsberatung“ empfunden werden. Hinzu kommt, dass die Grenzen zwischen zwingender Beratung und freiwilliger Fachberatung durchaus fließend sein können.

Gegen eine Anwendung des Sorgfaltsmaßstabes der §§ 116, 93 AktG in Fällen der zulässigen, auch unentgeltlichen Beratung außerhalb des Aufgabengebietes spricht, dass die fachliche Beratung eben keine Organtätigkeit ist und vom Gesetz als zulässig erachtet wird[706]. Eine Anwendung der Organhaftung wäre zudem kontraproduktiv, da eine freiwillige und zulässige Zusatzleistung, die grundsätzlich im Unternehmensinteresse liegt, erschwert würde[707].

d) Erhöhte Anforderungen in Start Ups

Die Anforderungen an den Aufsichtsrat werden in Start Ups aufgrund interner und externer Faktoren tendenziell sehr viel höher sein als bei einem klassischen mittelständischen Unternehmen: Die unternehmerischen Risiken sind erhöht, zudem steigt wegen des im Vergleich zumeist jungen Managements die Gefahr von Missmanagement und Fehlentscheidungen. Damit steigt sowohl die Überwachungsintensität als auch der Zeitaufwand der Überwachung in „normalen“ Zeiten. Aufgrund der besonderen Krisenanfälligkeit wird auch eine größere zeitliche Flexibilität verlagt werden können[708].

(1) Professionelle Aufsichtsräte in Start Ups

Fraglich ist, ob die erhöhten Anforderungen in einem Start Up zu einem „professionellen“ Aufsichtsrat führen, der möglicherweise auch mehr Einfluss besitzen

---

[706] Vgl. auch Widmann, S. 76 f. Der Wortlaut des § 116 AktG setzt die „Aufgabenerfüllung“ als Ansatzpunkt nicht zwingend voraus, auf der anderen S. werden in § 114 AktG externe Verträge außerhalb des Aufgabengebietes als möglich angesehen. Dies spricht dafür, dass in diesem Fall andere Maßstäbe gelten. Handelt es sich um zulässige Verträge, sind die Aufsichtsratsmitglieder schutzwürdig.

[707] Die Auffassung Semlers, Rn. 264, dass das Mitglied wie ein „Rechtsanwalt, der medizinischen Rat geben soll, nicht zur Raterteilung verpflichtet und gegebenenfalls nicht nach anwaltlichen Grundsätzen haftet“ geht allerdings zu weit. Auf Grund des Beratungsvertrages ist das Aufsichtsratsmitglied zur Beratung zumeist verpflichtet und gilt wohl auch als Experte.

[708] Die Erfahrungen zeigen, dass in risikokapitalfinanzierten Unternehmen monatliche Sitzungen und wöchentliche Berichte des Vorstandes zumindest an den Aufsichtsratsvorsitzenden durchaus usus sind. Der Mindestzeitaufwand lässt sich auch anhand des Kataloges der zustimmungsbedürftigen Geschäfte, je weiter dieser ist, desto höher wird der grundlegende Zeitaufwand anzusetzen sein.

könnte. Gegen die Forderung nach professionellen Aufsichtsräten in jungen Unternehmen spricht auch bei hohen Arbeitsanforderungen und entsprechendem Bedarf aus wirtschaftlicher Sicht, dass bei jungen Unternehmen mehr noch als bei etablierten Unternehmen das Bedürfnis besteht, auch Prestigeträger bzw. erfahrene Personen in den Aufsichtsrat mit einzubinden. Zum einen kann dies ein wirksames Marketinginstrument sein, zum anderen handelt es sich aufgrund der Erfahrungen häufig auch um gute Ratgeber[709].

Um einen professionalisierten und trotzdem fähigen Aufsichtsrat zu ermöglichen, werden immer wieder Forderungen nach einer Verbesserung der Arbeitsbedingungen des Aufsichtsrats und seiner Mitglieder, insbesondere die Anhebung der Vergütung auf bis zu 30.000 € per anno[710], gestellt. In jungen Unternehmen, insbesondere in Start Ups widerspricht eine solch hohe Vergütung dem Maßstab des § 113 Abs. 1 S. 2 AktG, der eine Orientierung an der wirtschaftlichen Lage des Unternehmens verlangt. Ein junges Unternehmen kann sich solche Ausgaben kaum leisten.

Das Engagement erfahrener Leute in risikokapitalfinanzierten Unternehmen ist eine „Glaubensfrage" und basiert im Falle einer Beteiligung auf finanziellen, häufig auch auf persönlichen Interessen. Außenstehenden Aufsichtsratsmitgliedern kann ein Start Up auch über Stock-Options zumeist keine echten finanziellen Anreize bieten[711]. Das persönliche Interesse und Engagement wird in den meisten Fällen dort seine Grenzen finden, wo Aufsichtsratsmitglieder größere finanzielle Einbußen hinnehmen müssen. Dies ist der Fall, wenn die Aufsichtsratstätigkeit dermaßen viel Zeit erfordert, dass andere Tätigkeiten kaum noch möglich sind. Zwingend vorgeschriebene Professionalität der Aufsichtsratsmitglieder würde jungen Unternehmen damit eher schaden als nutzen[712].

---

709 Zur Kritik an Prestigeträgern im Aufsichtsrat Krawinkel, S. 182. Sicher sollte es nicht um die Akquirierung bloßer „Namen" gehen. Kritiker müssen sich auch klar werden, dass noch so viel Arbeitseinsatz eines willigen, aber unerfahrenen Aufsichtsratsmitgliedes häufig weniger Erfolg bringt als der zeitlich begrenzte Einsatz eines Mitgliedes mit Erfahrung und entsprechenden Kenntnissen und womöglich entsprechenden Kontakten. Vgl. auch Fn 712.

710 Lutter, ZHR 159 (1995), 287, 308 f. Von der Tendenz her gleich, mit detaillierten Vergütungsvorschlägen auch Wagner, NZG 1999, 1092, 1094, der einen Sockelbetrag von 6000.- bis 8000.- DM und ein Sitzungsgeld für einen vollen Arbeitstag von 5000.- bis 6000.- DM vorschlägt - für junge Gesellschaften mit intensiver Aufsichtsratstätigkeit wird dies gleichwohl teuer. Zur Frage, ob Beratungsleistungen nach Zeit oder nach Erfolg vergütet werden sollen Krawinkel, S. 181 ff.

711 Eine Vergabe von reinen Optionsrechten ist bis dato nicht zulässig, allerdings können Wandelschuldanleihen vergeben werden, zu der Kritik an dieser Situation vgl. Krawinkel, S. 182. Der finanzielle Anreiz solcher Beteiligungen ist allerdings gesunken, seitdem die Konsolidierung in den „neuen" Märkten begonnen hat und jedem klar sein dürfte, dass Beteiligungen nicht unbedingt auch Geld bedeuten.

712 So stellt Semler, Rn. 137, Fn 196, mit Verweis auf Ulmer zutreffend fest, dass das „Gespür" für Fehlentwicklungen wesentlicher ist als immenser Zeitaufwand. Ein solches Gespür wird aber eher bei erfahrenen Personen aus Wirtschaft und Politik vorliegen, welche sich häufig

Im Übrigen sollte nicht übersehen werden, dass die Wahrnehmung von Mehrfachmandaten auch Vorteile hat: Ungeachtet der jeweiligen Verschwiegenheitspflicht gewinnt ein Aufsichtsratsmitglied durch den intensiven Kontakt zu mehreren Unternehmen an individuellen, aber auch an Marktkenntnissen. Häufig wird so eine Problemstellung aus verschiedenen Blickwinkeln beleuchtet, was für eine entsprechende Beratung ggf. von Vorteil ist[713]. Hinzu kommt, dass bei professionellen Aufsichtsräten die Gefahr einer Vermischung bzw. Partizipation an der Geschäftsführung besteht[714].

Dogmatisch spricht § 100 Abs. 2 AktG gegen die Forderung nach professionellen Aufsichtsräten. Auch wenn die Unternehmensstruktur einen höheren Arbeitseinsatz erfordert und erkennen lässt, heißt dies noch nicht, dass die Konzeption als Nebenamt zur Makulatur wird. Die Wahrnehmung von zehn Aufsichtsratsmandaten kann zwar mangels zeitlicher Möglichkeiten pflichtwidrig sein, andererseits bedeutet die Konzeption als Nebenamt, dass die pflichtgemäße Wahrnehmung einer anderweitigen Hauptbeschäftigung möglich sein muss.

(2) Besonderheiten bei Vertretern der Kapitalgeber

Risikokapitalgeber, die einem Start Up bzw. seinem Management Managementunterstützung gewähren bzw. sich weniger altruistisch Einfluss sichern wollen, werden dies häufig nicht detailliert festlegen. Eine entsprechende Tendenz wird sich häufig in vermehrten Zustimmungsvorbehalten niederschlagen. Teilweise werden auch Beratungsvereinbarungen innerhalb und getrennt vom Beteiligungsvertrag geschlossen[715]. Ansatzpunkt für eine konkludente Vereinbarung von Sonderpflichten ist die (vermehrte) Mitarbeit in Ausschüssen über einen längeren Zeitraum[716].

(2.1) Erweiterung der Organpflichten

Die abgestufte Überwachungspflicht führt dazu, dass es vertragliche Sondervereinbarungen bzw. eine vertragliche Intensivierung der Pflichten im Bereich des

---

gerade nicht als professioneller Aufsichtsrat zur Verfügung stellen werden. Dieses Anforderungsprofil haben auch die Kritiker, vgl. z.B. Bernhardt, ZHR 159 (1995), 310, 317 f, seine Forderung oder Wunsch nach alten erfahrenen, unabhängigen Personen mit Bereitschaft und Zeit ist verständlich, aber immer noch weitgehend unerfüllbar, wie auch Lutter, ZHR 159 (1995), 287, 307, leicht sarkastisch feststellt.

713 Ähnlich auch Bea / Scheuerer, DB 1994, 2145, 2152; Krawinkel, S. 186.

714 Fey, DStR 1995, 1320, 1324.

715 Zu den Möglichkeiten und zur Zulässigkeit von erhöhten Einfluss- und Informationsrechten der Kapitalgeber und den Unterschieden zwischen schuldrechtlichen und gesellschaftsrechtlichen Möglichkeiten ausführlich, allerdings ohne Berücksichtigung der AG, Nitschke, S. 196 ff.

716 Vgl. zu Ausschüssen Hoffmann-Becking in Münchener Hdb. Aktienrecht § 32 Rn. 1. ff.

Überwachungsgegenstandes nicht geben kann[717]: Eine intensive Überwachungstätigkeit, welche in normalen Zeiten als Zusatzleistung bezeichnet werden könnte, gehört in einer Krise zum Aufgabengebiet des Aufsichtsrates[718]. Eine Erweiterung oder Intensivierung der Organtätigkeit ist damit nur über die Vereinbarung sog. „Sonderleistungen" einzelner Aufsichtsratsmitglieder möglich[719].

„Managementunterstützung" durch Vertreter der Kapitalgeber im Aufsichtsrat ist daher, soweit es sich nicht um rein fachliche Unterstützung handelt[720], unabhängig von den Details oder der Form der Vereinbarung als Erweiterung der Organpflichten zu qualifizieren. Diese Vereinbarung bedarf eines entsprechenden Aufsichtsratsbeschlusses. Satzungsvereinbarungen sind wegen der damit verbundenen individuellen Haftungserweiterung des Organs dagegen unzulässig[721].

Beratungsverträge, die entgegen § 114 AktG organschaftliche Sonderaufgaben des Aufsichtsrates zum Gegenstand haben, sind gemäß § 134 BGB nichtig[722]. Die Nichtigkeit kann jedoch auch für die Gesellschaft von Nachteil sein, wenn die „Beratung" im Unternehmensinteresse lag. Eine Umdeutung der vertraglichen festgelegten Beratungs- bzw. Zusatzleistungen in organschaftliche Sonderpflichten gemäß § 140 BGB ist wegen der fehlenden Vergleichbarkeit der Leistungspflichten nicht möglich.

Problematisch im Blick auf eine konkludente Erweiterung der Organpflichten ist auch der fehlende Vergütungsanspruch für Sonderleistungen[723], da fraglich ist, ob ein derart erhöhter Zeitaufwand ohne finanziellen Ausgleich zumutbar ist. Eine Erweiterung der Organpflichten ist jedenfalls ausgeschlossen, soweit die Vereinbarung nicht individuell bzw. ohne Kenntnis des betroffenen Mitgliedes geschlossen wurde.

Risikokapitalgeber und ihre Vertreter im Aufsichtsrat besitzen als Anteilseigner ein entsprechend großes Interesse an dessen Erfolg. Hinzu kommt, dass die besonderen Anforderungen bekannt sind. Die Schutzwürdigkeit der Gesellschaft und die Zumutbarkeit für das betroffene Aufsichtsratsmitglied stehen in einer Art

---

717 Vgl. oben Seite 154 ff.

718 Vgl. Lutter / Kremer, ZGR 1992, 87, 94 f. m.w.N.

719 Vgl. Hüffer § 113 Rn. 5; KK - Mertens Rn. 5; Henze Rn. 649 ff.

720 Zur Frage, ob und wieweit daneben weitere Beratungstätigkeiten zulässig sind, vgl. Seite 154 ff.

721 KK - Mertens § 116 Rn. 19, ohne Begründung. Die Voraussetzung der individuellen Zustimmung des betroffenen Mitgliedes erschwert die Abgrenzung zwischen vertraglicher Pflicht und erweiterter Organpflicht.

722 Allgemeine Meinung, vgl. KK - Mertens § 114 Rn. 5 m.w.N.

723 KK - Mertens § 113 Rn. 25; Hüffer § 113 Rn. 2; Lutter / Krieger, Rn. 293; Baumbach / Hueck - Zöllner, § 52 Rn. 36; a. A. Rowedder - Koppensteiner § 52 Rn. 15; Hachenburg - Raiser § 52 Rn. 122. Zum Verfahren einer Vergütung für Sonderaufgaben vgl. Münchener Hdb. Aktienrecht - Hoffmann-Becking § 33 Rn. 15 m.w.N.

Wechselspiel[724]. Wie hoch der zumutbare Zeitaufwand ist, welcher sich aus der Vereinbarung solcher Sonderpflichten ergibt, hängt auch davon ab, ob die Anteilseigner bereit sind, einen entsprechenden finanziellen Ausgleich über § 113 Abs. 1 AktG zu gewähren. Ist die gemäß § 113 Abs. 1 AktG bewilligte Vergütung objektiv angemessen, erhöht dies die Zumutbarkeit für das betroffene Aufsichtsratsmitglied, auch wenn sie dem vertraglich vereinbarten Honorar nicht entspricht.

Die Vereinbarung von organschaftlichen Sonderleistungen führt zu einer gegenüber einem Vertrag höheren bzw. andersartigen Verpflichtungswirkung: Ein Organmitglied, das sich zur Mehrarbeit verpflichtet hat, wird man in Krisenzeiten unter Verweis auf die stärkere Treuebindung an die Gesellschaft einen weiter erhöhten Arbeitsaufwand zumuten können, d.h. es würde wieder die abgestufte Überwachungspflicht einsetzen, beginnend auf einem höheren Niveau. Eine vertragliche Bindung ist schwächer, ein Anstieg des Arbeitsaufwandes in Krisenzeiten müsste wohl gesondert - möglicherweise auch konkludent - vereinbart werden.

Zwar schädigen sich die Kapitalgeber im Falle mangelnder Überwachung primär selbst, daneben werden aber auch die Interessen der übrigen Anteilseigner, insbesondere Arbeitnehmer, sowie die der Gläubiger auf Zulieferer- und Kundenseite berührt. Wird die Vereinbarung von „Managementunterstützung" nach außen getragen, um damit eine besondere Seriosität des Unternehmens zu vermitteln, wird dadurch ein Vertrauenstatbestand geschaffen, für den die Gesellschaft bzw. u.U. das Management und der Aufsichtsrat persönlich haften[725].

(2.2) Erhöhung des Sorgfaltsmaßstabes und der Sorgfaltspflichten

Die von den Risikokapitalgebern entsandten Aufsichtsratsmitglieder sind den Mitgliedern des Vorstandes bzgl. der unternehmerischen Kenntnisse, insbesondere auch aufgrund größerer Erfahrung, zumeist überlegen[726]. Die individuelle Komponente des Sorgfaltmaßstabes führt in diesem Fall dazu, dass das Aufsichtsratsmitglied einem der Geschäftsleitung entsprechenden Sorgfaltsmaßstab unterliegt. Ohne besondere Anhaltspunkte sind jedoch geringere Anforderungen an die Informationsbasis zu stellen[727].

---

[724] Bei einem entsandten, nicht unmittelbar beteiligtem Aufsichtsratsmitglied wären Sonderleistungen u.U. als Teil seiner Arbeitsleitung für den Kapitalgeber mit entsprechendem Vergütungsanspruch zu qualifizieren.

[725] Vgl. dazu auch die Erwägungen zur Haftung aus c.i.c. Seite 183 ff.

[726] Vgl. Nitschke, S. 4.

[727] Vgl. oben Seite 133 f. Gerade in jungen Unternehmen mit unerfahrenem Management wird allerdings eine erweiterte Überwachungspflicht auch im Hinblick auf Informationssysteme und den Informationsfluss bestehen, da dies häufig neuralgische Punkte sind.

Während die erhöhten unternehmerischen Anforderungen in Start Ups zu einer generellen Erhöhung der Anforderungen an die Intensität im Sinne der Quantität von Aufsichtsratsarbeit führen, bedingt der verschärfte Sorgfaltsmaßstab aufgrund der individuellen Kenntnisse in Verbindung mit der risikoreichen Situation faktisch eine erweiterte Überwachungspflicht im Sinne einer eingehenderen Prüfung in die Tiefe.

Die faktisch erhöhte Einflussnahme der Kapitalgeber im Aufsichtsrat durch die erhöhte Quantität des Zeitaufwandes findet ihre rechtlichen Grenzen in den aus der Kompetenzverteilung innerhalb der Gesellschaft resultierenden Vorgaben[728] und der daraus resultierenden Begrenzung der zulässigen Überwachungsintensität[729]. Die Vertreter der Risikokapitalgeber treffen zeitlich und qualitativ intensivere Überwachungsrechte bzw. -pflichten. Eine Leitungspartizipation über den Aufsichtsrat bleibt unzulässig.

e) Folgen kompetenzwidriger Leitung durch den Aufsichtsrat

Die Beachtung der Kompetenzordnung ist ohne Zweifel auch für den Aufsichtsrat zwingend. Der Vorstand kann und muss sich gegen einen Eingriff in seine Kompetenzen wehren[730], dies wird aufgrund der fließenden Übergänge und der faktischen Einflüsse aber eher selten sein.

Fraglich ist, ob der Verstoß gegen das Kompetenzgefüge bereits schadensersatzbegründender Pflichtverstoß ist. Folge wäre, dass der Aufsichtsrat bzw. seine Mitglieder im Sinne einer Erfolgshaftung für alle negativen Folgen ihres Handelns einstehen müssten, unabhängig davon, ob dieses den Grundsätzen des unternehmerischen Ermessens entsprochen hat[731].

(1) Haftung nach § 117 AktG

§ 117 AktG normiert eine Haftung für jede Art der schädigenden Einflussnahme. Tauglicher Täter der Norm ist auch ein Organmitglied[732]. Für eine Mithaftung der Organe setzt § 117 Abs. 2 AktG eine Pflichtverletzung i.S.d. § 93 Abs. 1 AktG

---

[728] Vgl. zum Kompetenzgefüge Seite 51 ff.

[729] Vgl. Seite 151 ff.

[730] Zu den möglichen Maßnahmen Götz, ZGR 1990, 633, 642. Anfechtungsansprüche gehen Schadensersatzansprüchen stets vor, BGHZ 129, 136, 170 f; Häsemeyer, ZHR 160 (1996), 109, 123 f; Zöllner / Winter, ZHR 158 (1994), 59, 74. Dies erklärt sich auch aus der Schadensminderungspflicht gemäß § 254 BGB. Zu den prozessrechtlichen Problematiken Bork, ZGR 1989, 1, 17 ff.

[731] So wohl nur Hoffmann, Rn. 102, der sich allerdings nicht weiter mit diesem Problem auseinandersetzt.

[732] Meyer-Landrut, AktG § 117 Anm. 1; Hüffer § 117 Rn. 3 ff. Geßler / Hefermehl - Kropff § 117 Rn. 15.

voraus. Das „Sich bestimmen lassen" ist jedoch noch keine Pflichtverletzung[733]. Nach einer Ansicht indiziert die Schädigung und der notwendige Schädigungsvorsatz bereits die Rechtswidrigkeit der Einflussnahme[734]. Nach der wohl herrschenden Ansicht ist die Einflussnahme dagegen nur haftungsbegründend, wenn sie ihrerseits pflichtwidrig war, d.h. nicht im Rahmen des unternehmerischen Ermessensspielraums lag[735].

Fraglich ist aber, ob dies wirklich bedeutet, dass dem Handelnden entsprechend § 317 Abs. 2 AktG ein unternehmerischer Ermessensspielraum zugestanden wird. Kompetenzrechtlich illegale Weisungen und Eingriffe[736] durch den Aufsichtsrat könnten deswegen haftungsauslösender Pflichtverstoß sein, da die Mitglieder, anders als außenstehende Dritte, an die Kompetenzordnung gebunden sind[737].

§ 117 AktG soll die Integrität des Verwaltungshandels[738] und auch die aktienrechtliche Kompetenzordnung schützen[739]. Kompetenzrechtlich illegale Eingriffe der Verwaltungsorgane in den jeweiligen Kompetenzbereich des anderen werden somit grundsätzlich von dieser Norm erfasst[740]. Die in der Praxis fließende Grenze von Überwachung und kompetenzwidriger Leitungspartizipation spricht jedoch dafür, dass ein derart weitgehender Schutz der Kompetenzordnung im Innenverhältnis nicht beabsichtigt ist. Auch der bedingt vorsätzliche Verstoß gegen die Kompetenzen reicht für eine Haftung alleine nicht aus. Die daraus resultierende Rechtsunsicherheit für die Mitglieder des Aufsichtsrates, insbesondere aber die

---

733 Zur Differenzierung Brüggemeier, AG 1988, 93, 97. Diese Einschränkung ist im Blick auf die Leitungspflicht des Vorstandes bemerkenswert, vgl. oben Seite 60.

734 Meyer-Landrut, AktG § 117 Anm. 6 sowie Stein, S. 165.

735 Hüffer § 117 Rn. 6 m.w.N. *Wiesner* argumentiert mit § 317 Abs. 2 AktG, demnach sei der Schaden nicht als Abhängigkeitsfolge oder Folge der Einflussnahme zu werten, also nicht kausal, wenn die Maßnahme im unternehmerischen Ermessen lag, vgl. Wiesener in Münchener Hdb. Aktienrecht § 27 Rn. 5. Im faktischen Konzern wird die Einflussnahme, wenn auch systematisch inkonsequent, geduldet, was aber daran liegen dürfte, dass der Willen der Anteilseigner im Rahmen der Bestimmung des Unternehmensinteresses einen wesentlichen Faktor spielt und die fehlende Kompetenz insofern ausgeglichen wird. Geßler / Hefermehl - Kropff, § 117 Rn. 24, verlangt pflichtwidriges Handeln des Organs, wobei er aber die Eigenständigkeit der Organhaftung verkennt. ***Brüggemeier*** bezieht sich auf den deliktsrechtlichen Charakter und argumentiert mit der Notwendigkeit der positiven Feststellung der Rechtswidrigkeit in § 823 Abs. 1 BGB beim Eingriff in den Gewerbebetrieb und § 826, lehnt die Notwendigkeit einer Pflichtwidrigkeit der Maßnahme jedoch ab, vgl. Brüggemeier, AG 1988, 93, 96f.

736 Begriff bei Stein, S. 154 ff.

737 So Brüggemeier, AG 1988, 93, 98: „Im Fall des einflussnehmenden Aktionärs besteht das haftungsbegründende Fehlverhalten in dem Überschreiten seiner mitgliedschaftlichen Rechtstellung und dem Verstoß gegen die aktienrechtliche Kompetenzstruktur zum Nachteil der Gesellschaft.".

738 Hüffer, § 117 Rn. 1.

739 Brüggemeier, AG 1988, 93, 95; Ziemons, S. 213.

740 Zur Voraussetzung, dass es sich um kompetenzrechtlich illegale Eingriffe handeln muss, vgl. Ziemons, S. 114 ff. § 117 II AktG greift nicht bei Eingriffen ohne Beeinflussung, vgl. Stein, S. 175.

Ausdehnung der Außenhaftung, stünde im Gegensatz zur sonstigen Gesetzeskonzeption. Voraussetzung für eine Haftung gemäß § 117 AktG ist daher zusätzlich die unternehmerische Pflichtwidrigkeit der Entscheidung.

(2) Leitungspartizipation als Pflichtverstoß i.S.d. §§ 93 Abs. 1, 116 AktG

Bei einem Eingriff des Managements und wohl auch des Aufsichtsrates in die Kompetenzen der Anteilseigner ist jedenfalls eine entsprechende Erfolgshaftung anzunehmen[741]. Eine allein auf der kompetenzwidrigen Einmischung in die Aufgaben der Unternehmensleitung oder des Aufsichtsrates basierende Erfolgshaftung wird dagegen weder für Gesellschafter noch für Dritte diskutiert[742].

Für eine Erfolgshaftung auch bei Eingriff des Aufsichtsrats in die Geschäftsleitungsbefugnisse spricht, dass eine Trennung von Geschäftsleitung und Kontrollorganen notwendig und vom Gesetzgeber vorgesehen ist, um eine lückenlose Kontrolle im Unternehmensinteresse zu gewährleisten. Eine nur entsprechende Anwendung der Sorgfaltspflicht der Leitungsorgane würde den Kompetenzverstoß an sich nicht sanktionieren, auch wenn die strengere Haftung abschrecken mag. Ebenfalls für eine Erfolgshaftung spricht, dass dem Ermessensspielraum des Vorstandes eine Art Vertrauensvorschuss zugrunde liegt und dieser aufgrund seiner Tätigkeit innerhalb seiner Kompetenzen schutzwürdiger als ein Aufsichtsratsmitglied ist, das außerhalb der zulässigen Möglichkeiten handelt.

Grundsätzlich kann davon ausgegangen werden, dass der Aufsichtsrat die Qualifikation der Unternehmensleitung prüft und entsprechend seine Personalentscheidungen trifft. Der Aufsichtrat ist dagegen nicht per se unternehmerisch qualifiziert, wie die Diskussion um die Mindestanforderungen deutlich zeigt. Faktisch ist dies insbesondere in risikokapitalfinanzierten Start Ups häufig anders. Die Kapitalgeber besitzen das unternehmerische Know-How, die Gründer, welche das Unternehmen leiten, die „Idee“. Die unternehmerischen Fähigkeiten und Erfahrungen des Aufsichtsrates ersetzen aber nicht die der Geschäftsführung. Die Tatsache, dass die unternehmerische Qualifikation des Vorstandes in Start Ups häufig nicht geprüft wurde, war nicht nur den eigenen Interessen abträglich, sondern war vielfach eine Verletzung der Überwachungsaufgabe im Rahmen der Personalkompetenz[743].

---

[741] Vgl. oben Seite 109.

[742] Vgl. die Nachweise bei Stein, S. 178 ff., insbesondere auch 182. Interessanterweise scheint die Literatur die scharfe Haftung der Geschäftsführung als abschreckende Sanktion zu verstehen, obwohl diese Haftung jedem Geschäftsführer zugemutet wird.

[743] Die Situation ist insofern etwas komplizierter, da die Gründer zumeist schon Organfunktionen innehaben, bevor die Kapitalgeber in die Gesellschaft kommen. Allerdings wäre bei großer Inkompetenz auch eine Abberufung aus wichtigem Grund denkbar, wie dies in einigen Fällen auch geschehen ist. Handelt es sich um eine Neugründung, wäre der Aufsichtsrat gleichsam verantwortlich, vgl. dazu Hoffmann-Becking, Münchener Hdb. Aktienrecht § 3 Rn. 11.

Gegen eine Erfolgshaftung schon bei leicht fahrlässigen Kompetenzverstößen spricht nicht nur § 317 Abs. 2 AktG, sondern auch, dass es zwar theoretisch eine klare Grenze zwischen pflichtgemäßer Überwachung und kompetenzwidriger Leitungspartizipation geben mag; deren Verlauf ist aber schon in der Theorie weitgehend ungeklärt, in der Praxis nahezu unmöglich zu bestimmen.

Die Kompetenzverteilung ist zudem ein aliud im Vergleich zu den schadensersatzbegründenden Organpflichten, da sie nur den Aufgabenbereich beschreibt[744].

Ein Verstoß gegen die Kompetenzordnung ist somit nicht allein haftungsbegründend i.S.v. § 93 AktG, § 43 GmbHG, so dass im Ergebnis ein Verstoß dagegen „sanktionslos" bleibt[745]. Im Fall von schweren und andauernden Kompetenzverschiebungen ist dies bedenklich, da das Umgehen von Kontrollmechanismen faktisch geduldet wird.

(3) Anwendung entsprechender Sorgfalts- und Loyalitätsbindungen

§ 116 AktG verweist „sinngemäß" auf die Maßstäbe des § 93 AktG. *Abeltshauser* und *Schlechtriem* befürworten bei der Wahrnehmung von Leitungsaufgaben durch den Aufsichtsrat die Anwendung des Sorgfaltsmaßstabes der originären Leitungsorgane, da insoweit eine Lücke hinsichtlich der geeigneten Verantwortungsanforderungen bestehe. Allerdings gehen sie von einer zulässigen Leitungspartizipation aus[746].

Für eine entsprechende Anwendung der Sorgfalts- und Treuepflichten des Managements im Fall von Kompetenzverletzungen sprechen auch entsprechende Ergebnisse bzw. die Argumente bei der Diskussion um die Haftung der „faktischen Organe" und der einflussnehmenden Gesellschafter, die beide die Kompetenzordnung verletzen[747].

Bei der Wahrnehmung von Leitungsaufgaben entgegen der gesetzlichen Vorgaben spricht sowohl die obige Argumentation als auch der Wortlaut des § 116 AktG für eine entsprechende Anwendung der Grundsätze und Maßstäbe der Leitungshaftung[748].

---

[744] Zur Unterscheidung subjektiver Rechte von der Kompetenzordnung Bork, ZGR 1989, 1, 18 f.

[745] Anspruchsgrundlagen wie § 823 Abs. 2 BGB i.V.m. § 76 AktG oder § 826 BGB für einen Schadensersatzanspruch der Gesellschaft im Sinne einer Erfolgshaftung bei Kompetenzüberschreitung scheitern zum einen an der fehlenden Schutzgesetzqualität des § 76 AktG, den oben erarbeiteten Erkenntnissen, insbesondere der Wertung des § 117 AktG und der Meinungsstand für das faktische Organ.

[746] Abeltshauser, S. 37 f; 47.; Schlechtriem, S. 16.

[747] Vgl. oben Seite 66 ff.

[748] Im Ergebnis, wenn auch wegen des anderen Ansatzpunktes stärker einschränkend, Stein, S. 155 ff.

4. Zwischenergebnis

Der Sorgfaltsmaßstab für Handeln der Aufsichtsratsmitglieder gemäß §§ 116, 93 AktG hängt, aufsetzend auf einer Mindestqualifikation, von den individuellen Fähigkeiten des einzelnen Mitgliedes ab. Die Sorgfaltspflichten zur Erfüllung sind sowohl quantitativ als auch qualitativ begrenzt. In Start Ups besteht allgemein, basierend auf der Theorie der Überwachungspflicht, eine erhöhte Überwachungsintensität und erweiterte Sorgfaltspflichten. Bei Vertretern der Kapitalgeber im Aufsichtsrat ist, abhängig von dem unternehmerischem Interesse und der vereinbarten Managementunterstützung, von einem erhöhten Sorgfaltsmaßstab und erweiterten Sorgfaltspflichten auszugehen.

Die Tätigkeit des Aufsichtsrats, auch die der Vertreter der Kapitalgeber, darf in ihrer Intensität nicht in Unternehmensleitung münden. Aus diesem Grund ist die zulässige Beratungstätigkeit einzelner Aufsichtsratsmitglieder außerhalb der Aufsichtsratstätigkeit auf die rein fachliche Beratung beschränkt. Nimmt der Aufsichtsrat entgegen der gesetzlichen Kompetenzordnung an der Unternehmensleitung teil, bestimmen sich Sorgfaltsmaßstab und erforderliche Sorgfaltspflichten nach den für das Management geltenden Maßstäben. Eine Erfolgshaftung ist wegen der unklaren Grenzen abzulehnen.

IV. Exkulpation und Haftungsfreistellung

Sowohl in der Aktiengesellschaft als auch in der GmbH besteht die Möglichkeit einer „Enthaftung“ der Organe im Innenverhältnis durch die Anteilseigner[749]. Davon zu unterscheiden ist die fehlende Verantwortlichkeit des Einzelnen für ein pflichtwidriges Handeln des Gesamtorgans, die sog. Exkulpation.

1. Exkulpation

Besteht ein Organ aus mehreren Personen, fallen Entscheidungen häufig nicht einstimmig, sondern sind Mehrheitsbeschlüsse[750]. Eine Mithaftung bzw. Zurechnung des pflichtwidrigen Verhaltens anderer Organmitglieder ist wegen der Erforderlichkeit des Eigenverschuldens in § 93 AktG, § 43 GmbHG nicht möglich[751]. Auch die Duldung eines pflichtwidrigen Beschlusses kann jedoch eine Pflichtverletzung sein[752].

---

[749] Bastuck, S. 65 ff.

[750] Zur Zulässigkeit von Mehrheitsbeschlüssen und den Folgen Henn Rn. 597 in Fn 411. In der Aktiengesellschaft gilt § 77 AktG für den Vorstand und § 108 AktG für den Aufsichtsrat.

[751] Allgemeine Meinung, vgl. Hopt, AktG § 93 Rn. 52 und 55 m.w.N.

[752] Ausdrücklich Henn, Rn. 597.

a) Voraussetzungen der Exkulpation

Jedes einzelne Mitglied eines Organs hat die Pflicht, auf einen pflichtgemäßen Beschluss hinzuwirken[753]. Ob und welche (nachträglichen) Maßnahmen zur Verhinderung eines bereits gefassten pflichtwidrigen Beschlusses „zumutbar" und notwendig sind, ist umstritten[754]. Zur Diskussion stehen interne Maßnahmen bis hin zu externen Schritten, wie z.B. die Einschaltung von Behörden. Die Ergreifung externer Maßnahmen ist nur unter Beachtung der Angemessenheit pflichtgemäß. Häufig verstoßen solche Maßnahmen auch gegen die Verschwiegenheitspflicht der Organe[755]. Die Entscheidung ist unter dem Gesichtspunkt des Unternehmensinteresses zu treffen. Stets ist auch die Pflicht zur kollegialen Zusammenarbeit zu beachten[756].

Im Unterschied zum Vorstand müssen sich die einzelnen Mitglieder, soweit der Aufsichtsrat - vergleichbar mit einer Ressortverteilung im Vorstand - in Ausschüsse gegliedert ist, nicht gegenseitig kontrollieren[757]. Erst bei konkreten Anhaltspunkten oder bei der Wahrnehmung besonders wesentlicher Informationen setzt eine Informations- und gegebenenfalls Einschreitenspflicht ein. Ggf. kann sich das einzelne Mitglied darauf berufen, dass er im Rahmen der ordnungsgemäßen Organisation nicht an der Pflichtverletzung beteiligt war[758].

b) Exkulpation in Start Ups

In Start Ups wirken sich negative Meldungen zumeist viel stärker (negativ) auf die wirtschaftliche Lage des Unternehmens aus als bei einem etablierten Unternehmen. Zudem fehlen häufig die finanziellen Reserven, um Einbrüche aufzufangen. Anders als in Großunternehmen ist der Kreis der Anteilseigner überschaubar und bekannt, so dass diese ggf. Ansprechpartner sind. Externe Schritte zur Exkulpation werden in Start Ups daher mehr noch als in etablierten Unternehmen ultima ratio sein.

---

753 Diese Pflicht ist allgemein anerkannt, vgl. OLG Hamm, ZIP 1995, 1263, 1268.

754 Hopt, AktG § 93 Rn. 53 f. Erst wenn „alles Zumutbare" getan wurde, um eine Pflichtverletzung durch das Organ zu verhindern, scheide eine Haftung aus Henn, Rn. 597 m.w.N.

755 Zur allgemeinen Grenze vgl. Hopt, AktG § 93 Rn. 54; Scholz - Schneider § 43 Rn. 90.

756 Zum Konfliktpotential vgl. Seite 63. Zur Pflicht zur kollegialen Zusammenarbeit KK - Mertens § 93 Rn. 43 f.

757 Zur gegenseitigen Kontrollpflicht des Managements bei Arbeitsteilung vgl. Hüffer § 77 Rn. 15 m.w.N. Der Gesetzesentwurf zu einem Transparenz- und Publizitätsgesetz sieht in § 107 Abs. 3 AktG-E vor, dass das Aufsichtsratsplenum über die Arbeit der Ausschüsse regelmäßig informiert werden muss. Gemäß § 110 Abs. 3 AktG-E soll jedes Aufsichtsratsmitglied die Einberufung des Aufsichtsrates verlangen können.

758 Zu den Voraussetzungen vgl. KK - Mertens § 116 Rn. 58. Im Rahmen einer fehlerhaften Organisation ist eine solche Exkulpation nicht möglich, das die Pflicht zur ordnungsgemäßen Organisation jedes Mitglied des Aufsichtsrates trifft, KK - Mertens § 116 Rn. 11.

Die personalistische Struktur erhöht die Informationspflichten der Geschäftsleitung gegenüber dem Aufsichtsrat und die Pflicht zur Zusammenarbeit in wichtigen Fragen. Die Anrufung des Aufsichtsrates in jedem Fall eines Dissenses im Vorstand käme jedoch der Delegation der Entscheidung gleich und wäre als Übertragung von Leitungsmacht zumindest in der Aktiengesellschaft unzulässig[759].

In jungen überschaubaren Unternehmen wie einem typischen Start Up wird wegen der intensiveren Zusammenarbeit und Einbindung des Aufsichtsrats eine Exkulpation im Aufsichtsrat unter Verweis auf die Unkenntnis schwieriger sein. Innerhalb der Geschäftsleitung dürfte aufgrund der Überschaubarkeit und Zusammenarbeit eine Exkulpation mit Verweis auf Unkenntnis, abgesehen von Extremfällen, in den Informationen einem Mitglied vorsätzlich vorenthalten werden, nicht möglich sein.

2. Enthaftung durch Beschluss der Anteilseigner

Handelt das Management gemäß § 119 Abs. 2 AktG bzw. § 37 Abs. 1 GmbHG auf Beschluss oder Weisung der Anteilseigner, schließt sich an die Kompetenzverlagerung gemäß § 93 Abs. 4 S. 1 AktG bzw. §§ 37 Abs. 1, 43 Abs. 2 S. 3; 45, 46 GmbHG eine Haftungsfreistellung an[760].

Ein nachträglicher Verzicht auf bereits entstandene Schadensersatzansprüche ist in der Aktiengesellschaft gemäß § 93 Abs. 4, Abs. 5 AktG erst nach drei Jahren möglich. Die Gegenstimmen dürfen 10 % des Grundkapitals nicht übersteigen. Die Entlastung wirkt gemäß § 120 Abs. 2 S. 2 AktG nicht haftungsbefreiend, sondern hat nur den Charakters eines Vertrauensvotums[761].

In der GmbH kann durch Beschluss der Anteilseigner auf nahezu alle Ansprüche der Gesellschaft verzichtet werden. Grenze ist die Kapitalerhaltungsvorschrift des § 9 b Abs. 1 GmbHG und das Schutzinteresse der Gläubiger[762] als zwingende Elemente des Unternehmensinteresses, an das auch die Anteilseigner durch die Treuepflicht gebunden sind[763]. Eine Klausel zum Schutz der Minderheiten vgl. mit § 93 Abs. 4 S. 3 AktG existiert nicht.

---

[759] Vgl. oben Seite 51 ff. und Seite 145 ff.

[760] Allgemeine Meinung, vgl. nur Altmeppen, DB 2000, 657; Hopt, AktG § 93 Rn. 306 ff.; Henn Rn. 599; Hachenburg - Mertens § 43 Rn. 67 f. Zur Haftungsbefreiung durch Zustimmung eines fakultativen Beirates in der GmbH, vgl. Scholz - Schneider § 43 Rn. 96 f.

[761] Allgemeine Meinung, vgl. die Nachweise bei Henn, Rn. 600.

[762] Vgl. hierzu die Ausführungen von Bastuck, 94 f. Mit dem Gesetz nicht vereinbar das Urteil des OLG Thüringen, NZG 1999, 121, wonach bei Risikogeschäften eine Entlastung nur dann wirksam sei, wenn der Geschäftsführer auf Weisung gehandelt hätte. Haftungsbefreiende Weisung und nachträgliche Entlastung schließen sich jedoch de facto gegenseitig aus.

[763] Vgl. zur Treuepflicht der Anteilseigner unten Seite 208 ff.

Voraussetzung für eine Haftungsfreistellung durch die Anteilseigner ist, dass der Beschluss auf der Basis vollständiger Informationen gefasst wurde[764]. Der Beschluss darf weder nichtig und bei nachträglicher Entlastung auch nicht anfechtbar sein[765].

Bei einer Verbindung von Organstellung und der Stellung als Mehrheitsgesellschafter besteht in der GmbH und in begrenztem Maß auch in der AG grundsätzlich die Möglichkeit, eine Organhaftung zu umgehen, indem das beteiligte Management sich selber anweist bzw. nachträglich entlastet[766]. Der Haftungsausschluss wird jedoch durch die Treuepflicht der Anteilseigner gegenüber der Gesellschaft und den Mitgesellschaftern begrenzt[767]. Ein weiteres Instrument, welches die Durchsetzung von Eigeninteressen zu Lasten der Mitgesellschafter und der Gesellschaft verhindern soll, sind Stimmverbote:

a) Stimmrechtsausschluss bei Weisungen und Beschlüssen

§ 47 Abs. 4 GmbHG enthält ein Stimmverbot bei Geschäften zwischen Geschäftsführer und GmbH sowie bei der Einleitung oder Erledigung eines Rechtstreites mit dem Geschäftsführer. Die Rechtsprechung hat diese Verbote sehr extensiv ausgelegt und ausgeweitet[768]. Ein generelles Stimmverbot des Gesellschafter-Geschäftsführers soll nach Ansicht einer Mindermeinung bei zustimmungsbedürftigen Geschäften oder bei Gefahr einer Ausnutzung der Organstellung für eigene, private, Zwecke bestehen[769].

---

764 Das Urteil des BGH, DB 1968, 2166, wonach der Entlastungsbeschluss in der GmbH auch solche Pflichtverstöße umfasse, die für den Mehrheitsgesellschafter als Geschäftsführer erkennbar waren, gilt in der Mehrpersonengesellschaft wegen des Gleichbehandlungsgebotes nur dann, wenn alle Gesellschafter den gleichen Informationsstand besaßen. Kritisch auch Espey / v Bitter, S. 40.

765 Allgemeine Meinung, vgl. für die GmbH Scholz - Schneider § 43 Rn. 124 f, für die AG Henn Rn. 599 Fn 416. Vgl. auch Fn 264.

766 Zu den Grenzen oben Seite 47ff. und Seite 108.

767 Ein treuwidriger Beschluss ist unwirksam, ggf. werden Schadensersatzansprüche gegen den Gesellschafter und das Organ, insbesondere bei Doppelstellung, bestehen, vgl. Winter, S. 36 f.

768 Umfangreiche Literaturnachweise bei Baumbach / Hueck - Zöllner § 47 Rn. 44; Hoffmann / Liebs, Rn. 412.1. Zum Stimmverbot bei Insichgeschäften Hachenburg - Hüffer § 47 Rn. 148 ff. und Winter, S. 102 ff.; zum Stimmrechtsausschluss bei Auskunftsverweigerung gemäß § 51 a Abs. 2 GmbHG, vgl. Schneider, ZHR 150 (1986), 609 ff.; Baumbach / Hueck - Zöllner § 51 a Rn. 27. Zur Intention eine nachträgliche Billigung durch die Gesellschafter-Geschäftsführer zu vermeiden Matthießen, S. 126. Nicht erfasst vom Verbot des Insichgeschäftes sind rein organisatorische Akte, hier überwiegt das Mitgliedschaftsrecht, vgl. Baumbach / Hueck - Zöllner § 47 Rn. 50 ff.

769 Für ein allgemeines Stimmverbot bei Gefahr der Ausnutzung der Organstellung für eigene Zwecke vor allem Abeltshauser, S. 361. Ablehnend die h.M. vgl. bspw. Hoffmann / Liebs Rn. 413; KK - Mertens § 93 Rn. 113.

(1) Stimmrechtsausschluss in der Aktiengesellschaft

Die aktienrechtliche Literatur vertritt die Auffassung, dass das Stimmverbot bei jeder Abstimmung gelte, bei der Organverhalten gebilligt werde und soweit über die Geltendmachung von Ansprüchen gegen einen Aktionär entschieden werden soll[770]. § 136 AktG erfasst nach dem Wortlaut keine „Insichgeschäfte". Ob diese Norm abschließend ist, ist umstritten[771]. *K.Schmidt* geht von einem allgemeinen verbandsrechtlichen Prinzip aus, welches Insichgeschäfte erfasst und so qua teleologischer Auslegung zu einem Stimmrechtsausschluss bei Insichgeschäften führt[772]. Die Gegenargumentation von *Matthießen*, dass mangels Eingriffsbefugnis der Hauptversammlung in die Geschäftsführung das Bedürfnis eines Stimmverbotes fehle[773], trifft auf die personalistische Aktiengesellschaft nicht zu: Die fehlende rechtliche Eingriffsbefugnis der Anteilseigner wird in der personalistischen Aktiengesellschaft durch die faktische Eingriffsmöglichkeit aufgrund der Personenidentität ersetzt. Die Gefahr besteht nicht darin, dass die Anteilseigner gegen die Geschäftsführung agieren, sondern durch Kumulation von Geschäftsführungs- und Gesellschafterrechten eine „haftungsfreie" Geschäftsführung zu Lasten der Gesellschaft, häufig der Minderheitsgesellschafter, betrieben wird.

Aufgrund der vergleichbaren Interessenlage in der personalistischen Aktiengesellschaft ist bei teleologischer Auslegung des Aktiengesetzes ein dem GmbH-Recht entsprechender Stimmrechtsausschluss anzunehmen[774].

(2) Stimmverbote bei Weisungen

Für einen Stimmrechtsausschluss der im Management tätigen Mehrheitsgesellschafter bei Weisungen sprechen psychologische Effekte: Soweit der Mehrheitsgesellschafter an der Beschlussfassung beteiligt ist, wird es Minderheitsgesellschaftern aussichtslos erscheinen, dagegen zu stimmen, da sie „nichts bewirken" können.

Andererseits hat die zu Recht kritisierte Rechtsprechung des Reichsgerichtes, Minderheiten müssten sich mit der Macht der Mehrheit abfinden[775], durchaus einen richtigen Kern: Die Mehrheit bestimmt den Gang der Gesellschaft, wenn auch in den Grenzen der Treuepflicht und ggf. unter Beachtung von Sorgfalts-

---

770 KK - Zöllner § 136 Rn. 7; Godin / Wilhelmi § 136 Anm. 3.

771 Vgl. nur Semler, Münchener Hdb. Aktienrecht § 38 Rn. 27 ff. und Schneider, ZHR 150 (1986), 609, 615.

772 K.Schmidt, § 28 IV 4 b dd m.w.N.

773 Matthießen, S. 168. Vgl. zur geringeren Bedeutung auch Barz, AktG § 136 Anm. 7, der zwar § 119 Abs. 2 AktG im Zusammenhang mit dem Stimmrechtsausschluss bei Freistellungen von Verbindlichkeiten erwähnt, aber als unerheblich erachtet.

774 So auch Friedewald, S. 93 ff.

775 Vgl. Seite 96, Nachweis in Fn 401.

pflichten. Wann eine Ausnutzung der Organstellung für eigene Zwecke befürchtet werden muss, kann abgesehen von den geregelten Fallgruppen nicht eindeutig beantwortet werden. Häufig kann diese Gefahr auch nur ein Aspekt der Fragestellung sein. Ein allgemeines Stimmverbot würde zumindest in einer personalistischen GmbH die Geschäftsleitung auf solche Gesellschafter verlagern, welche nicht in der Geschäftsleitung tätig sind. Dadurch würde nicht nur das Mehrheitsprinzip erheblich eingeschränkt, sondern auch eine erhebliche Rechtsunsicherheit geschaffen[776]. Ein Stimmverbot besteht somit auch in personalistischen Gesellschaften nur in den gesetzlich geregelten Fällen. Das wiederum führt zur Frage einer entsprechenden Haftung der Anteilseigner bei Unternehmensleitung.

b) Stimmverbote bei Entlastung

Bei Entlastung des gesamten Gremiums, d.h. Vorstand, Geschäftsführung oder Aufsichtsrat, unterfallen alle Mitglieder des jeweiligen Gremiums in Aktiengesellschaft und GmbH einem Stimmverbot[777]. Umstritten ist, ob der Stimmrechtsausschluss wechselseitig die Mitglieder von Geschäftsführung und Aufsichtsrat umfasst[778] und ob der allgemeine Stimmrechtsausschluss für die Mitglieder des betroffenen Organs auch bei Einzelentlastung gilt[779].

(1) Meinungsstand

Nach der herrschenden Lehre hängt der Stimmrechtsausschluss weiterer bzw. aller Organmitglieder bei Einzelentlastung von einer potentiellen gemeinschaftlichen Haftung der Organmitglieder ab[780]. Die Befürworter eines generellen Stimmrechtsausschlusses stellen insbesondere auf die Differenzierungsproblematik ab. Dagegen wird angeführt, dass die „Fiktion einer Gesamtentlastung“ nicht gerechtfertigt sei, da jeweils nur das einzelne Mitglied entlastet werde und die Haftung der anderen Mitglieder voll bestehen bleibe. Ein Stimmverbot sei daher nur bei Umgehungsgefahr gerechtfertigt[781].

Für einen wechselseitigen Stimmrechtsausschlusses von Mitgliedern der Geschäftsführung und der Überwachungsgremien wird angeführt, dass Überwachter

---

[776] Gegen eine übermäßige Ausdehnung des Stimmverbotes aus diesem Grund auch das OLG Düsseldorf, vgl. Anmerkung Bork, EWiR § 47 GmbHG 1 / 96, S. 555.

[777] Allgemeine Meinung, vgl. nur BGHZ 108, 21, 25 f.

[778] Nachweise bei Baumbach / Hueck - Zöllner § 47 Rn. 46 und Hüffer § 136 Rn. 21.

[779] Nachweise bei Baumbach / Hueck - Zöllner § 47 Rn. 45 und Hüffer § 136 Rn. 20. Von der Einzelentlastung ist die Entlastung für bestimmte Einzelmaßnahmen zu unterscheiden, auch hier ist die Reichweit des Stimmrechtsausschlusses streitig, vgl. Scholz - K.Schmidt § 47 Rn. 134; Baumbach / Hueck - Zöllner § 47 Rn. 46.

[780] BGHZ 97, 28, 33 f; Hachenburg - Hüffer § 47 Rn. 44.

[781] Ausführlich mit Nachweisen Groß, GmbHR 1994, 596, 600 f.

und Überwacher sich nicht gegenseitig richten könnten[782]. Die Gegner verweisen auf die unterschiedlichen Verantwortlichkeiten und die Einzelwirkung bezogen auf die Organe. Ein Stimmrechtsausschluss käme nur bei gesamtschuldnerischer Haftung in Betracht[783].

(2) Entlastungsmöglichkeit in Start Ups

Für einen organübergreifenden Stimmrechtsausschluss in Start Ups spricht, dass sich die Organe mittelbar selber ent- bzw. belasten: Entlasten die Mitglieder des Vorstandes den Aufsichtsrat, verhindern sie faktisch, dass mögliche Mängel in der Überwachungsarbeit zum Gegenstand der Diskussion werden. Dies bedeutet, dass die Arbeit des Vorstandes, soweit sie nicht bereits bemängelt wurde, auch nicht mehr Gegenstand von Kritik seitens des Aufsichtsrates sein wird, wodurch wiederum das eigene Haftungsrisiko reduziert wird. Entsprechend bescheinigen sich die Mitglieder des Aufsichtsrates bei einer Entlastung des Vorstandes faktisch eine fehlerlose Arbeit. Richtig ist zwar, dass diese Wechselwirkungen theoretisch nicht zwingend sind, tatsächlich sind die Interessen der Organe, sich gegenseitig zu kritisieren, wegen der Verknüpfung von Leitungs- und Überwachungsaufgabe gering.

Für ein allgemeines Stimmverbot auch bei Einzelentlastung spricht in Start Ups, dass sich die Organmitglieder, insbesondere die Mitglieder der Geschäftsführung, zu Lasten der Gesellschaft gegenseitig entlasten können, da sie zusammen einen Anteil von über 50 % besitzen. Diese Gefahr besteht insbesondere in der personalistischen GmbH mit ihren weitreichenden Entlastungswirkungen. Für die Aktiengesellschaft hat das *OLG München* einen generellen Stimmrechtsausschluss unter anderem wegen der geringen Wirkung einer Entlastung abgelehnt[784]. Wenn die Wirkungen jedoch so gering sind, sind auch die Interessen der Anteilseigner an einem Stimmrecht geringer.

Soweit die Mehrheit der Anteile bzw. der Stimmrechte bei der Unternehmensverwaltung liegt, besteht wegen der Umgehungsgefahr ein allgemeiner Stimmrechtsausschluss für alle Mitglieder der Verwaltung[785]. Auch bei der Entscheidung über die Geltendmachung möglicher Schadensersatzansprüche sind alle Anteilseigner ausgeschlossen, die eine Pflichtverletzung begangen haben sollen[786]. Eine

---

782 Insbesondere Baumbach / Hueck - Zöllner § 47 Rn. 46; für die AG KK - Zöllner § 136 Rn. 9.

783 Diese Auffassung wird mit unterschiedlichen Abstufungen vertreten, vgl. Meyer-Landrut, § 47 Rn. 42; Immenga / Werner, GmbHR 1976, 56; Scholz - Schmidt § 47 Rn. 134; Hachenburg - Hüffer § 47 Rn. 145; Lutter / Hommelhoff § 47 Rn. 17.

784 Vgl. OLG München, WM 1995, 842, 843.

785 So in der Tendenz auch Groß, GmbHR 1994, 596, 601 sowie das OLG München, WM 1995, 842 ff.

786 Wohl allgemeine Meinung, wenn auch hinsichtlich des Umfangs umstritten, vgl. Baumbach / Hueck - Zöllner § 47 Rn. 61 m.w.N.

nachträgliche Enthaftung ist in diesen Fällen nur mit den Stimmen der nicht an der Verwaltung beteiligten Minderheit möglich.

Auch wenn alle Anteilseigner an der Verwaltung beteiligt sind, ist eine „gleichmäßige Befangenheit" wegen der unterschiedlichen Verantwortlichkeiten wohl abzulehnen[787]. Eine nachträgliche Enthaftung scheidet daher in diesen Fällen gänzlich aus.

Der gänzliche Ausschluss der nachträglichen Entlastung bzw. die Verlagerung der Entscheidungskompetenz auf eine Minderheit erscheint auf den ersten Blick systemwidrig, ist es aber nicht: In einer personalistischen Gesellschaft sind die - nicht an der Verwaltung beteiligten - Minderheitsgesellschafter und Gläubiger besonders schützenswert, da die Gefahr besteht, dass die Mehrheit zu ihren Lasten agiert. Das Mehrheitsprinzip wird durch dieses Ergebnis nicht tangiert: Entlastung und Verzicht bestimmen nicht den Gang der Gesellschaft, sondern beurteilen die Arbeit der Verwaltung im Blick auf mögliche Pflichtwidrigkeiten. Gerade in Start Ups spricht viel dafür, den Minderheitsgesellschaftern besonderen Schutz zu gewähren. Die Mehrheitsinteressen bleiben im Rahmen des Minderheiten- und Gläubigerschutzes insoweit maßgebend, da sich die Geltendmachung möglicher Schadensersatzansprüche am Unternehmensinteresse orientiert. Problematisch ist die fehlende Entlastungsmöglichkeit bei Gesellschafterwechsel innerhalb der Verjährungsfrist. Der weite Ermessensspielraum und die Möglichkeit entsprechender vertraglicher Regelungen können die Risiken jedoch minimieren.

3. Ergebnisse

Eine Haftungsvermeidung durch Exkulpation oder Beschluss der Anteilseigner ist in einem Start Up relativ schwierig. Wegen der intensiven Zusammenarbeit wird eine auf Unkenntnis beruhende Exkulpation nahezu ausgeschlossen sein, interne Maßnahmen zur Verhinderung pflichtwidriger Maßnahmen dürfen nicht zur Leitung durch den Aufsichtsrat führen, externe Schritte werden häufig gegen das Unternehmensinteresse verstoßen.

Bei der Enthaftung durch die Anteilseigner ist zwischen Weisungen und nachträglicher Enthaftung zu differenzieren. Bei Weisungen bestehen Stimmverbote entsprechend den GmbH-rechtlichen Regelungen nur bei In-Sich-Geschäften zwischen Gesellschaft und Gesellschafter. Bis zur Grenze der Treuwidrigkeit kann so eine Organhaftung vermieden werden.

Beim nachträglichen Verzicht, Entlastung, aber auch der Entscheidung über die Geltendmachung von Ansprüchen finden Aspekte des Minderheiten- und Gläubigerschutzes verstärkte Beachtung, so dass die betroffenen Gesellschafter aufgrund

---

[787] Restriktiv auch Baumbach / Hueck - Zöllner § 47 Rn. 62.

ihres Interessenkonfliktes von einem Stimmverbot erfasst werden. Das Stimmverbot ist weit auszulegen und erfasst alle Mitglieder der Unternehmensverwaltung. In Start Ups ist eine nachträgliche Enthaftung damit nur mit den Stimmen der unbeteiligten Gesellschafter möglich.

§ 6 Außenhaftung der Organe

Die Außenhaftung erfasst alle Ansprüche von Gesellschaftern bzw. Aktionären der Gesellschaft, Arbeitnehmern und unbeteiligten Dritten, wie Gläubigern, Wettbewerbern und Kunden[788]. Eine geschlossene Regelung der organschaftlichen Außenhaftung existiert nicht, dafür eine äußerst umfangreiche Jurisdiktion[789]. Eine Außenhaftung der Organe ist ausdrücklich nur im Aktienkonzernrecht und in einigen Einzelnormen normiert. Häufig wird auf das allgemeine Deliktsrecht zurückgegriffen.

Für Schädigungen Dritter durch Handlungen des Managements bei Erfüllung seiner Aufgaben haftet die Gesellschaft gemäß § 31 BGB[790]. Im Innenverhältnis löst die Eigenhaftung des Unternehmens einen Regressanspruch gegen das handelnde Organ aus, es sei denn, die Schädigung des Dritten ist ausnahmsweise keine Pflichtverletzung des Innenverhältnisses. Ansprüche von Dritten gegen Organe einer Gesellschaft sind daher fast immer Parallelansprüche.

Die Außenhaftung der Organe gegenüber Dritten wird vor allem in der Insolvenz eines Unternehmens relevant, da das Unternehmen als (solventer) Schuldner entfällt[791].

Auch im Rahmen der Außenhaftung ist zwischen der Haftung der Organe und der Gesellschafter zu unterscheiden. Eine Durchgriffshaftung beispielsweise wird in der Praxis zwar nur bei Personenidentität gegeben sein[792], Haftungssubjekt der Durchgriffshaftung sind jedoch immer die Anteilseigner[793].

I. Haftung gegenüber Mitgesellschaftern

Interessenkollisionen des Managements, aber auch der Vertreter der Risikokapitalgeber im Aufsichtsrat aufgrund ihrer Doppelstellung erhöhen in Start Ups die Gefahr, dass Eigeninteressen als Gesellschafter zu Lasten der Mitgesellschafter durchgesetzt werden[794]. Die Möglichkeit eigener Schadensersatzansprüche der Anteilseigner gegen die Organe ihrer Gesellschaft ist im Grundsatz nicht anzu-

---

788 Maser / Sommer, BB 1996, 67 ff.; Thümmel / Sparberg, DB 1995, 1013, 1015 ff.; Altmeppen, ZIP 1995, 881; Westermann / Mutter, DZWiR 1995, 184; Keßler, GmbHR 1994, 429; Thamm, DB 1994, 1021; Wellkamp, DB 1994, 869; Lutter, DB 1994, 129; Medicus, GmbHR 1993, 533; Schneider, DB 1993, 1909; Stapelfeld, GmbHR 1991, 94.

789 Umfangreiche Nachweise bei Abeltshauser, S. 1.

790 Die Anwendung des § 31 BGB im Kapitalgesellschaftsrecht ist unumstritten, vgl. dazu stellvertretend die Nachweise bei Palandt - Heinrichs § 31 Rn. 3.

791 Westermann / Mutter, DZWiR 1995, 184.

792 Vgl. die Ausführungen von Thümmel Rn. 265.

793 Hoffmann / Liebs, Rn. 852.

794 Vgl. schon oben Seite 96 f.

zweifeln[795]. Heftig umstritten ist, wie weit diese Ansprüche gehen und inwieweit die Gesellschafter diese geltend machen können[796].

1. Problematik des Reflexschadens

Nach überwiegender Ansicht kann der einzelne Anteilseigner bei sog. Reflexschäden, d.h. Schäden, die den Anteilseignern mittelbar aus der Schädigung der Gesellschaft entstehen, keinen Ersatz an sich selbst verlangen. Dies gilt auch, soweit der Gesellschafter durch die Organe in seinen Rechten verletzt wurde[797], da eine Doppelhaftung nach allgemeiner Ansicht ausgeschlossen ist[798].

Abgrenzungskriterium ist das Verbot der Einlagenrückgewähr gemäß § 30 GmbHG, § 57 AktG. Im Detail sind die Meinungen vielfältig; von der Auffassung, dass im Falle eines Doppelschadens kein Anspruch des Gesellschafters bestünde bis zu der Auffassung, dass ein eigener Anspruch bestehe und zumindest dann Leistung an den Gesellschafter zu erfolgen hätte, wenn das Unternehmen seine Ansprüche nicht verfolge, wird nahezu jede denkbare Meinung vertreten[799].

a) Problematik des Reflexschaden am Beispiel von Kursverlusten bei börsennotierten Unternehmen

Voraussetzung für einen ersatzfähigen Individualschadensersatzanspruch ist, dass die Handlung des Managements wenigstens bedingt auch gegen die Anteilseigner gerichtet war und deren Schäden in einem ursächlichen Zusammenhang mit der schädigenden Handlung stehen[800].

Hinter der Prämisse, im Falle eines Reflexschadens an das Unternehmen zu leisten, steht der Gedanke, dass dadurch der Schaden des Anteileigners automa-

---

[795] Vgl. nur den Wortlaut von § 117 Abs. 1 S. 2 AktG oder § 31 Abs. 6 AktG.

[796] Raiser, ZHR 153 (1989), S. 1 ff. ; Baums, S. 235 ff.; KK - Mertens § 93 Rn. 169 ff.; Hachenburg - Mertens § 43 Rn. 101.

[797] Hüffer § 93 Rn. 19; Baums, S. 234 f. Ausführlich zu der Problematik Kowalski, S. 1 ff.

[798] Vgl. Hopt, AktG § 93 Rn. 484.

[799] Hopt, AktG § 93 Rn. 485 ff. ; Hachenburg - Mertens § 43 Rn. 103f.; Thümmel, Rn. 300; Kowalski, S. 122 ff. *Mertens* hat sehr anschaulich dargestellt, warum im Falle eines Reflexschadens zwar ein eigener Anspruch besteht, aber nur ein Ausgleich an das Unternehmen zu erfolgen hat, vgl. Mertens, FS Fischer 1979, 461, 474. Anders wird nur zu entscheiden sein, wenn das Unternehmen bereits liquidiert ist und insofern kein weiterer Anspruchsberechtigter mehr besteht. Umstritten ist, ob ein eigener deliktischer Anspruch den Anteilseigner zur Klage berechtigt, wenn er nur Leistung an die Gesellschaft selbst verlangen kann, ablehnend Müller, FS Kellermann, 317, 319 ff., für eine Geltendmachung des Gesamtschadens der Gesellschaft in Hachenburg - Mertens § 43 Rn. 103.

[800] So schon RGZ 157, 213, 220.

tisch wieder behoben werde[801]. Dieser Automatismus greift jedoch nicht, wenn immaterielle Schädigungen den Unternehmenswert beeinflussen. Der über die materielle Schädigung des Unternehmens hinausgehende Kursverlust ist nach weitverbreiteter Meinung ein solcher direkter Schaden, der ggf. einen direkten Anspruch der Anteilseigner gegen die Organe begründet[802]. Gerade am Beispiel der Kursverluste zeigt sich die Problematik von eigenständigen Ansprüchen der Anteilseigner gegen die Organe: Da die Börsenkurse mit in die Unternehmensbewertung einfließen[803], schädigen Kursverluste immer auch das Unternehmen selbst. Diese Minderung des Unternehmenswertes wirkt sich bei Anteilsveräußerungen, Abfindungen und ähnlichem direkt auf das Vermögen der Anteilseigner aus[804].

Nicht erst die Entwicklungen am Neuen Markt haben gezeigt, dass Kursentwicklungen wesentlich durch Stimmungen beeinflusst werden[805]. Problematisch ist, dass Imageverluste und ggf. der daraus resultierende Abfall des Börsenkurses kaum quantifizierbar sind. Eine seriöse Errechnung des hypothetischen Verlaufs ohne Schadensereignis wird ausgesprochen schwierig sein[806].

Kritisch sind eigene Ansprüche bei Kursverlusten auch unter dem Gesichtspunkt der Risikoverteilung. Führt das pflichtwidrige Verhalten des Managements zu einer zeitlich begrenzten überproportionalen Wertsteigerung, müssten eigentlich die Erlöse der Anteilseigner, welche in dieser Zeit Anteile veräußert haben, entsprechend geschmälert werden. Ansonsten würde man dem Management das Verlustrisiko der Anleger aufbürden, eine Gewinnziehung aus dem gleichen

801 Hüffer, § 93 Rn. 19; Brandes, FS Fleck, 13; Raiser, § 12 Rn. 5 (für § 823 Abs. 1 BGB); Wiesner, Münchener Hdb. Aktienrecht § 26 Rn. 31; Hachenburg - Mertens § 43 Rn. 103; Müller, FS Kellermann, 317, 334 ff.

802 Kowalski, S. 107 ff.; Baumbach / Hueck AktG § 93 Rn. 4; zweifelnd, aber für eine Anerkennung der „Aktienentwertung" als direkten Schaden Bungert, DB 1995, 1749, 1755; a.A. Geßler / Hefermehl - Hefermehl § 93 Rn. 97; Godin / Wilhelmi § 93 Anm. 32. Gleiches gilt bei einer Wertminderung der Anteile durch nachteilige Vermögensdispositionen, vgl. Hopt, AktG § 93 Rn. 488; Geßler / Hefermehl - Hefermehl § 93 Rn. 97.

803 Vgl. Rechtsprechungsübersicht von Emmerich, JuS 1999, 401f. und aktuell Hüffer / Koch, NZG 2000, 748 f.

804 Vgl. beispielhaft Hüffer / Koch, NZG 2000, 748 f; Bungert, NZG 1998, 990 f; Hennrichs, ZHR 164 (2000), 453 ff.

805 Vgl. hierzu Hopt, AktG § 93 Rn. 489; ähnlich für Kursverluste schon Martens, ZGR 1972, 254, 277.

806 Insbesondere am Neuen Markt waren auch ohne Fehlverhalten des Managements Kurseinbrüche zu verzeichnen. Vgl. weitgehend übereinstimmend zu der Quantifizierungsproblematik Hopt, AktG § 93 Rn. 489. Vorgeschlagen wird, dass die Kursdifferenz zwischen dem Zeitpunkt, an dem die Tatsache zu veröffentlichen gewesen wäre, und demjenigen, an dem die Tatsache tatsächlich bekannt geworden ist, ersetzt werden soll. Zum einen ist aber schon diese Berechnung problematisch, vgl. Reichert / Weller, ZRP 2002, 49, 55, und zum anderen fehlt das hypothetische Element.

Verhalten wäre dagegen zulässig. Kritisch sind eigene Ansprüche von Anlegern am Neuen Markt auch wegen der bekannten Risikosituation zu beurteilen.

Das bedeutet nicht, dass das Fehlverhalten toleriert werden soll. Der direkte Ausgleich gegenüber den Anlegern ist jedoch der falsche Weg[807]. Mittelbar werden dadurch das Unternehmen und damit die übrigen Anteilseigner geschädigt, da das Geld, welches die Organe zur Begleichung von Ansprüchen einzelner Anteilseigner verwenden, dem Unternehmen zum Ausgleich eigener Innenhaftungsansprüche nicht mehr zur Verfügung steht. In der Praxis werden haftungsbegründende Falschinformationen nämlich zumeist nicht isolierte Fehlleistungen sein, sondern „Spitze des Eisberges" einer Reihe von Organpflichtverletzungen. Insofern ist auch die in dem Entwurf des 4. Finanzmarktförderungsgesetzes vorgesehene Haftung des Unternehmens für Fehlinformationen abzulehnen[808].

Die Anregung der Regierungskommission Corporate Governance, die Haftung bei Falschinformation ausschließlich auf die Organe zu beschränken[809], ist wegen der begrenzten Leistungsfähigkeit und des Verbotes der Doppelbelastung der Organe ebenfalls kritisch zu betrachten[810]. Im Blick auf das Vorsatzerfordernis des § 117 AktG als besondere gesellschaftsrechtliche Deliktsnorm wäre eine Begrenzung der Haftung auf Vorsatz angebracht, um die negativen Folgen einer ausufernden Haftung gegenüber den Anteilseignern zu vermeiden[811].

---

[807] Kritisch auch Martin Peltzer, FAZ 28.09.2001, „Größere Haftung und mehr Transparenz", zu den Schadensersatzregelungen im geplanten 4. Finanzmarktförderungsgesetz: „Sie (Schadensersatzansprüche der Anteilseigner) können nämlich eine Sanierung gefährden und sind auch genau auf ihre Vereinbarkeit mit den Kapitalerhaltungsvorschriften des Aktiengesetzes abzuklopfen." Wegen des exponierten Risikos halte ich die Ersatzfähigkeit von nachteileigen Vermögensdispositionen im Zusammenhang mit dem Anteilserwerb für noch kritischer, wenn Anleger am Neuen Markt sich im „Goldrausch" überschuldet haben, ist dies kein zurechenbares Risiko des Managements der betreffenden Gesellschaft. Zumindest im VC-Markt und anderen Märkten mit einem hohen Ausfallrisiko führt dies dazu, dass solche Schäden über § 254 BGB nur begrenzt ersatzfähig sind. Fraglich wäre hier, inwieweit Banken und Anlageberater haftbar sind.

[808] Vgl. § 37 b WpHG-E und die Begr. zum Gesetzesentwurf der Bundesregierung zum 4. Finanzmarktförderungsgesetz v. 14.11.2001, S. 266.

[809] Bericht Corporate Governance Rn. 186 ff. Eine Zurechnung des Verhaltens gemäß § 31 BGB soll ausgeschlossen werden.

[810] Durch das Urteil des LG Augsburg wurde einem Kleinaktionär von Infomatec zum ersten Mal Schadensersatz wegen falscher sog. Ad hoc-Meldungen zugesprochen, vgl. Fn 8. Als Schaden wurde der Kauf der Aktien angesehen. Juristisch konsequent hat das Gericht dem Kläger den Ersatz des vollen Vertrauensschadens Zug-um-Zug gegen Übereignung der Aktien zugesprochen.

[811] Thümmel, DB 2001, 2331, 2333 befürwortet eine Beschränkung auf vorsätzliches Verhalten, da nur so weiterhin eine schnelle Information der Anteilseigner ohne „Formulierungskunststücke" möglich wäre.

b) Übertragbarkeit der Ergebnisse auf nicht-börsennotierte Start Ups

Auch bei der Bewertung von nicht börsennotierten Unternehmen wird nicht auf den Substanzwert, sondern auf den Ertragswert abgestellt[812]. Mangels „Podium“ und aufgrund des Veräußerungsverbotes wirken sich Imageverluste zunächst unmittelbar und ausschließlich auf das Unternehmen aus, z.B. können Kundenkontakte verloren gehen, die Suche nach künftigen Investoren wird schwieriger.

Sowohl Risikokapitalgeber als auch die übrigen Anteilseigner sind langfristig jedoch nicht an dem über ihre Beteiligung vermittelten Einfluss, sondern an dem Veräußerungswert der Beteiligung interessiert. Falschinformation und Imageschäden führen zumindest im Fall konkreter Transaktionspläne, d.h. dem Kauf oder Verkauf von Anteilen, zu einer mit börsennotierten Unternehmen vergleichbaren Situation.

Risikokapitalgeber sind zwar insbesondere im Falle des Beteiligungserwerbs schützenswert, andererseits haben sie die Möglichkeit, sich wesentlich besser als Anleger an der Börse über die Lage einer Gesellschaft und das damit verbundene Risiko zu informieren. Ein besonderes Schutzbedürfnis besteht bei Arbeitnehmerbeteiligungen, insbesondere wenn diese als Teil des Gehaltes gewährt werden oder kreditiert werden.

Gerade bei nicht börsennotierten Unternehmen bestehen erhebliche Bedenken gegen Direktansprüche der Anteilseigner bei Minderung des Unternehmenswertes bzw. entsprechenden Fehlinformationen. Gegen solche Ansprüche sprechen die fehlende Quantifizierbarkeit, die problematische Kausalität in Verbindung mit der vorrangigen Schutzwürdigkeit der Gesellschaft und das bekannte Risiko einer solchen Investition. In Bezug auf Start Ups ist der Vorrang der Innenhaftung gegenüber der Außenhaftung bei Fehlinformationen über den Unternehmenswert allerdings aus einem anderen Grund problematisch: Ein Ausgleich von Schäden beim Unternehmen kommt, das ist Sinn und Zweck, allen Beteiligten gleichermaßen zugute. Dies bedeutet aber, dass von einem Ausgleich auch und gerade das schädigende Management als Hauptanteilseigner profitieren würde. Dieses Ergebnis erscheint paradox, ergibt sich aber aus der grundlegenden Trennung von Organ- und Gesellschafterstellung. Da es sich vorrangig um Wertungsfragen handelt, bleibt letztlich abzuwarten, wie die Rechtsprechung diese Fälle einordnen wird.

---

[812] Vgl. zu den Methoden nur Wöhe, S. 794 ff. Zu den möglichen Ansprüchen in nicht börsennotierten Gesellschaften vgl. Kowalski, S. 47 ff.

2. Haftung nach Gesellschaftsrecht

§ 43 GmbHG, § 93 AktG sind nach herrschender Meinung in Literatur und Rechtsprechung weder direkte Haftungsgrundlage noch Schutzgesetz[813], mögliche Schadensersatzansprüche gegen die Organe sind nur aufgrund besonderer Anspruchsgrundlagen möglich[814].

a) Spezielle Anspruchsgrundlagen

In der GmbH haftet die Geschäftsführung den Anteilseignern gemäß § 31 Abs. 6 GmbHG bei Verstoß gegen die Kapitalerhaltungsvorschriften[815]. Ein direkter Anspruch besteht, soweit ein Gesellschafter selbst im Rahmen der Ausfallhaftung Zahlungen an die Gesellschaft leisten musste. Da die Organe aufgrund der Doppelstellung vorrangig als Gesellschafter haften, wird diese Haftung in Start Ups zumeist als Ergänzung zum Tragen kommen, soweit die übrigen Gesellschafter der Ausfallhaftung unterliegen[816]. In der Aktiengesellschaft ist eine solche Haftung mangels Einstandspflicht der Anteilseigner nicht gegeben.

§ 117 Abs. 2 AktG normiert einen direkten Anspruch der Aktionäre gegen die Unternehmensverwaltung, der Anspruch ist auf den über den Reflexschaden hinausgehenden Teil beschränkt[817]. Für die GmbH existiert keine vergleichbare Norm[818].

§ 117 AktG erfordert die „Bestimmung" eines Verwaltungsmitglieds[819]. Im Fall einer Doppelstellung greift die Norm somit nicht, wenn ein Mitglied der Verwaltungsorgane im Alleingang handelt, ohne weitere Organmitglieder entsprechend zu beeinflussen[820].

Voraussetzung für eine Haftung ist, dass die Maßnahme kompetenzrechtlich illegal ist: Ansonsten bestünde für jedes Organmitglied, welches Initiator einer

813 Hachenburg - Mertens § 43 Rn. 102; KK - Mertens § 93 Rn. 169; a.A. für die GmbH nur Sonnenschein, S. 176, 159 ff.; Emmerich / Sonnenschein, S. 240.

814 Hüffer § 93 Rn. 19; Hopt, AktG § 93 Rn. 469; Brondics, S. 79 ff.; Hachenburg - Mertens § 43 Rn. 102, 104 f.

815 Lutter / Hommelhoff § 31 Rn. 29 f; Espey / Bitter, S. 79 f.

816 Streitig ist, ob ein Gesellschafter, der nicht Geschäftsführer ist, haftet, wenn er die Auszahlung veranlasst hat: Lutter / Hommelhoff § 31 Rn. 29; Scholz - Westermann, Rn. 31 m.w.N. Bejaht man dieses, bestünden parallele Ansprüche gegen Organ und Gesellschafter.

817 Aktuelle Nachweise bei Hüffer, § 117 Rn. 9. Bei der Norm handelt es sich um einen besonderen deliktischen Anspruch, vgl. KK - Mertens § 117 Rn. 8; Hüffer, § 117 Rn. 2.

818 Vgl. Stein, S. 179. Für eine analoge Anwendung bei faktischen Eingriffen Ziemons, S. 217 ff.

819 Vgl. dazu auch oben Seite 161 f.

820 Möglich ist zwar die „Bestimmung" zu aktivem Handeln als auch zur Duldung, bei faktischem Ausschluss der (anderen) Organmitglieder greift § 117 AktG aber nicht, vgl. Stein, S. 175 f.

Maßnahme ist und die übrigen Organmitglieder insofern beeinflusst, ein zusätzliches Haftungsrisiko gemäß § 117 AktG[821].

b) Treuepflichten gegenüber den Gesellschaftern

Nur eine Mindermeinung in der Literatur vertritt für die GmbH die Auffassung, dass bei einer Verletzung gegenüber den Gesellschaftern bestehender Pflichten direkte Ansprüche analog § 31 GmbHG bestünden[822]. Organschaftliche Treuepflichten gegenüber den Gesellschaftern, welche einen direkten Schadensersatzanspruch begründen könnten, werden von der Literatur dagegen zumindest für Teilbereiche angedacht[823].

Gegen direkte Treuepflichten spricht auch in einem personalistisch organisierten Start Up, dass die Organe nur der Gesellschaft, nicht aber unmittelbar den Gesellschaftern gegenüber verpflichtet ist[824]. Die Befürchtung, dass das erhöhte Haftungsrisiko bei einer Ausdehnung der Schutzwirkung der Organpflichten auf die Gesellschafter die Geschäftsführung lähmen würde[825], gilt in einem Umfeld, in dem schnelle Entscheidungen notwendig sind, um so mehr und hat sicherlich praktische Relevanz, ist aber nicht ausschlaggebend:

Die Doppelstellung führt zwar zu einer Intensivierung der Gleichbehandlungspflichten im Rahmen der organschaftlichen Loyalitätspflicht, dabei handelt es sich aber um eine Modifizierung der organschaftlichen Pflicht gegenüber der Gesellschaft. Eine Ausdehnung des Schutzbereiches der organschaftlichen Treuepflicht auf die Gesellschafter lässt sich wegen der Trennung von Gesellschafter- und Organstellung nicht begründen. Eine direkte Verpflichtung gegenüber den Gesellschaftern besteht insoweit nicht[826]. Nur soweit ein Verwaltungsmitglied seine

---

[821] Bei nahezu jeder Maßnahme, die das unternehmerische Ermessen verletzt, ist von einer Schädigungseignung auszugehen, für den notwendigen bedingten Vorsatz bzgl. des Schadenseintritts soll die Kenntnis davon bereits ausreichend sein, Hüffer § 117 Rn. 7.

[822] So ohne nähere Begründung: Scholz - Schneider § 43 Rn. 212. Ähnlich wohl auch Martens, ZGR 1972, 254, 282.

[823] Baums, S. 230 ff., 248 ff. Scholz - Schneider § 43 Rn. 212; Raiser, ZHR 153 (1989), 1, 12 f; K.Schmidt, JZ 1991, 157, 161. Auch Zöllner, ZGR 1988, 392, 408 f. insbesondere in Fn 58.

[824] Den Ausnahmecharakter von § 117 AktG betonend Hopt, AktG § 93, Rn. 469. Ebenfalls für eine restriktive Haftung Baumbach / Hueck - Zöllner § 43 Rn. 48; vgl. auch Fleischer, AG 2000, 309, 319.

[825] So Mertens, FS Fischer, S. 466 f; a.A. Biletzki, BB 2000, 521, 522, der die „Disziplinierungs- und Präventionsfunktion einer Außenhaftung" begrüßt.

[826] Vgl. Scholz - Schneider § 43 Rn. 211 (mit unbegründeter Einschränkung in Fn 212); Hopt, AktG § 93 Rn. 469; KK - Mertens § 93 Rn. 169; wohl a.A. Baums, S. 232 unter Verweis auf Mestmäcker und Großfeld. Durch die Doppelstellung ist das Organ als Gesellschafter seinen Mitgesellschaftern in Person unmittelbar verpflichtet und haftet ggf. direkt als Gesellschafter, vgl. für Personengesellschaften die Szenarien bei Müller, Hdb. d. Personengesellschaften § 4 Rn. 152.

mitgliedschaftliche Treuepflichten durch Gesellschafterhandeln verletzt, bestehen direkte Ansprüche der übrigen Anteilseigner, allerdings ausschließlich gegen den „Gesellschafter"[827].

3. Vertragliche und vertragsähnliche Ansprüche

Die Organe sind qua Vertrag an die Gesellschaft gebunden und sollen in deren Interesse handeln. An die Interessen der Anteilseigner sind die Organe mittelbar über das „Unternehmensinteresse" gebunden[828]. *Baums* befürwortet eine vertragliche Haftung des (Gesellschafter-)Geschäftsführers zumindest dann, wenn den Mitgesellschaftern individuelle Schäden entstünden, die Gesellschaft nicht hafte und die Organpflichten allein im Interesse der Gesellschafter bestünden[829]. Mit der herrschenden Meinung ist eine Qualifikation des Geschäftsführungsvertrages als Vertrag mit Schutzwirkung zugunsten Dritter abzulehnen[830]. Die Organpflichten beruhen im Übrigen nicht auf dem Anstellungsvertrag, sondern der Organstellung[831].

a) Einzelvereinbarungen

In Start Ups sind wegen des hohen Kapitalbedarfs und der daraus resultierenden Machtstellung der Kapitalgeber i.V.m. den persönlichen Interessen des Managements am Unternehmen individuelle vertragliche Haftungsvereinbarungen mit den Kapitalgebern denkbar und häufig[832].

In Bezug auf Reflexschäden sind solche Vereinbarungen wegen des zwingenden Kapitalerhaltungsprinzips bzw. des Verbotes der Einlagenrückgewähr nicht möglich, es sei denn, das Organ verpflichtet sich zu einer Doppelleistung. Auch in diesem Fall wären wohl die Ansprüche des Unternehmens vorrangig[833].

---

827 Baumbach / Hueck - Hueck / Fastrich § 13 Rn. 31; Scholz - Winter § 14 Rn. 62. Beispiel bei Lutter, ZHR 162 (1998), 164, 172.

828 Vgl. zum Unterschied zwischen Gesellschafts- und Gesellschafterinteresse Seite 96 ff.

829 Baums, S. 248 f; 252. Explizite Bezeichnung des Vertrages als Vertrag mit Schutzwirkung auf S. 250, 1. Absatz. Ähnlich wohl auch Roth / Altmeppen - Altmeppen § 43 Rn. 22; K.Schmidt, § 36 II 4 c, ders. JZ 1991, 157 161.

830 Hachenburg - Mertens § 43 Rn. 108; Scholz - Schneider § 43 Rn. 285 ff.; Baumbach / Hueck - Zöllner § 43 Rn. 48. Eine Ausnahme besteht nach Ansicht der Rechtsprechung im Falle der GmbH&Co. KG und bei stillen Gesellschaften, vgl. BGHZ 75, 321; BGHZ 76, 326, 327 f; BGHZ 100, 190, 193; BGH, WM 1992, 691. Zur Kritik aus der Literatur vgl. nur Grunewald, BB 1981, 581 ff.

831 Vgl. auch Fn 278.

832 Vgl. Weitnauer, Rn. C 11.

833 Vgl. dazu oben Seite 176 ff. Dazu passt auch die Argumentation bei der Ausnahme im Falle einer GmbH&Co. KG: Hier dient die Schutzwirkung dazu, die eigentlich geschädigte Gesellschaft, die KG, zu schützen, vgl. den Nachweis in Fn 830.

Gegen eine Vereinbarung vertraglicher Ansprüche mit einzelnen Gesellschaftern gegen das Organ spricht der Gleichbehandlungsgrundsatz in Verbindung mit dem Verbot des Sondervorteils aus § 243 Abs. 2 AktG, soweit durch die Vereinbarungen einzelne Gesellschafter zu Lasten der übrigen Gesellschafter bevorzugt würden[834].

Bei einer Parallelität von Innenhaftung und vertraglicher Haftung der Organe besteht stets die Gefahr der Gesellschaftsschädigung bzw. die Benachteiligung anderer Gesellschafter: Hat sich beispielsweise ein Organ persönlich für die Rückzahlung eines durch einen Kapitalgeber gewährten Darlehens gemäß § 765 ff. BGB verbürgt, können bei Einforderung der Bürgschaftsleistung mögliche Ansprüche der Gesellschaft bzw. von Minderheiten und Gläubigern bei begrenzter finanzieller Leistungsfähigkeit faktisch wertlos werden[835]. Nach dem heutigem Stand ist eine persönliche Besicherung von Gesellschaftskrediten jedoch zulässig[836].

b) Culpa in contrahendo

Die c.i.c. gemäß § 311 Abs. 2, Abs. 3 BGB nF i.V.m. § 280 Abs. 1 BGB nF ist neben dem Deliktsrecht wichtigste Grundlage der Außenhaftung des Organs gegenüber Gesellschaftsgläubigern[837]. Ein Individualschaden der (werdenden) Anteilseigner kommt insbesondere dann in Betracht, wenn der Gesellschaft neues Eigenkapital oder Fremdkapital zugeführt wird[838].

(1) Meinungsstand

Das aus einer Beteiligung und dem mittelbaren Profit resultierende „wirtschaftliche Eigeninteresse" führt nicht ohne weiteres zu einer Haftung des Gesellschafter-Geschäftsführers aus c.i.c.[839]. Voraussetzung ist, dass fehlendes Vertrauen in die

---

834 In diesem Fall wäre eine Treuepflichtverletzung der Gesellschafter zu prüfen, vgl. unten Seite 208 ff.

835 Vgl. auch oben Seite 178 f.

836 Vgl. nur BGH, ZIP 1994, 1103 ff. Solche Leistungen sind im Krisenfall als Einlage zu qualifizieren, vgl. BGH, ZIP 1995, 124, 125.

837 Bspw. Hoffmann / Liebs, Rn. 833.1 ff.; Baumbach / Hueck - Zöllner § 43 Rn. 4c; Hüffer § 93 Rn. 21 - alle mit weiteren Nachweisen.

838 Zur Möglichkeit einer Haftung der Organe gegenüber den Anteilseignern aus c.i.c., vgl. Zöllner, ZGR 1988, 392, 409 Fn 58. Mangelnde oder falsche Information wird häufig eine Schutzgesetzverletzung darstellen, zur deliktischen Haftung bei Falschinformation unten Seite 185 ff.

839 Vgl. die ausführliche Diskussion bei Steininger, S. 52 ff. Der aktuelle Meinungsstand in Scholz - Schneider § 43 Rn. 226 ff.; Hüffer § 93 Rn. 21; Hopt, AktG § 93 Rn. 497. Die Förderung der Gesellschaft kann schon deswegen nicht haftungsbegründend sein, da das Organ dazu verpflichtet ist.

Gesellschaft durch ein besonderes Vertrauen in das Management kompensiert und dieses Vertrauen verletzt wurde[840]. Ausreichend ist eine fahrlässige Pflichtverletzung[841].

Enge persönliche Bindungen und Zusammenarbeit sind tendenziell dazu geeignet, ein Vertrauensverhältnis und eine haftungsbegründende Schutzbedürftigkeit des Vertragspartners mit entsprechenden Pflichten auszulösen[842]. Nach Ansicht des BGH soll bereits die besondere Zuverlässigkeit des Geschäftsführers ausreichend sein[843].

(2) Problematik in Start Ups

In Start Ups bezieht sich mangels Substanz des Unternehmens das Vertrauen der Anteilseigner, insbesondere der Kapitalgeber, nahezu ausschließlich auf das Management[844]. In personalistischen Gesellschaften wird zudem häufig ein Vertrauensverhältnis zwischen Management und Anteilseignern bestehen. Das Haftungsrisiko aus c.i.c. im Fall von Pflichtverletzungen gegenüber den Anteilseignern, beispielsweise bei Investitionsverhandlungen, ist damit sehr hoch[845].

Eine derart weitgehende Haftung gegenüber den Anteilseignern schon bei leichtester Fahrlässigkeit ist wegen des mehrfach erwähnten Kapitalerhaltungsgebotes und Einlagenrückgewährungsgebotes sehr bedenklich: Auch hier besteht die Gefahr, dass durch eine Inanspruchnahme der Organe der Gesellschaft mögliche eigene Schadensersatzansprüche faktisch verloren gehen[846].

Eine Haftung bei leichter Fahrlässigkeit ist auch deswegen problematisch, weil das besondere Vertrauen in die Organe bei Start Ups systemimmanent ist und gleichzeitig die Schutzwürdigkeit der Kapitalgeber wegen des bekannten Risikos

---

840 Nachweise bei Scholz - Schneider § 43 Rn. 225 f. Notwendig ist ein besonderes Element, um die Direkthaftung des Organs, das an sich nur Vertreter der vertragsschließenden Gesellschaft ist, zu begründen. Im Anschluss an die überwiegende Meinung in Rechtsprechung und Literatur abzulehnen ist die Repräsentantenhaftung, vgl. Nachweise bei Scholz - Schneider § 43 Rn. 224. Diese Auffassung widerspricht völlig dem Konzept der juristischen Person und ist nicht begründbar.

841 BGH, GmbHR 1983, 47 für die Haftung gegenüber Gesellschaftsgläubigern: nur für die Erkennbarkeit der allgemeinen Verkehrsbedürfnisse (=Informationsbedürfnisse) ist ein objektiver Maßstab anzulegen.

842 Vgl. hierzu auch Steininger, S. 93 f.

843 BGHZ 88, 67; BGH, ZIP 1993, 365; dem folgend Brandes WM 1992, Beil. 3, 20.

844 Volk, StuB 2000, 870, 872: „Insofern ist das Management der Schlüsselfaktor für das Unternehmen. Viele Investoren handeln nach dem Motto: 'Lieber ein gutes Management mit einer mittelmäßigen Idee als eine Spitzen-Idee mit einem mittelmäßigen Management!'.“. Vgl. auch Nitschke, S. 1.

845 Denkbar ist insbesondere eine Verletzung von vorvertraglichen Informationspflichten und sonstigen Aufklärungspflichten.

846 Vgl. oben Seite 178 f.

geringer ist. Zumeist wissen die Kapitalgeber auch um die Unerfahrenheit der Organe.

Erwägenswert ist es daher, in Start Ups die Haftung aus c.i.c. auf grobe Fahrlässigkeit zu beschränken. Eine Haftung kommt immer in Betracht, wenn das besondere Vertrauen im Eigeninteresse ausgenutzt wird[847], indem individuelle Profite im Sinne einer Ausnutzung der Organstellung für eigene Zwecke[848], zum Beispiel die Vermeidung oder Rückzahlung eigener Kredite[849], angestrebt werden.

4. Deliktische Haftung

Die Mehrzahl (erfolgreicher) direkter Schadensersatzansprüche von Gläubigern und Anteilseignern findet ihre Grundlage im Deliktsrecht. Punktuell hat der Gesetzgeber Schutzgesetze geschaffen, welche i.V.m. § 823 Abs. 2 BGB Anspruchsgrundlage für direkte Ansprüche der Anteilseigner gegenüber den Organen sein können[850]. Die in der Praxis wohl wichtigste Grundlage ist die Insolvenzantragspflicht[851]. Durch das „Infomatec"-Urteil des Landgerichtes Augsburg wurde die Diskussion über die Voraussetzungen der Sittenwidrigkeit und der Schutzgesetzqualität entsprechender Normen neu entfacht[852].

Mit dem "Baustoff-Urteil" hat der BGH[853] eine deliktische Haftung des Organs aus Organisationsverschulden bzw. Organisationsherrschaft begründet[854]. Das Management einer Gesellschaft habe eine mit seiner Leitungstätigkeit verbundene

---

847 Jedoch kann auch die Beteiligung den erforderlichen individuellen Profit vermitteln: Führt das Management Verhandlungen mit den übrigen oder potentiellen Anteilseignern, ihre Einlage zu erhöhen, um die dadurch entstehende wirtschaftlich verbesserte Lage zu nutzen, eigene Anteile zu verkaufen, ist der erforderliche Vertrauensmissbrauch jedenfalls gegeben.

848 Vgl. die Nachweise in Fn 282.

849 Vgl. Scholz - Schneider § 43 Rn. 226 a mit den anerkannten Fallgruppen.

850 Bezüglich der Schutzgesetzqualität von Normen des StGB ist auf die allgemeine Literatur zu verweisen; die Besonderheiten von Start Ups wirken sich rein theoretisch nicht aus, allerdings besteht wegen der Kumulation der Machtverhältnisse ein gesteigertes Missbrauchsrisiko. Insbesondere bei Fehlinformationen gibt es entsprechende Schutzgesetzen, vgl. Fn 873. Weitgehend befürwortet wird, neben z.B. § 263 StGB, auch die Schutzgesetzqualität des § 266 StGB, vgl. Hopt, AktG § 93 Rn. 475 f. Meines Erachtens ist dies zweifelhaft, das Verhältnis besteht zum einen zwischen Gesellschaft und Organen, zum anderen zwischen Gesellschaftern und Gesellschaft. Die Untreue wird gegenüber der Gesellschaft begangen, nicht gegenüber den einzelnen Gesellschaftern. Anders wäre dies nur, wenn sich die Tathandlung gezielt gegen das Vermögen eines einzelnen Gesellschafters richtet.

851 BGHZ 29, 100, 102 ff; BGHZ 126, 181, 190; BGH, NJW 1995, 398. Zur Konkursverschleppung: ; Altmeppen, ZIP 1997, 1173; Müller, GmbHR 1994, 209; Müsgen, DZWiR 1994, 455; Karollus, ZIP 1995, 269; Flume, ZIP 1994, 337; Uhlenbruck, ZIP 1994, 1153.

852 Vgl. Fn 8 und die ausführliche Erörterung von Möller / Leisch, WM 2001, 1648 ff.

853 BGHZ 109, 297.

854 Vgl. auch BGHSt 37, 106.

Garantenstellung zum Schutze Außenstehender[855]. Die persönliche Haftung aufgrund von Organisationsverschulden wird in der Literatur überwiegend kritisch beurteilt[856]. Im Ergebnis wird durch diese Rechtsprechung, insbesondere im Hinblick auf die Uneinigkeit über die notwendige Organisation, ein extrem hohes Haftungspotential geschaffen[857].

a) Mitgliedschaft als absolutes Recht

Die Mitgliedschaft in einer Gesellschaft ist als absolutes Recht anerkannt und unterfällt dem Schutz des § 823 Abs. 1 BGB[858]. Nach Ansicht der Rechtsprechung und einer Mindermeinung in der Literatur beeinträchtigt jede Verletzung von Organpflichten, die im Interesse der Gesellschafter ausgeübt werden, die Mitgliedschaftsstellung und begründet direkte Schadensersatzansprüche gemäß § 823 Abs. 1 BGB[859]. Nach der Gegenansicht erfasst das Recht auf Mitgliedschaft nur den „verbandsexternen deliktischen Schutz“: Einen „verbandsinternen deliktischen Schutz“ mit Recht auf rechtmäßiges Verhalten der Organe gewähre die Mitgliedschaft nicht[860].

Teile der Literatur differenzieren: Danach schützt das Recht auf Mitgliedschaft nicht gegen bloße Pflichtverletzungen der Organe im Sinne eines Vermögensschutzes, sondern besitzt „organisationsrechtlichen Charakter“[861]. Soweit Herrschafts-, Teilhabe- oder Vermögenszuständigkeiten durch das Handeln der

---

855 Vgl. die Rechtsprechungsübersicht bei Grünwald, S. 23 ff. Zum Meinungsstand in der Literatur Scholz - Schneider § 43 Rn. 229 ff.; Altmeppen, ZIP 1995, 881, 886 f; Medicus, GmbHR 1998, 9, 14 ff.; Haas, S. 211 ff. sowie die Nachweise bei Hopt, AktG § 93 Rn. 502 f.

856 Vgl. die Ausführungen von Grünwald, S. 67 ff.

857 Vgl. auch oben Seite 112 ff. Außerdem ist es widersprüchlich, die Schutzgesetzqualität von § 91 AktG als zentrale Organisationsnorm abzulehnen, vgl. Hüffer, § 91 Rn. 3; Hopt, AktG § 93 Rn. 501; KK - Mertens § 91 Rn. 7, gleichzeitig die Haftung über § 823 Abs. 1 BGB für jeglichen Organisationsfehler auszuweiten.

858 BGHZ 1983, 122, 133 ff.; BGH, NJW 1990, 2877. Vgl. aus der Literatur Staudinger - Hager § 823 Rn. B 141; Wiesner, Münchener Hdb. Aktienrecht § 26 Rn. 29; Hachenburg - Mertens § 43 Rn. 105; Hopt, AktG § 93 Rn. 470.

859 Für einen Schutz bei Verletzung der Gleichbehandlungspflicht, des Rechtes auf Teilhabe am Willensbildungsprozess und von Informationsrechten Mertens in Hachenburg § 43 Rn. 105. Gegen eine Einbeziehung von Informationsrechten in den Schutzbereich die ganz herrschende Meinung, Hachenburg - Hüffer § 1 a Rn. 70, 72; Scholz - Schmidt § 51 a Rn. 48; Rowedder - Koppensteiner § 51 a Rn. 24. Nach Ansicht des BGH ist dagegen eine direkte Haftung der Organe nur ausgeschlossen, soweit sie bindende Mehrheitsentscheidungen ausführten, vgl. BGHZ 110, 323, 333 f.

860 Wiesner, Münchener Hdb. Aktienrecht § 26 Rn. 29; Scholz - Schneider § 43 Rn. 216 m.w.N.

861 Vgl. K.Schmidt, JZ 1991, 157, 159 f; Hopt, AktG § 93 Rn. 471. Zweifelnd auch Staudinger - Hager § 823 Rn. B 143.

Organe verletzt werden, sei ein direkter Anspruch gegen Organmitglieder aus § 823 Abs. 1 BGB gegeben[862].

Für die herrschende Literaturmeinung spricht, dass die Annahme derartig umfassender Schadensersatzansprüche der Konzeption des GmbH- und des Aktiengesetzes widersprechen, wonach die persönliche Außenhaftung der Organe als Ausnahme anzusehen ist[863]. Gegen eine Haftung spricht zudem, dass § 823 Abs. 1 BGB keinen Vermögensschutz beinhaltet - auch nicht über das Recht der Mitgliedschaft.

Trägerin der Rechte und Pflichten gegenüber den Gesellschaftern ist nur die Gesellschaft, nicht das einzelne Organ[864]. Die Handelndenhaftung der Organe entfällt, da bei abstrahierter Betrachtungsweise bei Organhandeln nicht die Person, sondern die Gesellschaft handelt. Diese benötigt mangels eigener Handlungsfähigkeit jedoch eine Art „Werkzeug". Schlicht pflichtwidriges Handeln kann jedoch keine Verletzung des Mitgliedschaftsrechtes darstellen.

Eine Eigenhaftung der Organe gegenüber den Anteilseignern aus § 823 Abs. 1 BGB kommt jedoch in Betracht, wenn das Handeln der Organe in die Kompetenzen der Anteilseigner eingreift[865], da in diesem Fall das Organ nicht mehr „Werkzeug" der Gesellschaft ist. Kompetenzverletzungen der Organe können damit sowohl eine Innen- als auch eine Außenhaftung auslösen.

b) Sittenwidrigkeit

Die Haftung der Organe gegenüber den Anteilseignern gemäß § 826 BGB ist seit langem anerkannt[866]. Die Rechtsprechung hat die Haftung für bestimmte exponierte Personengruppen auf leichtfertiges Verhalten in Bezug auf Informations-,

---

862 Vgl. K.Schmidt, JZ 1991, 157, 160 f. So wohl auch Hopt, AktG § 93 Rn. 473; Reichert / Weller, ZRP 2002, 49, 50; skeptisch Scholz - Schneider § 43 Rn. 216; ihm ist zuzustimmen, dass die bloße Verletzung organisationsrechtlicher Vorschriften für eine Haftung aus § 832 Abs. 1 BGB nicht ausreicht; vgl. dazu auch unten Seite 235 ff.

863 Vgl. dazu auch Hopt, AktG § 93 Rn. 472 f.

864 Vgl. oben Seite 181 ff. Das erkennt auch Mertens in Hachenburg § 43 Rn. 107. Auf die fehlende Sonderrechtsbeziehung abstellend Staudinger - Hader § 823 Rn. B 148, allerdings dehnt er die Haftung auch auf die Organmitglieder aus: „Dies hilft nicht weiter, wenn der Verband insolvent mittlerweile geworden ist oder wenn ein Organ gehandelt hat, das nicht gleichzeitig als Mitglied haftet. Dann allerdings gibt es keinen Grund, den Betroffenen leer ausgehen zu lassen, wenn und soweit er keinen Rechtsbehelf ergreifen konnte, der nicht im Verbandsinnenrecht wurzelt."

865 So in der Argumentation auch Hachenburg - Mertens § 43 Rn. 107, der allerdings wohl zu einer weiteren Haftung gelangt.

866 Vgl. Wiesner, Münchener Hdb. Aktienrecht § 26 Rn. 30; Baums, S. 232 ff.; Hopt, AktG § 93 Rn. 480; RGZ 157, 213, 219; BGHZ 129, 136, 170; BGH, NJW 1996, 658.

Organisations- und Kontrollpflichten stark ausgedehnt[867]. Erforderlich ist aber immer ein Verstoß gegen das sozial- oder rechtsethische Minimum[868].

In Übereinstimmung mit weiten Teile der Literatur sind die Ansprüche der Anteilseigner aus § 826 BGB wegen der Problematik des Reflexschadens auf die Verletzung solcher Pflichten beschränkt, die ausschließlich dem Individualvermögensschutz der Gesellschafter dienen[869]. Individualschutzrechte finden sich insbesondere im Bereich der Informations- und Gleichbehandlungsrechte. Diese besitzen in Start Ups wegen der Doppelstellung des Managements und der besonderen Rolle der Risikokapitalgeber eine besondere Bedeutung.

(1) Gleichbehandlungspflicht

In welcher Form eine Verletzung des Gleichbehandlungsgrundsatzes Schadensersatzpflichten des Organs gegenüber den Anteilseignern auslösen kann, ist umstritten[870]. Die Möglichkeit einer Haftung aus Sittenwidrigkeit ist grundsätzlich anerkannt[871]. Der BGH hat im Rahmen seiner Rechtsprechung zu Informationspflichten betont, dass Sittenwidrigkeit vor allem dann in Betracht komme, wenn „eigensüchtige Beweggründe" vorlägen und Vertrauen missbraucht werde[872].

Wie bei der c.i.c. erhöht die personalistische Struktur in Verbindung mit der Doppelstellung das Risiko der Sittenwidrigkeit: Zum einen wird häufiger ein

---

867 BGH, WM 1992, 1812; BGH, WM 2000, 2447; OLG Zweibrücken, WM 1992, 1604; BGH, GmbHR 1994, 464; OLG Celle, GmbHR 1994, 467; BGH, DB 1988, 2144; OLG Düsseldorf, DB 1990, 475 und GmbHR 1993, 811; BGH, WM 1991, 130. Zur Sittenwidrigkeit der Mittel-Zweck-Relation BGHZ 129, 136, 175; Palandt - Thomas § 826 Rn. 2. Zur Bedeutung der Sittenwidrigkeit im Rahmen des Minderheitenschutzes Staudinger - Oechsler, § 826 Rn. 282 ff. *Koppensteiner* ist der Auffassung, dass die „sanktionslose Duldung" von eigennützigem Organhandeln einer Erlaubnis gleichkommen würde, Geschäftschancen für sich selbst zu nutzen, Koppensteiner, ZHR 155 (1991), 102 f.

868 Soergel, BGB, § 826 Rn. 7; Staudinger - Oechsler § 826 Rn. 38; Erman - Schiemann BGB § 826 Rn. 2.

869 Staudinger - Oechsler § 826 Rn. 312 f. m.w.N.

870 Vgl. hierzu BGH, WM 1991, 2099; Lutter / Hommelhoff § 14 Rn. 30; KK - Mertens § 93 Rn. 172; Hachenburg - Mertens § 43 Rn. 105; Hopt, AktG § 93 Rn. 472 ff. Die Schutzgesetzqualität von § 53 a AktG wird von der h.M. abgelehnt, KK - Mertens § 53 a Rn. 42; Hüffer § 53a Rn. 12; a.A. bei Individualschäden der Aktionäre Henn, AG 1985, 240, 248. Die Schutzgesetzqualität des § 53 a AktG scheitert m.E. daran, dass diese Norm nicht dem *Vermögensschutz* der Aktionäre dienen soll, sondern der Wahrung der Mitgliedschaftsrechte. Auch Teilhabe- und Minderheitenrechte sind teilweise normiert, es fehlt aber die Schutzgesetzqualität: Hoffmann / Liebs Rn. 831.1.

871 Vgl. Scholz - Schneider § 14 Rn. 49 allerdings bezogen auf eine Verletzung durch die Gesellschafter.

872 BGH, WM 1992, 1812; BGH, WM 1979, 878, 883; BGH, GmbHR 1991, 411; BGH, WM 1979, 853, 857; BGH, WM 1970, 399; BGH, WM 1965, 475; BGH, WM 1964, 671; BGHZ 10, 228; 233 f.

Vertrauensverhältnis mit den Anteilseignern bestehen und zum anderen wird wegen der Doppelstellung die Verletzung des Gleichbehandlungsgrundsatzes häufig mit einer Ausnutzung der Organstellung für eigene Zwecke einhergehen. Die Erlangung individueller Vorteile wird häufig Beweggrund für die Verletzung des Gleichbehandlungsgrundsatzes sein. Eine Verletzung des rechtsethischen Minimums wird nur bei Handeln im Eigeninteresse anzunehmen sein.

(2) Informationspflichten

Wie die Vorkommnisse am neuen Markt, aber auch bei anderen börsennotierten Gesellschaften gezeigt haben, können durch Verletzungen von Informationspflichten am ehesten individuelle Schäden einzelner Gesellschafter - ohne Schäden der Gesellschaft - entstehen[873].

Sittenwidrigkeit kommt in Betracht, wenn „der Zusammenbruch des Unternehmens absehbar" war, dies aber Dritten gegenüber verschwiegen wurde[874]. Gegenüber Außenstehenden ist eine Geheimhaltung von Krisensituation gestattet, solange ein „Sanierungsversuch" noch „sinnvoll" ist[875]. Gegenüber den Anteilseignern ist diese weitgehende Zurückhaltung schon wegen der Aufklärungspflicht aus § 49 Abs. 3 GmbHG bzw. § 92 Abs. 1 AktG nicht zulässig[876].

Eine Verletzung des „rechtsethischen" Minimums wird dann anzunehmen sein, wenn das Organ seinen Informationsvorsprung für eigene Zwecke ausnutzt[877]. In diesen Fällen ist auch der erforderliche subjektive Schädigungsvorsatz gegeben[878].

---

873 Martens, ZGR 1972, 254, 277. §§ 399, 400 AktG und § 82 GmbHG stellen bestimmte *Fehlinformationen* unter Strafe und sind nach allgemeiner Meinung Schutzgesetze, vgl. Hüffer, § 93 Rn. 19; BGHZ 105, 121, 123; BGH, BB 1988, 1983; BGH, NJW 1973, 1547, 1549 und Otto AktG § 400 Rn. 4. Die Schutzgesetzqualität von § 88 Abs. 1 Nr. 1 BörsG ist entgegen der Ansicht des LG Augsburg, vgl. Fn 8, abzulehnen, vgl. nur Reichert / Weller, ZGR 2002, 49, 53.

874 Vgl. Stellungnahme und Nachweise bei Hopt, AktG § 93 Rn. 500.

875 KK - Mertens § 93 Rn. 184.

876 Vgl. oben Seite 80 ff. Der Informationspflicht gegenüber den Anteilseignern über den Verlust in Höhe der Hälfte des Grundkapitals gemäß § 49 Abs. 3 GmbHG kommt in der GmbH Schutzgesetzcharakter zu, Baumbach / Hueck - Schulze - Osterloh § 84 Rn. 10; in der AG ist die Schutzgesetzqualität von § 92 Abs. 1 AktG umstritten, vgl. Hüffer, § 93 Rn. 19 m.w.N.; § 92 Rn. 15 m.w.N.; bejahend: Geßler / Hefermehl - Hefermehl § 92 Rn. 24; Hopt, AktG § 92 Rn. 26 ff.; Martens, ZGR 1972, Rn. 282. Zur Schutzgesetzqualität von § 131 AktG: KK - Zöllner § 131 Rn. 100; Hüffer § 131 Rn. 44. Umstritten ist die Schutzgesetzqualität von § 51a GmbHG, Hoffmann / Liebs, Rn. 832.1 sowie Scholz - Schmidt § 51 a Rn. 48.

877 Denkbar ist z.B. ein Verkauf der eigenen Anteile in Krisensituationen, vgl. auch die Angaben in Fn 872 und Hoffmann / Liebs Rn. 832.1

878 Objektiv leichtfertiges Verhalten lässt dagegen alleine noch nicht auf den subjektiven Vorsatz schließen, so aber LG Augsburg, NJW - RR 2001, 1705 und Möllers / Leisch, WM 2001, 1648, 1662. Zur Kritik nur Reichert / Weller, ZGR 2002, 49, 53 m.w.N.

5. Zwischenergebnisse

Die Haftung der Organe gegenüber den Anteilseignern ist abgesehen von § 117 AktG und § 31 Abs. 6 GmbHG auf die allgemeinen deliktischen Haftungsgrundlagen und die Haftung aus Culpa in contrahendo beschränkt. Eine Haftung aus § 823 Abs. 1 BGB wegen Verletzung des Mitgliedschaftsrechts kommt nur in Frage, soweit das Handeln gegen die kompetenzrechtlichen Vorgaben verstößt. Die personalistische Struktur von Start Ups führt wegen der besonderen Vertrauensstellung und Identifikation der Organe mit dem Unternehmen zu einem erhöhten faktischen Haftungsrisiko aus c.i.c., aber auch wegen Sittenwidrigkeit. Eine Haftung gemäß § 826 BGB kommt bei Verletzung von Gleichbehandlungs- und Informationspflichten, insbesondere bei persönlichen Motiven in Betracht, die aufgrund der Doppelstellung häufiger Beweggrund sein werden.

II. Haftung gegenüber Dritten

Ein in der Praxis wichtiger Bereich ist die Außenhaftung der Organe gegenüber außenstehenden Gläubigern[879]. Haftungsbesonderheiten werden in Start Ups eher selten sein, da die internen Gegebenheiten rechtlich nicht nach außen durchschlagen[880]. Eine Haftung kommt generell nur aus § 826 BGB und § 823 Abs. 2 BGB i.V.m. einem Schutzgesetz in Frage[881].

Zu einer Erhöhung des Haftungsrisikos aus c.i.c., aber auch aus Sittenwidrigkeit kann auch hier das besondere Vertrauen in das Management führen[882]. Bei einer Vermischung von persönlichen und geschäftlichen Angelegenheiten durch das Management kommt eine Rechtscheinhaftung in Frage[883].

Start Ups tragen ein wesentlich höheres Insolvenzrisiko als klassische Unternehmen[884]. Fraglich ist, ob das erhöhte Risiko auch zu erhöhten vorvertraglichen Informations-[885] bzw. Aufklärungspflichten führt.

---

879 Zu diesem Bereich: Hachenburg - Mertens § 43 Rn. 110 ff.; Hopt, AktG § 93 Rn. 492 ff.

880 Dies gilt insbesondere für die Frage der Enthaftungsmöglichkeiten mit Wirkung gegenüber Dritten, vgl. dazu Bastuck, S. 102 ff.

881 Bei der Prüfung der Schutzgesetzqualität ist die Zielrichtung der Norm zu beachten, so dass einige Normen als Schutzgesetze entfallen, z.B. § 92 Abs. 1 AktG.

882 Vgl. oben Seite 183 ff.

883 Hopt, AktG § 93 Rn. 494.

884 Vgl. nur Seite 23 f.

885 Vgl. für die Aufklärungspflichten gegenüber externen Gläubigern: Espey / v Bitter, S. 91.

1. Aktive Aufklärungspflichten

Seit der Boom der „New Economy“ und der „Start-Ups“ zunächst einmal vorüber ist, werden mit diesen Begriffen hauptsächlich negative Vorstellungen assoziiert. Eine Aufklärungspflicht über die Eigenschaft als Start Up scheitert schon daran, dass wegen der unklaren Begriffe eine genaue Abgrenzung in der Praxis nicht möglich ist[886]. Die Rechtsprechung zur Aufklärungspflicht bei risikobehafteten Geschäften[887] ist auf Start Ups nicht übertragbar, da anders als beispielsweise bei Warentermingeschäften das Risiko nicht im vermittelten Produkt, sondern im Unternehmen selbst liegt [888]. Das Unternehmen profitiert auch nicht übermäßig von einem Vertragsabschluss. Eine Aufklärungspflicht über das allgemeine Unternehmensrisiko geht daher über die schutzwürdigen Interessen des Vertragspartners hinaus[889]. Im Ergebnis besteht keine aktive Aufklärungspflicht über das Unternehmensrisiko bzw. die Eigenschaft als „Start Up“ oder die Tätigkeit in der „New Economy“.

Die Beurteilung einer Sanierungsfähigkeit ist bei Start Ups noch schwieriger als bei anderen Unternehmenstypen. Der Eintritt der Überschuldung oder Zahlungsunfähigkeit kann aufgrund der im Vergleich niedrigen Eigenkapitalausstattung und der Volatilität der Märkte sehr schnell vonstatten gehen[890]. Insbesondere wenn durch die Generierung neuer Aufträge eine Sanierung bzw. die Einwerbung neuen Kapitals wieder in greifbare Nähe rückt, ist eine aktive Aufklärungspflicht problematisch. Die Frage, wann bei einem Start Up die Grenze der „Sanierungsfähigkeit“ erreicht ist, nach deren Überschreitung eine Haftung aus Sittenwidrigkeit droht[891], ist daher restriktiv zu beantworten. Erst wenn ein Insolvenzantrag bzw. die Zahlungsunfähigkeit unausweichlich ist[892], kommt eine Haftung aus c.i.c. in Betracht[893]. Eine Haftung aus Sittenwidrigkeit wird auf die Fälle beschränkt sein, in denen das Management eigene, nicht dem Unternehmen zugute kommende Interessen verfolgt[894].

---

886 Vgl. Seite 28 ff. Diese Frage wird inzwischen häufig gestellt, eine bejahende Antwort kann ein Unternehmen den Auftrag kosten, da Start Ups inzwischen nahezu mit Insolvenz gleichgesetzt werden.

887 Vgl. die Übersicht bei Scholz - Schneider § 43 Rn. 238 a.

888 Selbstverständlich muss über das Produkt aufgeklärt werden, problematisch ist hier, inwieweit beispielsweise auf die Risiken einer Innovation oder auf Probleme bei der Weiterentwicklung hingewiesen werden muss.

889 Vgl. auch Picot / Aleth, Rn. 224; BGH, NJW 1970, 654.

890 Vgl. auch Seite 127 ff.

891 Vgl. oben Seite 189 ff.

892 Vgl. Picot / Aleth Rn. 225 f; Hachenburg - Ulmer § 64 Rn. 65.

893 Aufgrund der dünnen Kapitaldecke von Start Ups ist die Vereinbarung von Vorleistungen häufig. In diesem Fall sind Aufklärungspflichten und unter den oben genannten Voraussetzungen auch eine Haftung aus Sittenwidrigkeit denkbar. Sehr weitgehend Hopt, AktG § 93 Rn. 500.

894 Vgl. auch K.Schmidt, ZIP 1987, 1497, 1503 f.

2. Falschinformationen

Objektiv wahrheitswidrige Informationen führen zu einer Haftung aus c.i.c. sowie ggf. aus unerlaubter Handlung und Sittenwidrigkeit[895]. Während die Fälschung von Zahlen, Berichten oder Kundendaten immer objektiv wahrheitswidrig ist, ist bezogen auf (Fehl-) Einschätzungen oder Beurteilungen ein weiter Beurteilungsspielraum gegeben.

Benötigt das Unternehmen beispielsweise neues (zyklisches) Kapital, ist eine positive Beantwortung der Frage nach der „Lage des Unternehmens" bis zur Grenze aktiver Aufklärungspflichten zulässig.

3. Zwischenergebnisse

Bezogen auf die Haftung gegenüber außenstehenden Gläubigern gelten weitgehend die allgemeinen Grundsätze. Aufklärungspflichten bezogen auf das erhöhte unternehmerische Risiko bestehen nicht, nur bei Selbstbegünstigung bzw. offensichtlicher Gläubigerschädigung kommt eine entsprechende Haftung in Betracht. Nachfragen müssen wahrheitsgemäß beantwortet werden. Persönliche Einschätzungen, welche ein objektiver Beobachter als unzutreffend einstufen würde, führen, soweit sie auch als solche erkennbar sind, jedoch nicht zu einer Haftung.

---

[895] Aus wirtschaftlicher Sicht könnten Fehlinformation durchaus im Interesse des Unternehmens liegen, da z.B. bei der Akquisition von Fremdkapital möglicherweise höhere Zinsen und Sicherheiten umgangen werden.

§ 7 Fakultative Organe

Als fakultative Organe kommen in Start Ups vor allem Gremien in Frage, die die Interessen der Kapitalgeber wahrnehmen und weitergehende (Leitungs-) Rechte als der Aufsichtsrat in der Aktiengesellschaft besitzen. Fakultative Gremien unterliegen unabhängig von der konkreten Aufgabenstellung nach allgemeiner Auffassung einer besonderen Treuepflicht gegenüber der Gesellschaft[896]. Umstritten ist allerdings, ob es sich um organschaftliche Sorgfalts- und Loyalitätspflichten oder um eine gemilderte allgemeine Treuepflicht handelt[897].

I. Organqualität von fakultativem Aufsichtsrat und Beirat

In Start Ups kommt es häufig vor, dass Gesellschafter, insbesondere die Risikokapitalgeber oder Dritte, einzeln oder gemeinsam, mit oder ohne vertragliche Basis das Management beraten oder in anderer Weise unterstützen. In der GmbH können Rechte der Gesellschafterversammlung zudem auf bestimmte Gremien, wie beispielsweise einen Aufsichtsrat, verlagert werden. Fraglich ist, wann solche Gremien oder Personen Organe im (haftungs-) rechtlichen Sinne sind.

1. Fakultative Organe in der GmbH

Die Kompetenzverteilung in der GmbH ist in weiten Teilen dispositiv und kann weitgehend durch die Satzung bestimmt werden. Die Möglichkeit fakultativer zusätzlicher Organe zur Überwachung und / oder Beratung neben der Geschäftsführung und Gesellschafterversammlung ist unbestritten[898].

Unabdingbar für die Organqualität ist die Regelung des zusätzlichen Gremiums und seiner Kompetenzen durch die Satzung[899]. Die Satzung bzw. der Beschluss

---

[896] Allgemeine Meinung, vgl. Hofbauer, S. 172 f; Voormann, S. 151.

[897] Vgl. zur Diskussion Voormann, S. 146 f.

[898] Vgl. mit ausführlichen Nachweisen Hofbauer, S. 45. Ob dogmatisch eine Differenzierung zwischen Aufsichtsrat und Beirat notwendig ist, vgl. Hofbauer, S. 59, oder ob der fakultative Aufsichtsrat ein Unterfall des Beirates ist, kann dahingestellt bleiben. In dieser Arbeit wird aus systematischen Erwägungen zwischen fakultativem Aufsichtsrat und Beirat unterschieden.
Obligatorisch ist ein Aufsichtsrat nur in der mitbestimmungspflichtigen GmbH nach § 77 BetrVG oder §§ 6, 7, 15 Abs. 2 MitbestG. Aufgrund der erforderlichen Arbeitnehmerzahl von 500 bzw. 2000 Mitarbeitern wird es in Start Ups keinen obligatorischen Aufsichtsrat geben. Tendenziell gelten die Erwägungen zum Aufsichtsrat in der AG, insbesondere gilt auch § 111 Abs. 4 AktG, vgl. Beck'sches Hdb. GmbH - Müller § 6 Rn. 88.

[899] Entweder durch den Gesellschaftervertrag oder einer späteren Satzungsänderung durch die Anteilseigner entsprechend den gesetzlichen Vorgaben der §§ 53 f. GmbHG, §§ 179 ff. AktG durch qualifizierte Mehrheit der abgegebenen Stimmen, vgl. die ausführlichen Nachweise bei Hofbauer, S. 47, allgemein Siebel, Hdb. AR, Rn. C 48; Hoffmann, Rn. 324, 161 ff.; Geßler / Hefermehl - Geßler § 111 Rn. 92 ff.; Voormann, S. 127 ff.

muss dem Gremium bestimmte Aufgaben und Kompetenzen zuweisen und seine Stellung innerhalb der Gesellschaft festlegen[900].

Die Diskussion, ob über § 52 GmbHG i.V.m. §§ 116, 93 AktG die Organhaftung auch auf Beiräte ohne Kontrollfunktionen anwendbar ist[901], beschränkt sich in ihrem Kern auf Beiräte mit weitreichenden Kompetenzen. An deren Organqualität ist jedoch nicht zu zweifeln[902]. Die Frage der Organqualität reiner Beratungsgremien wird dagegen als weniger wichtig eingestuft[903]. Die Praxis zeigt jedoch, welchen Einfluss Berater besitzen und dass ein Bedürfnis nach entsprechender Sorgfalt und Loyalität besteht[904].

Mindestvoraussetzung für eine haftungsrechtliche Organqualität ist ein Minimum an Kompetenz i.S.v. rechtlichen Befugnissen zur Wahrnehmung ihrer Aufgaben. Ausreichend für die Organqualität ist bereits eine Pflicht der Geschäftsführung, sich durch dieses Gremium beraten zu lassen, d.h. sich die Vorschläge zumindest anzuhören, wenn die Möglichkeit der sorgfältigen Wahrnehmung der Aufgaben durch entsprechende satzungsrechtlich verankerte Auskunftsrechte des Gremiums gewährleistet ist. Beratungsgremien ohne entsprechende Kompetenzen sind mangels Gewährleistung der Möglichkeit einer ordnungsgemäßen Pflichterfüllung dagegen keine Organe im haftungsrechtlichen Sinne[905].

---

900 Ausführlich dazu Hofbauer, S. 48 ff. Für die Notwendigkeit der Bestellung und die organisatorische Eingliederung auch Herfs, S. 66 f. Rechte können nur insoweit auf fakultative Organe übertragen werden, soweit diese der Gesellschaftergesamtheit zustehen, vgl. dazu oben Seite 47 ff.

901 Vgl. für die Haftung des Beirates auf Schadensersatz Beck'sches Hdb. GmbH - Müller § 6 Rn. 22; Hachenburg - Raiser § 52 Rn. 358; Lutter / Hommelhoff § 52 Rn. 75.

902 Ausführlich Zöllner in Baumbach / Hueck § 45 Rn. 13. Zu den haftungsrechtlichen Konsequenzen vgl. Seite 193 ff.

903 Vgl. z.B. die Formulierung bei Beck'sches Hdb. GmbH - Müller § 6 Rn. 21: „Die Aufgaben eines schuldrechtlichen Beirates sind sehr viel eingeschränkter als die eines integrierten Beirates. Praktisch bleibt vor allem die Beratung oder die Repräsentation."

904 Vgl. dazu auch die Diskussion um die Leitungspartizipation durch Beratung, oben Seite 153 ff.

905 Gegen eine funktionale Eingrenzung Herfs, S. 65 f. Allerdings geht auch er von einer organisatorischen Eingliederung in die Gesellschaft aus, vgl. S. 71, woraus aufgrund der obigen Überlegungen gewissen Mindestrechte zur sorgfältigen Erfüllung der Aufgabe resultieren. Die Auffassung von Großfeld / Brondics, AG 1987, 293, 305, wonach Überwachungsaufgaben und eine entsprechende Haftung eines laut Satzung nur zur Beratung verpflichteten Beirats nicht ausgeschlossen werden könnten, ist unzutreffend, soweit das Urteil des BGH, WM 1979, 1425, Grundlage ist. Der Beirat hatte in der betroffenen Gesellschaft Mitentscheidungsrechte, weitere typische Aufsichtsratsbefugnisse und umfassende Informationsrechte. Diese Situation ist mit einem Gremium, welches nur beratend tätig wird, nicht vergleichbar. So wohl auch Hölters, DB 1980, 2225, 2226.

2. Fakultative Organe in der AG

Aus § 285 Nr. 9 HGB ergibt sich, dass es auch in der Aktiengesellschaft möglich ist, zusätzliche Institutionen zu schaffen, sog. Beiräte, Verwaltungsräte oder Ausschüsse[906]. Deren Betätigungsfeld ist nach allgemeiner Meinung auf die Beratung von Vorstand und Aufsichtsrat beschränkt[907].

Im Gegensatz zur GmbH sind Kompetenzverschiebungen oder eine Beschränkung der Kompetenzen der gesetzlich vorgesehenen Organe nicht zulässig[908]. Aufgrund der zwingenden Verteilung der Organkompetenzen ist daher die Gewährung von Kompetenzen an zusätzliche Organe in der Aktiengesellschaft nicht möglich[909]. Der Gesetzgeber hat zwar die Einrichtung zusätzlicher Gremien als zulässig erachtet, damit aber noch nicht deren Organqualität begründet. Mangels organisatorischer Relevanz ist eine Organqualität im Sinne einer entsprechenden Haftung dieser Gremien bzw. ihrer Mitglieder daher abzulehnen.

---

[906] Vgl. zu den Aufgabenstellungen Siebel, Hdb. AR Rn. G 26 und Hoffmann-Becking, Münchener Hdb. Aktienrecht § 29 Rn. 18 ff..

[907] Vgl. Hoffmann-Becking Münchener Hdb. Aktienrecht § 29 Rn. 18. Voormann sieht neben der Beratungstätigkeit die Möglichkeit, einen „Prominentenbeirat als „Ersatzaufsichtsrat““ einzurichten, über die gesetzliche fixierte Überwachungsaufgabe hinaus könne eine Überwachungstätigkeit auch auf ein weiteres Organ übertragen werden, vgl. Voormann, S. 10, 61 ff. Voormann verkennt aber, dass die Einrichtung zusätzlicher Überwachungsaufgaben und Befugnisse einen Eingriff in Kompetenzen des Vorstandes oder der Hauptversammlung bedeutet und in der Aktiengesellschaft aus diesem Grunde unzulässig ist, ebenso wie wenn der Beirat in die Kompetenzen des Aufsichtsrates eingreift. In der (mitbestimmten) GmbH stehen weite Teile der Leitungsbefugnis zur Disposition der Gesellschafter, so dass Raum für eine über die des Aufsichtsrates hinausgehende Überwachung bleibt. Weitergehend noch das LG Köln, AG 1976, 329, wonach ein fakultativer Beirat in der AG an der „Vorbereitung, Ausführung und Überwachung von Geschäftsführungsmaßnahmen“ mitwirken dürfe. Dieses Urteil ist im Blick auf das AktG als schlicht falsch zu beurteilen, insbesondere schließt das Gericht auch eine Weisungsbefugnis nicht aus, welche nach dem Aktiengesetz nicht einmal den Gesellschaftern zusteht. Die Information des Beirates, welcher aus einzelnen Gesellschaftern besteht, unterliegt der Grenze des § 93 Abs. 1 S. 2 AktG, zudem wird der Grundsatz der Gleichbehandlung der Aktionäre i.S.d. § 131 Abs. 4 AktG verletzt. Zu Kritik vgl. auch Hommelhoff / Timm, AG 1976, 330 ff.; Hoffmann-Becking, Münchener Hdb. Aktienrecht § 29 Rn. 21, Geßler / Hefermehl - Geßler § 111 Rn. 94.

[908] Herrschende Meinung, vgl. Geßler / Hefermehl -Geßler § 111 Rn. 94; Meyer-Landrut, AktG § 95 Rn. 7; Voormann, S. 24 sowie die Kommentierung und die Nachweise bei Wiesner, Münchener Hdb. Aktienrecht § 19 Rn. 10 f. ; für Aufsichtsratskompetenzen vgl. Siebel, Hdb. AR Rn. G 26. Auch eine Verpflichtung, sich beraten zu lassen, ist nicht zulässig, vgl. Hoffmann Rn. 161, a.A. für ein zwingendes Auskunftsrecht noch Baumbach / Hueck, AktG Vor § 76 Rn. 8. Gleiches gilt für zwingende Vertretungskompetenzen gemäß § 30 BGB in der Satzung, vgl. Wiesner, Münchener Hdb. Aktienrecht § 19 Rn. 11 m.w.N.

[909] Vgl. Hoffmann-Becking, Münchener Hdb. Aktienrecht § 29 Rn. 19; Hüffer, § 23 Rn. 36. A.A. LG Köln, AG 1976, 329; Geßler / Hefermehl - Geßler § 111 Rn. 94.

II. Pflichten- und Haftungsmaßstab

In der Literatur wird die Auffassung vertreten, dass der Verantwortlichkeitsmaßstab an die Herkunft des auf den Beirat übertragenen Rechtes geknüpft ist. Reine Repräsentationsgremien der Gesellschafter und fakultative Beiräte, die nur mit Gesellschaftern besetzt sind, sog. Gesellschafterausschüsse, seien daher nicht an organschaftliche Pflichten gebunden[910].

Die Schaffung eines Beirates dient verschiedenen Zwecken: die Aufteilung bestimmter Aufgaben, die Unterstellung bestimmter Sachkompetenz oder der Ausschluss bestimmter Gesellschafter von bestimmten Aufgaben. In allen Fällen sind die übrigen Gesellschafter schutzwürdiger als sie dies bei einer Entscheidung in der Gesellschafterversammlung wären, da sie insoweit auf die Arbeit des Beirates vertrauen (müssen). Die Wahrnehmung von Gesellschafterrechten durch Organe besitzt somit eine andere, mit der Arbeit von Geschäftsführung oder Aufsichtsrat vergleichbare Qualität[911].

Durch die Übertragung von Rechten der Geschäftsführung und / oder Gesellschafterversammlung zu Lasten anderer Gesellschafter auf einen Beirat in der Satzung wird nicht nur ein fakultatives Organ geschaffen, die übertragenen Gesellschafterrechte werden gleichzeitig zu Organrechten[912]. Die Gegenansicht, welche eine Organhaftung des mit Gesellschaftern besetzten Beirates ablehnt, vermengt die Diskussion um die Haftung von fakultativen Organen mit der Frage der Haftung der Gesellschafter bei Wahrnehmung von Leitungsrechten bzw. der Haftung der Gesellschafterversammlung[913].

Der Beirat unterliegt als Organ bei Wahrnehmung von Leitungspflichten entsprechend der herrschenden Meinung den Sorgfaltspflichten der Organe[914], selbst wenn er ausschließlich mit Gesellschaftern besetzt ist und Rechte der Gesellschafterversammlung wahrgenommen werden.

Die Intensität der Loyalitätspflichten von Geschäftsleitung und Aufsichtsrat als Verwaltungsorgane ist in ihrer Grundstruktur auch in personalistischen Gesell-

---

910 Mertens, FS Stimpel, 417, 418 f.

911 Dies gilt entgegen der Ansicht von Rinze, NJW 1992, 2790, 2792 auch für die personalistische Gesellschaft: Auch hier besteht die Gefahr, dass Minderheitsgesellschafter benachteiligt werden, der persönliche Kontakt, welcher seiner Ansicht dagegen spricht, erhöht die Gefahr von Differenzen, vgl. Seite 96.

912 So auch Voormann, S. 147, zur dogmatischen Begründung ausführlich S. 188 f. Bei Überwachungsaufgaben ebenfalls Großfeld / Brondics, AG 1987, 293, 305. Vgl. auch die praktischen Erwägungen Raisers in Hachenburg § 52 Rn. 357.

913 Gegen eine Haftungserleichterung für Gesellschafter als Beiratsmitglieder in der GmbH&Co. KG auch Rinze, NJW 1992, 2790, 2794 f. Vgl. zur Begründung auch Seite 59 ff.

914 H.M. vgl. nur Hachenburg - Raiser § 52 Rn. 358; so wohl auch Großfeld / Brondics, AG 1987, 293, 305.

schaften unterschiedlich[915]. Welcher Maßstab anwendbar ist, hängt davon ab, ob Leitungs- oder Überwachungsaufgaben wahrgenommen werden, bei gleichzeitiger Wahrnehmung von Geschäftsleitungs- und Überwachungsaufgaben wird aufgrund der Untrennbarkeit der Person tendenziell von einer höheren Loyalitätspflicht[916] und einem höherem Sorgfaltsmaßstab auszugehen sein. Für den fakultativen Aufsichtsrat gilt gemäß § 52 GmbHG der Sorgfaltsmaßstab der §§ 116, 93 AktG wohl auch, wenn begrenzt zusätzliche Leitungsfunktionen wahrgenommen werden[917]. Maßstab für die Sorgfaltspflicht ist die individuelle Qualifikation und aufgrund der unterschiedlichen Gestaltungsmöglichkeiten die Intensität des Einflusses.

III. Haftungsmilderung

Da das Gesetz für die GmbH kein zwingendes duales System von Leitung und Überwachung vorsieht, ist gemäß § 52 Abs. 1 GmbHG die Möglichkeit einer Haftungsmilderung gegeben. Da die Gesellschafter nur Rechte in der Form, wie sie ihnen zustehen, übertragen können, sind zwar Haftungsbeschränkungen, aber kein vollständiger Haftungsausschluss möglich[918]. Soweit Leitungsaufgaben durch Beiräte oder einen fakultativen Aufsichtsrat wahrgenommen werden, ist eine Milderung des Haftungsmaßstabes durch die Satzung nur eingeschränkt nach Maßgabe des § 43 GmbHG möglich[919].

---

915 Vgl. oben Seite 85 ff.

916 Vgl. auch BGH, WM 1964, 1320, 1321: Wettbewerbsverbot für ein mit Geschäftsführungsaufgaben betrautes Beiratsmitglied; sowie Dreher, JZ 1990, 896, 899 f; Reichert / Schlitt, AG 1995, 241, 248; Wardenbach, S. 82. Für Mitglieder von institutionellen Kapitalgebern kann ein Wettbewerbsverbot oder ein Verbot, Mandate in konkurrierenden Unternehmen wahrzunehmen, zu einem Problem werden, vgl. die entsprechende Diskussion bei Bankenvertretern, Lutter, ZHR 145 (1981), 224 ff.; Ulmer, NJW 1980, 1603 ff.; Werner, ZHR 145 (1981), 252 ff.

917 Beck'sches Hdb. GmbH - Müller, § 6 Rn. 65; für eine funktionale Haftung Mertens, FS Stimpel, 417, 419. Wegen der Verknüpfung von Qualifikation und Sorgfaltsmaßstab ist die funktionale Haftung abzulehnen, vgl. oben Seite 143 ff.

918 Vgl. zum Streit Konzen, NJW 1989, 2984; Beck'sches Hdb. GmbH - Axhausen, § 5 Rn. 215; Voormann, S. 199 f. und Bastuck, S. 97 ff. Keinesfalls ist eine Milderung unterhalb des für die Gesellschafter geltenden Niveaus möglich, vgl. zur Verschwiegenheitspflicht Baumbach / Hueck - Zöllner § 85 Rn. 11 und 17

919 Im Rahmen der Außenhaftung gilt immer der Maßstab des § 43 GmbHG, vgl. Lutter / Hommelhoff § 43 Rn. 2; Baumbach / Hueck - Zöllner § 43 Rn. 5. Vgl. zur Haftung der Gesellschafter unten Seite 208 ff. Tendenziell gegen eine Milderungsmöglichkeit der Leitungshaftung: Hachenburg - Raiser § 52 Rn. 364; Großfeld / Brondics AG 1987, 293, 305 f; Bastuck, S. 90 ff. A.A. Zöllner in Baumbach / Hueck § 43 Rn. 1 d; Schneider - Scholz, § 43 Rn. 184 ff. Für die Praxis der wichtigste Unterschied dürfte die zwingende Beweislastregelung sein, vgl. Baumbach / Hueck - Zöllner § 43 Rn. 24.

IV. Zwischenergebnis

Auch die Mitglieder der fakultativen Organe in der GmbH unterliegen je nach Funktion den für Management und Überwachungsorgane geltenden Sorgfalts- und Loyalitätspflichten. Eine Milderung über die Satzung ist allerdings möglich.

Kapitel 4 Die persönliche Haftung von Gesellschaftern, „faktischen Organen“ und einflussnehmenden Dritten

Die Frage der persönlichen Haftung der Gesellschafter ist in Start Ups in zweierlei Hinsicht relevant: Zum einen können die Organe aufgrund ihrer Doppelstellung die Organhaftung durch Kompetenzverlagerung auf die Gesellschafterversammlung insbesondere in der GmbH, aber auch in der Aktiengesellschaft umgehen. Nach der gesetzlichen Kompetenzverteilung ist in der GmbH eine weitreichende Verlagerung der Geschäftsführung auch rechtlich zulässig[920]. Die „Organe“ bleiben gleichzeitig aber einflussnehmende Person. In der Aktiengesellschaft verbietet das Gebot der eigenständigen Leitung eine solche Kompetenzverlagerung, nichtsdestotrotz ist ein Haftungsausschluss über §§ 119 Abs. 2, 93 Abs. 4 AktG möglich. Zum anderen können und werden die Risikokapitalgeber wegen der Finanzierungsnot als Gesellschafter zumeist über den Aufsichtsrat hinaus und möglicherweise auch außerhalb der Gesellschafterversammlung Einfluss auf die Geschäftsführung nehmen.

§ 8 Gesellschafterhaftung

Die Haftung der Anteilseigner für ihre Einflussnahme auf die Geschäftsführung wird seit einigen Jahren für die GmbH intensiv diskutiert[921]. Die Gesellschafterhaftung hat verschiedene Facetten und Anknüpfungspunkte. Dogmatisch wird zwischen der Struktur- oder Zustandshaftung und der Verhaltenshaftung bzw. der Durchgriffshaftung für Verbindlichkeiten der Gesellschaft und der eigenständigen persönlichen Haftung von Gesellschaftern oder Dritten für schuldhaftes und fehlerhaftes Verhalten unterschieden[922].

Bei der Mehrzahl der Ansprüche handelt es sich um Innenhaftungsansprüche. Eine Außenhaftung gegenüber Dritten kommt nur in Missbrauchsfällen bzw. nach den allgemeinen zivilrechtlichen Normen in Betracht[923]. Gegenüber den Mitgesellschaftern ist darüber hinaus auch eine Schadensersatzhaftung aus Verletzung der gegenseitigen Treuepflicht denkbar. Rechtlich ein Sonderfall, in der Praxis jedoch von größter Bedeutung, ist das Aktienkonzernrecht mit seinen Regelungen zum Gläubigerschutz.

---

920 Vgl. auch Seite 167 ff.

921 Vgl. z.B. die Arbeit von Ziemons, S. 57 ff.

922 Für eine Trennung auch Roth, ZGR 1989, 421, 429; Ulmer, ZIP 2001, 2021, 2026 f. Zur Unterscheidung im qualifiziert faktischen Konzern Hommelhoff, ZGR 1994, 395, 416 f. Vgl. auch Jula, INF 2001, 433, der zwischen Einstandspflichten bei Verstößen gegen die Grundsätze der Kapitalaufbringung und -erhaltung und Verstößen gegen die gesellschaftsrechtliche Treuepflicht unterscheidet.

923 Vgl. Jula, INF 2001, 433, 436 ff. Vgl. dazu unten Seite 225 f.

I. Konzernhaftung der Risikokapitalgeber und Gründer

Denkbar ist wegen des großen Einflusses zunächst eine Haftung der Risikokapitalgeber aus Konzernrecht[924]. Ein Vertragskonzern oder auch eine Mehrheitsbeteiligung der Risikokapitalgeber wird als Haftungsgrundlage ausscheiden[925].

Während der Vertragskonzern mit seiner allgemeinen Verlustausgleichspflicht eine Durchgriffshaftung im Innenverhältnis aufgrund der Struktur begründet, knüpft die Haftung im einfach und qualifiziert faktischen Konzern an den Eingriff und nicht an die Abhängigkeit an[926]. § 317 Abs. 1 AktG enthält eine verschuldensunabhängige Veranlassungshaftung der herrschenden Gesellschaft[927].

1. Abkehr vom qualifiziert faktischen GmbH - Konzern

Häufige Grundlage einer persönlichen Haftung der Gesellschafter gegenüber außenstehenden Gläubigern im GmbH-Recht, war der „qualifiziert faktische GmbH-Konzern", in dem § 302 AktG mit seiner Verlustübernahmepflicht analog gelten sollte[928]. Der BGH hat mit dem „Bremer Vulkan"-Urteil eine Wende vollzogen und eine Anwendung des Aktienkonzernrechts auf die GmbH grundsätzlich abgelehnt[929] und stützt eine mögliche Haftung seitdem (wieder) auf das

---

924 Reigber / Thyssen, VW 1999, 1852, 1854.

925 Vgl. oben Seite 27. Im Falle eines Beherrschungsvertrages i.S.d. § 291 AktG bestehen mit den §§ 308 - 310 AktG sehr detaillierte Haftungsregelungen. Umstritten ist deren Anwendung auf den GmbH-Konzern, vgl. Emmerich / Habersack § 308 Rn. 8; § 309 Rn. 4.

926 A.A. noch Hommelhoff, ZGR 1994, 395, 417 f, der u.a. wegen der Gefahr der Ausdehnung der Haftung außerhalb von Unternehmensverbindungen eine Verhaltenshaftung ablehnt. Im GmbH-Recht hat die Bremer-Vulkan-Entscheidung, welche eine Anwendung des Aktien-Konzernrechts auf die GmbH ablehnt, und einen Konzernsachverhalt als nicht notwendig erachtet, jedoch den Charakter als Verhaltenshaftung verdeutlicht, vgl. dazu Altmeppen, ZIP 2001, 1837, 1846, der explizit den Haftungsgrund im fehlerhaften Verhalten und nicht in der Unterkapitalisierung sieht. Zum Streit und der Entwicklung in der Rechtsprechung vgl. Hüffer, § 302 Rn. 8.

927 Emmerich / Habersack § 317 Rn. 5, 17. Der Charakter als eine Art Leitungshaftung wird durch § 317 Abs. 2 AktG betont, welcher im faktischen Konzern auch bei nachteiligen Maßnahmen von einer Ausgleichspflicht absieht, wenn die Maßnahme im Rahmen des unternehmerischen Ermessens lag. Eine Haftung für Organisationsverschulden wird dadurch nicht begründet; dem Vertreter muss also zumindest ein bewusstes Unterlassen nachweisbar sein.

928 Vgl. nur die Nachweise bei Hüffer § 302 vor Rn. 6.

929 BGH, NJW 2001, 3622; dazu Altmeppen, ZIP 2001, 1837 ff.; Bitter, WM 2001, 2133 ff.; Goette, DStR 2001, 1857; Ulmer, ZIP 2001, 2021 ff. Meines Erachtens ist oder war eine Analogie zu § 302 AktG, als Strukturhaftungsnorm - vgl. Hüffer § 302 Rn. 5 - im qualifiziert faktischen Konzern grundsätzlich zweifelhaft, da nicht die Abhängigkeit, sondern die Einflussnahme haftungsauslösendes Moment ist, wie der BGH in der Entscheidung TBB betont hat, auch wenn die Einflussnahme eine dauerhafte ist bzw. die Auswirkungen nicht mehr zu konkretisieren ist, vgl. BGHZ 122, 123, 130. Während nach der älteren Rechtsprechung schon die dauerhafte und umfassende Leitung eine Vermutung der Nachteilszufügung begrün-

Prinzip der Durchgriffshaftung[930]. Angesichts der Entwicklung in der Rechtsprechung ist das Aktienkonzernrecht beim (qualifiziert) faktischen Konzern nicht mehr auf die GmbH anwendbar, so dass die folgenden Erwägungen nur für Start Ups in Form der Aktiengesellschaft gelten.

Im faktischen GmbH-Konzern stützt sich ein Haftungsanspruch ggf. auf eine Verletzung der Treuepflicht des beherrschenden Gesellschafters. Nach Ansicht von Teilen der Literatur finden die Maßstäbe des § 311, 317 AktG entsprechende Anwendung[931]. Die fehlende Vergleichbarkeit von GmbH- und Aktienkonzern spricht jedoch auch hier gegen eine Übertragung.

2. Unternehmenseigenschaft

Beherrschendes Unternehmen gemäß § 17 AktG kann nur sein, wer die erforderliche Unternehmenseigenschaft besitzt.

a) Qualifikation als Konzernmutter

In der Mehrzahl handelt es sich bei Risikokapitalgebern um juristische Personen, deren Unternehmenszweck in der Finanzierung von Unternehmen bzw. in der Kapitalbeteiligung besteht. Voraussetzung für ein Unternehmen i.S.d. Konzernrechts ist, dass neben der Beteiligung an der Aktiengesellschaft anderweitige wirtschaftliche Interessenbindungen bestehen, welche potentiell zu einer nachteiligen Einflussnahme auf die beherrschte Gesellschaft führen können[932]. In Anlehnung an die Qualifikation von Holding-Gesellschaften ist bei professionellen Risikokapitalgesellschaften wegen der Mehrzahl der Beteiligungen eine Unternehmenseigenschaft jedenfalls gegeben[933].

b) Unternehmenseigenschaft von natürlichen Personen

Möglich ist auch, dass eine natürliche Person Unternehmen i.S.d. § 15 AktG ist und somit dem Konzernrecht unterliegt. Voraussetzung ist die unternehmerische Betätigung außerhalb der Gesellschaft, insbesondere die „maßgebliche“ Beteili-

---

det hatte, ausreichend war dazu bereits die Doppelstellung als Gesellschafter-Geschäftsführer, vgl. BGHZ 115, 187, 195, verlangte der BGH nun, dass die Leitungsmacht in einer Weise ausgeübt werde, „die keine angemessene Rücksicht auf die eigenen Belange der abhängigen Gesellschaft nimmt“.

930 Vgl. Wilhelm, NJW 2003, 175 ff. Zur Durchgriffshaftung Seite 225 f.

931 Scholz - Emmerich Anh Konzernrecht Rn. 73; Emmerich / Habersack Anh. I § 318 Rn. 30.

932 Hüffer § 15 Rn. 8, Emmerich / Habersack, § 15 Rn. 10 mit umfangreichen Nachweisen.

933 Vgl. zur Unternehmenseigenschaft der Holding-Gesellschaften Emmerich / Habersack § 15 Rn. 16.

gung an anderen Unternehmen, wobei nach herrschender Meinung auch die Beteiligung an einem Tochterunternehmen der eigenen Gesellschaft ausreicht[934].

Für die erforderliche „Maßgeblichkeit" der Beteiligung ist nach einer Ansicht eine tatsächliche Leitungstätigkeit erforderlich[935], laut anderer Ansicht ist die Möglichkeit der Einflussnahme ausreichend[936]. Diese ist jedenfalls bei Mehrheitsbesitz gegeben, auch Minderheitsbesitz kann jedoch gegebenenfalls ausreichen[937].

Folge ist, dass nicht nur Risikokapitalgeber, auch bei Eigenschaft als natürliche Person, sondern auch die Gründer „Unternehmen" im Sinne des Konzernrechts sein können. Dies ist jedenfalls dann der Fall, wenn sie gleichzeitig an einem Tochterunternehmen mehrheitlich beteiligt und dort im Management oder auch Aufsichtsrat maßgebend tätig sind.

3. Bedeutung von Optionsrechten

Häufig besitzen die Kapitalgeber keine bzw. nicht ausschließlich direkte Beteiligungen, sondern Optionsrechte. Fraglich ist, ob diese eine Rolle bei der Frage der Einflussnahme bzw. sogar der Anteilsberechnung spielen.

Konzernrechtlich bestimmt sich der Anteilsbesitz eines Unternehmens anhand der Anteile am Nennbetrag des Stamm- oder Grundkapitals[938]. Optionsrechte vermitteln jedoch noch keine mitgliedschaftlichen Pflichten und Rechte, sondern lediglich einen schuldrechtlichen Anspruch[939].

Die für ein Eingreifen des Konzernrechts maßgebliche gesellschaftsrechtlich vermittelte Einflussmöglichkeit eines herrschenden Unternehmens wird durch Optionsrechte nicht vermittelt, aus diesem Grund müssen diese bei der Berechnung der Anteils- oder Kapitalmehrheit außer Betracht bleiben[940].

Allerdings können Optionsrechte, soweit sie als Wandel- oder Optionsanleihe ausgestaltet sind[941], den faktischen Einfluss erheblich steigern, da ggf. insbeson-

---

[934] Jüngst BGH, BB 2001, 1597 ff.; kommentiert von Demuth, 1758 f. Vgl. Emmerich / Habersack § 15 Rn. 12 ff.

[935] Mülbert, ZHR 163 (1999), 1, 33 f. m.w.N.

[936] Ausführlich KK - Koppensteiner § 15 Rn. 21 ff.; Münchener Hdb. Aktienrecht - Krieger § 68 Rn. 8.

[937] Vgl. dazu Seite 204 ff.

[938] Emmerich / Habersack § 16 Rn. 10 f.

[939] Hüffer § 221 Rn. 56.

[940] Windbichler, AktG § 17 Rn. 50 m.w.N. Atypische stille Beteiligungen wirken sich ebenfalls nicht auf die Beteiligungsquote aus, a.A. nur Bezzenberger / Schuster, ZGR 1996, 481, 498 f, können aber wegen des Einflusspotentials in Verbindung mit einer Minderheitsbeteiligung zu einer Abhängigkeit führen, vgl. KK - Koppensteiner § 17 Rn. 69; auch Windbichler, AktG § 17 Rn. 42 m.w.N.

[941] Vgl. die Nachweise in Fn 41.

dere der Entzug von Kapital bei der Wandelanleihe nicht im Interesse des beteiligten Managements ist[942]. Insofern können sie Bedeutung bei der Ermittlung eines beherrschenden Einflusses im Falle einer Minderheitsbeteiligung erlangen.

4. Beherrschung durch Gründer oder Risikokapitalgeber

Im Falle des Mehrheitsbesitzes wird eine Abhängigkeit des Unternehmens gemäß § 17 Abs. 2 AktG vermutet. Ausreichend für eine Mehrheitsbeteiligung ist gemäß § 16 Abs. 1 AktG die Mehrheit der Stimmrechte[943]. Ausreichend ist auch die mittelbare Abhängigkeit, das heißt die Beherrschung mit Hilfe eines Dritten. Ein typischer Fall wären Stimmbindungsverträge mit anderen Gesellschaftern[944]. Dies kann in Start Ups insbesondere dann ausschlaggebend sein, wenn das Management oder die Risikokapitalgeber Stimmrechte beteiligter Arbeitnehmer wahrnehmen[945].

a) Fehlende Beherrschung der Gründer trotz Mehrheitsbesitz

Die sog. „Gründer" halten zumeist die Mehrheit der Unternehmensanteile. Abgesehen von dem Fall einer Mehrmütterschaft, der in Bezug auf das Verhältnis von Risikokapitalgeber und einzelnen Gründern kaum gegeben sein wird[946], kann es jeweils nur ein herrschendes Unternehmen geben. Beherrschung durch den Risikokapitalgeber und Beherrschung durch die bzw. einzelne Gründer schließen sich damit gegenseitig aus.

§ 17 Abs. 2 AktG konstatiert nur eine Abhängigkeitsvermutung. Deren Widerlegung ist in der Praxis jedoch relativ schwierig: Erforderlich ist, dass der Mehrheitsanteilseigner wegen entsprechender Satzungsbestimmungen auf Dauer keinen Einfluss auf die Besetzung des Aufsichtsrates und damit der Geschäftsführung nehmen kann. Eine Entlastungsmöglichkeit besteht auch, wenn fehlende Stimm-

---

[942] Vgl. oben Seite 35.

[943] Windbichler, AktG § 16 Rn. 34. Vgl. insgesamt auch Emmerich / Habersack § 16 Rn. 21 ff.

[944] Zur mittelbaren Abhängigkeit KK - Koppensteiner § 17 Rn. 27 ff.; Windbichler, AktG § 17 Rn. 57 f; Emmerich / Habersack § 17 Rn. 26.

[945] Vgl. auch Weitnauer, Rn. D 58.

[946] Erforderlich ist über eine gemeinsame Interessenlage und Leitungsmacht hinaus, dass Umstände bestehen, die „eine auf Dauer gesicherte, beständige und einheitliche Einflussnahme einer Gruppe von Müttern oder aller Mütter auf die gemeinsame Tochter erwarten lassen". Vgl. dazu Emmerich / Habersack, § 17 Rn. 29 ff. mit umfangreichen Nachweisen. Bei Gründern und Risikokapitalgebern fehlt zumeist schon die gemeinsame Interessenlage, vgl. oben Seite 35 f, eine konstante einheitliche Willensbildung ist weitgehend auszuschließen. Möglich erscheint der Zusammenschluss mehrerer Kapitalgeber, auch werden die Umstände jedoch genau zu prüfen sein. Möglich kann jedoch eine Mehrmütterschaft durch mehrere Gründer sein, allerdings müsste hier die konstante einheitliche Willensbildung gewährleistet sein, die Erfahrungen in der Praxis sprechen eher gegen diese Annahme, vgl. auch oben Seite 96 f.

rechte oder besondere Mehrheitserfordernisse auf Dauer einen beherrschenden Einfluss verhindern[947]. Tatsächliche Umstände, welche diesen Einfluss verhindern, reichen jedoch nicht aus[948].

Eine Widerlegung der Abhängigkeitsvermutung bei Mehrheitsbesitz eines Gründers kommt damit nur in Betracht, soweit eine beherrschende Stellung als Gesellschafter über die Satzung bzw. auf vertraglicher Grundlage ausgeschlossen ist[949].

b) Beherrschung der Risikokapitalgeber aufgrund der faktischen Machtstellung

Fraglich ist, ob die wirtschaftliche Abhängigkeit des Start Ups von den Risikokapitalgebern, insbesondere im Fall einer zusätzlichen mezzaninen Finanzierung, in Verbindung mit personellen Verflechtungen durch Aufsichtsrats- oder Beiratsmitgliedschaft ausreicht, um die Kapitalgeber trotz Minderheitsbeteiligung als herrschendes Unternehmen gemäß § 17 AktG zu qualifizieren[950]. Erforderlich für die Qualifikation als sonstiges Beherrschungsmittel ist, dass die Risikokapitalgeber einen einer Mehrheitsbeteiligung entsprechenden Einfluss auf die Besetzung von Vorstands- bzw. Geschäftsleiterpositionen und damit auf die Unternehmenspolitik haben[951].

(1) Personelle Verflechtungen

Die bloße Mitgliedschaft von Gesellschaftern oder von diesen entsandten Personen im Aufsichtsrat reicht für eine Beherrschung bei Minderheitsbeteiligung nicht aus. Notwendig ist, dass der Gesellschafter maßgeblichen Einfluss ausüben kann[952]. Dies wird zumeist nur der Fall sein, soweit die entsandten Mitglieder die Mehrheit bzw. die Hälfte der Stimmrechte in dem Gremium besitzen[953].

---

947 Hüffer § 17 Rn. 21 f; Münchener Hdb. Aktienrecht - Krieger § 68 Rn. 58; KK - Koppensteiner § 17 Rn. 84.

948 Münchener Hdb. Aktienrecht - Krieger § 68 Rn. 56; Emmerich / Habersack § 17 Rn. 36. Vgl. auch KK - Koppensteiner § 17 Rn. 100.

949 Vgl. nur KK - Koppensteiner, § 17 Rn. 86 ff.

950 Dies ist jedenfalls zu bejahen bei Optionen auf bereits bestehende Anteile in Verbindung mit entsprechenden Abreden zwischen Veräußerer und Erwerber, vgl. Windbichler, AktG § 17 Rn. 26.

951 Vgl. Emmerich / Habersack § 17 Rn. 18 f.

952 Windbichler, AktG § 17 Rn. 47 m.w.N.

953 Windbichler, AktG § 17 Rn. 46. Die erforderliche Interessenausrichtung auf die Interessen des Kapitalgebers wird in den allermeisten Fällen gegeben sein. Weitergehend Münchener Hdb. Aktienrecht - Krieger § 68 Rn. 42, 47. Die Einzelheiten sind streitig, vgl. auch KK - Koppensteiner § 17 Rn. 52

(2) „Kreditbeziehungen"

Auch Kreditbeziehungen bzw. finanzielle Abhängigkeiten begründen nach ganz herrschender Lehre kein Abhängigkeitsverhältnis i.S.d. § 17 AktG[954]. Wird im Fall einer Minderheitsbeteiligung ein „ohnehin schon bestehender gesellschaftsinterner Einfluss durch das Hinzutreten außergesellschaftsrechtlicher Druckmittel zu einem beherrschenden Einfluss"[955], können wirtschaftliche Abhängigkeiten in Ausnahmefällen eine Abhängigkeit im konzernrechtlichen Sinne begründen[956].

(3) Stellungnahme

Die Frage der Abhängigkeit eines Start Ups von einem Risikokapitalgeber wird je nach Konstellation unterschiedlich zu beurteilen sein. Ein Entsendungsrecht zum Aufsichtsrat reicht jedenfalls noch nicht aus[957]. Möglich ist jedoch die Begründung einer Abhängigkeit bei Kumulation verschiedener faktischer Einflussmomente und konkreter finanzieller Abhängigkeit[958]. Eine solche wird insbesondere dann in Betracht kommen, wenn der Kapitalgeber neben einer direkten Beteiligung in größerem Umfang Fremdkapital gewährt hat. Die finanzielle Abhängigkeit ist anders als bei Liefer- oder Kreditbeziehungen gesellschaftsrechtlich vermittelt, da Kredite oder Finanzhilfen ausschließlich wegen der Beteiligung gewährt werden und nicht, wie z.B. bei Banken, auch ohne Gesellschafterstellung.

Eine Mehrheitsbeteiligung des Managements oder auch einzelner Gründer steht einer Abhängigkeit nicht entgegen, soweit diese nicht ihrerseits als „beherrschendes Unternehmen" zu qualifizieren sind: Anders als bei klassischen Unternehmen gewährt die Mehrheitsbeteiligung dem Unternehmen nicht einen entsprechenden Schutz und den Gründern nicht den entsprechenden Einfluss, soweit die Finanzierung durch den Mehrheitseigner nicht gesichert ist[959]. Soweit das Unternehmen finanziell von einem Investor abhängig ist, kann der daraus resultierende Einfluss, insbesondere soweit besondere Mitspracherechte und Entsendungsrechte für die Aufsichtsgremien vereinbart werden, zu einer Abhängigkeit im Sinne des § 17 AktG führen. Dies gilt nicht, soweit an dem Unternehmen weitere Investoren mit entsprechendem Einfluss und finanziellem Potential beteiligt sind.

---

954 Ausdrücklich Hüffer, § 17 Rn. 8 m.w.N. Anders noch Meulenbergh, S. 194 f, der eine konzernrechtliche Haftung des Kreditgebers bejaht, soweit dieser über das „Kreditschutzinteresse" hinaus Einfluss auf die Unternehmensleitung nimmt, vgl. ders. S. 200 ff.

955 BGHZ 90, 381, 397.

956 BGHZ 90, 381, 397; Windbichler, AktG § 17 Rn. 40.

957 Anders jedoch, wenn aufgrund von Satzungsvereinbarungen die Mehrheit bei der Aufsichtsratsbesetzung beim Kapitalgeber liegt, vgl. dazu unten Seite 203 f.

958 Gegen die Begründung einer „kombinierten Beherrschung" KK - Koppensteiner § 17 Rn. 56.

959 Die Erwägungen des BGH, der eine Beherrschung bei anderweitiger Beteiligung von 44 % ausgeschlossen hat, vgl. BGHZ 90, 381, 397, treffen insoweit nicht zu.

II. „Organhaftung" des Risikokapitalgebers

Handelt es sich bei dem Risikokapitalgeber um eine juristische Personen, wird der unmittelbare Einfluss auf das Start Up bzw. sein Management häufig durch die Organe, bei professionellen Risikokapitalgebern aber auch durch Angestellte oder die Eigentümer des Kapitalgebers ausgeübt. Wegen der im Vergleich zu Privatpersonen zumeist größeren finanziellen Potenz der Gesellschaft stellt sich die Frage, ob und wie die Kapitalgeber als eigentlicher Interessenträger und Initiator der Einflussnahme neben oder anstelle der direkt involvierten Personen haften[960]. Außerhalb einer Konzernverbindung wäre eine organschaftliche Haftung denkbar, soweit der Risikokapitalgeber, auch soweit es sich um eine juristische Person handelt, als „faktisches Organ" qualifiziert werden kann.

1. Organqualität des Risikokapitalgebers

Eine juristische Person handelt durch ihre Organe. Letztlich steht dahinter immer eine natürliche Person[961]. Sowohl die Mitglieder eines Aufsichtsrats gemäß § 100 Abs. 1 AktG als auch die des Vorstandes gemäß § 76 Abs. 3 S. 1 AktG bzw. der Geschäftsführung gemäß § 6 Abs. 2 S. 1 GmbHG müssen de lege lata natürliche Personen sein; nach herrschender Ansicht gilt dieser Grundsatz allgemein im gesamten Körperschaftsrecht[962]. Jedoch zeigt die Konstruktion der GmbH&Co. KG, dass die Geschäftsführung und damit auch Organeigenschaft einer juristischen Person nicht per se ausgeschlossen ist[963].

---

960 So auch Roth, ZGR 1989, 421, 430: „ Der Beklagte wurde hier als Angestellter und Beauftragter der Kommanditistin tätig. Rechtsfolgen aus dem geschäftsführendem Handeln müssen ihn persönlich treffen, die Risikobelastung aus der Einflussnahmekraft der Kapitalbeteiligung gebührt jedoch der Kommanditistin, der sein Handeln zuzurechnen ist. Allgemein gilt: Immer wenn der aktive Gesellschafter seinerseits eine Gesellschaft oder sonstiges Unternehmen ist und durch Hilfspersonen tätig wird, hat man sich zu entscheiden, ob die Haftung des Handelnden oder des Geschäftsherrn interessengerechter erscheint.".

961 Staudinger - Weick Einl zu §§ 21 ff Rn. 50.

962 Hachenburg - Raiser § 52 Rn. 30; Lutter / Hommelhoff § 52 Rn. 9; Scholz - Schneider § 52 Rn. 159; Rowedder - Koppensteiner § 52 Rn. 8; a.A. bei fakultativen Organen und entsprechender Satzungsbestimmung Baumbach / Hueck - Zöllner § 52 Rn. 23.

963 Vgl. bspw. Stein, S. 43 f: „Wer die tatsächlichen Machtverhältnisse in der Gesellschaft als ausschlaggebend betrachtet, kann als faktisches Organ nur Personen ansehen, deren einflussreiche Stellung in der Gesellschaft ihnen ungehinderte Einwirkung auf die Gesellschaft ermöglicht, also vor allem Mehrheitsaktionäre bzw. -gesellschafter oder die herrschende Konzerngesellschaft.". Vgl. dazu Staudinger - Weick § 27 Rn. 8 m.w.N. Die Frage der organschaftlichen Haftung gegenüber der KG wird vornehmlich bezogen auf die natürliche Person, nämlich den Geschäftsführer der GmbH, und nicht die juristische Person, obwohl diese eigentliches Organ die GmbH ist, diskutiert und eine direkte Haftung mit der Schutzwirkung des Anstellungsvertrages der GmbH mit ihrem Geschäftsführer zugunsten der KG begründet, vgl. bspw. Sudhoff, § 15 Rn. 2 f. und 112 ff. Die zivilrechtliche Haftung trifft nach wohl allgemeiner Meinung über § 31 BGB (auch) die GmbH, Tillmann Rz. 283 ff. Der Diskussionsschwer-

Aus strafrechtlicher Sicht scheidet dagegen die Organhaftung einer juristischen Person aus[964].

Organhaftung erfordert grundsätzlich Eigenverschulden[965]. Ist die handelnde natürliche Person Organ des Risikokapitalgebers, erfolgt die Zurechnung des Handelns über § 31 BGB. In diesem Fall liegt entsprechendes Handeln und Eigenverschulden der juristischen Person vor, so dass diese zumindest im zivilrechtlichen Sinne „faktisches Organ" ist. Dies gilt jedoch nicht, wenn die handelnde natürliche Person kein Organ, sondern lediglich Angestellter der Gesellschaft ist. Zwar kann das Eigenverschulden grundsätzlich auch darin liegen, dass ein bestimmtes Verhalten im Verantwortungsbereich des Organs geduldet wird. „Faktisches Organ" ist mangels „Verantwortungsbereich" aber nur derjenige, der selbst aktiv Einfluss auf die betroffene Gesellschaft bzw. ihre Organe ausübt[966]. Ob auf diese Person wiederum Einfluss genommen wird, ist zunächst unerheblich. Ein direkter Durchgriff bedürfte einer besonderen Begründung, welche bei Nichtorganen fehlt[967].

2. Organhaftung

Eine Haftung des Risikokapitalgebers als faktisches Organ ist entsprechend den oben getätigten Ausführungen immer dann abzulehnen, wenn es sich um kompetenzrechtlich erlaubte Eingriffe und Einflussnahmen, z.B. über formal korrekte Weisungen der Gesellschafterversammlung, handelt[968]. Im Fall kompetenzrechtlich illegaler Eingriffe verbleibt die von der Gesellschafterstellung unabhängige Frage, welche Intensität die Einflussnahme besitzen muss, um von einer „faktischen Organstellung" zu sprechen[969].

---

punkt auf der (Organ-) Haftung des GmbH-Geschäftsführers erklärt sich aus dem Bemühen, zusätzliche Schuldner zu finden, da die Komplementär-GmbH schon als Gesellschafter gemäß §§ 128, 161 Abs. 1 HGB unbeschränkt haftet, vgl. Sudhoff, § 11 Rn. 5 und Hüffer, ZGR 1981, 348, 354, der sich aus diesem Grund mit möglichen Ansprüchen der GmbH gegen ihren Geschäftsführer auseinandersetzt. Ein möglicher Anspruch ergibt sich dogmatisch konsequent jedoch nicht aus einer möglichen Minderung des Beteiligungsrechtes, sondern es handelt es sich um Regressansprüche wegen der direkten Ansprüche der KG gegen die GmbH als ihr eigentliches Organ, welche der Geschäftsführer wiederum zu vertreten hat. So zutreffend Tillmann Rz. 281.

[964] Scholz - Schneider § 43 Rn. 275; Tillmann Rz. 284.

[965] Vgl. Fn 751.

[966] Möglich ist, dass durch aktive Einflussnahme weitere Pflichten geschaffen werden, vgl. KK - Mertens § 93 Rn. 12, wonach die Führung von Sanierungsverhandlungen unter Ausschluss des Vorstandes ggf. auch eine Insolvenzantragspflicht nach sich ziehe.

[967] So gibt es nach allgemeiner Ansicht keinen umgekehrten Durchgriff auf die Gesellschaft für Verbindlichkeiten ihres Gesellschafters, vgl. nur Baumbach / Hueck - Hueck / Fastrich § 13 Rn. 18. Zur Haftung im Konzern vgl. auch Seite 229 ff.

[968] Vgl. Fn 248.

[969] Dazu unten Seite 231 ff.

III. Haftung aus Treuepflichtverletzung

Aus Treuepflichtverletzungen können dem Grunde nach unbestritten Schadensersatzansprüche gegenüber der Gesellschaft, aber auch gegenüber den Mitgesellschaftern resultieren. Jedoch soll eine Schadensersatzhaftung bei treuwidriger Ausübung des Stimmrechts in der Aktiengesellschaft nach Ansicht eines Teils der Literatur aufgrund § 117 Abs. 7 Nr. 1 AktG ausgeschlossen sein[970].

§ 117 Abs. 7 AktG schließt jedoch nur eine deliktische Haftung aus, soweit das Handeln kompetenzrechtlich erlaubt ist. Dafür spricht, dass auch die Einflussnahme durch die beherrschende Gesellschaft im Falle eines Beherrschungsvertrages ausgenommen ist. Die beherrschende Gesellschaft haftet jedoch ohne Zweifel aus Konzernrecht. Der Ausschluss in § 117 Abs. 7 AktG rechtfertigt damit keinen generellen Haftungsausschluss.

Bezogen auf die gegenseitige Haftung der Anteilseigner wird die Schadensersatzhaftung bei Ausübung des Stimmrechts in der Praxis jedoch ohnehin nicht viel Bedeutung erlangen, da sie subsidiär gegenüber möglichen Anfechtungsansprüchen ist[971].

1. Treuepflichten gegenüber der Gesellschaft und gegenüber den Gesellschaftern

Eine klare Differenzierung zwischen den Treuepflichten gegenüber der Gesellschaft und gegenüber den Mitgesellschaftern ist kaum möglich, da die verschiedenen Pflichtenkreise sich teilweise decken und ineinander übergehen[972]. Die Ansprüche der Gesellschaft besitzen aus den oben genannten Gründen Vorrang[973]. Bei der Ausübung von eigennützigen Rechten werden die (Loyalitäts-) Pflichten gegenüber den Mitgesellschaftern zumeist im Vordergrund einer Haftungsdiskussion stehen, da die Interessen des Unternehmens zumeist nicht tangiert sind. Aber auch bei der Ausübung uneigennütziger Leitungsrechte kommen Loyalitätspflichten gegenüber den Mitgesellschaftern in Betracht[974].

---

[970] Vgl. nur Jilg, S. 92 ff. m.w.N.

[971] Allgemeine Meinung, vgl. nur Scholz - Schmidt § 47 Rn. 33 und das Grundsatzurteil BGHZ 129, 136 ff.

[972] Vgl. zu dieser Problematik Lutter, ZHR 162 (1998), 164, 177 ff.

[973] Vgl. oben Seite 176 ff. So auch Emmerich / Habersack, Anh. I § 318 Rn. 27.

[974] Grundlegend zur gegenseitigen Treuepflicht der Anteilseigner Winter, S. 130 ff. Vgl. auch BGHZ 103, 184 ff.

2. Loyalitäts- und Sorgfaltspflichten der Anteilseigner

Vergleichbar mit der Pflichtenbindung der Aufsichtsratmitglieder ist für die konkrete Pflichtenbindung im Einzelfall entscheidend, ob eigennützige oder uneigennützige Rechte ausgeübt werden[975]. Bei der Ausübung eigennütziger Rechte unterliegt der Gesellschafter geringeren Bindungen, muss aber jedenfalls in der Mehrpersonengesellschaft die Schranken einer „willkürlichen oder unverhältnismäßigen Rechtsausübung"[976] einhalten.

Die Anteilseigner haben nach allgemeiner Auffassung die Pflicht, die Interessen der Gesellschaft zu fördern und dem Unternehmensinteresse zuwiderlaufende Maßnahmen zu unterlassen[977]. Die Treuepflichten gegenüber den Mitgesellschaftern führen dazu, dass auf die „gesellschaftsbezogenen Interessen der Mitgesellschafter Rücksicht" genommen werden muss, auch hier intensiviert sich die Loyalitätspflicht nach Maßgabe der Realstruktur[978]. Wie intensiv die Treuepflichten in einer personalistischen Gesellschaft sind, ist nicht abschließend geklärt. Nach einer weitverbreiteten Ansicht sollen jedoch zumindest die Anteilseigner mit maßgeblichem oder beherrschendem Einfluss von der Intensität ähnlichen Loyalitätspflichten wie ein Organ unterliegen[979].

Trotz der allumfassenden Bezeichnung „Treuepflicht" geht es um zwei verschiedene Fragen, die Frage der anzuwendenden Sorgfalt und die Frage der Loyalität, d.h. die Frage der Rangfolge von Eigen- und Gesellschaftsinteressen[980].

a) Loyalitätspflichten

Fraglich ist, ob die Loyalitätspflichten der Gesellschafter und die der Organe wirklich vergleichbar sind: Die organschaftliche Loyalitätspflicht dient der

---

975 Vgl. Lutter, ZHR 162 (1998), 164, 168; Baumbach / Hueck - Hueck / Fastrich § 13 Rn. 27 ff.

976 Hüffer, § 53a Rn. 16. Zu der Begrenzung bei eigennützigen Rechten ausführlich Winter, S. 121 ff.

977 Vgl. Meinungsstand bei Lutter, ZHR 162 (1998), 164, 167 f; Wiesner, Münchener Hdb. Aktienrecht § 17 Rn. 5; Hachenburg - Raiser § 14 Rn. 55; Scholz - Winter § 14 Rn. 58; Jilg, S. 66 sowie BGHZ 65, 15 (ITT); BGHZ 80, 69 (Süssen), BGHZ 1989, 162 (Heumann / Ogilvy); BGHZ 129, 136 (Girmes). Vgl. auch Scholz - Schneider, § 43 Rn. 125 und 153.

978 Ziemons, S. 144 m.w.N. Zur Frage inwieweit auch private Interessen mit Bezug zur Gesellschaft zu berücksichtigen sind Lutter, AcP 180, 84, 128 f.

979 Zu erhöhten Treuepflichten ausführlich Friedewald, S. 131 ff. Vgl. zum Wettbewerbsverbot Scholz - Schneider § 43 Rn. 126 a; Rowedder - Koppensteiner § 43 Rn. 57; befürwortend auch Friedewald, S. 140 ff.; Lawall, S. 102 ff.; Scholz - Winter § 14 Rn. 59 sowie Scholz - Schneider § 43 Rn. 126 a. Differenzierend Lutter / Hommelhoff § 14 Rn. 23; Priester, ZGR 1993, 512, 531. Gegen Wettbewerbsverbote Olbing / Binnewies, GmbH-StB 2001, 59, 61.

980 Vgl. Fn 225. Ziemons beschränkt sich z.B. ausschließlich auf die Frage der anzuwendenden Sorgfalt, vgl. dort S. 81 ff., während bspw. Baumbach / Hueck - Hueck / Fastrich § 13 Rn. 27 die mitgliedschaftliche Treuepflicht auf Loyalitätsaspekte beschränken.

Verhinderung einer persönlichen, individuellen Bereicherung eines Dritten zum Schaden der „Gesellschaft“ i.S.d. Kollektivs. Die Verfolgung von Individualinteressen durch das Organ ist in der Regel unzulässig und haftungsbegründend, nur in Ausnahmefällen, z.B. bei Gehaltsverhandlungen, dürfen auch Individualinteressen verfolgt werden, auch dort ist das Unternehmensinteresse zu beachten[981].

Anders als die Geschäftsleitung oder die Organe sind Anteilseigner von der Konzeption her nicht „neutral“, sondern werden immer auch ihre eigenen Interessen im Blick haben[982]. Das für die Loyalitätspflicht der Organe maßgebende Gleichbehandlungsgebot im Sinne einer Neutralitätspflicht besteht für die einzelnen Anteilseigner nicht[983]. Die Verfolgung von Individualinteressen ist in der Regel zulässig, deren Begrenzung die Ausnahme, weshalb Gesellschafter bis zur Grenze des Sondervorteils zu Lasten der Gesellschaft oder anderer Gesellschafter eigene Interessen verfolgen dürfen[984].

Nach der Grundkonzeption des Gesetzes unterliegen damit Organe und Anteilseigner unterschiedlichen „Treuepflichten“[985].

b) Sorgfaltspflichten und -maßstab

Sorgfaltspflichten der Anteilseigner werden nur in der GmbH-rechtlichen Literatur und Rechtsprechung diskutiert, was sich aus den formell sehr beschränkten Einwirkungsmöglichkeiten der Anteileigner in der Aktiengesellschaft erklärt[986]. Soweit sich Sorgfaltspflichten jedoch aus der mitgliedschaftlichen Treuepflicht ergeben, gelten die Erkenntnisse bei gleicher Gesellschaftsstruktur grundsätzlich entsprechend, auch wenn die Anwendungsfälle in der Aktiengesellschaft wesentlich beschränkter sein werden.

---

981 Die Geschäftsführer fungieren als Treuhänder für fremdes Vermögen, entsprechend streng sind die Maßstäbe, vgl. Raiser, § 14 Rn. 80.

982 Vgl. Rowedder - Koppensteiner § 43 Rn. 58.

983 OLG Celle, AG 1974, 83, 84; Hüffer, § 53 a Rn. 4. Missverständlich Lutter / Hommelhoff, § 14 Rn. 30, welcher nicht ausreichend zwischen Organ- und Gesellschafterpflichten differenziert. Das Gleichbehandlungsgebot bindet allerdings die Hauptversammlung bzw. Gesellschafterversammlung als Organ, vgl. KK - Lutter Vorb. § 53 a Rn. 5.

984 Vgl. Rowedder - Koppensteiner § 43 Rn. 58. Vgl. Winter, S. 105; Brüls-Dehin, S. 119 ff.; Baumbach / Hueck - Hueck / Fastrich § 13 Rn. 27. Ausführlich zu § 243 AktG: MüKo AktG - Hüffer § 243 Rn. 69 ff.; zur Rechtsprechung Henze Rn. 1085 ff. Dieser Grundsatz gilt auch oder insbesondere für die GmbH, vgl. Zöllner in Baumbach / Hueck - Zöllner Anh § 47 Rn. 46 m.w.N.

985 Zum Unterschied zwischen Organ- und mitgliedschaftlichen Pflichten vgl. auch Winter, S. 120. Differenzierend für die Einmann-Gesellschaft Ulmer, ZHR 148 (1984), 391, 414.

986 Sorgfaltspflichten werden fast durchgängig nur bei der Ausübung von uneigennützigen Rechten in Betracht kommen, vgl. auch Jilg, S. 66.

(1) Meinungsstand

Rechtsprechung und Literatur sprechen sich in unterschiedlichem Umfang für eine entsprechende Beurteilung des Handelns der Gesellschafter anhand der Grundsätze des unternehmerischen Ermessens und einem der Geschäftsführung entsprechenden Sorgfaltsmaßstab aus[987].

Gegen eine entsprechende Sorgfaltspflicht wird eingewandt, dass diese unverhältnismäßig und nicht gesetzlich begründbar sei und faktisch eine Ausübung des Mitverwaltungsrechtes verhindere[988]. Auch die haftungsbefreiende Wirkung von Weisungen bzw. das Fehlen einer §§ 43 GmbHG, 93 AktG entsprechenden Norm spreche gegen eine organähnliche bzw. organschaftliche Haftung der Anteilseigner[989].

Andere lehnen Sorgfaltspflichten der Gesellschafter gegenüber der Gesellschaft ab, gegenüber den Mitgesellschaftern sei die Mehrheit bei der Ausübung von uneigennützigen Rechten jedoch zumindest an den Gesellschaftszweck gebunden[990].

(2) Stellungnahme

Sorgfaltspflichten und Sorgfaltsmaßstab sind, wie bereits oben erläutert, zwar eng miteinander verknüpft, wegen der unterschiedlichen Ansatzpunkte jedoch getrennt zu betrachten[991].

---

987 Vgl. Wilhelm, NJW 2003, 175, 178 ff.; OLG Düsseldorf, ZIP 1996, 1083, 1088; zustimmend Bork, EWiR § 47 GmbHG 1 / 96, 555 f; Ziemons, S. 139 ff. mit umfangreichen Nachweisen auf S. 165; ähnlich für die GmbH Immenga, S. 264 ff.; Hachenburg - Raiser § 14 Rn. 61; Scholz - Winter § 14 Rn. 62. Baumbach / Hueck - Hueck / Fastrich § 13 Rn. 31. Undifferenziert Lutter, ZHR 153 (1989), 446, 453, der zwar auf die Pflichten der Organe verweist, sich im Folgenden aber auf die Loyalitätspflichten beschränkt. Teilweise wird auch die Auffassung vertreten, eine wie auch immer geartete Sorgfaltspflicht bestehe nur, soweit Gläubiger geschädigt würden, Roth / Altmeppen - Altmeppen § 43 Rn. 54 ff.

988 Für einen geminderten zivilrechtlichen Sorgfaltsmaßstab Ulmer, ZIP 2001, 2021, 2028; für eine Anwendung des § 708 BGB Thöni, GmbHR 1989, 191 f. Gegen vergleichbare Sorgfaltspflichten Lutter / Hommelhoff § 43 Rn. 53; Rowedder - Koppensteiner § 43 Rn. 5; Scholz - Schneider § 43 Rn. 16 f; Konzen, NJW 1989, 2977, 2982; Röhricht, FS 50 Jahre BGH, 83, 105; Fleck, ZGR 1990, 31, 36.

989 Ulmer, ZHR 148, 391, 414 f; ders., GmbHR 1984, 256, 262 f; auch Immenga, S. 278 ff.

990 Lutter / Hommelhoff § 43 Rn. 53. Weitergehend die Einschränkungen der Mehrheitsmacht nach Ansicht Lutters, ZHR 162 (1998), 164, 169, in Blick auf die Abberufung der Geschäftsführung: „Normale menschliche Schwächen und selbst das allgemeine Urteil ‚weniger gut' muss die Minderheit jedenfalls in einer solchen [personalistischen] Struktur hinnehmen, offensichtliche Unfähigkeit aber nicht.".

991 Vgl. oben Seite 143.

(2.1) Sorgfaltsmaßstab

Auch *Ziemons* verlangt ausdrücklich keine entsprechende wirtschaftliche oder kaufmännische Qualifikation: „Erforderlich ist nur, dass sich die Gesellschafter in nachvollziehbarer Weise Gedanken über die Folgen ihrer Weisung machen und ihre Entscheidung daran ausrichten[992]. Wesentlich einfacher wird die Problematik aber nicht, vor allem wenn *Ziemons* trotz dieser Einschränkung die Einhaltung des unternehmerischen Ermessensspielraums fordert. Dieser wird nach ihrer Auffassung aber schon bei (bestandsgefährdenden) Risikogeschäften, „bei denen ein günstiger Verlauf entweder überhaupt nicht oder mit geringer Wahrscheinlichkeit erwartet werden kann" oder die die Grenzen der „tolerablen wirtschaftlichen Risikofreudigkeit" überschreiten, verlassen[993]. Abgesehen davon, dass diese starren Grenzen den Anforderungen im Wirtschaftsleben nicht gerecht werden und gesetzlich auch nicht verankert sind[994], stellt sich die Frage, wie ein Gesellschafter ohne entsprechende Qualifikation diese Fragen denn beantworten soll. Und wer soll beurteilen, ob er sich im Rahmen seiner Kenntnisse und geistigen Fähigkeiten ausreichend Gedanken gemacht hat und ob seine Gedanken nachvollziehbar sind? *Ziemons* verkennt die Verknüpfung von Qualifikation und Sorgfaltsmaßstab. Diese hat mangels gesetzlicher Qualifikationsanforderungen an die Gesellschafter zur Folge, dass auch der Sorgfaltsmaßstab bei Entscheidungen der Anteilseigner grundsätzlich geringer ist.

Das Interesse, die Gesellschafter im Rahmen ihrer Möglichkeiten zu größtmöglicher Sorgfalt anzuhalten, führt aber - entsprechend dem Sorgfaltsmaßstab für Aufsichtsratsmitglieder - zu einem Anstieg des Sorgfaltsmaßstabes individuell abhängig von den subjektiven Fähigkeiten und Kenntnissen[995].

(2.2) Sorgfaltspflichten

Die Orientierung am Unternehmensinteresse, das sich wesentlich anhand der Interessen der Anteilseigner bestimmt, bedeutet, dass den Gesellschaftern eine einvernehmliche Schädigung der Gesellschaft im Eigeninteresse erlaubt ist, soweit die gesetzlichen Regelungen beachtet und keine Drittinteressen gefährdet werden[996]. Im Falle des Dissenses wird die Macht der einzelnen Gesellschafter

---

[992] Auch Ziemons, S. 143,

[993] Ziemons, S. 143.

[994] Vgl. oben Seite 89 ff.

[995] Ähnlich wohl auch BGH, NJW 1976, 191, 192, welches unter Verweis auf die Eigenschaft als Großunternehmen den Sorgfaltsmaßstab des § 43 GmbHG annahm. Vgl. auch Winter, S. 110 f. Weitergehend für vergleichbare Sorgfaltspflichten im Sinne des Ermessensspielraums von Aufsichtsrat und Gesellschafterversammlung OLG Düsseldorf, ZIP 1996, 1083, 1088. Vgl. dazu oben Seite 143 ff.

[996] Vgl. Seite 98 ff.

durch den Minderheitenschutz bzw. die Loyalitätspflicht gegenüber den übrigen Anteilseignern begrenzt: Eigeninteressen dürfen die Gesellschafter, insbesondere bei der Ausübung eigennütziger Rechte, zwar durchsetzen bzw. fördern, jedoch nur in einer Art und Weise, die weder das Unternehmen noch Mitanteilseigner schädigt[997].

Grenze der Mehrheitsmacht ist der Unternehmensgegenstand und der Unternehmenszweck[998]: Es widerspräche dem Verbot des „venire contra factum proprium", sich an einer Gesellschaft mit bestimmter Ausrichtung zu beteiligen, diese Ausrichtung jedoch ohne vorherige Abstimmung über eine Satzungsänderung qua Mehrheitsmacht einfach zu ignorieren.

Darüber hinaus mag rechtsethisch eine gewisse Rechtfertigung und rechtstatsächlich ein Bedürfnis bestehen, Gesellschafter, die die Geschäftsführung anstelle eines qualifizierten Geschäftsführers dilettantisch wahrnehmen, einer entsprechenden Haftung zu unterwerfen und damit auch eine sorgfältige Entscheidungsvorbereitung zu verlangen.

Dagegen spricht, dass der Gesetzgeber den Gesellschaftern einer GmbH weitgehende Rechte zugestanden hat, ohne sie einem entsprechendem Sorgfaltsmaßstab zu unterwerfen. Das Fehlen einer entsprechenden Norm ist angesichts der weitgehenden Kompetenzen sehr aussagekräftig. Es besagt zwar nicht, dass die Anteilseigner keinerlei Haftung unterworfen wären, eine entsprechende Anwendung des organschaftlichen Sorgfaltsmaßstabes scheidet jedoch aus[999].

Problematisch ist auch die unklare Grenze zwischen der Ausübung von Gesellschafterrechten und aktiver unternehmerischer Tätigkeit, bei der ein entsprechender Sorgfaltsmaßstab gerechtfertigt wäre. So würde wohl kaum jemand auf die Idee kommen, von Aktionären eine entsprechende Sorgfalt zu verlangen, auch wenn sie über Vorlagen gemäß § 119 Abs. 2 AktG entscheiden. Man könnte nun entgegenhalten, dass in diesem Fall, anders als bei der GmbH, die Kompetenzverschiebung vom Vorstand ausging, dies würde aber bedeuten, dass ein entsprechender Sorgfaltsmaßstab nur greifen würde, wenn die Gesellschafter einer GmbH aktiv in die Geschäftsführung eingreifen, nicht aber, wenn der Geschäfts-

---

997 Vgl. Hachenburg - Raiser § 14 Rn. 55; Baumbach / Hueck - Hueck / Fastrich § 13 Rn. 27; Scholz - Winter § 14 Rn. 56; zu den Grenzen bei eigennützigen Rechten Rn. 57. Weitergehend Henn, Rn. 921 aE: „Entgegen manchen systemkritischen Äußerungen über die Anteilseigner, gleich ob sie die Mehrheit verkörpern, eine gesetzlich bevorzugte Minderheit darstellen oder Einzelaktionär sind, üben sie ihre Rechte immer nur im Rahmen des Wohls der Gesellschaft aus. Jedes Überschreiten dieses Rahmens stellt Missbrauch dar, der den gefassten Hauptversammlungsbeschluss anfechtbar macht.". Das Beispiel von Lutter, vgl. Fn 990, von familiärer Solidarität der Mehrheit gegenüber unfähigen Geschäftsführern wird in den von Lutter bezeichneten Extremfällen wohl auch aus Loyalitätsgesichtspunkten zu lösen sein.

998 So auch Rowedder / Koppensteiner § 43 Rn. 57 sowie § 47 Rn. 105; Lutter / Hommelhoff, § 43 Rn. 53. Ebenfalls auf den Gesellschaftszweck abstellend OLG Hamm, ZIP 1993, 119, 122.

999 Vgl. auch die Erwägungen oben Seite 68 ff.

führer auf diese zukommt. In der Praxis wird sich hier eine Trennlinie kaum finden lassen. Die Problematik liegt wohl darin, dass die ursprüngliche Hemmschwelle, der finanzielle Verlust, heute nicht mehr in dem Maße greift[1000]. Es ist jedoch ein Versäumnis des Gesetzgebers, diese Hemmschwelle nicht angepasst zu haben bzw. andere Schutzmaßnahmen einzufügen.

Ein dem Management entsprechender Sorgfaltsmaßstab lässt sich auch nicht mit der Treuepflicht zu den Mitgesellschaftern begründen: Die Mitgliedschaft schützt zwar davor, dass einzelne Anteilseigner sich eigennützig zu Lasten anderer bereichern, sie gewährleistet aber nicht die wirtschaftliche Kompetenz der Anteilseigner.

De lege lata beinhaltet weder das GmbH- noch das Aktiengesetz einen der organschaftlichen Sorgfaltspflicht entsprechenden Maßstab. Im Übrigen wären, selbst wenn man entsprechende Voraussetzungen aufstellen würde, die Anforderungen wegen der andersartigen mitgliedschaftlichen Loyalitätspflicht, die beispielsweise keine Neutralitätspflicht enthält, nicht vergleichbar. Besondere Anforderungen an die Entscheidungsfindung und aktive Sorgfaltspflichten im Sinne von Eingriffspflichten gibt es daher nicht[1001].

(2.3) Besonderheiten bei Kompetenzüberschreitung

Soweit sich die Anteilseigner innerhalb des gesetzlichen Rahmens bewegen, steht ihnen eine entsprechende Kompetenz mit entsprechender Schutzwirkung zu, ob diese lediglich parallel zu der Primärkompetenz der Geschäftsführer besteht, ist unerheblich. Anders ist dies, wenn sich das Handeln der Gesellschafter nicht mehr innerhalb der gesetzlichen Kompetenzordnung bewegt, z.B. wenn die Geschäftsführung bzw. Einflussnahme auf dem sog. „informellen" Wege vonstatten geht. In diesen Fällen greift das Argument *Ziemons,* dass die Schutzwürdigkeit der Gesellschafter entfalle, da sie die Geschäftsführung „an sich zögen", also Aufgaben wahrnähmen, die eigentlich einem anderem Organ oblägen[1002]. In diesem Fall

---

[1000]Vgl. dazu Ziemons, S. 132 ff. So entsprach das Mindeststammkapital 1892 von RM 20.000 im Vergleich zum monatlichen Durchschnittseinkommen 1994 einem Kapital von DM 637.000.

[1001]Rowedder / Koppensteiner § 43 Rn. 58. A.A. Scholz - Schneider § 43 Rn. 18 f; Lutter, AcP 180, 84, 109, wonach der Gesellschafter, welcher bspw. den Geschäftsbetrieb weit über die vorhandene Kapitaldecke ausgedehnt hat, ggf. auch für die Kapitalerhöhung, die Einschränkung des Geschäftsbetriebes oder die ordnungsgemäße Liquidation sorgen müsste. Zwar wäre über Zustimmungspflichten zu diskutieren, die Initiative müssen aber meines Erachtens die zuständigen Organe ergreifen, es sei denn die Einflussnahme war kompetenzrechtlich illegal. Grundsätzlich spricht gegen eine solche Eingriffspflicht, dass den Gesellschaftern keine Überwachungsverpflichtung gleich dem Aufsichtsrat obliegt, vgl. Priester, ZGR 1993, 512, 524; K.Schmidt, ZIP 1988, 1497, 1506; a.A. wohl nur Wilhelm, S. 356.

[1002]Ziemons, S. 164.

überwiegt die Schutzwürdigkeit der anderen Gesellschafter und Beteiligten, ohne dass die jeweilige Kompetenzordnung dieses Handeln noch schützt. In einem solchem Fall verdichtet sich die mitgliedschaftliche Sorgfaltspflicht, so dass die organschaftlichen Pflichten, einschließlich der Neutralitätspflicht gelten[1003].

3. Haftung des Risikokapitalgebers

Risikokapitalgeber besitzen, wie oben aufgezeigt, häufig einen erheblichen Einfluss und Machtpotential. Anhand der besonderen Einflussfaktoren soll im Folgenden untersucht werden, wie sich dies auf die Treuepflicht der Kapitalgeber auswirken kann.

a) Loyalitätspflichten

Entscheidend für die konkrete Reichweite und individuelle Bindung der Loyalitätspflichten soll sein, ob die betroffenen Personen das Potential besitzen, die Gesellschaft zu schädigen[1004]. Im Zuge des Schädigungsverbotes käme unter diesem Gesichtspunkt sowohl eine strenge Verschwiegenheitspflicht als auch ein Wettbewerbsverbot der Risikokapitalgeber in Frage.

(1) Verschwiegenheitspflicht

Die Verschwiegenheitspflicht der Aktionäre spielt in der Literatur keine große Rolle, da ihre Informationsrechte begrenzt sind und die Verschwiegenheitspflicht der Organe auch ihnen gegenüber gilt. Allerdings wird in personalistischen Gesellschaften das Unternehmensinteresse häufig für eine Information der Kapitalgeber sprechen[1005]. In der GmbH besteht gemäß § 51 a GmbHG immer ein umfassendes Informationsrecht.

Dem umfassenden Informationsrecht entspricht eine entsprechende Verschwiegenheitspflicht des Informationsempfängers[1006]. Da dieses Gebot der allgemeinen Loyalitätspflicht der Gesellschafter entspringt, gilt dies entsprechend für die Aktiengesellschaft. Die Verschwiegenheitspflicht besteht ggf. unabhängig von dem tatsächlichen Einfluss und der Realstruktur. Dies bedeutet für den Kapitalgeber, dass eine Weitergabe vertraulicher Informationen, unabhängig, wie er diese erlangt hat, nicht zulässig ist.

[1003] Vgl. Ulmer, NJW 1976, 192; Rowedder / Koppensteiner § 43 Rn. 59.

[1004] Vgl. Scholz - Winter § 14 Rn. 59, sowie Friedewald, S. 140 f. bei seiner Argumentation gegen ein Wettbewerbsverbot für Aufsichtsratsmitglieder.

[1005] Vgl. oben Seite 85 f.

[1006] HK / GmbH - Fichtelmann § 51 a Rn. 33; Lutter / Hommelhoff § 51 a Rn. 24; Beck'sches Hdb. GmbH - Schmiegelt § 3 Rn. 136 ff.

(2) Wettbewerbsverbot

Auch in personalistischen Gesellschaften gibt es wegen der bereits bestehenden Schutzmechanismen kein generelles Wettbewerbsverbot für alle Gesellschafter[1007]. Ein Wettbewerbsverbot ist nach der wohl herrschenden Meinung jedoch bei besonderen Vertrauensverhältnissen oder bei einer beherrschenden Stellung des Gesellschafters angezeigt[1008].

Eine Stellung des Risikokapitalgebers als beherrschendes Unternehmen im Sinne des Konzernrechts ist aufgrund der Minderheitsbeteiligung relativ schwer nachweisbar[1009]. Eine gewisse Einflussnahme und unternehmerische Beteiligung ist Merkmal jeder Risikokapitalbeteiligung[1010], die Intensität kann und wird jedoch unterschiedlich sein.

Ein Vertrauensverhältnis, welches ein Wettbewerbsverbot rechtfertigt, ist bei intensiver Unterstützung des Managements gegeben. Dies ist insbesondere dann der Fall, wenn Organe des Kapitalgebers im Aufsichtsrat tätig bzw. in die Geschäftsleitung tatsächlich involviert sind. Aufgrund der Abhängigkeiten und des Interessenwiderspruchs reicht tendenziell schon die unternehmerische Beteiligung für ein Wettbewerbsverbot und weitere intensive Loyalitätspflichten der jeweiligen Gesellschafter[1011].

Bei Risikokapitalgebern scheidet im Gegensatz zu strategischen Beteiligungen ein direkter Wettbewerb durch den Gesellschafter aus, da sich dessen Geschäftstätigkeit allein auf die Vergabe von Kapital beschränkt. Ein Wettbewerbsverbot untersagt jedoch nicht nur eine Beteiligung an konkurrierenden Personengesellschaften, zumindest als persönlich haftender Gesellschafter[1012], sondern auch eine Mehrheitsbeteiligung an einem Wettbewerber in Form einer Kapitalgesellschaft[1013].

[1007] Ausführlich Lawall, S. 111 ff.

[1008] Lawall, S. 113 ff.; Emmerich / Habersack, Anh. I § 318 Rn. 16; Armbrüster, ZIP 1997, 1269, 1271. A.A. für den Aktionär Schneider, BB 1995, 365, 367.

[1009] Vgl. Seite 204 ff.

[1010] Vgl. oben Seite 24 f.

[1011] So auch Friedewald, S. 143 f; Beck'sches Hdb. GmbH - Schmiegelt § 3 Rn. 130 ff.; Lawall, S. 113 f. Für eine materielle Bestimmung auch Armbrüster, ZIP 1997, 1269, 1273 mit umfangreichen Nachweisen. Bei einer Verletzung von Wettbewerbsverboten kommt auch eine Haftung der Anteilseigner gemäß § 823 Abs. 1 BGB gegenüber der Gesellschaft wegen Eingriffs in den eingerichteten und ausgeübten Gewerbebetrieb kommt in Betracht, soweit das Handeln die gewerbliche Tätigkeit als solche angreift, vgl. Brüggemeier, AG 1988, 93, 94.

[1012] Vgl. Lawall, S. 15 f.

[1013] Lawall, S. 17. Ihm ist zu folgen, dass dies nicht gilt, soweit es sich um eine bloße Kapitalbeteiligung handelt, allerdings kommen solche Beteiligungen bei Risikokapitalgebern kaum in Frage.

Da das Schädigungspotential für ein Wettbewerbsverbot entscheidend ist, ist eine materielle Bestimmung der Reichweite angezeigt. Aufgrund der bestehenden Möglichkeiten ist ein Wettbewerbsverbot auch bei faktischer Einflussnahmemöglichkeit auf die Geschäftsleitung in Verbindung mit entsprechendem Eigeninteresse am Wettbewerber indiziert. Bei Minderheitsbeteiligungen ist daher wieder der Grad des Einflusses bzw. die unternehmerische Beteiligung ausschlaggebend[1014].

Ein Wettbewerbsverbot erscheint bei Kapitalgebern mit Branchenfokus kritisch. Allerdings muss man sich vor Augen führen, dass ein solches nur dann greift, wenn bei beiden Unternehmen, d.h. dem Start Up und seinem Wettbewerber ein nachweisbarer Einfluss auf die Geschäftsleitung genommen werden kann. In diesem Fall ist ein Wettbewerbsverbot aber gerade auch für Risikokapitalgeber gerechtfertigt, da gerade bei jungen Wachstumsunternehmen eine negative Einwirkung zugunsten von Wettbewerbern - insbesondere auch durch Informationsweitergabe - existenzvernichtend sein wird[1015].

b) Sorgfaltspflichten und Sorgfaltsmaßstab

Risikokapitalgeber sind oder sollten wirtschaftlich qualifiziert und versiert sein und entsprechenden organschaftlichen Sorgfaltsanforderungen schon aus Eigeninteresse genügen. Die Realität hat gezeigt, dass beides nicht der Fall ist, sowohl Unfähigkeit als auch mangelnde Sorgfalt der Risikokapitalgeber dürften das ihre zum Niedergang der New Economy beigetragen haben.

Geht man davon aus, dass der Sorgfaltsmaßstab sich an den individuellen Fähigkeiten orientiert, gilt bei juristischen Personen immer ein dem Management entsprechender Sorgfaltsmaßstab, denn die Organe des Kapitalgebers müssen in Bezug auf ihre eigene Organtätigkeit diese entsprechend hohen Sorgfaltsanforderungen erfüllen[1016]. Tendenziell ist bei einem institutionellen Kapitalgeber von einem entsprechenden Sorgfaltsmaßstab auszugehen.

Risikokapitalgeber gewähren Managementunterstützung in verschiedener Form und werben häufig mit entsprechender Kompetenz. Es erscheint widersprüchlich, zum einen solche Vereinbarungen zu treffen, aber bei Entscheidungen weitergehende Sorgfaltspflichten abzulehnen, insbesondere wenn die Geschäftsführung vielleicht gerade auf diese Kompetenz der Anteilseigner vertraut.

[1014] Lawall, S. 17 f. Für eine entsprechende Reichweite des organschaftlichen Wettbewerbsverbots Armbrüster, ZIP 1997, 1269, 1270; OLG Frankfurt, GmbHR 1998, 376, 377; Scholz - Schneider § 43 Rn. 129; a.A. Münchener Hdb. Aktienrecht - Wiesner § 21 Rn. 59.

[1015] Vgl. zur entsprechenden Argumentation für den beherrschenden Gesellschafter Lawall, S. 115.

[1016] BGH, NJW 1976, 191, 192; Rowedder - Koppensteiner § 43 Rn. 59; Lutter / Hommelhoff § 43 Rn. 14; Winter, S. 110 f. Für den Maßstab des § 276 BGB auch bei Unternehmen Ulmer, ZHR 148, 391, 421.

Solche Vereinbarungen wirken sich auf die mitgliedschaftliche Treuepflicht in Gestalt von Sorgfaltspflichten aus. Das besondere Vertrauensverhältnis in einer personalistischen Gesellschaft führt dazu, dass Gesellschafter sich auch an ihren Aussagen messen lassen müssen. Dies gilt um so mehr, wenn diese Voraussetzung für die Aufnahme in die Gesellschaft waren. Die Schutzbedürftigkeit der Mitanteilseigner, aber auch Dritter, die auf diese Kompetenz vertrauen, führt dazu, dass individuell ein der organschaftlichen Sorgfaltspflicht entsprechender Sorgfaltsmaßstab zu beachten ist.

Allerdings gilt auch hier, dass eine entsprechende Neutralitätspflicht nicht besteht. Ein weiterer Unterschied zwischen den Anforderungen an das Organ und an die Gesellschafter liegt in der Informationsbeschaffung: Zwar obliegt den Kapitalgebern bei der Wahrnehmung von Leitung auch eine Selbstinformationspflicht[1017], anders als das Organ sind sie schon aufgrund mangelnder Möglichkeiten aber nicht zur Errichtung von Informationsbeschaffungssystemen verpflichtet, dies ist Sache des Managements.

4. Gesellschafterhaftung bei Doppelstellung

Die Gründer halten nicht nur große Anteile an „ihrem" Unternehmen, sondern sind darüber hinaus zumeist auch Organ[1018]. Diese Doppelstellung wirkt sich nicht auf den Bestand oder die Qualifikation der organschaftlichen Pflichten aus. Fraglich ist aber, ob diese Doppelstellung die Intensität der mitgliedschaftlichen Pflichten beeinflusst.

a) Intensität der Loyalitätspflichten

Bei Doppelstellung unterliegt der betroffene Gesellschafter als Organ weitgehenden Loyalitätspflichten[1019]. In Bezug auf ihre Loyalitätspflichten als Gesellschafter ist zu differenzieren, ob es sich um personenbezogene oder entscheidungsbezogene Loyalitätspflichten handelt[1020]. Personenbezogene Loyalitätspflichten, wie z.B. das Wettbewerbsverbot, gelten wegen der Unteilbarkeit der Person auch für den Gesellschafter als Teil der mitgliedschaftlichen Loyalitätspflicht. Die organschaftliche Loyalitätspflicht erfasst zudem alle Situationen, bei denen der Gesellschafter von seiner Stellung als Organ profitieren würde, d.h. wenn er dort Kenntnis von Geschäftschancen oder ähnlichem erlangt hat. Kein

---

[1017] Vgl. Ziemons, S. 142f.

[1018] Die folgenden Erwägungen sind auf Risikokapitalgeber, welche als natürliche Person Organpositionen wahrnehmen, entsprechend anzuwenden.

[1019] Vgl. oben Seite 76 ff.

[1020] Differenzierend auch Scholz - Schneider § 43 Rn. 126 a. Vgl. auch Lawall, S. 116; Hachenburg - Raiser § 14 Rn. 64.

Gesellschafter-, sondern stets Organhandeln liegt im Falle systemwidriger Leitung und Einflussnahme durch Gesellschafter mit Doppelstellung vor, in diesem Fall greift die Organhaftung[1021].

Bei der Ausübung uneigennütziger Rechte unterliegen Gesellschafter-Geschäftsführer einer intensiven Loyalitätspflicht[1022]. Allerdings gilt für die Gesellschafter auch bei Doppelstellung keine Neutralitätspflicht, so dass eine stärkere Einbeziehung eigener Interessen zulässig ist.

b) „Organschaftliche" Sorgfaltspflichten

Für eine entsprechende Anwendung der organschaftlichen Grundsätze spricht insbesondere in der GmbH die Gefahr, dass die Organpflichten und auch -haftung durch eine weitgehende Verlagerung der Geschäftsführung auf die Gesellschafter umgangen werden[1023]. Zwar hat der Gesetzgeber diese Möglichkeit im GmbH-Gesetz geschaffen und auf entsprechende Haftungsnormen verzichtet. Allerdings lässt sich daraus auch nicht ableiten, dass der Gesetzgeber damit eine Möglichkeit schaffen wollte, die Gesellschaft ohne Beachtung der entsprechenden kaufmännischen Sorgfalt zu führen.

Die entscheidende Frage ist, ob es trotz Organstellung zulässig ist, seine Haftung darüber zu mindern, dass man als Anteilseigner und nicht als Organ leitend tätig wird. Dagegen spricht die Wertung des Gesetzgebers und der Rechtsprechung. Überall dort, wo die Gefahr besteht, Minderheiten durch einen beherrschenden Einfluss zu schädigen, wird diesem durch eine verschärfte Haftung entgegengewirkt. Beispiel dafür ist das Konzernrecht, aber auch die ansteigende Treuepflicht von Anteilseignern bei steigendem Einfluss. Bei einer Machtkumulation aufgrund einer Doppelstellung steigt die Schutzbedürftigkeit der Mitgesellschafter noch mehr an. Die Organstellung führt daher zu einer Intensivierung der Sorgfaltspflichten und zu einem entsprechenden Sorgfaltsmaßstab bei Gesellschafterhandeln[1024]. Ist das Management als Anteilseigner an der Ausführung des Beschlusses beteiligt, ist eine schuldhafte Veranlassung anzunehmen[1025].

[1021] Vgl. oben Seite 72 f.

[1022] Für eine im Vergleich mit dem normalen Gesellschafter „strengere" Treuepflicht des Geschäftsführers: Lutter / Hommelhoff § 14 Rn. 21, 27 und OLG Düsseldorf, WiB 1997, 31.

[1023] Vgl. für die Problematik des Minderheitenschutzes bei der Haftungsfreistellung gemäß § 119 Abs. 2 AktG: Henn, Rn. 599.

[1024] Rowedder - Koppensteiner § 43 Rn. 59; Baumbach / Hueck Anh § 47 Rn. 54; Winter, S. 110. Vgl. zu den frühen Ansätzen diesen Gedankens Immenga, S. 278 ff., der aber aufgrund der Haftungsfreistellung in § 117 Abs. 7 Nr. 1 AktG eine Haftung für Weisungen in der AG nicht für möglich hielt.

[1025] Vgl. auch die Ausführungen bei Espey / Bitter, S. 35 f.

c) Verjährung und Verschulden

Für eine entsprechende Verkürzung der Verjährungsfrist auf fünf Jahre hat sich *Ziemons* ausgesprochen; Grund sei unter anderem die Unzumutbarkeit entsprechender Aufbewahrungszeiten für einschlägige Unterlagen, aber auch steigende Schwierigkeiten bei der Feststellung des Anspruches. Zudem sei wegen der allgemeinen Begrenzung der meisten gesellschaftsrechtlichen Ansprüche auch aufgrund der Rechtssicherheit und des Rechtsfriedens eine 30-jährige Verjährungsfrist zu lang[1026]. Der BGH ging dagegen von einer Anwendung des § 195 BGB aF aus, und zwar auch, soweit parallele Ansprüche aus Organhaftung bestehen[1027]. Anders als Organmitglieder als Verwalter fremden Vermögens hätten Gesellschafter kein schutzwürdiges Interesse an einer entsprechenden Rechtssicherheit.

Die Argumentation des BGH ist schon fast zynisch, durch die Verkürzung der regelmäßigen Verjährung auf drei Jahre dürfte dieses Problem jedoch obsolet geworden sein[1028]. Eine Verlängerung der Verjährung kommt nach Auffassung des BGH, welche eine analoge Anwendung des § 43 GmbHG ausschließt, nicht in Frage.

Bei der AG wird das Vorsatzerfordernis des § 117 AktG auch auf die Verletzung der Treuepflichten angewandt. Bei der GmbH ist umstritten, ob das Verschuldenserfordernis § 43 GmbHG oder § 276 BGB, wonach bereits leichte Fahrlässigkeit ausreichend ist, greift oder ob eine entsprechende Beschränkung gemäß § 708 BGB (diligentiam qua suis) bzw. auf grobe Fahrlässigkeit und Vorsatz vorgenommen werden sollte[1029].

Eine direkte Anwendung der §§ 43 GmbHG, 93 AktG scheidet mangels organschaftlicher Haftung der Gesellschafter aus[1030]. Anwendbar ist § 276 BGB, eine Anwendung des § 708 BGB scheitert an der geringeren Schutzwürdigkeit der Gesellschafter einer Kapitalgesellschaft aufgrund der beschränkten Haftung[1031]. Der Verschuldensmaßstab orientiert sich an der jeweiligen Intensität der Treuepflicht[1032].

Bezogen auf die Beweislast gelten mangels Anwendbarkeit der Organhaftungsnormen ebenfalls die allgemeinen Regeln des Zivilrechts.

1026 Ausführlich Ziemons, S. 176 ff.

1027 BGH, NJW 1999, 781.

1028 Vgl. dazu § 195 BGB nF und § 6 EGBGB.

1029 Für eine Anwendung des § 708 BGB Rowedder § 13 Rn. 20; Für § 276 BGB Hachenburg - Schilling § 14 Rn. 27; wohl auch Schmiegelt - Beck'sches Hdb. GmbH § 3 Rn. 36.

1030 Vgl. dazu die Erwägungen oben Seite 68 ff.

1031 Vgl. Stein, S. 182; Winter, S. 110.

1032 Für die dogmatische Anknüpfung über § 276 BGB, allerdings stets mit dem Maßstab des § 43 GmbHG Ziemons, S. 165.

IV. Besonderheiten bei Kapitalgewährung und -erhaltung

In der Praxis von Bedeutung ist die Haftung für die Kapitalgewährung und -erhaltung mit den besonderen Regeln über die Verletzung des Stamm- bzw. Grundkapitals. Hierdurch soll sichergestellt werden, dass der Gesellschaft die ihr zustehende Vermögensmasse auch tatsächlich zur Verfügung steht und diese erhalten bleibt. Die Kapitalgewährungs- und -erhaltungspflicht trifft selbstverständlich auch Gründer und Risikokapitalgeber.

Die Kapitalbindung ist in der GmbH und Aktiengesellschaft unterschiedlich geregelt: Die Erhaltung des Stammkapitals ist gemäß §§ 30 ff. GmbHG in der GmbH zwingend[1033]. §§ 57 ff. AktG sollen primär ebenfalls eine Erhaltung des Grundkapitals sicherstellen. Darüber hinaus sollen die Regeln über die Gewinnverwendung und die Kapitalrücklage eine materielle Unterkapitalisierung verhindern und für eine ausreichende Eigenkapitalbasis sorgen[1034]. Für die Kapitalaufbringung und -erhaltung haften die Gesellschafter gemäß § 31 Abs. 3 GmbHG bzw. § 62 i.V.m. § 57 AktG[1035].

Zum Bereich der Kapitalaufbringung und -erhaltung gehören auch die Regeln über eigenkapitalersetzende Darlehen gemäß § 32a GmbHG und die Frage der verdeckten Sacheinlage, hier können bei Start Ups besondere Haftungsrisiken bestehen:

a) Eigenkapitalersetzende Darlehen der Risikokapitalgeber

Insbesondere in späteren Entwicklungsphasen gewähren die Risikokapitalgeber häufig zusätzliche Darlehen, die nicht von vornherein als Eigenkapital gewertet werden können[1036]. Die Haftung der Gesellschafter aus eigenkapitalersetzenden Darlehen ist in der Praxis vor allem bei der GmbH von wesentlicher Bedeutung[1037]. Wie bei der Managementhaftung ist eine Tendenz der Rechtsprechung hin zu einer Haftungsverschärfung in diesem Bereich zu bemerken[1038].

[1033] Vgl. Baumbach / Hueck - Hueck / Fastrich § 30 Rn. 1 ff. Davon ist eine Durchgriffshaftung oder eine persönliche Haftung gegenüber den Gläubigern zu unterscheiden, vgl. unten Seite 225 f.

[1034] Hüffer § 57 Rn. 3.

[1035] Vgl. zur Haftung aus § 31 Abs. 3 GmbHG K.Schmidt, § 37 III 3. Zur Haftung in der Aktiengesellschaft, ders. § 29 Abs. 2 S. 2.

[1036] Zur Unterscheidung oben Seite 26. Vgl. auch Habersack, ZHR 162 (1998), 201, 221.

[1037] Spörlein / Tausend, S. 139 ff.

[1038] Insbesondere werden inzwischen auch „mittelbare" Gesellschafter zur Haftung herangezogen, vgl. Spörlein / Tausend, S. 140, Fn 340.

Liegt eine „für das Eingreifen der Eigenkapitalersatzregeln typische Krisensituation“[1039] vor, werden gemäß § 32 a Abs. 3 S. 2 GmbHG Gesellschafterdarlehen und -sicherheiten wie haftendes Eigenkapitel behandelt, wenn eine Beteiligung von mehr als 10 % besteht oder der Gesellschafter eine Geschäftsführungsposition hat[1040]. Gleichgestellt sind Ansprüche anderer Art, die nach Eintritt einer Krise nicht geltend gemacht werden[1041]. Auch „harte“ Patronatserklärungen können nicht nur eine Außenhaftung auslösen[1042], sondern auch als Eigenkapitalersatz gewertet werden[1043]. Für die Aktiengesellschaft gelten die Regeln über eigenkapitalersetzende Darlehen bei einem Anteil von mehr als 25%[1044], allerdings kann eine Kumulation der Anteile von verschiedenen Aktionären erfolgen, wenn eine starke Verbindung und gemeinsame Interessen (Aktienpool, Konsortium) bestehen.

Leistungen der Gründer werden wegen der entsprechenden Beteiligung in der Regel als Eigenkapitalersatz gewertet werden. Risikokapitalgeber besitzen dagegen häufig weniger als 25 %, teilweise auch weniger als 10 % der Anteile[1045]. Die Eigenkapitalersatzregeln greifen jedoch auch bei geringeren Beteiligungen, wenn eine entsprechende „Finanzierungsverantwortung“ des Gesellschafters besteht.

(1) Finanzierungsverantwortung

Eine „Finanzierungsverantwortung“ kann auch bei Anteilen von weniger als 10 bzw. 25 % bestehen, wenn der darlehensgewährende Gesellschafter Geschäftsführer ist[1046] oder fortlaufend unternehmerisches Interesse bekundet und entsprechende Handlungsmöglichkeiten in Form der Einflussnahme auf die Unternehmenspolitik, d.h., z.B. durch Sperrminorität in Gesetz oder Satzung, besitzt[1047].

1039 BGH, GmbHR 1998, 936. Oben wurde bereits aufgezeigt, dass die Bestimmung einer Krise wegen des gesteigerten unternehmerischen Risikos in Start Ups schwierig ist, vgl. Seite 127 ff.

1040 Münchener Hdb. GmbH - Heinrich § 8 Rn. 10. Ausreichend ist auch die Stellung als faktischer Geschäftsführer, vgl. Lutter / Hommelhoff § 32a Rn. 73. Eine Ausnahme besteht laut § 24 UBGG, wenn die Darlehen von einer Unternehmensbeteiligungsgesellschaft gewährt werden.

1041 Münchener Hdb. Aktienrecht - Wiesener § 16 Rn. 44 (Fn 112 f).

1042 Obermüller, ZIP 1982, 915, 919 ff. § 303 AktG wird in der Praxis bei risikokapitalfinanzierten Firmen mangels Beherrschungsvertrag nicht greifen.

1043 Münchener Hdb. GmbH - Heinrich, § 8, Rn. 273.

1044 KK - Lutter § 57 Rn. 93; Münchener Hdb. Aktienrecht -Wiesener § 16 Rn. 44.

1045 Vgl. Seite 27.

1046 Für eine entsprechende Anwendung dieser Einschränkung des Kleinanteilsprivilegs in § 32 a Abs. 3 S. 2 GmbHG im Aktienrecht Obermüller, ZInsO 1998, 51, 52.

1047 BGHZ 90, 381, 390 f; BGH, ZIP 1988, 638; BGH, ZIP 1984, 572; OLG Hamburg, ZIP 1989, 373; OLG Düsseldorf, DB 1991, 1270; Lutter / Hommelhoff §§ 32 a / b Rn. 4; Münchener Hdb. Aktienrecht - Wiesener § 16 Rn. 44; stark einschränkend Hüffer § 57 Rn. 18.

In personalistischen Gesellschaften sollen Beteiligungsgrenzen nach einer früher in der Literatur vertretenen Meinung immer unerheblich sein. Entscheidend sei auch nicht die Einflussnahme auf die Geschäftsführung, sondern allein die Frage, ob der Gesellschafter die Krise hätte erkennen können und er durch die Darlehensgewährung bzw. das Stehen lassen der Mittel eine zurechenbare Finanzierungsentscheidung getroffen hat[1048]. Dieser Auffassung ist der Gesetzgeber durch die Einführung der Privilegierung von Kleingesellschaftern im GmbHG entgegengetreten[1049]. Maßgebend für eine Finanzierungsverantwortung der Risikokapitalgeber ist daher einerseits die Insiderstellung, d.h. Kenntnis bzw. die Kenntnisnahmemöglichkeit von entsprechenden Informationen, und andererseits die Möglichkeit der Einflussnahme[1050].

(2) Qualifizierung von Darlehen der Risikokapitalgeber als Eigenkapitalersatz

In der personalistischen GmbH kann schon wegen § 51 a GmbHG stets von einer „Insiderstellung" der Risikokapitalgeber ausgegangen werden. In der Aktiengesellschaft wird die Informationsstellung von der konkreten Einbindung und Informationspolitik abhängig sein. Die Tätigkeit eines entsandten Vertreters des Kapitalgebers im Aufsichtsrat reicht wegen der ihn treffenden Verschwiegenheitspflicht noch nicht für die Annahme einer Insiderstellung aus.

Auch die Stellung als faktischer Geschäftsführer soll für eine entsprechende Haftung des Kapitals ausreichen[1051]. Faktische Geschäftsführung durch den Risikokapitalgeber ist jedoch relativ selten, da zumeist eine Einflussnahme aus dem Hintergrund erfolgt[1052].

Die Tatsache, dass ein Risikokapitalgeber trotz seines in Relation geringen Anteils ein Großteil des finanziellen Risikos trägt, spricht in Verbindung mit umfangreicher Einflussnahme auf die Geschäftsleitung für eine Finanzierungsverantwortung. Dies gilt insbesondere dann, wenn durch die Gewährung zusätzlicher Mittel eine Insolvenz vermieden wird[1053].

Andererseits kann die weitgehende Einbeziehung von Risikokapitalgebern bzw. die Qualifikation jedes Darlehens als Eigenkapitalersatz auch äußerst kontraproduktiv wirken, da diese sich dann eher scheuen werden, beispielweise Fremdkapital zur Überbrückung von Liquiditätsengpässen zur Verfügung zu stellen.

[1048] Habersack, ZHR 162 (1998), 201, 221 m.w.N.

[1049] Vgl. Obermüller, ZInsO 1998, 51, 52; Lutter / Hommelhoff §§ 32 a / b Rn. 66, sowie Hüffer § 57 Rn. 18.

[1050] Pentz, GmbHR 1999, 437, 446.

[1051] Pentz, GmbHR 1999, 437, 446.

[1052] Vgl. zu den Voraussetzungen einer faktischen Organstellung unten Seite 231 ff.

[1053] Zu den Ausnahmen aufgrund des Sanierungsprivilegs Schüppen, Rn. 231 ff.

Daher und aufgrund der Wertung des Gesetzgebers kommt eine Qualifizierung von echtem Fremdkapital als eigenkapitalersetzende Darlehen nur in Betracht, wenn die Einflussnahme außerhalb der gesellschaftsrechtlich zulässigen Möglichkeiten erfolgt oder einen Umfang annimmt, der den Kapitalgeber als beherrschendes Unternehmen erscheinen lässt.

b) Verdeckte Sacheinlagen von Gründern und Kapitalgebern

Sowohl die Gründer als auch teilweise die Risikokapitalgeber arbeiten für das Start Up und erhalten ein, häufig nicht gerade geringes Gehalt. Die Verpflichtung zu einer Dienstleistung ist zwar nach ganz herrschender Meinung wegen § 27 Abs. 2 AktG kein geeigneter Sacheinlagegegenstand[1054], wohl aber die zukünftig entstehenden (Gehalts-) Forderungen der Gesellschafter gegenüber der Gesellschaft.

Sacheinlagen sind zur Kapitalaufbringung zwar zulässig, unterliegen jedoch strengen Regeln. Insbesondere müssen die Einlagen einzeln in der Satzung genannt werden[1055]. Eine verdeckte Sacheinlage liegt dann vor, wenn zwar Barmittel geleistet werden, diese aber nur dazu dienen, eine Sachleistung des leistenden Gesellschafters zu vergüten[1056]. In diesem Fall bleibt die Einlageverpflichtung des Gesellschafters bestehen[1057]. Das förmliche Hin- und Herzahlen, d.h. die tatsächliche Einzahlung der Einlage durch den Gesellschafter mit anschließender Rückerstattung durch die Gesellschaft aufgrund einer anderen Verpflichtung, heilt eine verdeckte Sacheinlage nicht[1058].

„Arbeitsleistungen" sind jedenfalls dann gemäß § 19 Abs. 5 Alt. 2 GmbHG als verdeckte Sacheinlage zu bewerten, soweit Gehaltsforderungen direkt mit Einlageansprüchen aufgerechnet werden und eine entsprechende Vorabsprache getroffen wurde[1059]. Das Aufrechnungsverbot gilt auch für zukünftig entstehende Gehaltsforderungen[1060].

[1054] Vgl. an Stelle vieler Scholz - Winter § 5 Rn. 52.

[1055] Vgl. § 27 Abs. 1 AktG, § 5 Abs. 4 GmbHG sowie Baumbach / Hueck - Hueck / Fastrich § 5 Rn. 14 ff.

[1056] Henn, Rn. 93; Hüffer § 27 Rn. 9 f; Baumbach / Hueck - Hueck / Fastrich § 19 Rn. 30 ff.

[1057] Allgemeine Meinung, vgl. Baumbach / Hueck - Hueck / Fastrich § 19 Rn. 30c. Die Sicherstellung der Kapitalaufbringung soll unter anderem durch die Regeln der verdeckten Sacheinlage gewährleistet werden; diese spielt in der Praxis eine bedeutende Rolle, vgl. Baumbach / Hueck - Hueck / Fastrich § 19 Rn. 30 und Henn, Rn. 93 m.w.N.

[1058] Vgl. Scholz - Schneider § 19 Rn. 140 mit Verweis auf § 5; Rowedder § 19 Rn. 34; Baumbach / Hueck - Hueck / Fastrich § 19 Rn. 30.

[1059] Vgl. dazu BGHZ 132, 141, 145.

[1060] Baumbach / Hueck - Hueck / Fastrich § 19 Rn. 29; Lutter / Hommelhoff § 19 Rn. 34; Scholz - Schneider § 19 Rn. 135; Hachenburg - Ulmer § 19 Rn. 97.

Wurde die Einlage dagegen ordnungsgemäß geleistet, ist eine Qualifikation als verdeckte Sacheinlage nur bei Vorliegen ganz besonderer Umstände denkbar. Prinzipiell muss es einem Gesellschafter gestattet sein, sich seine Organtätigkeit ordnungsgemäß vergüten zu lassen, bei überhöhten Bezügen wird sich eher die Frage einer verdeckten Gewinnausschüttung stellen[1061]. Eine verdeckte Sacheinlage wäre, wenn überhaupt, nur denkbar, wenn Absprachen getroffen wurden, dass die in das Eigenkapital geleisteten Mittel vorrangig der Erfüllung künftiger Gehaltsforderungen dienen sollen, da in diesem Fall die freie Verfügbarkeit der Gesellschaft über das Kapital entfiele[1062].

V. Deliktische Haftung und Durchgriffshaftung

Möglich ist eine Haftung sowohl gegenüber der Gesellschaft als auch gegenüber Dritten, d.h. Gesellschaftern und Gläubigern, aus § 823 Abs. 2 BGB i.V.m. §§ 266, 246 StGB, allerdings wohl nur, soweit das Stamm- oder Grundkapital angegriffen wird oder die Einwilligung der Mitgesellschafter fehlt[1063]. Weitere wichtige Haftungsnorm ist § 826 BGB[1064].

Machen die Risikokapitalgeber ihren Einfluss nicht in der Hauptversammlung, sondern auf informellem Wege geltend, greift in der Aktiengesellschaft § 117 AktG[1065], wonach auch eine Haftung gegenüber den Gesellschaftern in Betracht kommt. Entsprechend den obigen Ausführungen kommt bei Verletzung der Kompetenzordnung auch eine gegenseitige Haftung der Anteilseigner aus § 823 Abs. 1 BGB wegen Verletzung des Mitgliedschaftsrechts in Frage[1066].

Die „Durchgriffshaftung" im Sinne einer Missbrauchshaftung dient ausschließlich dem Gläubigerschutz und ist auf die Außenhaftung beschränkt[1067]. In der Praxis ist diese Haftung von herausragender Bedeutung. Wegen des Trennungsprinzips und der Eigenständigkeit der juristischen Person ist der Durchgriff im Kapitalgesellschaftsrecht die Ausnahme und bedarf eines besonderen Rechtsgrundes. Eine Haftung der Gesellschafter ist in drei Fallgruppen weitgehend anerkannt: Die

---

[1061] Vgl. oben Nachweis in Fn 290.

[1062] Voraussetzung ist aber stets ein zeitlicher und sachlicher Zusammenhang, vgl. Baumbach / Hueck - Hueck / Fastrich § 19 Rn. 30 a. Ganz so abwegig ist eine solche Situation deswegen nicht, da wegen des häufig nur geringen Stamm- bzw. Grundkapitals Gehaltsforderungen oder mögliche Sondervergütungen, wie bspw. Firmenfahrzeug, durchaus ins Gewicht fallen.

[1063] Zu den Einzelheiten Ziemons, S. 188 ff.

[1064] Vgl. dazu auch oben Seite 187 ff. Vgl. zur Haftung bei Weisungen Ziemons, S. 208 ff.

[1065] Vgl. nur BGH, ZIP 1992, 1464, 1471 und oben Seite 161 ff.

[1066] Vgl. oben Seite 186. Fraglich ist allerdings, ob die Haftung aus § 823 Abs. 1 BGB nicht wegen der Treuebindung der Anteilseigner untereinander subsidiär zur Haftung aus Treuepflicht ist, so Hachenburg - Mertens § 43 Rn. 107.

[1067] KK - Kraft § 1 Rn. 58; Henn, Rn. 20. Insgesamt kritisch Hüffer § 1 Rn. 18, der die „Normanwendungstheorie", d.h. der konkreten Analogie von Einzeltatbeständen, bevorzugt.

evidente Unterkapitalisierung, die Vermögens- oder Sphärenvermischung und sonstige Fälle des Rechtsformmissbrauchs[1068].

Die Beherrschung einer Gesellschaft allein führt - so denn keine Konzernverbindung vorliegt - nicht zu einer Durchgriffshaftung[1069]. Eine geringe Beteiligung und fehlende interne Mitspracherechte stehen einer Durchgriffshaftung entgegen[1070]. Eine Haftung der Minderheitsgesellschafter kommt nur in Frage, wenn sie aufgrund rechtlicher oder tatsächlicher Umstände die Geschicke des Unternehmens bestimmen können[1071].

In Start Ups kommt je nach konkreter Konstellation eine Haftung sowohl der Gründer als auch der Risikokapitalgeber in Frage.

VI. Zwischenergebnisse

Eine Konzernhaftung der mehrheitlich beteiligten Gründer kommt in Betracht, soweit diese durch anderweitige unternehmerische Tätigkeit „Unternehmenseigenschaft" besitzen. Für eine Widerlegung der Abhängigkeitsvermutung bedarf es entsprechender Einschränkung des gesellschaftsrechtlich vermittelten Einflusses. Risikokapitalgeber haben wegen ihrer besonderen Bedeutung im Finanzierungsgefüge eine gegenüber den übrigen Gesellschaftern hervorgehobene Bedeutung. Resultiert aus der finanziellen Abhängigkeit in Verbindung mit tatsächlicher Machtausübung ein entsprechender Einfluss, kann der Risikokapitalgeber, unter Umständen sogar trotz Mehrheitsbeteiligung der Gründer, als beherrschendes Unternehmen im Sinne des Aktienkonzernrechtes gelten.

Möglich ist bei entsprechendem Einfluss eine Haftung des Risikokapitalgebers als „faktisches Organ". Handelt es sich bei dem Risikokapitalgeber um eine juristische Person, muss der Einfluss durch die Organe des Risikokapitalgebers ausgeübt werden.

[1068] Sehr weitgehend inzwischen der BGH, vgl. GmbHR 2002, 902 ff., wonach eine Durchgriffshaftung wegen Rechtsformmissbrauchs schon durch die Entziehung von Vermögen, welches zur Befriedigung der Gläubiger benötigt wird, begründet wird. Kritisch daher Heidenhain, LMK 2003, 7 f. Vgl. aus der neueren Literatur zusammenfassend Wellkamp, DStR 2003, 210 f. und Wilhelm, NJW 2003, 175 ff. Ausführlich Hachenburg - Mertens Anh § 13 Rn. 1 ff.; Jula, INF 2001, 433, 436 ff.; Lutter / Hommelhoff, § 13 Rn. 1 ff.; Scholz - Emmerich, § 13 Rn. 75 ff.; Henn, Rn. 20. Aus der Rechtsprechung bspw. BGHZ 95, 330,332 f., BGH, WiB 1994, 473: Absichtliche Verschleierung durch Buchhaltung.

[1069] Vgl. dazu K.Schmidt, § 9 IV 3 b, der auf die Möglichkeit einer Konzernhaftung in diesen Fällen hinweist.

[1070] Weitergehend wohl die neuere Rechtsprechung, vgl. BGH, GmbHR 2002, 902 ff. und BGH DStR 2002, 1010 ff.

[1071] Eine Geschäftsführerposition reicht in der GmbH wegen des Weisungsrechts der Gesellschafter nicht aus , vgl. BGH, WiB, 473 ff.

Die Risikokapitalgeber trifft nicht nur eine umfassende Verschwiegenheitspflicht, sondern bei entsprechendem Einfluss auch ein Wettbewerbsverbot, welches die unternehmerische Beteiligung an Konkurrenzunternehmen untersagt. Der Sorgfaltsmaßstab entspricht im wesentlichen dem der Geschäftsführung, auch die Voraussetzungen an die Sorgfaltspflicht bei der Entscheidungsfindung werden, zumindest soweit der Risikokapitalgeber Managementunterstützung gewährt, denen des Managements entsprechen. Bei Doppelstellung gilt der Sorgfaltsmaßstab der Organe auch bei Gesellschafterhandeln entsprechend. Verschulden, Beweislast und Verjährung richten sich jedoch nach den allgemeinen zivilrechtlichen Regeln. Allerdings trifft den Risikokapitalgeber und die Gründer als Gesellschafter im Rahmen der Loyalitätspflicht keine Neutralitätspflicht, sondern lediglich das Verbot von Sondervorteilen.

Die besondere Machtstellung der Risikokapitalgeber kann dazu führen, dass Darlehen, die nicht von vorhinein als Fremdkapital zu qualifizieren sind, trotz geringer Beteiligung als eigenkapitalersetzende Darlehen zu werten sind. Nur unter besonderen Umständen können Bareinlagen der Gründer, die unmittelbar zur Begleichung von (zukünftigen) Gehaltsforderungen oder Sondervergütungen verwendet werden, als verschleierte Sacheinlage gewertet werden.

Verletzungen der Kompetenzordnung können zu einer Haftung aus § 823 Abs. 1 BGB wegen Verletzung des Mitgliedschaftsrechtes führen.

Wegen der Machtkumulation ist eine Durchgriffshaftung auf die Gründer, aber auch die Risikokapitalgeber möglich.

§ 9 Faktische Organe und einflussnehmende Dritte

Abschließend stellt sich die Frage, ob und nach welchen Regeln Personen haften, welche zwar selber keine Gesellschafterstellung einnehmen, aber als Organe, Angestellte oder Beauftragte des Risikokapitalgebers Einfluss auf die Geschäftführung nehmen oder das Start Up faktisch selber leiten[1072].

I. Haftung der Organe des Risikokapitalgebers aus Konzernrecht

Im Fall einer Konzernkonstellation haften die Organe des Risikokapitalgebers gemäß § 317 Abs. 3 AktG, soweit sie das Handeln ihrer Gesellschaft „veranlasst" haben[1073]. Nach überwiegender Meinung begründet ein Aufsichtsratsmandat bei dem beherrschten Unternehmen wegen der bloßen Überwachungskompetenz jedoch nur die widerlegbare Vermutung der Einflussnahme[1074]. Soweit die Organe des Kapitalgebers selber das Aufsichtsratsmandat wahrnehmen, bestehen hinsichtlich der Zurechnung bei § 317 Abs. 3 AktG keine Besonderheiten.

Möglich ist, dass Aufsichtsratsmandate oder anderweitige Tätigkeiten zur Managementunterstützung in Start Ups nicht (ausschließlich) durch die Organe des Risikokapitalgebers, sondern im Auftrag der Gesellschaft durch Dritte bzw. Angestellte wahrgenommen werden.

1. Mittelbare Einflussnahme

Für eine Veranlassung i.S.d. § 317 Abs. 3 AktG reicht die mittelbare Einflussnahme auf das Start Up über Angestellte aus[1075]. § 317 Abs. 3 AktG begründet keine Haftung für Organisationsverschulden; erforderlich für eine Veranlassung ist zumindest, dass die Organe zumindest ihre Angestellten sehenden Auges gewährenlassen[1076]. Eine Veranlassung liegt auch dann vor, „wenn er [das Organ] entsprechende allgemeine Hinweise gegeben oder den Stil des Umgangs mit der

---

[1072] Zu den zulässigen Einwirkungsmöglichkeiten Dritter auf den Willensbildungsprozess der GmbH Herfs, S. 44 ff.

[1073] Im Fall eines Beherrschungsvertrages greift § 309 AktG, vgl. zur Kommentierung stellvertretend Emmerich / Habersack, § 309 1 ff.

[1074] Hüffer § 311 Rn. 23; für die Qualifikation als Anscheinsbeweis Emmerich / Habersack § 311 Rn. 36.

[1075] Vgl. nur Emmerich / Habersack § 317 Rn. 24.

[1076] Emmerich / Habersack § 317 Rn. 24; Münchener Hdb. Aktienrecht - Krieger § 69 Rn. 108; Hüffer § 317 Rn. 14; Godin / Wilhelmi § 317 Anm. 5; MüKo AktG - Kropff § 317 Rn. 89. A.A. KK - Koppensteiner § 317 Rn. 33. Gegen eine Haftung aus reinem Organisationsverschulden spricht, dass in diesem Fall das subjektive Element einer Veranlassungshaftung fehlt. Erforderlich ist zwar kein Verschulden, aber notwendig ist eine „aktive" Tätigkeit bezogen auf die Pflichtverletzung i.S. eines zurechenbaren Verhaltens, vgl. auch MüKo - Kropff AktG § 317 Rn. 90.

abhängigen Gesellschaft so geprägt hat, dass der Angestellte meinen konnte, im Sinne des gesetzmäßigen Vertreters zu handeln. Ebenso genügt es, wenn er erkennt oder bei pflichtgemäßer Sorgfalt damit rechnen muss, dass der Angestellte nachteilig einwirken will, und ihn gleichwohl gewähren lässt."[1077]

a) Entsendung als Veranlassung

Im Zuge der gewährten Managementunterstützung, aber auch bei intensiver Tätigkeit im Aufsichtsrat werden die Organe den unmittelbar Tätigen zwar die „Richtung" vorgeben, aber nicht jede einzelne Maßnahme initiieren. Fraglich ist, ob bereits die Entsendung durch das Organ als Veranlassungshandlung ausreicht. Bei Aufsichtsratstätigkeit des Dritten spricht dagegen, dass aufgrund der Tatsache, dass die Verschwiegenheitspflicht des Aufsichtsratsmitglieds auch gegenüber der entsendenden Gesellschaft gilt[1078], eine Veranlassung oder ein bewusstes Gewährenlassen durch die Organe des Risikokapitalgebers nicht per se angenommen werden kann. Entscheidend wird der konkrete Informationsstand der Organe des Risikokapitalgebers sein. Dabei ist wiederum zu beachten, dass den Kapitalgeber als Gesellschafter, anders als das Aufsichtsratsmitglied, bezogen auf das Start Up keine Selbstinformationsverpflichtung trifft[1079]. Liegen keine anderen Anhaltspunkte vor, wird die bloße Entsendung für eine Veranlassung der konkreten nachteiligen Maßnahme jedoch noch nicht ausreichen.

b) Nicht abhängigkeitsbedingte Schädigungen

Da Vergleichsmaßstab der „pflichtgemäß handelnde Geschäftsleiter einer unabhängigen Gesellschaft" ist[1080], unterfallen auch Maßnahmen, die zwar pflichtwidrig sind, aber nicht mit der Abhängigkeit im Zusammenhang stehen, der Haftung des § 317 AktG.

Eine „Veranlassung" durch die Organe des herrschenden Unternehmens erscheint in diesen Fällen deswegen problematisch, weil solche Maßnahmen nicht im Konzerninteresse liegen, d.h. das herrschende Unternehmen in keiner Weise davon profitiert bzw. durch die Wertminderung der Beteiligung ggf. mittelbar gleichermaßen geschädigt wird. Bei schlicht pflichtwidrigen und nicht abhängigkeitsbedingten Maßnahmen reichen daher auch Richtlinien, zumindest soweit

---

[1077] MüKo AktG - Kropff § 317 Rn. 89.
[1078] Vgl. oben Seite 85.
[1079] Zur Information des Kapitalgebers vgl. oben Seite 83 f. Mangelnde Selbstinformation der Organe des Risikokapitalgebers über ihre Beteiligung kann eine Sorgfaltspflichtverletzung gegenüber der eigenen Gesellschaft sein.
[1080] Allgemeine Meinung, vgl. MüKo AktG - Kropff § 311 Rn. 139.

diese nicht die konkrete Maßnahme beinhalten[1081], für eine Mithaftung des Organs nicht aus.

2. Ausschluss bei direkter Einflussnahme der Gesellschafter des Risikokapitalgebers

Bei Captive- oder Semi-Captive-Gesellschaften, hinter denen eine kleine Gruppe von Investoren oder sogar Einzelpersonen stehen, ist es denkbar, dass das Aufsichtsratsmandat durch einen bzw. den eigentlichen Geldgeber wahrgenommen wird. Möglich ist auch eine direkte Tätigkeit im Unternehmen ohne Aufsichtsratsmandat.

Unabhängig davon, ob die dahinter stehenden Personen ihrerseits als herrschendes Unternehmen qualifiziert werden können, findet anders als bei großen Konzernen keine mittelbare Beeinflussung über das Organ der Tochtergesellschaft, in diesem Fall denen des Risikokapitalgeber, statt[1082], sondern eine direkte persönliche Einflussnahme auf die Enkel-Gesellschaft, das Start Up. Eine Haftung der Organe des Risikokapitalgebers scheidet in solchen Fällen aus, und zwar unabhängig vom Informationsstand, da mangels Machtpotential bzw. Durchsetzungsmöglichkeit der Organe des Risikokapitalgebers gegenüber ihrem Geldgeber nicht von einer Veranlassung der Einflussnahme gesprochen werden kann[1083].

II. Faktische Organstellung

Soweit der Risikokapitalgeber oder von ihm beauftragte Personen außerhalb der kompetenzrechtlich zulässigen Möglichkeiten geschäftsleitend tätig werden bzw. Einfluss auf die Geschäftsführung nehmen, kommt neben einer Haftung des Gesellschafters aus Treuepflichtverletzung - welche bei nachteiliger Einflussnahme immer zu bejahen sein wird[1084] - auch eine Haftung als „faktisches Organ" in Frage.

Es stellen sich zwei Fragen, die theoretisch unabhängig voneinander sind, nämlich erstens, ob es erforderlich ist, dass eine Verdrängung des Organs stattfindet, d.h. das „faktische Organ" selber handelt, oder ob eine Einflussnahme als „graue

---

1081 Vgl. zur Veranlassungswirkung von allgemeinen Anweisungen und Richtlinien Hüffer § 311 Rn. 16; KK - Koppensteiner § 311 Rn. 2; MüKo AktG - Kropff § 311 Rn. 73.

1082 In diesem Fall haften beide Gesellschaften und die Organe beider Gesellschaften gemäß § 317 Abs. 1 AktG bzw. § 317 Abs. 3 AktG, vgl. Emmerich / Habersack § 327 Rn. 24.

1083 Vgl. MüKo AktG - Kropff § 317 Rn. 86. Das Konzernrecht gilt auch im Verhältnis von Mutter- und Enkelunternehmen, allgemeine Meinung, vgl. MüKo AktG - Kropff § 311 Rn. 135; Emmerich / Habersack § 311 Rn. 17, so dass bei Unternehmenseigenschaft die einflussnehmende Person nicht nur als Aufsichtsratsmitglied, sondern auch aus Konzernrecht haftet.

1084 Vgl. auch Stein, S. 182.

Eminenz“ ausreicht, und zweitens, ob die Verdrängung oder die Einflussnahme eine dauerhafte sein muss oder auch einmalige bzw. punktuelle Aktivitäten ausreichen.

1. Direkte Tätigkeit oder Einflussnahme

Die „einfachen“ Fälle der faktischen Organhaftung sind die, in denen offen ein Nicht-Organ dauerhaft anstelle des formell bestellten Organs tätig wird[1085]. Schwieriger, insbesondere in Beweisfragen, sind die Fälle, in denen sich der eigentliche Machthaber im Hintergrund hält, das formelle Organ nach außen tatsächlich tätig wird, aber vergleichbar mit einer Konzernkonstellation faktisch weisungsgebunden ist[1086].

a) Regelung im Aktiengesetz

Gegen eine Ausweitung der Organhaftung auf lediglich im Hintergrund agierende Personen spricht im Aktienrecht die Existenz von § 117 AktG. Diese Norm zeigt, dass der Gesetzgeber die Gefahr durchaus gesehen hat und eine speziell auf diese Konstellation zugeschnittene Norm geschaffen hat. Mag man den daraus resultierenden Schutz wegen des Vorsatzerfordernisses für unzureichend halten, für eine Analogie zu § 93 AktG fehlt die erforderliche Gesetzeslücke. Eine Organhaftung scheidet wegen der vollen Haftung der formellen Organe aus. § 117 Abs. 2 AktG zeigt, dass in den Augen des Gesetzgebers die einflussnehmende Person, auch wenn diese der eigentliche Machthaber ist, haftungsrechtlich nicht als Organ anzusehen ist[1087].

b) Haftung im GmbH-Recht

In der GmbH wird eine Haftung des einflussnehmenden Hintermannes dagegen von Teilen der Literatur befürwortet, von der Rechtsprechung zumindest erwogen[1088]. Fraglich ist, ob das Fehlen einer § 117 AktG entsprechenden Norm[1089] auf eine Haftungslücke schließen lässt. Sieht man die Organhaftung als Ausdrucks

---

[1085] Vgl. die Beispiele bei Stein, S. 152 f. Erforderlich ist natürlich immer, dass faktisch das formell bestellte Organ nicht mehr die Leitungskompetenz besitzt. Soweit ein Gesellschafter oder Dritter im Auftrag des formell legitimierten Organs handelt, kommt eine Haftung als faktisches Organ nicht in Frage. Die Haftung der dauerhaft anstelle des eigentlichen Organs handelnden Person ist inzwischen unbestritten, vgl. oben Seite 67.

[1086] Vgl. zu diesem weiten Begriffsverständnis, Reich, DB 1967, 1663, 1665 ff.

[1087] Im Ergebnis gleich Hopt, AktG § 93 Rn. 70. Vgl. auch BGHZ 36, 296, 312.

[1088] Vgl. Scholz - Schneider § 43 Rn. 15. Eine Haftung erwägend BGHZ 75, 96, 107 und BGH, DB 1993, 34, 44. Ablehnend BGHZ 31, 258, 277.

[1089] Vgl. Fn 818.

des Gleichlaufs von Herrschaft und Haftung, ist nicht entscheidend, wer nach außen in Erscheinung tritt, sondern bei wem die eigentliche Entscheidungsgewalt liegt. Für diese These spricht auch, dass gerade in größeren Unternehmen die Geschäftsführung kaum nach außen tätig wird, sondern die Aufgaben an untergeordnete Stellen delegiert werden; als Träger der originären Leitungskompetenz verbleibt dem Vorstand jedoch die eigentliche Verantwortung und das Haftungsrisiko.

Die Schutzbedürftigkeit außenstehender Gläubiger, aber auch der Anteilseigner ist zudem wesentlich höher, wenn der eigentliche Träger der Leitungskompetenz nicht bekannt ist, sondern sich dieser im Hintergrund hält, da ungewiss ist, welche Interessen der Hintermann verfolgt.

Anders als in der Aktiengesellschaft besitzen die Anteilseigner in der GmbH jedoch die Möglichkeit, durch ihre Weisungskompetenz ein ihren Interessen zuwiderlaufendes Handeln des Geschäftsführers zu verhindern, so dass die Gefahr einer Einflussnahme von außen gegenüber der Aktiengesellschaft gemindert ist. Allerdings erhöht gerade diese besondere Machtposition die Gefahr, dass die Geschäftsführung gleichsam zur Marionette des Mehrheitsgesellschafters bzw. des Gesellschafters mit faktischer Machtstellung, beispielsweise dem Risikokapitalgeber, wird.

Bei dieser Konstellation, d.h. bei der Einflussnahme aufgrund der Position als Gesellschafter, handelt es sich jedoch um ein Phänomen, welches aus dem Kompetenzgefüge und der tatsächlichen Machtverteilung resultiert und noch nicht ausreichender Anknüpfungspunkt für eine faktische Geschäftsführung ist. Im Gesellschaftsrecht muss sich das Handeln der Organe bis zu einem gewissen Grad immer an den Interessen der Anteilseigner orientieren, daraus lässt sich jedoch noch keine faktische Geschäftsführung ableiten. Nimmt die Einflussnahme eines Gesellschafters auf informellem Wege, d.h. außerhalb des vorgesehenen Kompetenzgefüges überhand, führt dies zu einer Schieflage der innergesellschaftlichen Machtverteilung, nicht aber zu einer „faktischen" Geschäftsführung[1090]. Aus diesem Grund kann solches Handeln gegen die gesellschaftsrechtlichen Treuepflichten verstoßen, eine Haftung als „faktisches Organ" lässt sich daraus jedoch nicht ableiten.

[1090] Explizit BGH DStR 2002, 1010, 1012. Für eine Beschränkung auf den aktiv eingreifenden Gesellschafter wegen der Gefahr der Durchbrechung der beschränkten Haftung auch Hopt, AktG § 93 Rn. 51. Differenzierend Roth, ZGR 1989, 421, 426 ff., der zwar eine Haftung als faktisches Organ bei beherrschendem Einfluss ablehnt, im Falle der „unternehmerischen" Tätigkeit eines Gesellschafters jedoch eine Organhaftung in Erwägung zieht.

c) Zwischenergebnis

Eine Haftung als faktisches Organ kommt sowohl im Aktienrecht als auch im GmbH-Recht nur in Frage, wenn die Person aktiv selbst ausschließlich oder neben dem eigentlichen Organ die Geschäfte der Gesellschaft führt.

2. Dauerhafte Geschäftsführung oder Maßgeblichkeit der Einzelmaßnahme

Für die Voraussetzung einer gewissen Dauer der faktischen Geschäftsführung spricht, dass sich daraus relativ sicher ableiten lässt, dass die „Herrschaft" bezüglich der wahrgenommenen Kompetenzen oder Aufgaben nicht mehr bzw. nicht mehr ausschließlich bei den formell bestellten Organen liegt[1091]. Andererseits wird eine Übernahme von Geschäftsführungsaufgaben zumeist in kritischen Situationen erfolgen, in denen der Handlungsbedarf aus Sicht des Eingreifenden steigt. Entscheidend ist daher, ob das „faktische Organ" die formell bestellten Organe bezogen auf die einzelne Maßnahme bzw. bestimmte Bereiche von der Geschäftsführung ausschließt.

Übernimmt der Risikokapitalgeber in einer Krise beispielweise persönlich die Sanierungsverhandlungen, ist eine Haftung als faktisches Organ zumindest dann anzunehmen, wenn dies unter Ausschluss der Geschäftsleitung geschieht[1092]. Gerade in der GmbH muss die Begleitung der Geschäftsleitung durch einen Gesellschafter jedoch noch nicht auf eine kompetenzwidrige Organtätigkeit hinweisen. Solange dieser nicht offensichtlich nach außen wie ein Organ agiert, besteht auch die zulässige Möglichkeit, dass diese Maßnahmen dazu dienen, dem Weisungsrecht der Gesellschafterversammlung Ausdruck zu verleihen bzw. dieses sicherzustellen. Auch besteht die Möglichkeit, dass der beherrschende Gesellschafter das Organ durch seine Teilnahme an Sanierungsverhandlung in seiner Rolle als Gesellschafter unterstützt. So kann beispielsweise die Zustimmung der Gesellschafterversammlung und auch eine mögliche finanzielle Unterstützung der Sanierungsverhandlungen durch die Gesellschafter direkt abgestimmt werden und so das Vertrauen möglicher Sanierungspartner gestärkt werden.

Voraussetzung für die Haftung als faktisches Organ ist damit weder die ausschließliche Tätigkeit des faktischen Organs noch eine dauerhafte Übernahme von Organtätigkeiten, sondern die Verdrängung des formell bestellten Organs bezogen auf bestimmte Maßnahmen oder Bereiche der Geschäftsführung.

[1091] Vgl. Scholz - Schneider § 43 Rn. 18, der zutreffend darauf hinweist, dass aus der dauerhaften Übernahme der Geschäftsführung Handlungspflichten erwachsen.

[1092] Dieses Ergebnis entspricht der herrschenden Meinung, vgl. Hopt, AktG § 93 Rn. 51; Stein, S. 188 f; KK - Mertens § 93 Rn. 12.

III. Haftung für Einflussnahme

Scheidet eine Haftung als faktisches Organ bei bloßer, wenn auch bestimmender Einflussnahme aus, verbleibt in der GmbH nur die Haftung gemäß den allgemeinen Normen des Zivilrechts[1093].

1. Deliktischer Schutz

Möglich ist, dass die Einflussnahme im konkreten Fall den Tatbestand einer sittenwidrigen Schädigung erfüllt; eine Haftung gemäß § 826 BGB kann sowohl gegenüber der Gesellschaft als auch gegenüber den Gesellschaftern bestehen[1094].

a) § 823 Abs. 1 BGB - Nochmals: Verletzung des Mitgliedschaftsrechtes

Eingriffe von Dritten in die Mitgliedschaftsrechte können nach ganz allgemeiner Meinung eine Haftung gegenüber den Gesellschaftern gemäß § 823 Abs. 1 BGB auslösen[1095]. Eine Verletzung bzw. ein Eingriff ist dann gegeben, wenn ein Anteilseigner an der Ausübung seiner Rechte gehindert wird[1096]. Eine Verletzung organisationsrechtlicher Pflichten reicht für eine Haftung der Organe andererseits noch nicht aus[1097].

Eine Verletzung der mitgliedschaftlichen Rechte durch informelle Einflussnahme durch Dritte wird zumindest dann anzunehmen sein, wenn die Einflussnahme verhindert, dass Rechte, die eigentlich im Kompetenzbereich der Anteilseigner liegen, durch diese auch ausgeübt werden können. Nicht ausreichend ist dagegen die Beeinflussung bei Maßnahmen, die in den Kompetenzbereich der betroffenen Organe fallen.

b) Eingriff in den eingerichteten und ausgeübten Gewerbebetrieb

Die Einflussnahme auf die Unternehmensleitung kann unter engen Voraussetzungen auch einen Eingriff in den eingerichteten und ausgeübten Gewerbebetrieb

---

1093 Zu § 117 AktG vgl. Seite 161 ff. und Seite 180 .
1094 Vgl. zur Haftung aus § 826 BGB Seite 187 ff.
1095 Vgl. bspw. OLG München, ZIP 1990, 1552, 1553 und 1557. Das Gericht sieht in dem Anspruch einen Ausfluss des Rechts am eingerichteten und ausgeübten Gewerbebetrieb, an dem der Gesellschafter Anteile halte. Dieses Recht sei zumindest dann verletzt, wenn die Handlung eines Dritten einen „unmittelbaren ‚betriebsbezogenen' Eingriff im Sinne der von der Rechtsprechung entwickelten Grundsätze" darstellt.
1096 Staudinger - Hager § 823 Rn. B 144 m.w.N.
1097 Scholz - Schneider § 43 Rn. 216.

darstellen und damit eine Haftung gegenüber der Gesellschaft begründen[1098]. Der notwendige „betriebsbezogene“ Eingriff ist gegeben, wenn der Einfluss die unternehmerische Entscheidungsfreiheit und die Grundlagen des Betriebes bedroht[1099]. Voraussetzung ist damit stets, dass die Einflussnahme bzw. die Einmischung über bloße Ratschläge hinausgeht und den Organen ihre Entscheidungsfreiheit genommen wird. Wenn dadurch gleichzeitig den Bestand des Betriebs gefährdet wird, ist eine Haftung denkbar. Allerdings ist auch in diesem Fall zu prüfen, ob die Subsidiarität des Tatbestandes einer Haftung entgegensteht[1100].

2. Vertragliche Haftung

Besteht eine vertragliche Vereinbarung zwischen dem Start Up und den tätigen Personen, bestehen insoweit keine besonderen Probleme[1101]. Fraglich ist aber, ob eine vertragliche Haftung auch dann in Frage kommt, wenn die Person ausschließlich im Auftrag des Risikokapitalgebers tätig wird und keine eigene vertragliche Bindung an das Start Up gegeben ist.

Der BGH bejaht seit 1995 eine Sachverständigenhaftung für Vermögensschäden auch gegenüber Dritten und erstreckt damit die Schutzwirkung auch auf Fälle, in denen die Interessen des Vertragspartners und des Dritten gegenläufig sind [1102]. Eine solche Ausweitung der Schutzwirkung ist rechtsdogmatisch schwierig, da auf den ersten Blick wegen der gegenläufigen Interessen nicht der Schutzbereich gegenüber dem Vertragspartner ausgedehnt wird, sondern im Blick auf die gegenläufigen Interessen ein neuer Pflichtenkreis zugunsten des Dritten begründet wird[1103]. Soweit es sich aber um allgemein schützenswerte Interessen des Dritten

---

[1098] Ausführlich Staudinger - Hager § 823 Rn. D 1ff. Geschützt ist sowohl der Bestand des Gewerbes mit seinem gesamten Tätigkeitskreis, wie Betriebsgeheimnisse, Geschäftsverbindungen, Rechte gegenüber Vertragspartners, Kundenkreis etc. Vgl. aus der neueren Rechtsprechung bspw. BGH, NJW 1998, 2141, 2142; OLG Nürnberg, GRUR 1996, 48; BGHZ 107, 117, 122.

[1099] Vgl. dazu BGH, NJW 1980, 881, 882, welche zwar im konkreten Fall einen Eingriff ablehnen, dieses aber mit der positiven Intention und der mangelnden Eingriffintensität eines Ratschlages begründen.

[1100] Vgl. Staudinger - Hager § 823 Rn. D 20 ff.

[1101] Zu prüfen ist im Einzelfall, ob eine pVV des Beratungsvertrages gegeben ist. Möglich ist auch, dass die Personen zwar für den Risikokapitalgeber tätig werden, aber Sondervereinbarungen mit dem Start Up bestehen, z.B. Anreize durch Optionsrechte. Im Fall doppelter vertraglicher Bindung stellt sich die Frage nach der Rangfolge der Ansprüche, wenn das Handeln gleichzeitig das Start Up und den Risikokapitalgeber schädigt. Entsprechend der obigen Erwägungen zum Reflexschaden, vgl. Seite 176 ff., werden Ansprüche des Risikokapitalgebers als Gesellschafter nur in Betracht kommen, soweit ihr Schaden nicht lediglich in der Minderung des Beteiligungswertes besteht.

[1102] BGHZ 127, 378; BGH, JZ 1998, 624.

[1103] Vgl. kritisch Canaris, JZ 1995, 441, 443 f; ders., JZ 1998, 603, 604 f.

handelt, ist auch der Vertragspartner und in diesem Rahmen auch der Sachverständige gezwungen, diese zu beachten[1104]. Diese Pflicht seitens des Beraters hat nichts mit „fiktivem Altruismus"[1105] zu tun, sondern ist Basis des Geschäftsverkehrs. Das Urteil des BGH aus dem Jahre 1998 ist jedoch insofern zu weitgehend, als dem Berater nicht die Pflicht auferlegt werden kann, vorsätzliche Täuschungen des Vertragspartners auf sich zu nehmen[1106].

Wird ein Berater im Auftrag des Risikokapitalgebers tätig, sind die (Primär -) Interessen weitgehend parallel, soweit es um die Unterstützung des Managements zum Wohle des Unternehmens geht[1107]. In diesem Fall kommt nach der Rechtsprechung eine entsprechende Haftung bei Managementberatung in Betracht[1108].

Keine Schutzwirkung entfalten jedoch Anstellungsverträge mit Organen oder anderen Personen[1109]. In diesem Fall bestehen ausschließlich Ansprüche gegen den Risikokapitalgeber selbst.

IV. Zwischenergebnisse

Eine Haftung als faktisches Organ kommt nur in Betracht, soweit der Handelnde selbst wie ein Organ tätig wird. Auch bestimmende Einflussnahme aus dem Hintergrund reicht für eine organschaftliche Haftung nicht aus. Notwendig ist die faktische Übernahme unter Verdrängung des formell legitimierten Organs bezogen auf eine Maßnahme oder einen bestimmten Kompetenzbereich.

Bei Einflussnahme kommt neben der Haftung aus § 117 AktG als Spezialnorm im Aktienrecht eine Haftung nach den allgemeinen zivilrechtlichen Normen in Betracht. Werden die Anteilseigner durch die Einflussnahme an der Ausübung der ihnen zustehenden Rechte gehindert, kommt eine Haftung aus § 823 Abs. 1 BGB wegen Verletzung des Mitgliedschaftsrechtes in Betracht. Gegenüber der Gesellschaft ist auch eine Haftung aus § 823 Abs. 1 BGB wegen Eingriffs in den eingerichteten und ausgeübten Gewerbebetrieb denkbar.

Eine Schutzwirkung von Einzelverträgen zwischen Kapitalgeber und den in Start Ups tätigen Personen kommt insbesondere bei einem Interessengleichlauf von

---

[1104]Vgl. auch BGH, JZ 1998, 624, 626.

[1105]Vgl. Canaris, JZ 1998, 603, 605.

[1106]Insofern ist der ablehnenden Haltung von Canaris, JZ 1998, 603 ff. im Ergebnis zuzustimmen.

[1107]Vgl. zu den Zielen und Zielkonflikten oben Seite 34 ff. Gegenläufige Interessen kommen insbesondere beim Anteilserwerb bzw. der Anteilsveräußerung im Rahmen einer Due Diligence in Betracht, vgl. dazu Lutter, ZIP 1997, 613 ff.

[1108]So ist die Gegenläufigkeit der Interessen einer der zentralen Kritikpunkte von Canaris, vgl. Fn 1103. Die Möglichkeit einer entsprechenden Anwendung dieser Rechtsprechung auf die Krisenberatung sehen auch Schmidt / Uhlenbruck - Schmidt, Rn. 1295 ff., die allerdings sehr kritisch dazu stehen.

[1109]Vgl. die Erwägungen oben Seite 182 ff.

Kapitalgebern und dem Start Up in Betracht. Das gilt allerdings nur, soweit es sich nicht um Organe bzw. Angestellte des Risikokapitalgebers handelt.

Kapitel 5 Fazit

Die vorliegende Arbeit hat sich mit der Frage beschäftigt, ob die spezifischen Besonderheiten risikokapitalfinanzierter Start Ups Einfluss auf den Umfang und das Risiko einer persönlichen Haftung haben.

§ 10 Zusammenfassung der Ergebnisse

Anhand der typischen Besonderheiten wurden drei Problemkreise formuliert, anhand welcher die persönliche Haftung der Unternehmensverwaltung und der Gesellschafter untersucht wurde:

1. Welche Auswirkungen haben die ökonomischen Besonderheiten?
2. Welche Folgen hat die Doppelstellung als Organ und Gesellschafter?
3. Welche Auswirkungen und Folgen hat das erhöhte finanzielle und ggf. unternehmerische Engagement von Risikokapitalgebern?

I. Auswirkungen der ökonomischen Besonderheiten

Die ökonomischen Besonderheiten, d.h. die besondere Unsicherheit und die fehlenden Erkenntnisse, verdeutlichen die Notwendigkeit eines unternehmerischen Ermessensspielraums in Anlehnung an die Merkmale der „business judgement rule". Pflichtgemäßes Managementhandeln und jede einzelne Entscheidung erfordert eine ausreichende Selbstinformation, d.h. ordnungsgemäße Entscheidungsvorbereitung, Einhaltung der Loyalitätspflichten und Ausrichtung der Entscheidung am Unternehmensinteresse.

Haftungsrechtlich sind bei der Bestimmung des Unternehmensinteresses nur die Interessen der Anteilseigner und die schützenswerten Interessen der Gläubiger zu beachten. Weder die Beachtung von „gesicherten Erkenntnissen" noch die Formel des „erlaubten Risikos" beschränken unabänderlich den unternehmerischen Handlungsspielraum. Die Schnelligkeit der Veränderungen und die Meinungsvielfalt lassen eine Beurteilung dieser Faktoren aus der ex ante Sicht nahezu unmöglich werden.

Das erhöhte unternehmerische Risiko führt im Unternehmensinteresse zu erhöhten Anforderungen an die Selbstinformation und die dazugehörenden Mechanismen. Aufgrund der fehlenden externen Informationen sind die internen Informationssysteme von besonderer Bedeutung. Die diesbezüglichen gängigen Anforderungen an Kleinunternehmen reichen bei weiten nicht aus und sind entsprechend erhöht. Der Nachweis pflichtgemäßen Handelns durch das Management eines

Start Ups erfordert daher einen entsprechenden Nachweis und Dokumentation entsprechender Mechanismen und der Selbstinformation.

Das erhöhte unternehmerische Risiko führt in Verbindung mit der Doppelstellung zudem zu erhöhten Informationspflichten gegenüber den Anteilseignern.

Die Überwachungsintensität und die entsprechenden Sorgfaltspflichten des Aufsichtsrats und seiner Mitglieder sind in Start Ups wegen des erhöhten unternehmerischen Risikos, basierend auf der Theorie der abgestuften Überwachungspflicht, generell erhöht. Eine Sitzungsfrequenz von mehr als drei Monaten ist mit diesem Erfordernis nicht mehr vereinbar. Das Erfordernis eines professionellen Aufsichtsrats lässt sich daraus allerdings nicht ableiten.

Die ökonomischen Besonderheiten verdeutlichen, dass entgegen der herrschenden Meinung der Aufsichtsrat und seine einzelnen Mitglieder auch bei Überwachungsentscheidungen einen Ermessensspielraum besitzen, selbst soweit diese im Rahmen der repressiven Kontrolle getroffen werden. Dieser Ermessensspielraum ist jedoch stärker durch Minderheits- und Gläubigerinteressen beschränkt.

II. Auswirkung der Doppelstellung

Leitungsorgan ist in der Aktiengesellschaft der Vorstand. Die Leitungskompetenzen der Aktionäre beschränken sich auf wenige strukturelle Entscheidungen. Auch in der GmbH liegt die Leitungskompetenz, soweit die Satzung nichts anderes bestimmt, bei der Geschäftsführung. Die Anteilseigner besitzen jedoch eine parallele verdrängende Leitungskompetenz, von der sie in weiten Umfang Gebrauch machen dürfen.

Wegen der unterschiedlichen Regelungen, Pflichten und Anknüpfungspunkte muss zwischen Organ- und Gesellschafterhandeln unterschieden werden. Eine Abgrenzung von Organ- und Gesellschafterhandeln ist wegen der Verflechtungen insbesondere in der GmbH schwierig. Nur soweit Gesellschafterrechte im Rahmen der gesetzlich oder satzungsrechtlich vorgegebenen Möglichkeiten ausgeübt werden, ist das Handeln als Gesellschafterhandeln zu qualifizieren. Außerhalb dieser Handlungsmöglichkeiten ist das Handeln im Zweifel als Organhandeln anzusehen und unterliegt damit den Normen der Organhaftung.

Das Organ darf aufgrund seiner organschaftlichen Loyalitätspflicht auch bei Doppelstellung keine Individualinteressen zu Lasten der Gesellschaft oder einzelner Gläubiger verfolgen und unterliegt einer Neutralitätspflicht. Eigene Interessen als Gesellschafter dürfen im Rahmen des Unternehmensinteresses nur berücksichtigt werden, wenn es sich um gesellschaftsbezogene Interessen handelt, d.h. die Art und Weise der Unternehmensführung. Die Doppelstellung des Managements führt, zumindest bei gleichzeitiger Stellung als Mehrheitsgesellschafter, in diesem Bereich zu einem größeren unternehmerischen Handlungsspielraum, da sich das

Unternehmensinteresse bis zur Grenze des Minderheiten- bzw. Gläubigerschutzes anhand der Mehrheitsinteressen bestimmt.

Das Gleichbehandlungsgebot und die Neutralitätspflicht führen in Verbindung mit der Doppelstellung dazu, dass die Interessen der Mitgesellschafter in die Überlegungen mit einbezogen werden müssen. Es muss die im Verhältnis zu deren Interessen schonendste Möglichkeit gewählt werden, da von einer entsprechenden Schonung der Eigeninteressen ausgegangen werden kann. Die Doppelstellung und der daraus resultierende Informationsvorsprung führt in Verbindung mit der personalistischen Struktur auch zu einer besonderen Bedeutung und Steigerung der Informationspflichten gegenüber den übrigen Anteilseignern.

Einer Kompetenzverlagerung von Organen auf die Anteilseigner, d.h. im Falle einer Weisung, folgt sowohl in der GmbH als in der Aktiengesellschaft eine Haftungsfreistellung der Organe. Bis zur Grenze der Treuwidrigkeit kann so eine Organhaftung vermieden werden. Bei Doppelstellung gilt der Sorgfaltsmaßstab der Organe auch bei Gesellschafterhandeln entsprechend. Allerdings trifft den Gesellschafter im Rahmen der mitgliedschaftlichen Loyalitätspflicht keine allgemeine Neutralitätspflicht, sondern lediglich das Verbot von Sondervorteilen. Verschulden, Beweislast und Verjährung richten sich nach den allgemeinen zivilrechtlichen Regeln.

Einfluss der Doppelstellung aus das Unternehmensinteresse:

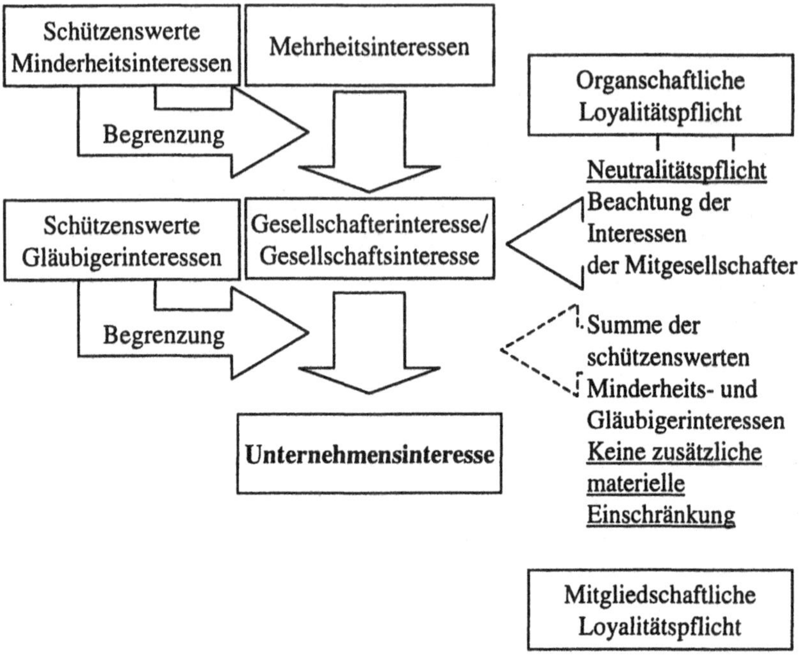

Eine nachträgliche Enthaftung der Organe ist in Start Ups wegen des Interessenkonfliktes nur mit den Stimmen der unbeteiligten Gesellschafter bzw. einstimmig möglich. Aspekte des Minderheiten- und Gläubigerschutzes finden verstärkte Beachtung, so dass die betroffenen Gesellschafter aufgrund ihres Interessenkonfliktes von einem Stimmverbot erfasst werden, das weit auszulegen ist und alle Mitglieder der Unternehmensverwaltung erfasst.

Die Außenhaftung der Organe gegenüber den Anteilseignern ist auch bei Doppelstellung abgesehen von Sondernormen wie § 117 AktG und § 31 Abs. 6 GmbHG auf die deliktische Haftung und die Haftung aus Culpa in contrahendo beschränkt. Die personalistische Struktur führt wegen der besonderen Vertrauensstellung und Identifikation der Organe mit dem Unternehmen zu einem faktisch erhöhten Risiko einer Haftung aus c.i.c., aber auch wegen Sittenwidrigkeit. Eine Haftung gemäß § 826 BGB kommt bei Verletzung von Gleichbehandlungs- und Informationspflichten insbesondere bei persönlichen Motiven in Betracht, welche aufgrund der Doppelstellung häufiger Beweggrund sein werden. Eine Haftung aus § 823

Abs. 1 BGB wegen Verletzung des Mitgliedschaftsrechts kommt nur in Frage, soweit das Handeln gegen die kompetenzrechtlichen Vorgaben verstößt.

Bezogen auf die Haftung der Organe gegenüber außenstehenden Gläubigern gelten weitgehend die allgemeinen Grundsätze. Aufklärungspflichten bezogen auf das erhöhte unternehmerische Risiko bestehen nicht, nur bei Selbstbegünstigung bzw. offensichtlicher Gläubigerschädigung kommt eine entsprechende Haftung in Betracht. Nachfragen müssen wahrheitsgemäß beantwortet werden; persönliche Einschätzungen, welche ein objektiver Beobachter als unzutreffend einstufen würde, führen, soweit sie auch als solche erkennbar sind, jedoch nicht zu einer Haftung.

Die Gefahr einer Durchgriffshaftung der Gesellschafter gegenüber außenstehenden Gläubigern ist, insbesondere unter Berücksichtigung der neusten Rechtsprechung, aufgrund der Machtkumulation erhöht.

Auch eine Konzernhaftung als Gesellschafter der mehrheitlich beteiligten Gründer kommt in Betracht, soweit diese durch anderweitige unternehmerische Tätigkeit „Unternehmenseigenschaft" besitzen. Für eine Widerlegung der Abhängigkeitsvermutung bedarf es entsprechender Einschränkung des gesellschaftsrechtlich vermittelten Einflusses.

III. Folgen des finanziellen und unternehmerischen Engagements der Risikokapitalgeber

Risikokapitalgeber haben wegen ihrer besonderen Bedeutung im Finanzierungsgefüge eine gegenüber den übrigen Gesellschaftern hervorgehobene Bedeutung.

1. Besondere Pflichten als Gesellschafter

Wenn aus der finanziellen Abhängigkeit in Verbindung mit tatsächlicher Machtausübung ein entsprechender Einfluss resultiert, kann der Risikokapitalgeber, unter Umständen sogar trotz Mehrheitsbeteiligung der Gründer, als beherrschendes Unternehmen im Sinne des Aktienkonzernrechtes gelten.

Die Risikokapitalgeber unterliegen als Gesellschaft intensiven Treuepflichten, aber grundsätzlich keiner organschaftlichen Haftung. Die Risikokapitalgeber trifft nicht nur eine umfassende Verschwiegenheitspflicht, sondern bei entsprechendem Einfluss auch ein Wettbewerbsverbot, welches die unternehmerische Beteiligung an Konkurrenzunternehmen untersagt. Der Sorgfaltsmaßstab entspricht im Wesentlichen dem der Geschäftsführung, auch die Voraussetzungen an die Sorgfaltspflicht bei der Entscheidungsfindung werden, zumindest soweit der Risikokapitalgeber Managementunterstützung gewährt, denen des Managements entsprechen.

In Frage kommt bei entsprechendem Einfluss auch eine Haftung des Risikokapitalgebers als „faktisches Organ", handelt es sich bei dem Risikokapitalgeber um eine juristische Person allerdings nur, soweit der Einfluss durch die Organe des Risikokapitalgebers ausgeübt wird, sonst trifft die Haftung ggf. die direkt tätigen Personen. Eine Haftung als faktisches Organ kommt nur in Betracht, soweit der Handelnde selbst wie ein Organ tätig wird. Erforderlich ist, dass den formell bestellten Organen bezogen auf eine Maßnahme oder einen bestimmten Bereich entgegen den gesellschaftsrechtlichen Vorschriften die Kompetenz und die Handlungsmöglichkeit entzogen wird.

Eine Schutzwirkung von Verträgen zwischen Kapitalgeber und den tätigen Personen zugunsten des Start Ups kommt insbesondere dann in Betracht, wenn die Interessen von Kapitalgebern und dem Start Up parallel laufen, allerdings nur, soweit es sich nicht um Organe bzw. Angestellte des Risikokapitalgebers handelt.

Die besondere Machtstellung der Risikokapitalgeber kann dazu führen, dass Darlehen, die nicht von vornherein als Fremdkapital zu qualifizieren sind, trotz geringer Beteiligung als eigenkapitalersetzende Darlehen zu werten sind. Nur unter besonderen Umständen können Bareinlagen der Gründer, die unmittelbar zur Begleichung von (zukünftigen) Gehaltsforderungen oder Sondervergütungen verwendet werden, als verschleierte Sacheinlage gewertet werden.

Bei Einflussnahme kommt neben der Haftung aus § 117 AktG als Spezialnorm im Aktienrecht eine Haftung nach den allgemeinen zivilrechtlichen Normen in Betracht. Werden die Anteilseigner durch die Einflussnahme an der Ausübung der ihnen zustehenden Rechte gehindert, kommt eine Haftung aus § 823 Abs. 1 BGB wegen Verletzung des Mitgliedschaftsrechtes in Betracht. Gegenüber der Gesellschaft kann eine Haftung aus § 823 Abs. 1 BGB wegen Eingriffs in den eingerichteten und ausgeübten Gewerbebetrieb denkbar sein.

Gegenüber den Risikokapitalgebern werden wegen der besonderen finanziellen Bedeutung weitere besondere Informationspflichten bestehen.

2. Besonderheiten bei Mitgliedschaft in Überwachungsorganen

Wird in der GmbH ein Aufsichtsrat eingerichtet, gelten in Ermangelung anders lautender satzungsrechtlicher Bestimmungen die Erwägungen für die Aktiengesellschaft entsprechend. Bei einem Beirat gelten die satzungsrechtlichen Bestimmungen, eine Trennung von Leitung und Überwachung ist nicht zwingend. Gegenüber Außenstehenden müssen die Leitungsorgane ihre Aufgabe in vollem Umfang wahrnehmen und dürfen das Entscheidungs- und Initiativrecht nicht abgeben. Das erhöhte unternehmerische Risiko und die personalistische Struktur beeinflussen nicht die Kompetenzordnung. Der Sorgfaltsmaßstab für Handeln der Aufsichtsratsmitglieder gemäß §§ 116, 93 AktG hängt, aufsetzend auf einer Mindestqualifikation, von den individuellen Fähigkeiten des einzelnen Mitgliedes ab. Die Sorgfaltspflichten zur Erfüllung sind sowohl quantitativ als auch qualitativ begrenzt.

Bei Vertretern der Kapitalgeber im Aufsichtsrat ist, abhängig von dem unternehmerischen Interesse und der vereinbarten Managementunterstützung, von einem erhöhten Sorgfaltsmaßstab und erweiterten Sorgfaltspflichten auszugehen. Auch die Mitglieder des Aufsichtsrates besitzen bei Sachentscheidungen einen weitgehend entsprechenden „unternehmerischen Ermessensspielraum". Die Unterscheidung zwischen präventiver und repressiver Kontrolle ist insoweit unerheblich. Hinsichtlich der sorgfältigen Informationsbasis darf sich der Aufsichtsrat auf die Informationen durch die Geschäftsleitung verlassen, soweit keine Anhaltspunkte bestehen, dass diese Informationen nicht ausreichend sind.

Wegen der Beschränkung des Aufsichtsrates auf die Überwachungsfunktion ist der unternehmerische Ermessensspielraum jedoch beschränkt: Eine sich innerhalb des unternehmerischen Ermessensspielraums befindende, wirtschaftlich vertretbare und im Blick auf den Unternehmensgegenstand zweckdienliche Entscheidung des Vorstandes darf der Aufsichtsrat daher nicht über einen Zustimmungsvorbehalt unterbinden. Ein unbeschränkter Ermessensspielraum besteht mangels Eingriffs in die Leitung bezüglich des Inhaltes der durch den Aufsichtsrat im Rahmen seiner Überwachung ausgeübten Beratung und soweit dem Aufsichtsrat de lege lata die originäre und ausschließliche Entscheidungskompetenz zugewiesen ist.

Wegen der intensiven Überwachung ist die zulässige Beratungstätigkeit einzelner Aufsichtsratsmitglieder außerhalb der Aufsichtsratstätigkeit auf die rein fachliche Beratung beschränkt. Nimmt der Aufsichtsrat entgegen der gesetzlichen Kompetenzordnung an der Unternehmensleitung teil, bestimmen sich Sorgfaltsmaßstab und erforderliche Sorgfaltspflichten nach den für das Management geltenden Maßstäben. Eine Erfolgshaftung ist wegen der unklaren Grenzen abzulehnen.

Die Mitglieder des Aufsichtsrates unterliegen in der Aktiengesellschaft auch gegenüber dem entsendenden Risikokapitalgeber einer strengen Verschwiegenheitspflicht. Die Entscheidung über eine Weitergabe von Informationen obliegt auch in der GmbH der Geschäftsführung. Die Weitergabe von Informationen kann im Rahmen der Überwachungsaufgabe als ultima ratio in Betracht kommen. Mitglieder des Aufsichtsrats unterliegen wegen der personalistischen Struktur und unternehmerischen Bedeutung einem Wettbewerbsverbot, soweit es sich um Vertreter der Risikokapitalgeber handelt.

IV. Schlusswort

Die Untersuchung hat gezeigt, dass die Haftungsregelungen des Aktien- und des GmbH-Gesetzes aufgrund ihrer Flexibilität den Anforderungen in Start Ups im Blick auf die materielle Haftung weitgehend gerecht werden. Aufgrund der ökonomischen Besonderheiten, aber auch der Doppelstellung besitzen Selbstinformation und die Information der Anteilseigner eine besondere Relevanz. Nicht ausreichend sind in diesem Zusammenhang die Anforderungen an die externe Rechnungslegung.

Problematisch ist jedoch die große Rechtsunsicherheit, die aufgrund der uneinheitlichen Meinung in der Literatur und fehlender bzw. uneinheitlicher Rechtsprechung besteht. Besonders kritisch ist hier die nur fallbezogene Abgrenzung des unternehmerischen Ermessensspielraums und die Ablehnung eines Ermessensspielraums für Aufsichtsratsmitglieder zu betrachten. In beiden Fällen besteht dringender Handlungsbedarf.

Eine ganz andere Problematik liegt im Bereich der gerichtlichen Geltendmachung der Innenhaftung. In der GmbH setzt die Geltendmachung der Organinnenhaftung gemäß § 46 Nr. 8 GmbHG einen Gesellschafterbeschluss voraus. Aufgrund des Stimmrechtsausschlusses der betroffenen Gesellschafter bestehen insoweit keine prozessualen Haftungshindernisse. Ansprüche der Gesellschaft gegen Gesellschafter aus Treuepflichtverletzung können in der GmbH zum einen von den geschäftsführenden Organen und von der Gesellschafterversammlung, aber wohl auch im Wege der Actio pro socio geltend gemacht werden[1110].

In einer Aktiengesellschaft mit personalistischer Struktur wird das Verfolgungsrecht der Organe häufig erst bei einem weitreichenden Wechsel der Organmitglieder zum Tragen kommen. Erforderlich ist allerdings auch dann, dass sich die neuen Organmitglieder ihren Vorgängern nicht verbunden fühlen[1111].

Das Verfolgungsrecht der Aktionäre gemäß § 147 AktG steht im Mittelpunkt aktueller Diskussion und Kritik[1112]. Die Voraussetzung einer Beteiligung von mindestens 5 bzw. 10 % ist auch und gerade im Blick auf die Struktur von Start Ups zu kritisieren. Diejenigen Gesellschafter, die nicht gleichzeitig an der Unternehmensverwaltung beteiligt sind und daher keiner Interessenkollision unterliegen, insbesondere Arbeitnehmer, werden häufig auch gemeinsam nicht die notwendigen Anteile besitzen und von einer Geltendmachung im Blick auf die Pflicht, die Kosten selbst zu tragen, wohl auch dann absehen. Auch hier besteht Handlungsbedarf für den Gesetzgeber.

1110 Zum Diskussionsstand vgl. Winter, S. 307 ff.

1111 So kann es durchaus sein, dass die Vertreter der Risikokapitalgeber im Aufsichtrat wechseln. Aufgrund der gleichen Interessenbindung ist aber nicht mit einer Geltendmachung der Schadensersatzansprüche zu rechnen. In einem dem Autor bekannten Fall bestand die Problematik, dass der Vorgänger im Aufsichtsrat als maßgeblicher Anteilseigner und Organ des Risikokapitalgebers gleichzeitig Arbeitgeber seines Nachfolgers war. In diesem Fall ist kaum mit einer Geltendmachung von Schadensersatzansprüchen zu rechnen, auch wenn sich das Aufsichtsratsmitglied dadurch ebenfalls haftbar macht.

1112 Vgl. bspw. Reichert / Weller, ZRP 2002, 49, 51 ff.

Literaturverzeichnis

Achleitner, Ann-Kristin: Start-Up-Unternehmen: Bewertung mit der Venture Capital-Methode; BB 2001, 927 - 933

Altenburger, Otto A.: Inwieweit sind die deutschen Rechnungslegungsvorschriften EU-konform? BFuP 1997, 721 - 736

Altmeppen, Holger: Disponibilität der Geschäftsführerhaftung in der GmbH - Zugleich Besprechung von BGH-Urteil vom 31.1.2000- II ZR 189 / 99; DB 2000, 657 - 661

Ders.: Haftung der Geschäftsleiter einer Kapitalgesellschaft für Verletzung von Verkehrssicherungspflichten; ZIP 1995, 881 - 891

Ders.: Probleme der Konkursverschleppungshaftung; ZIP 1997, 1173 - 1185

Ders.: Die Auswirkungen des KonTraG auf die GmbH; ZGR 1999, 291 - 313

Ders.: Grundlegend Neues zum „qualifiziert faktischen" Konzern und zum Gläubigerschutz in der Einmann-GmbH; ZIP 2001, 1837 - 1847

Armbrüster, Christian: Wettbewerbsverbote im Kapitalgesellschaftsrecht; ZIP 1997, 1269 - 1279

Assmann, Heinz-Dieter (Hrsg.): Wertpapierhandelsgesetz: Kommentar; Köln, 2. Auflage 1999

Assmann, Heinz-Dieter / Schütze, Rolf A.: Handbuch des Kapitalanlagerechts; München, 2. Auflage 1997

Axhausen, Michael: Anfechtbarkeit aktienrechtlicher Aufsichtsratsbeschlüsse, Frankfurt am Main 1986

Bachmann, Gregor: Die Einmann-AG, NGZ 2001, 961 - 971

Bamberg, Günter / Coenenberg, Adolf Gerhard: Betriebswirtschaftliche Entscheidungslehre; München, 10. Auflage 2000

Bange, Hubertus: Die Innenhaftung der Gesellschafter bei eigenkapitalersetzenden Darlehen und Sicherheiten; DB 1997, 1755-1758

Bastuck, Burkhard: Enthaftung des Managements: corporate indemnification im amerikanischen und deutschen Recht; Köln 1986

Baumbach, Adolf / Hueck, Alfred: GmbH-Gesetz: Gesetz betreffend die Gesellschaften mit beschränkter Haftung; München, 17. Auflage 2000

Baumbach, Adolf / Hueck, Alfred / Hueck, Götz: Aktiengesetz; München, 13. Auflage 1968; zit.: Baumbach / Hueck, AktG

Baums, Theodor: Der Geschäftsleitervertrag; Begründung, Inhalt und Beendigung der Rechtsstellung der Vorstandsmitglieder und Geschäftsführer in den Kapitalgesellschaften und Genossenschaften; Köln 1987

Ders.: Aktienoptionen für Vorstandsmitglieder; in Festschrift für Carsten Peter Claussen: zum 70.Geburtstag, 3 - 11, Köln 1997

Ders. (Hrsg.): Bericht der Regierungskommission Corporate Governance; Frankfurt am Main, 2001; zit.: Bericht Corporate Governance

Bayer, Walter: Verjährung der Haftung des Geschäftsführers für Pflichtverletzungen, insbesondere wenn er zugleich Gesellschafter ist; WuB II C § 43 GmbHG 1.99

Bea, Franz Xaver / Scheuerer, Steffen: Die Kontrollfunktion des Aufsichtsrats; DB 1994, 2145 - 2152

Beck'scher Bilanzkommentar: Handels- und Steuerrecht; 238 bis 339 HGB; Budde, Wolfgang Dieter (Hrsg.); München, 4. Auflage 1999; zit.: Beck'scher BK - Bearbeiter

Beck'sches Handbuch der GmbH; Müller, Welf / Hense, Burkhard (Hrsg.); München, 3. Auflage 2002; zit.: Beck'sches Hdb. GmbH - Bearbeiter

Benzinger, Volker / Göhner, Frank: Accounting in der New Economy; DB 2001, 2205 - 2152

Bernhardt, Wolfgang: Aufsichtsrat - Die schönste Nebensache der Welt? ZHR 159 (1995), 310 - 321

Bezzenberger, Gerold / Schuster, Detlev: Die öffentliche Anstalt als abhängiges Konzernunternehmen; ZGR 1996, 481 - 499

Bichlmeier, Wilhelm / Engberding, Antonius / Oberhofer, Hermann: Insolvenzrechtshandbuch: ein rechtlicher und betriebswirtschaftlicher Leitfaden; Frankfurt am Main 1998

Biletzki, Gregor: Außenhaftung des GmbH-Geschäftsführers; BB 2000, 521 - 527

Ders.: Die deliktische Haftung des GmbH-Geschäftsführers für fehlerhafte Buchführung; Regensburg 1999

Bischhof, Stefan / Dörner, Dietrich: Zweifelsfragen zur Berichterstattung über die Risiken der künftigen Entwicklung im Lagebericht; WPg 1999, 445 - 455

Bitter, Georg: Der Anfang vom Ende des „qualifiziert faktischen GmbH-Konzerns"; WM 2001, 2133 - 2141

Böhm, Nicolas: Konfliktbeilegung in personalistischen Gesellschaften; Köln 2000

Bommert, Rainer: Verdeckte Vermögensverlagerungen im Aktienrecht; Köln 1989

Bork, Reinhard: Materiell-rechtliche und prozessrechtliche Probleme des Organstreits zwischen Vorstand und Aufsichtsrat einer Aktiengesellschaft; ZGR 1989, 1 - 43

Ders.: Einführung in das Insolvenzrecht; Tübingen, 3. Auflage 2002

Boujong, Karlheinz: Zur Klage eines Aufsichtsratsmitglieds gegen einen Aufsichtsratsbeschluss und zur Pflicht des Aufsichtsrats, Schadensersatzansprüche gegen Vorstandsmitglieder geltend zu machen; DZWiR 1997, 326 - 329

Ders.: Rechtliche Mindestanforderungen an eine ordnungsgemäße Vorstandskontrolle und -beratung; AG 1995, 203 - 207

Brandes, Helmut: Die Rechtsprechung des BGH zur GmbH; WM 1992, Sonderbeilage Nr. 3, 3 - 23

Ders.: Ersatz von Gesellschafts- und Gesellschafterschaden; in: Festschrift für Hans-Joachim Fleck zum 70.Geburtstag, 13 - 22; Berlin 1988

Brondics, Klaus: Die Aktionärsklage; Berlin 1988

Brüggemeier, Gert: Die Einflussnahme auf die Verwaltung der Aktiengesellschaft; AG 1988, 93 - 102

Brühl, Volker: Strategiebasierte Auswahl von Risikokapitalgebern: Industrieller Partner oder Finanzinvestor? M&A Review 7 / 2001, 306 - 311

Brüls-Dehin, Christina: Die Schranken von Mehrheitsmacht und Minderheitsrechten im Kapitalgesellschaftsrecht; Münster 1998

Bungert, Hartwin: Zur Unternehmensbewertung im Zusammenhang mit Ausgleichszahlungen und Abfindungsangeboten an außenstehende Aktionäre; NGZ 1998, 990 - 991

Ders.: Die Treuepflicht des Minderheitsaktionärs - Besprechung des BGH-Urteils vom 20.3.1995, DB 1995, S. 1064; DB 1995, 1749-1756

Burger, Alexander: Die Wirksamkeit von Beratungsverträgen zwischen der Aktiengesellschaft und Mitgliedern ihres Aufsichtsrats insbesondere im Hinblick auf § 113 Abs. 1 AktG; Tübingen 1997

Büschgen, Hans E.: Neue Tendenzen der Gründungs- und Wachstumsfinanzierung deutscher Unternehmen; in: Festschrift für Klemens Pleyer zum 65.Geburtstag, 271 - 285; Köln 1986

Canaris, Claus - Wilhelm: Schutzwirkung zugunsten Dritter bei "Gegenläufigkeit" der Interessen; JZ 1995, 441 - 446

Ders.: Die Haftung des Sachverständigen zwischen Schutzwirkung für Dritte und Dritthaftung aus culpa in contrahendo; JZ 1998, 603 - 607

Claussen, Carsten P.: Das Gesetz über die kleine Aktiengesellschaft - und die ersten praktischen Erfahrungen; WM 1996, 609-619

Ders.: Aktienrecht - Anstöße für die nächste Reform; in: Reform des Aktienrechts, der Rechnungslegung und Prüfung; Dörner, Dietrich (Hrsg.); Stuttgart 1999

Claussen, Carsten P. / Semler, Johannes: Abgestufte Überwachungspflicht des Aufsichtsrats? AG 1984, 20 - 22

Clemm, Hermann / Dürrschmidt, Armin : Gedanken zur Schadensersatzpflicht von Vorstands- und Aufsichtsratsmitgliedern der Aktiengesellschaft für verlustverursachende Fehlentscheidungen; in: Gesellschaft, Rechnungslegung, Steuerrecht - Festschrift für Welf Müller zum 65. Geburtstag, 67 - 92; München 2001

Coenenberg, Adolf Gerhard: Jahresabschluss und Jahresabschlussanalyse; Betriebswirtschaftliche, handelsrechtliche, steuerrechtliche und internationale Grundlagen; -HGB, IAS, US-GAAP-; Landsberg / Lech, 17. Auflage 2000

Crezelius, Georg: Jahresabschlusspublizität bei deutschen Kapitalgesellschaften; ZGR 1999, 252 - 263

Deckert, Martina R. : Organschaftliche und vertragliche Beratungspflichten des Aufsichtsratsmitgliedes; AG 1997, 109 - 114

Dörner, Dietrich / Öser, Peter: Erfüllen Aufsichtsrat und Wirtschaftsprüfer ihre Aufgaben? DB 1995, 1085 - 1093

Dreher, Meinrad: Unternehmen und Politik; ZHR 158 (1994), 614 - 645

Ders.: Interessenkollisionen bei Aufsichtsratsmitgliedern von Aktiengesellschaften; JZ 1990, 896 - 904

Drukarczyk, Jochen: Finanzierung: eine Einführung; Stuttgart, 8. Auflage 1999

Drukarczyk, Jochen / Schüler, Andreas: Die Eröffnungsgründe der InsO: Zahlungsunfähigkeit, drohende Zahlungsunfähigkeit und Überschuldung; in: Arbeitskreis Insolvenz- und Schiedsgerichtswesen (Hrsg.); Kölner Schrift zur Insolvenzordnung; Herne, Berlin, 2. Auflage 2000

Drygala, Tim / Drygala, Anke: Wer braucht ein Frühwarnsystem? ZIP 2000, 297 - 305

Ebbing, Frank / Grüner, M.: „Aus" für die Venture Capital GbR? - Neue aufsichts- und haftungsrechtliche Probleme für Anlagegesellschaften in der Rechtsform einer GbR; NGZ 2000, 347-352

Ebenroth, Carsten Thomas / Lange, Knut Werner: Sorgfaltspflichten und Haftung des Geschäftsführers einer GmbH nach § 43 GmbHG; GmbHR 1992, 69 - 76

Ehricke, Ulrich: Zur Begründbarkeit der Durchgriffshaftung in der GmbH, insbesondere aus methodischer Sicht; AcP 199 (1999), 257 - 304

Eickhoff, Andreas: Die Gesellschafterklage im GmbH-Recht: zur Durchsetzung von Ansprüchen der GmbH durch ihre Gesellschafter; Köln 1988

Eisenhardt, Ulrich: Zum Weisungsrecht der Gesellschafter in der nicht mitbestimmten GmbH; in: Strafrecht, Unternehmensrecht, Anwaltsrecht - Festschrift für Gerd Pfeiffer, 839 - 852; Köln 1988

Ekkenga, Jens: Insichgeschäfte geschäftsführender Organe im Aktien- und GmbH-Recht unter besonderer Berücksichtigung der Einmann-Gesellschaft; AG 1985, 40 - 48

Emmerich, Volker: Berechnung von Abfindung und Ausgleich im Konzernrecht („März / EKU"); JuS 1999, 401 - 402

Emmerich, Volker / Sonnenschein, Jürgen : Konzernrecht: das Recht der verbundenen Unternehmen bei Aktiengesellschaft, GmbH, Personengesellschaften, Genossenschaft, Verein und Stiftung; ein Studienbuch; München, 6. Auflage 1997

Emmerich, Volker / Habersack, Mathias: Aktien- und GmbH-Konzernrecht: Kommentar; München, 2. Auflage 2001

Engelmann, Andree / Juncker, Klaus / Natusch, Ingo / Tebroke, Hermann-Josef: Moderne Unternehmensfinanzierung; Risikokapital für Unternehmensgründung und -wachstum; Frankfurt am Main 2000

Ensthaler, Jürgen: Gemeinschaftskommentar zum Handelsgesetzbuch; Neuwied, Kriftel, Berlin, 6.Auflage 1999; zit.: GK HGB - Bearbeiter

Erman, Walter / Westermann, Harm Peter: Bürgerliches Gesetzbuch: Handkommentar mit AGBG, EGBGB, ErbbauVO, HausratsVO, HausTWG, ProdHaftG, SachenRBerG, SchuldRAnpG, VerbrKrG; Münster, 10. Auflage 2000; zit.: Erman

Escher-Weingart, Christina: Die Zuteilung von Aktien beim „going-public" - gleiches Recht für alle? AG 2000, 164 - 171

Espey, Günther / Bitter, Christian von: Haftungsrisiken des GmbH-Geschäftsführers; Düsseldorf 1990

European Venture Capital Association: Priorities for Private Equity; Realising Europe's entrepreneurial potential; White Paper, 1999; zit.: EVCA White Paper

Farr, Wolf - Michael: Der Jahresabschluss der mittelgroßen und kleinen AG; AG 1996, 145 - 160

Ders.: Der Jahresabschluss der kleinen GmbH (I); GmbHR 1996, 92 - 97

Fey, Gerd: Corporate Governance - Unternehmensüberwachungen bei deutsche Aktiengesellschaften; DStR 1995, 1320 - 1327

Fleck, Hans-Joachim: Eigengeschäfte eines Aufsichtsratsmitgliedes; in: Festschrift für Theodor Heinsius zum 65.Geburtstag am 25.9.1991, 89 - 110; Berlin 1991

Ders.: Vertrag, unerlaubte Eigengeschäftsführung und Anspruchsverjährung; ZIP 1991, 1296 - 1274

Ders.: Missbrauch der Vertretungsmacht oder Treubruch des mit Einverständnis aller Gesellschafter handelnden GmbH-Geschäftsführers aus zivilrechtlicher Sicht; ZGR 1990, 31 - 49

Fleischer, Holger: Informationspflichten der Geschäftsleiter beim Management Buyout im Schnittfeld von Vertrags-, Gesellschafts- und Kapitalmarktrecht; AG 2000, 309 - 321

Flume, Werner: Die Haftung des GmbH-Geschäftsführers bei Geschäften nach Konkursreife der GmbH; ZIP 1994, 337 - 342

Ders.: Allgemeiner Teil des Bürgerlichen Rechts; Erster Band, Zweiter Teil; Die juristische Person; Berlin, Heidelberg, New York, Tokyo 1983

Friedewald, Rolf: Die personalistische Aktiengesellschaft; Köln 1991

Friedrichsen, Sönke: Aktienoptionsprogramme für Führungskräfte: Gesellschaftsrecht, Kapitalmarktrecht, Steuerrecht, Bilanzrecht; Köln 2000

Geigenberger, Isabell: Risikokapital für Unternehmensgründer - Der Weg zum Venture Capital; München, 1999

Gerkan, Hartwin von: Die Beweislastverteilung beim Schadensersatzanspruch der GmbH gegen ihren Geschäftsführer; ZHR 154 (1990), 39 - 63

Gerkan, Hartwin von / Hommelhoff, Peter: Kapitalersatz im Gesellschafts- und Insolvenzrecht; Köln, 5. Auflage 1997

Gessler, Ernst: Einberufung und ungeschriebene Hauptversammlungszuständigkeiten; in: Festschrift für Walter Stimpel zum 68.Geburtstag, 771 - 789, Berlin 1985

Ders.: Der Betriebsführungsvertrag im Licht der aktienrechtlichen Zuständigkeitsordnung; in: Strukturen und Entwicklungen im Handels-, Gesellschafts- und Wirtschaftsrecht - Festschrift für Wolfgang Hefermehl zum 70. Geburtstag, 263 - 282; München 1976

Geßler, Ernst / Hefermehl, Wolfgang / Eckardt, Ulrich / Kropff, Bruno: Kommentar zum Aktiengesetz; Band II §§ 76 - 147; München 1974

Godin, Reinhard Frhr. von / Wilhelmi, Hans: Aktiengesetz; Berlin New York, 4. Auflage 1971

Goette, Wulf: AG / GmbH: Qualifiziert faktische Konzernhaftung - Zulässigkeit und Grenzen des cash managements - Anmerkung; DStR 2001, 1857

Ders.: Leitung, Aufsicht, Haftung - zur Rolle der Rechtsprechung bei der Sicherung einer modernen Unternehmensführung; in: 50 Jahre Bundesgerichtshof : Festgabe aus der Wissenschaft, Band 2; 123 - 142; München 2000

Götz, Heinrich: Die Überwachung der Aktiengesellschaft im Lichte jüngerer Unternehmenskrisen; AG 1995, 337 - 353

Ders.: Zustimmungsvorbehalte des Aufsichtsrates in der Aktiengesellschaft; ZGR 1990, 633 - 656

Ders.: Die Pflicht des Aufsichtsrats zur Haftbarmachung von Vorstandsmitgliedern; NJW 1997, 3275 - 3278

Götz, Jürgen: Der Abhängigkeitsbericht der 100%igen Tochtergesellschaft; AG 2000, 489 - 503

Götze, Cornelius: Ad-hoc-Publizitätspflicht bei Zulassung einer Due Diligence durch AG-Vorstand? BB 1998, 2326 - 2330

Grooterhorst, Johannes: Die ARAG / Garmenbeck - Prozesse - Eine Gesamtschau im Rückblick; ZIP 1999, 1117 - 1124

Groß, Wolfgang: Stimmrecht und Stimmrechtsausschluss bei der Testamentsvollstreckung am GmbH-Anteil; GmbHR 1994, 596 - 603

Grossfeld, Bernhard / Brondics, Klaus: Die Stellung des fakultativen Aufsichtsrates (Beirates) in der Gesellschaft mit beschränkter Haftung und in der GmbH & Co. KG; AG 1987, 293 - 309

Großkommentar zum Aktiengesetz; §§15-22, 92-94, Berlin New York, 4. Auflage 1999; §§ 1-15, 94 ff. Berlin New York, 3. Auflage 1971; zit.: Bearbeiter, AktG

Grundmann, Stefan: Der Treuhandvertrag: insbesondere die werbende Treuhand; München 1997

Grunewald, Barbara: Haftung für fehlerhafte Geschäftsführung in der GmbH & Co. KG; BB 1981, 581 - 586

Grünwald, Michael: Die deliktische Außenhaftung des GmbH-Geschäftsführers für Organisationsdefizite; Baden-Baden 1999

Guntz, Peter: Treubindungen von Minderheitsaktionären: eine vergleichende Analyse im deutschen und US-amerikanischen Recht, dargestellt am Phänomen der treuwidrigen Aktionärsklage; Berlin 1997

Haas, Ulrich: Geschäftsführerhaftung und Gläubigerschutz: unternehmerische Verhaltenspflichten des GmbH-Geschäftsführers zum Schutz Dritter; München 1997

Habersack, Mathias: Eigenkapitalersatz im Gesellschaftsrecht; ZHR 162 (1998), 201 - 222

Hachenburg, Max: Gesetz betreffend die Gesellschaften mit beschränkter Haftung: GmbHG Großkommentar; Berlin, 8. Auflage 1997

Handwörterbuch der Betriebswirtschaft; Enzyklopädie der Betriebswirtschaftslehre; Band 1; Stuttgart, 5. Auflage 1993

Harrer, Herbert: Mitarbeiterbeteiligungen und Stock-Option-Pläne; München 2000

Häsemeyer, Ludwig: Obstruktion gegen Sanierungen und gesellschaftsrechtliche Treuepflichten; ZHR 160 (1996), 109 - 132

Heermann, Peter W.: Unternehmerisches Ermessen, Organhaftung und Beweislastverteilung; ZIP 1998, 761 - 769

Hefermehl, Wolfram: Zur Haftung der Vorstandsmitglieder bei Ausführungen von Hauptversammlungsbeschlüssen; in: Gesellschaftsrecht und Unternehmensrecht - Festschrift für Wolfgang Schilling zum 70. Geburtstag, 159 - 173; Berlin 1973

Heidelberger Kommentar zum GmbH-Recht: Bartl, Harald / Fichtelmann, Helmar / Schlarb, Eberhard / Schulze, Hans-Jürgen (Hrsg.); Heidelberg, 5. Auflage 2002; zit.: HK / GmbH - Bearbeiter

Heidelberger Kommentar zum Handelsgesetzbuch: Glanegger, Peter (Hrsg.); Heidelberg, 5. Auflage 1999; zit.: HK / HGB - Bearbeiter

Heidelberger Kommentar zur Insolvenzordnung: Eickmann, Dieter / Flessner, Axel / Irschlinger, Friedrich / Kirchhof, Hans-Peter / Kreft, Gerhart / Landfermann, Hans-Georg / Marotzke, Wolfgang (Hrsg.); Heidelberg, 2. Auflage 2001; zit.: HK / InsO – Bearbeiter

Heidenhain, Martin: Rechtsfortbildung der Bremer-Vulkan-Grundsätze zur Gesellschafterhaftung; LMK 2003, GmbHG §§ 13 II, 30, 31; 7-8

Heinrich, Johannes: Internationale hybride Finanzierungen; ÖStZ 2000, 274 - 279

Heinsius, Theodor: Organzuständigkeit bei Bildung, Erweiterung und Umorganisation des Konzerns; ZGR 1984, 383 - 411

Heitzer, Bernd / Engelmann, Andree: Private Equity durch Inkubatoren - Analyse einer alternativen Form der Kapitalvergabe; M&A Review 3 / 2001 96 - 103

Hengeler, Hans: Zum Beratungsgeheimnis im Aufsichtsrat einer Aktiengesellschaft; in: Gesellschaftsrecht und Unternehmensrecht - Festschrift für Wolfgang Schilling zum 70. Geburtstag, 175 - 205, Berlin 1973

Henn, Günter: Die Gleichbehandlung der Aktionäre in Theorie und Praxis; AG 1985, 240 - 248

Ders.: Handbuch des Aktienrechts; Heidelberg, 7. Auflage 2002

Hennrichs, Joachim: Treupflichten im Aktienrecht; AcP 195 (1995), 221 - 273

Ders.: Unternehmensbewertung und persönliche Ertragssteuern aus (aktien-) rechtlicher Sicht; ZHR 164 (2000), 153 - 178

Henze, Hartwig: Prüfungs- und Kontrollaufgaben des Aufsichtsrates einer Aktiengesellschaft; NJW 1998, 3309 - 3312

Ders.: Konzernrecht - Höchst- und obergerichtliche Rechtsprechung; Köln 2001; zit.: Henze, Konzernrecht

Ders.: Aktienrecht - höchstrichterliche Rechtsprechung, Köln, 4. Auflage 2000; zit.: Henze

Herfs, Achim: Einwirkung Dritter auf den Willensbildungsprozeß der GmbH - Eine Untersuchung von Mitwirkungsrechten Dritter im Entscheidungsbereich der Gesellschafter aufgrund von Satzungsrechten, Stimmbindungsverträgen oder Verpflichtungen der GmbH; Baden-Baden 1994

Heßler, Armin / Mosebach, Petra: Besonderheiten und Probleme der Jahresabschlussprüfung in Unternehmen der New Economy; DStR 2001, 1045 - 1052

Hirte, Heribert: Kapitalgesellschaftsrecht; Köln, 3. Auflage 2001

Hoerdemann, Christiane: Zur Bedeutung der verwaltungsrechtlichen Ermessenslehre für die richterliche Kontrolle von Beschlüssen des Aufsichtsrats in der Aktiengesellschaft; Konstanz 1999

Hofbauer, Peter: Die Kompetenzen des (GmbH-)Beirats: unter besonderer Berücksichtigung der Rückfallzuständigkeit der Gesellschafterversammlung einer GmbH bei Funktionsunfähigkeit eines statutarischen Beirats; Köln 1996

Hoffman - Becking, Michael: Zur rechtlichen Organisation der Zusammenarbeit im Vorstand der AG; ZGR 1998, 497 - 519

Hoffmann, Dietrich: Der Aufsichtsrat: ein Handbuch für die Praxis; München, 3. Auflage 1994

Hoffmann, Dietrich / Liebs, Rüdiger: Der GmbH-Geschäftsführer: Handbuch für die Praxis des Unternehmers und Managers; München, 2. Auflage 2000

Höhn, Reinhard: Die verweigerte Zustimmung des Aufsichtsrats - Fehlverhalten der Geschäftsführer; GmbHR 1994, 604 - 607

Ders.: Die Geschäftsleitung der GmbH: Organisation, Führung und Verantwortung; Kontrolle durch Aufsichtsrat und Beirat; Köln, 2. Auflage 1995

Hölters, Wolfgang: Sonderprobleme des Beirats der GmbH & Co KG; DB 1980, 2225 - 2228

Hommelhoff, Peter: Zivilrecht unter dem Einfluss der europäischen Rechtsangleichung; AcP 192 (1992), 71 - 107

Ders.: Unternehmensführung in der mitbestimmten GmbH; ZGR 1978, 119 - 155

Ders.: Die qualifiziert faktische Unternehmensverbindung: Ihre Tatbestandsmerkmale nach dem TBB - Urteil und deren rechtsdogmatisches Fundament; ZGR 1994, 395-421

Ders.: Die Konzernleitungspflicht: zentrale Aspekte eines Konzernverfassungsrechts; Köln 1982

Hommelhoff, Peter / Timm, Wolfram: Anmerkung zum Urteil des LG Köln v. 13.7.1976; AG 1976, 240 - 248

Hopt, Klaus J.: Die Haftung von Vorstand und Aufsichtsrat; in: Festschrift für Ernst - Joachim Mestmäcker: zum siebzigsten Geburtstag, 909 - 931; Baden-Baden 1996

Horn, Norbert: Aktien- und konzernrechtlicher Vermögensschutz der Aktiengesellschaft und der Gang an die Börse; ZIP 1987, 1225 - 1234

Ders.: Die Haftung des Vorstandes der AG nach § 93 AktG und die Pflichten des Aufsichtsrats; ZIP 1997, 1129 - 1139

Ders.: Das Zivil- und Wirtschaftsrecht im neuen Bundesgebiet: eine systematische Darstellung für Praxis und Wissenschaft; Köln, 2. Auflage 1993

Huber, Ulrich: Betriebsführungsverträge zwischen selbständigen Unternehmen; ZHR 152 (1988), 1 - 37

Ders.: Betriebsführungsverträge zwischen konzernverbundenen Unternehmen; ZHR 152 (1988), 123 - 164

Hübner, Ulrich: Managerhaftung: Rechtsgrundlagen und Risikopotentiale einer persönlichen Inanspruchnahme der Unternehmensleiter von Kapitalgesellschaften; München 1992

Hueck, Götz: Der Grundsatz der gleichmäßigen Behandlung im Privatrecht; München 1958

Hüffer, Uwe: Organpflichten und Haftung in der Publikumspersonengesellschaft; ZGR 1981, 348 - 363

Ders.: Aktiengesetz; München, 5. Auflage 2002

Hüffer, Uwe / Koch, Jens : Zur Relevanz des Börsenkurses im Rahmen der Unternehmensbewertung bei der Berechnung eines Ausgleichsanspruchs und Abfindungsanspruchs; NGZ 2000, 748 - 749

Immenga, Ulrich: Die personalistische Kapitalgesellschaft: eine rechtsvergleichende Untersuchung nach deutschem GmbH-Recht und dem Recht der Corporations in den Vereinigten Staaten; Bad Homburg 1970

Immenga, Ulrich / Werner, Horst S.: Der Stimmrechtsausschluss eines GmbH-Gesellschafters; GmbHR 1976, 53 - 60

Jaeger, Carsten / Trölitzsch, Thomas: Die Pflichten des Aufsichtsrats bei der Prüfung und Durchsetzung der Vorstandshaftung; WiB 1997, 684 - 687

Jäger, Axel: OLG Düsseldorf - Haftung des AG-Finanzvorstandes wegen ungesicherter Vornahme riskanter „Kredit-Anlagegeschäfte" über Tochterunternehmen; WiB 1997, 10 - 15

Ders.: Grundsätze der Ermessensausübung für den Aufsichtsrat der Aktiengesellschaft und die Gesellschafterversammlung der GmbH am Beispiel der „ARAG"-Entscheidungen; WiB 1997, 10 - 15

Ders.: Die Beratung des Vorstandes als Teil der Überwachungsaufgabe des Aufsichtsrats; DStR 1996, 671 - 676

Ders.: Thema Börse (9): Wiege für die New Economy; NGZ 2000, 1049 - 1058

Jilg, Thomas: Die Treuepflicht des Aktionärs; Heidelberg, Dissertation 1995

Jula, Rocco: Die Haftung des GmbH-Gesellschafters; INF 2001, 433-437

Junge, Werner: Das Unternehmensinteresse; in: Festschrift für Ernst von Caemmerer zum 70. Geburtstag, 547 - 557; Tübingen 1978

Karollus, Martin: Weitere Präzisierungen zur Konkursverschleppungshaftung; ZIP 1995, 269 - 273

Keßler, Jürgen: Die deliktische Eigenhaftung des GmbH-Geschäftsführers; GmbHR 1994, 429 - 437

Kessler, Manfred: Interessen- und Kompetenzkonflikte in einer Aktiengesellschaft aus juristischer und betriebswirtschaftlicher Sicht; AG 1992, 252 - 273

Ders.: Die Leitungsmacht des Vorstandes einer Aktiengesellschaft (I); AG 1995, 61 - 67

Ders.: Die Leitungsmacht des Vorstandes einer Aktiengesellschaft - Der Versuch eines ökonomietheoretischen Konzeptes in die Verbandsrechtsordnung zur Auflösung organspezifischer Kompetenzkonflikte; Tübingen, Dissertation 1991

Kindler, Peter: Unternehmerisches Ermessen und Pflichtbindung; ZHR 162 (1998), 101, 119

Kleindieck, Detlef: Geschäftsleitertätigkeit und Geschäftsleitungskontrolle: Treuhänderische Vermögensverwaltung und Rechnungslegung; ZGR 1998, 566 - 489

Kleinherne, Heribert: Erscheinungsformen und Gestaltungsmöglichkeiten personenbezogener Aktiengesellschaften: unter Berücksichtigung der neueren rechtstatsächlichen Entwicklung; Berlin, Dissertation 1990

Knobbe - Keuck, Brigitte: Der Tatbestand der verdeckten Gewinnausschüttung und branchengleiche Tätigkeit des Gesellschafter-Geschäftsführers; GmbHR 1992, 333 - 338

Koch, Bastian: Die Neutralitätspflicht des Vorstandes einer börsennotierten Aktiengesellschaft bei Abwehrmaßnahmen gegen feindliche Übernahmeangebote; Kiel, Dissertation 2001

Kölner Kommentar zum Aktiengesetz: Zöllner, Wolfgang (Hrsg.); Köln, Berlin, Bonn, München, 2. Auflage 1987-1996; zit.: KK - Bearbeiter

Konzen, Horst: Geschäftsführung, Weisungsrecht und Verantwortlichkeit in der GmbH und GmbH & Co. KG; NJW 1989, 2977 - 2987

Koppensteiner, Hans - Georg: GmbH-rechtliche Probleme des Management Buy-Out; ZHR 155 (1991), 97 - 119

Kowalski, Andre: Der Ersatz von Gesellschafts- und Gesellschafterschaden: zum gesellschaftsrechtlichen Zweckbindungsgedanken im Schadensrecht; Köln 1990

Krause, Hartmut: Zur Gleichbehandlung der Aktionäre bei Übernahmeangeboten und Beteiligungserwerb; WM 1996, 893 - 900

Krawinkel, Jutta: Die Neuregelung des Aufsichtsrats- und Abschlussprüferrechts nach dem Kontroll- und Transparenzgesetz; Frankfurt am Main 2000

Krebs, Peter: Geschäftsführerhaftung bei der GmbH&Co. KG und das Prinzip der Haftung für sorgfaltswidrige Leitung; Baden - Baden 1991

Krieger, Gerd: Zum Aufsichtsratspräsidium; ZGR 1985, 338 - 364

Kropff, Bruno: Zur Konzernleitungspflicht; ZGR 1984, 112, 364

Kübler, Bruno Maria / Prütting, Hanns: InsO - Kommentar zur Insolvenzordnung; Köln, 1998

Kübler, Friedrich: Fragen und Wünsche des Gesellschafts- und Kapitalmarktrechts an das Recht der Rechnungslegung; ZGR 2000, 550 - 564

Küting, Karlheinz / Hütten, Christoph: Die Lageberichterstattung über Risiken der künftigen Entwicklung; AG 1997, 250 - 256

Küting, Karlheinz / Zwirner, Christian: Besonderheiten der Bilanzierung bei Start - Up - Unternehmen; BC 2001, 173 - 179

Küting, Karlheinz / Weber, Claus-Peter : Handbuch der Rechnungslegung: Kommentar zur Bilanzierung und Prüfung; Stuttgart, 3. Auflage 1990

Lawall, Lars: Verdeckte Gewinnausschüttung und Geschäftschancenlehre im GmbH-Recht; NJW 1997, 1742-1746

Ders.: Das ungeschriebene Wettbewerbsverbot des GmbH-Gesellschafters; Frankfurt am Main 1996

Lutter, Marcus: Haftung und Haftungsfreiräume des GmbH-Geschäftführers, 10 Gebote an den Geschäftsführer; GmbHR 2000, 301 - 312

Ders.: Organzuständigkeit im Konzern; in Festschrift für Walter Stimpel zum 68.Geburtstag, 825 - 854, Berlin 1985

Ders.: Professionalisierung der Aufsichtsräte; NJW 1995, 1133-1134

Ders.: Due Diligence des Erwerbers beim Kauf einer Beteiligung; ZIP 1997, 613 - 620

Ders.: Zum unternehmerischen Ermessen des Aufsichtsrats; ZIP 1995, 441 - 442

Ders.: Gefahren persönlicher Haftung für Gesellschafter und Geschäftsführer einer GmbH; DB 1994, 129 - 135

Ders.: Die Funktion der Gerichte im Binnenstreit von Kapitalgesellschaften - ein rechtsvergleichender Überblick; ZGR 1998, 191 - 211

Ders.: Treuepflichten und ihre Anwendungsprobleme; ZHR 162 (1998), 164 - 185

Ders.: Die Treuepflicht des Aktionärs; ZHR 153 (1989), 446 - 471

Ders.: Defizite für eine effiziente Aufsichtsratstätigkeit und gesetzliche Möglichkeit den der Verbesserung; ZHR 159 (1995), 287 - 309

Ders.: Bankenvertreter im Aufsichtsrat; ZHR 145 (1981), 224 - 251

Ders.: Theorie der Mitgliedschaft - Prolegomena zu einem Allgemeinen Teil des Korporationsrechts; AcP 180 (1980), 84-159

Ders.: Treuepflichten und ihre Anwendungsprobleme; ZHR 162 (1998), 164-185

Ders.: Information und Vertraulichkeit im Aufsichtsrat; Köln, 2. Auflage 1984

Lutter, Marcus / Kremer, Thomas: Die Beratung der Gesellschaft durch Aufsichtsratsmitglieder; ZGR 1992, 87 - 108

Lutter, Marcus / Krieger, Gerd: Rechte und Pflichten des Aufsichtsrats; Freiburg im Breisgau, 3. Auflage 1993

Martens, Klaus - Peter: Die Anzeigepflicht des Verlustes des Garantiekapitals nach dem AktG und dem GmbHG - Zur Informationspflicht in den Kapitalgesellschaften; ZGR 1972, 254- 288

Ders.: Der Grundsatz gemeinsamer Vorstandsverantwortung; in Festschrift für Hans-Joachim Fleck zum 70.Geburtstag, 191 - 208; Berlin 1988

Maser, Peter / Sommer, Alexander: Persönliche Haftung des GmbH-Geschäftsführers in der Insolvenz der Gesellschaft; BB 1996, 65 - 71

Matthießen, Volker: Stimmrecht und Interessenkollision im Aufsichtsrat; Köln 1989

May, Peter: Die Sicherung des Familieneinflusses auf die Führung der börsengehandelten Aktiengesellschaft: zugleich ein Beitrag zur Gestaltungsfreiheit im Gesellschaftsrecht; Köln 1992

Medicus, Dieter: Die interne Geschäftsverteilung und die Außenhaftung von GmbH-Geschäftsführern; GmbHR, 9 - 16

Ders.: Die Außenhaftung des GmbH-Geschäftsführers; GmbHR 1993, 553 - 540

Meier, Norbert: Schadensersatzpflichten gem. § 43 Abs. 2 GmbHG bei Nichtbeachtung gesellschaftsinterner Zuständigkeitsregelungen; DStR 1994, 176 - 177

Meilicke, Wienand: Kündigungs- und Abberufungsschutz für Gesellschafter-Geschäftsführer; DB 1994, 1761 - 1763

Merkt, Hanno: US-amerikanisches Gesellschaftsrecht; Heidelberg 1991

Mertens, Hans-Joachim: Der Beirat in der GmbH - besonders in der mitbestimmten; in: Festschrift für Walter Stimpel zum 68.Geburtstag, 417 - 429; Berlin 1985

Ders.: Abhängigkeitsbericht bei „Unternehmenseinheit" in der Handelsgesellschaft KGaA? In: Festschrift für Carsten Peter Claussen zum 70.Geburtstag, 297 - 305; Köln 1997

Ders.: Die Geschäftsführungshaftung in der GmbH und das ITT-Urteil; in: Festschrift für Robert Fischer, 461 - 475; Berlin 1979

Ders.: Zuständigkeiten des mitbestimmten Aufsichtsrats; ZGR 1977, 270 - 289

Mestmäcker, Ernst-Joachim: Verwaltung, Konzerngewalt und Rechte der Aktionäre: eine rechtsvergleichende Untersuchung nach deutschem Aktienrecht und dem Recht der Corporations in den Vereinigten Staaten; Karlsruhe 1958

Meulenbergh, Carl: Die rechtlichen Möglichkeit der Einflussnahme auf den Vorstand der Aktiengesellschaft unter besonderer Berücksichtigung des mitgliedschaftlichen Beteiligungsrechts; Münster, Dissertation, 1970

Meyer-Landrut, Joachim: Gesetz betreffend die Gesellschaften mit beschränkter Haftung einschließlich Rechungslegung zum Einzel- sowie zum Konzernabschluss: Kommentar; Berlin 1987

Möllers, Thomas: Professionalisierung des Aufsichtsrates; ZIP 1995, 1725 - 1735

Möllers, Thomas / Leisch, Franz Clemens: Haftung von Vorständen gegenüber Anlegern wegen fehlerhafter Ad-hoc-Meldungen nach § 826 BGB; WM 2001, 1648 - 1662

Mülbert, Peter: Unternehmensbegriff und Konzernorganisation; ZHR 163 (1999), 1 - 53

Müller, Gerd: Zum Schutz der Neugläubiger nach § 64 GmbHG; GmbHR 1994, 209 - 212

Ders.: Gesellschafts- und Gesellschafterschaden; in: Festschrift für Alfred Kellermann zum 70.Geburtstag, 317 - 335; Berlin 1991

Münchener Kommentar Aktiengesetz: Band 1: §§ 1-53; Band 8: §§ 278-328; Kropff, Bruno / Semler, Johannes (Hrsg.); München 2000; zit.: MüKo AktG

Münchener Kommentar Handelsgesetzbuch: Band 4: §§ 238-342 a; Schmidt, Karsten (Hrsg.); München 2001; zit.: MüKo HGB

Münchener Handbuch des Gesellschaftsrechts: Band 4: Aktiengesellschaft; Hoffmann-Becking, Michael (Hrsg.); München, 2. Auflage 1999; zit.: Münchener Hdb. Aktienrecht

Band 3: Gesellschaft mit beschränkter Haftung; Priester, Hans-Joachim / Mayer, Dieter (Hrsg.); München 1996; zit.: Münchener Hdb. GmbH

Band 2: Kommanditgesellschaft, Stille Gesellschaft; Riegger, Bodo / Weipert, Lutz (Hrsg.); München 1991; zit.: Münchener Hdb. KG / StG

Müsgen, Thomas K.: Die Konkursverschleppungshaftung des GmbH-Geschäftsführers; DZWiR 1994, 455 - 463

Mutter, Stefan: Unternehmerische Entscheidungen und Haftung des Aufsichtsrats der Aktiengesellschaft; Köln 1994

Nirk, Rudolf / Reuter, Hans-Peter / Bächle, Hans-Ulrich: Handbuch der Aktiengesellschaft: Gesellschaftsrecht, Steuerrecht, Arbeitsrecht; Köln, 3. Auflage ab 1999 (Loseblatt)

Nitschke, Ralf: Wagnisfinanzierung: eine Untersuchung nach US-amerikanischem und deutschem Gesellschaftsrecht; Bonn, Dissertation 1996

Noack, Ulrich: Gesellschaftsrecht; Sonderband 1 - InsO; Kübler / Prütting (Hrsg.; siehe dort); Köln 1999; zit.: Noack / Kübler, InsO

Obermüller, Manfred: Patronatserklärungen und kapitalersetzende Darlehen; ZIP 1982, 915 - 921

Ders.: Änderungen des Rechts der kapitalersetzenden Darlehen durch KonTraG und KapAEG; ZInsO 1998, 51-54

Oesterreich, Jörg: Die Betriebsüberlassung zwischen Vertragskonzern und faktischem Konzern: zum sogenannten Umgehungsproblem bei den Unternehmensverträgen der 291, 292 I Ziff. 3 AktG; Köln 1979

Olbing, Klaus / Binnewies, Burkhard: Vor- und Nachteile der „kleinen" AG; GmbH-StB 2001, 59 - 63

Palandt, Otto: Bürgerliches Gesetzbuch; München, 61. Auflage 2002

Paqué, Karl-Heinz: Soziale Marktwirtschaft und globale „New Economy": Ein Widerspruch? Das Parlament, Beilage 9, 23.02.2001, 31 - 38

Paulick, Heinz / Blaurock, Uwe: Handbuch der Stillen Gesellschaft: Gesellschaftsrecht, Steuerrecht; Köln, 5. Auflage 1998

Pentz, Andreas: Die Änderungen und Ergänzungen der Kapitalersatzregeln im GmbH-Gesetz; GmbHR 1999, 437 - 451

Pfannschmidt; Arno: Personelle Verflechtungen über Aufsichtsräte: Mehrfachmandate in deutschen Unternehmen; Wiesbaden 1993

Picot, Gerhard / Aleth, Franz: Unternehmenskrise und Insolvenz - Vorbeugung, Turnaround, Sanierung; München 1999

Posner, Richard: Economic Analysis of law; New York, 5. Auflage 1998

Potthoff, Erich / Trescher, Karl: Das Aufsichtsratsmitglied: Ein Handbuch für Rechte und Pflichten; Stuttgart, 4. Auflage 1999

Priester, Hans - Joachim: Die kleine AG als Alternative zur GmbH; in: Harzburger Steuerprotokoll 2000; 39. Steuerfachtagung Bad Harzburg, 125 - 138; Steuerberater Verband Niedersachen, Sachsen - Anhalt e.V. (Hrsg.); Stuttgart 2001

Ders.: Geltendmachung von Schadensersatzansprüchen gegen Vorstandsmitglieder der AG durch den Aufsichtsrat; EWiR 1997, 677 - 678

Ders.: Die eigene GmbH als fremder Dritter. Eigensphäre der Gesellschaft und Verhaltenspflichten ihrer Gesellschafter; ZGR 1993, 512 - 533

Raiser, Thomas: Das Recht der Gesellschafterklagen; ZHR 153 (1989), 1-34

Ders.: Recht der Kapitalgesellschaften: ein Handbuch für Praxis und Wissenschaft; 3. Auflage, München 2001

Rams, Andreas / Remmen, Jan : Private Equity und Unternehmensfinanzierung - eine empirische Untersuchung; M&A Review 2 / 1999, 74 - 82

Rehbinder, Eckard: Zum konzernrechtlichen Schutz der Aktionäre einer Obergesellschaft; ZGR 1983, 92 - 108

Reich, Norbert: Die zivil- und strafrechtliche Verantwortlichkeit des faktischen Organmitgliedes im Gesellschaftsrecht; DB 1967, 1663 - 1669

Reichert, Jochem / Schlitt, Michael: Konkurrenzverbot für Aufsichtsratsmitglieder; AG 1995, 241 - 254

Reichert, Jochem / Weller, Marc-Philippe: Haftung von Kontrollorganen - Die Reform der aktienrechtlichen und kapitalmarktrechtlichen Haftung; ZRP 2002, 49-56

Reigber, Oliver / Thyssen, Michael: Haftpflichtrisiken einer Venture-Capital-Gesellschaft; VW 2000, 1953-1958

Dies.: Venture Capital Gesellschaften (VCG) Vermögensschadenhaftpflichtrisiken und ihre Versicherung; VW 1999, 1852-1854

Rellermeyer, Klaus: Der Aufsichtsrat; ZGR 1993, 77 - 103

Rinze, Jens: Die Haftung von Beiratsmitgliedern einer personalistischen GmbH & Co. KG; NJW 1992, 2790 - 2796

Röhricht, Volker: Die GmbH im Spannungsfeld zwischen wirtschaftlicher Dispositionsfreiheit ihrer Gesellschafter und Gläubigerschutz; in: 50 Jahre Bundesgerichtshof : Festgabe aus der Wissenschaft, Band 2, 83-122; München 2000

Roth, Günter H.: Die Haftung als faktischer Geschäftsführer im Konkurs der GmbH; ZGR 1989, 421 - 433

Ders.: Die Haftung als faktischer Geschäftsführer im Konkurs der GmbH, Besprechung der Entscheidung BGHZ 104, 44 ff.; ZGR 1989, 421-433

Roth, Günter H. / Altmeppen, Holger: Gesetz betreffend die Gesellschaften mit beschränkter Haftung; München, 3. Auflage 1997

Rowedder, Heinz: Gesetz betreffend die Gesellschaften mit beschränkter Haftung: Kommentar; München, 3. Auflage 1997

Rühli, Edwin: Unternehmensführung und Unternehmenspolitik, Band 2; Bern 1996

Rupp, Joachim: Neue Wirtschaft - Neues Management? Das Parlament, Beilage 9, 23.02.2001, 23 - 30

Ruter, Rudolf X. / Thümmel, Roderich C.: Beiräte in mittelständischen Familienunternehmen; Stuttgart 1994

Scheffler, Eberhard: Der Aufsichtsrat - nützlich oder überflüssig? ZGR 1993, 63 - 76

Schlechtriem, Peter: Schadensersatzhaftung der Leitungsorgane von Kapitalgesellschaften; in: Die Haftung der Leitungsorgane von Kapitalgesellschaften: Verhandlungen der Fachgruppe für Vergleichendes Handels- und Wirtschaftsrecht anlässlich der Tagung der Gesellschaft für Rechtsvergleichung in Würzburg vom 13. - 16.9.1989; Kreuzer; Karl (Hrsg.); Baden-Baden 1991

Schlüter, Uwe: Wertpapierhandelsrecht: Handbuch für Banken und Finanzdienstleistungsinstitute; München 2000

Schmidt, Karsten: Die Vereinsmitgliedschaft als Grundlage von Schadensersatzansprüchen; JZ 1991, 157-162

Ders.: Konkursverschleppungshaftung und Konkursverursachungshaftung; ZIP 1988, 1497-1508

Ders.: Gesellschaftsrecht; 3. Auflage, München 1997

Schmidt, Karsten / Uhlenbruck, Wilhelm: Die GmbH in Krise, Sanierung und Insolvenz: Gesellschaftsrecht, neues Insolvenzrecht, Steuerrecht, Arbeitsrecht, Bankrecht und Organisation bei Krisenvermeidung, Krisenbewältigung und Abwicklung; Köln, 2. Auflage 1999

Schneider, Uwe H.: Wettbewerbsverbot für Aufsichtsratmitglieder einer Aktiengesellschaft? BB 95, 365 - 370

Ders.: Gesellschaftsrechtliche und öffentlich-rechtliche Anforderungen an eine ordnungsgemäße Unternehmensorganisation; DB 1993, 1909 - 1915

Ders.: Stimmverbote im GmbH-Konzern; ZHR 150 (1986), 609 - 634

Scholz, Frank: Kommentar zum GmbH - Gesetz: mit Anhang Konzernrecht; Köln, 9. Auflage 1999

Schön, Wolfgang: Entwicklung und Perspektiven des Handelsbilanzrechts: vom ADHGB zum IASC; ZHR 161 (1997), 133 - 159

Schüppen, Matthias: Corporate Venture Capital; RWS - Skript 301, Köln 2000

Semler, Johannes: Aufgaben und Funktionen des aktienrechtlichen Aufsichtsrates in der Unternehmenskrise; AG 1983, 141 - 148

Ders.: Arbeitshandbuch für Aufsichtsratsmitglieder; München 1999; zit.: Bearbeiter Hdb. AR

Ders.: Leitung und Überwachung der Aktiengesellschaft: die Leitungsaufgabe des Vorstandes und die Überwachungsaufgabe des Aufsichtsrats; Köln, 2. Auflage 1996

Sieg, Oliver: Tendenzen und Entwicklungen der Managerhaftung in Deutschland; PHi 2001, 90 - 98

Smid, Stefan (Hrsg.): Insolvenzordnung (InsO); Stuttgart, Berlin, Köln; 2. Auflage 2001

Soergel, Hans Theodor: Bürgerliches Gesetzbuch mit Einführungsgesetzen und Nebengesetzen - Kohlhammer-Kommentar; Stuttgart, 13. Auflage 1999

Sonnenschein, Jürgen: Organschaft und Konzerngesellschaftsrecht: unter Berücksichtigung des Wettbewerbsrechts und des Mitbestimmungsrechts; Baden - Baden 1976

Spitaler, Armin / Niemann, Ursula: Die Angemessenheit der Bezüge geschäftsführender Gesellschafter einer GmbH; Köln, 7. Auflage 1999

Spörlein, Hans / Tausend, Hermann: Handbuch für den Geschäftsführer der GmbH: Rechte, Pflichten, Haftung nach Steuerrecht und nach Handelsrecht; Stuttgart, 15. Auflage 1992

Stapelfeld, Ait: Außenhaftung des Geschäftsführers bei Verletzung der Buchführungspflicht; GmbHR 1991, 94 - 99

Staudinger, Julius v.: J. von Staudingers Kommentar zum Bürgerlichen Gesetzbuch mit Einführungsgesetz und Nebengesetzen; Berlin, 13. Bearbeitung ab 1998

Steiger, Max: Corporate Governance durch institutionelle Investoren; M&A Review 3 / 2002, 120 - 125

Stein, Ursula: Das faktische Organ; Köln 1984

Steininger, Uwe H.: Die Haftung des GmbH-Geschäftsführers und / oder des Gesellschafter-Geschäftsführers aus culpa in contrahendo bei wirtschaftlicher Bedrängnis der Gesellschaft mbH; Frankfurt am Main 1986

Steinmann, Horst / Klaus, Hans: Zur Rolle des Aufsichtsrates als Kontrollorgan; AG 1987, 29 - 34

Stierle, Michael H.: Neue Ökonomie: Charakteristika, Existenz und Herausforderungen für die Wirtschaftspolitik; Das Parlament, Beilage 9, 23.02.2001, 15 - 22

Strelau, Susanne: Wettbewerbsverbote für den GmbH-Geschäftsführer und Befreiungsmöglichkeiten; Marburg 1999

Sudhoff, Heinrich: GmbH&Co. KG; München, 5. Auflage 2000

Tänzer, Arnulf: Die aktuelle Vergütung der GmbH-Gesellschafter-Geschäftsführer - Welche Fixbezüge und Tantiemen sind angemessen? GmbHR 1996, 40 - 44

Thamm, Manfred: Die persönliche Haftung bzw. Verantwortlichkeit von Führungskräften und Mitarbeitern im Unternehmen; DB 1994, 1021 - 1023

Theisen, Manuel Rene: Die Überwachung der Unternehmensführung: betriebswirtschaftliche Ansätze zur Entwicklung erster Grundsätze ordnungsgemäßer Überwachung; Stuttgart 1987

Ders.: Grundsätze ordnungsgemäßer Kontrolle und Beratung der Geschäftsführung durch den Aufsichtsrat; AG 1995, 193 - 203

Thöni, Wilfried: Zur Haftung des GmbH-Gesellschafters in Geschäftsführungsangelegenheiten; GmbHR 1989, 187 - 193

Thümmel, Roderich C.: Persönliche Haftung von Managern und Aufsichtsräten: Haftungsrisiken bei Managementfehlern, Risikobegrenzung und D&O-Versicherung; Stuttgart, 2. Auflage 1998

Ders.: Haftung für geschönte Ad-hoc-Meldungen: Neues Risikofeld für Vorstände oder ergebnisorientierte Einzelfallrechtsprechung? DB 2001, 2331 - 2339

Ders.: Haftungsrisiken der Vorstände, Geschäftsführer, Aufsichtsräte und Beiräte sowie deren Versicherbarkeit; DB 1995, 1013 - 1019

Ders.: Möglichkeiten und Grenzen der Kompetenzverlagerung auf Beiräte in der Personengesellschaft und in der GmbH; DB 1995, 2461 - 2465

Ders.: Zu den Pflichten des Aufsichtsrats bei der Verfolgung von Haftungsansprüchen gegenüber dem Vorstand der AG; DB 1997, 1117 - 1120

Tillmann, Bert: Handbuch der GmbH & Co.: Gesellschaftsrecht, Steuerrecht; Köln, 18. Auflage 1997

Timm, Wolfram: Hauptversammlungskompetenzen und Aktionärsrechte in der Konzernspitze; AG 1980, 172 - 187

Tomat, Oliver: Grenzen des Weisungsrechts der GmbH-Gesellschafter; Hamburg 2001

Trescher, Karl: Überwachungsberichte des Aufsichtsrats; DB 1989, 1981 - 1984

Tries, Hermann-Josef: Verdeckte Gewinnausschüttungen im GmbH-Recht: gesellschaftsrechtliche Schranken und Rechtsfolgen unter Hervorhebung des Sondervorteilsverbots; Köln 1991

Trockels, Friedrich: „Business Judgement Rule" und „Corporate Take-overs"; AG 1990, 139 - 144

Uhlenbruck, Wilhelm: Die Legitimation zur Geltendmachung von Neugläubigerschäden wegen Konkursverschleppung; ZIP 1994, 1153 - 1156

Ulmer, Peter: Die GmbH und Gläubigerschutz; GmbHR 1984, 256 - 264

Ders.: Zur Treuepflicht zwischen GmbH-Gesellschaftern; NJW 1976, 192 - 193

Ders.: Aufsichtsratsmandat und Interessenkollision; NJW 1980, 1603 - 1607

Ders.: Der Gläubigerschutz im faktischen GmbH-Konzern beim Fehlen von Minderheitsgesellschaftern; ZHR 148 (1984), 391 - 427

Ders.: Die gesellschaftsrechtlichen Aspekte der neuen Insolvenzordnung; in: Neuordnung des Insolvenzrechts; Kübler, Bruno (Hrsg.); RWS-Forum 3, Köln 1989; zit.: Ulmer, RWS Form 3

Ders.: Von „TBB" zu „Bremer Vulkan" - Revolution oder Evolution? ZIP 2001, 2021 - 2029

Veelken, Winfried: Der Betriebsführungsvertrag im deutschen und amerikanischen Aktien- und Konzernrecht; Baden-Baden 1975

Vogel, Wolfgang C.: Aktienrecht und Aktienwirklichkeit: Organisation und Aufgabenteilung von Vorstand und Aufsichtsrat - eine empirische Untersuchung deutscher Aktiengesellschaften; Baden-Baden 1980

Volk, Gerrit: Zur Bewertung von Unternehmen der New Economy; StuB 2000, 870 - 875

Vollmer, Lothar / Maurer, Torsten: Beratung durch Aufsichtsratsmitglieder oder Abschlussprüfer aufgrund von Zusatzaufträgen; BB 1993, 591 - 597

Voormann, Volker: Der Beirat im Gesellschaftsrecht; Köln, 2. Auflage 1990

Wächter, Gerd H.: Venture Capitalgesellschaften mit Beteiligungen an Aktiengesellschaften; M&A Review 4 / 2001, 150 - 156

Wagner, Jürgen: Aufgabenwahrnehmung und Vergütung des Aufsichtsrats; ZGR 1999, 1092 - 1094

Wardenbach, Frank: Interessenkonflikte und mangelnde Sachkunde als Bestellungshindernisse zum Aufsichtsrat der AG; Köln 1996

Weitnauer, Wolfgang: Handbuch Venture Capital - Von der Innovation zum Börsengang; München 2000

Wellkamp, Ludger: Ausweitung und Einschränkung der Eigenhaftung des GmbH-Geschäftsführers; DB 1994, 869 – 873

Ders.: Der Durchgriff auf den GmbH-Gesellschafter; DStR 2003, 210-211

Werder, Axel von: Shareholder Value als (einzige) Richtschnur des Vorstandshandelns? ZGR 1998, 69 - 91

Werner, Winfried: Aufsichtsratstätigkeit von Bankenvertretern; ZHR 145 (1981), 252 - 270

Westermann, Harm Peter: Organzuständigkeit bei Bildung, Erweiterung und Umorganisation des Konzerns; ZGR 1984, 352 - 382

Ders.: Haftung und Zurechung im Unternehmensbereich, in: Karlsruher Forum 1993; Klingmüller, Ernst (Hrsg.), 15 - 23; Karlsruhe 1993

Westermann, Harm Peter / Mutter, Stefan: Die Verantwortlichkeit von Geschäftsführern einer GmbH gegenüber Dritten; DZWiR 1995, 184 - 192

Widmann, Peter: Beraterverträge mit Aufsichtsratsmitgliedern; Mainz, Dissertation 1997

Wiedemann, Herbert: Rechtsethische Maßstäbe im Unternehmens- und Gesellschaftsrecht; ZGR 1980, 147-176

Ders.: Gesellschaftsrecht; München, 5. Auflage 1988

Wiedmann, Harald: Bilanzrecht; Kommentar zu den §§ 238 - 342a HGB; München 1999

Wieselhuber, Norbert / Spannagl, Johannes: Situation und Zukunftsperspektiven von Inhaber-Unternehmen in der Bundesrepublik Deutschland; München 1987

Wilhelm, Jan: Um ein sauberes GmbH-Wesen: Hilfe des BGH bei Machenschaften der GmbH-Geschäftsführung? DB 1999, 2349-2351

Ders.: Zurück zur Durchgriffshaftung – das „KBV"-Urteil des II. Zivilsenats des BGH vom 24.6.2002; NJW 2003, 175 - 180

Ders.: Rechtsform und Haftung bei der juristischen Person; Köln, Berlin, Bonn, München 1981; zit.: Wilhelm

Ders.: Kapitalgesellschaftsrecht; Berlin 1998; zit.: Wilhelm, Kapitalgesellschaftsrecht

Wimmer, Richard: Die Haftung des GmbH - Geschäftsführers; NJW 1996, 2546 - 2551

Winter, Martin: Eigeninteresse und Treuepflicht bei der Einmann-GmbH in der neueren BGH-Rechtsprechung; ZGR 1994, 570 - 594

Ders.: Mitgliedschaftliche Treubindungen im GmbH-Recht: rechtsformspezifische Aspekte eines allgemeinen gesellschaftsrechtlichen Prinzips; München 1988

Witt, Frank-Jürgen: Controlling in New-Economy-Unternehmen; Controller Magazin 2 / 2001, 112 - 125

Wöhe, Günter / Döring, Ulrich: Einführung in die allgemeine Betriebswirtschaftslehre; München, 20. Auflage 2000

Wolf, Martin: Corporate Governance - Der Import angelsächsischer „Self-Regulation“ im Widerstreit zum deutschen Parlamentsvorbehalt; ZRP 2002, 59-60

Wurm, Felix: Verbotene Zuwendungen im internationalen Wirtschaftsverkehr und die aktienrechtliche Haftung des Vorstandes: zugleich ein Beitrag zu einem Unternehmensverhaltensrecht; Bonn, Dissertation, 1989

Wüsthoff, Andreas: Der Auskunftsanspruch des Aktionärs nach § 131 Aktiengesetz zwischen Insiderverboten und Ad-hoc-Publizität nach dem Wertpapierhandelsgesetz; Aachen 2000

Ziemons, Hildegard: Die Haftung der Gesellschafter für Einflussnahmen auf die Geschäftsführung der GmbH; Köln 1996

Zitzmann, Axel: Die Vorlagepflichten des GmbH-Geschäftsführers; Heidelberg 1991

Zöllner, Richard (Begr.): Zivilprozeßordnung: mit Gerichtsverfassungsgesetz und den Einführungsgesetzen, mit internationalem Zivilprozeßrecht. EG-Verordnungen, Kostenanmerkungen; Kommentar; Köln, 23. Auflage 2002

Zöllner, Wolfgang: Die sogenannten Gesellschafterklagen im Kapitalgesellschaftsrecht; ZGR 1988, 392 - 440

Zöllner, Wolfgang / Winter, Martin: Folgen der Nichtigerklärung durchgeführter Kapitalerhöhungsbeschlüsse; ZHR 158 (1994), 59 – 100

FSC
www.fsc.org
MIX
Papier | Fördert gute Waldnutzung
FSC® C083411

Kolibri 360 GmbH
Ferdinand-Jühlke-Straße 7
99095 Erfurt, Deutschland
produktsicherheit@kolibri360.de

Druck:
CPI Druckdienstleistungen GmbH
im Auftrag der
Kolibri 360 GmbH
Ferdinand-Jühlke-Str. 7
99095 Erfurt